ein Ullstein Buch

ÜBER DAS BUCH:

Was Alfred Hitchcock, der Welt bester Kenner hintergründiger Spannung, in diesem Band an sanftem Horror oder großem Grauen bietet, ist in seiner raffinierten Vielfalt einmalig: Kein Mörder gleicht dem anderen, jedes Opfer findet einen anderen Platz zum Sterben, das Waffen-Sortiment macht jedem Museum Ehre... Wer selbst keinen Onkel hat, der in Unterweltkreisen ein gefürchteter Killer ist, keinen Neffen, der es als Fassadenkletterer zu Reichtum brachte, keine Cousine, die durch geschickte Handhabung von Arsen zweimal zur Erbin wurde – der ist auf Alfred Hitchcock angewiesen. Er hat in die finstersten Herzen geblickt, hat die Genies des perfekten Verbrechens kennengelernt und die Schrecken der kaltblütigsten Tat miterlebt...

Alfred Hitchcock

Es ist gemordet, Sir.

Meine gesammelten
Schreckensstunden

ein Ullstein Buch

ein Ullstein Buch
Nr. 22048
im Verlag Ullstein GmbH,
Frankfurt/M – Berlin
Titel der Originalausgabe:
Alfred Hitchcock Presents
a Month of Crime

Ungekürzte Ausgabe
der 1971 unter dem Titel
Meine Lieblingsmorde
erschienenen Erstausgabe

Umschlagentwurf:
Elżbieta Woźniewska-Krüger
Illustration: Josh Kirby

Taschenbuchausgabe mit Genehmigung
des Scherz Verlags, Bern und München
Gesamtdeutsche Rechte beim
Scherz Verlag, Bern und München
Printed in Germany 1988
Druck und Verarbeitung:
Ebner Ulm
ISBN 3 548 22048 7

Januar 1989

CIP-Titelaufnahme
der Deutschen Bibliothek

Es ist gemordet, Sir: meine gesammelten
Schreckensstunden / Alfred Hitchcock. –
Ungekürzte Ausg. – Frankfurt/M; Berlin:
Ullstein, 1989
(Ullstein-Buch; Nr. 22048)
ISBN 3-548-22048-7
NE: Hitchcock, Alfred [Hrsg.]; GT

Inhalt

Eine Woche des Schreckens

Der perfekte Mord

Die Frage nach dem perfekten Mord ist seit jeher die Kardinalfrage aller, die mit dem Verbrechen intimen Umgang pflegen – sei es im Status eines Beteiligten oder eines wohlwollenden Amateurs. Gibt es den perfekten Mord?

«Nein», leugnen die Polizeipräsidenten aus pädagogisch-durchsichtigen Motiven. «Warum eigentlich nicht?» stellen die Amateure ihre Gegenfrage. Die einzigen, die es wirklich wissen, schweigen wie die Gräber ihrer Opfer. Denn sprächen sie öffentlich, wäre ihr perfekter Mord schon nicht mehr perfekt.

Der raffinierte, zumindest beinahe perfekte Mord ist das Salz der guten Kriminalgeschichte. Längst ist die einfache, brutale Tat dem lesenden Geschmäckler nicht mehr genug. Das wußte Thomas de Quincey, als er vor hundertfünfzig Jahren in seinem unliebsames Aufsehen erregenden Essay *Der Mord als eine schöne Kunst* schrieb: «Wir beginnen zu erkennen, daß zur künstlerischen Vervollkommnung doch ein wenig mehr gehört als ein Messer, eine Brieftasche, eine dunkle Seitengasse und zwei Idioten, von denen der eine tötet und der andere getötet wird.»

Das erkannten auch die Klassiker der Kriminalstory mit dem ihres Berufes würdigen Scharfsinn. So wird in E. A. Poes *Doppelmord in der Rue Morgue* – der Urmutter moderner Kriminovellen – ein fassadenkletternder Orang-Utan zum fast unspürbaren blutigen Gehilfen des Mörders. In Conan Doyles *Hund von Baskerville* ist es, unseligerweise sagt's der Titel, ein Hund. Je raffinierter die Verbrecher zu Werke gehen, um so ausgeklügelter operieren zur Freude des Lesers die Detektive. Sherlock Holmes machte es auf die deduktive Art, durch das Zusammentragen scheinbar bedeutungsloser Fakten. Agatha Christies eitler Hercule Poirot schafft es mit seinen «kleinen grauen Zellen». Chestertons Pater Brown denkt sich einfühlsam in die Haut des gesuchten Mörders – eine unfehlbare, wennschon für einen frommen Seelsorger anrüchige Methode.

So sehr sich die moderne Kriminalstory vom Stil des alten, klassischen Krimis fort- und weiterentwickelt hat, der – beinahe – perfekte Mord bleibt die blutgeschmierte Achse, um die das teuflische Geschehen mit Gänsehaut produzierendem Geräusch kreist, auch in diesem Buch, dessen schillernde Geschichten Meister Hitchcock mit Kennerhand besonders sorgfältig zusammengetragen hat wie unheimlich funkelnde, kostbare Juwelen. Doch ist es das einzig Gemeinsame der Geschichten. Ansonsten mordet in dieser Sammlung von Kriminalstories der Weltklasse kein Mörder wie der andere, stirbt kein Opfer wie das vorherige, gibt sich keine Leiche auf schon bekanntem Schauplatz die letzte Ehre.

Einen ganzen Monat lang kann sich der entzückte, gespannte und entnervte Leser dem Lese-Vergnügen dieses Buchs hingeben. Für jeden Abend der Woche liefert Alfred Hitchcock sanften Horror, knisternde Spannung oder freundliches Entsetzen frei Haus. Wer schlaflos bleibt, wird selbst daran noch Vergnügen finden – und sich auf das Betthupferl des nächsten Abends freuen. Die Dosis stimmt – wohl bekomm's.

Eine Woche des Verbrechens

Die staubige Schublade

Harry Muheim

Norman Logan zahlte Apfelkuchen und Kaffee und trug sein Tablett in den hinteren Teil der Cafeteria. Schon von weitem entdeckte er William Tritts breiten Hinterkopf. Logan hatte zwar nicht das Bedürfnis, mit Tritt zu essen, aber er wollte noch etwas mit ihm besprechen. Darum blieb er bei Tritts Tisch stehen und fragte: «Darf ich mich zu Ihnen setzen?»

Tritt sah auf – mit demselben Blick, mit dem er hinter seinem Schalter in der Bank aufsah. Er benahm sich wie ein Diener, wie jene dicken, pedantischen Butler, die Logan von seinen Kinobesuchen her kannte. Unter der dünnen Schicht Unterwürfigkeit verbarg sich eine ungeheure Überlegenheit, die Logan immer in Rage brachte.

«Selbstverständlich, Mr. Logan, setzen Sie sich! Nur möchte ich Sie bitten, nicht von den zweihundert Dollar zu sprechen.»

«Wir werden sehen», Logan zog sich einen Stuhl an den Tisch und setzte sich. «Sie sind heute ziemlich spät dran mit Ihrem Mittagessen.»

«Ich habe bereits gegessen», sagte Tritt. «Das hier ist nur noch ein kleiner Imbiß.» Er spießte eine Scheibe Roastbeef auf und schob sie in den Mund. «Ich glaube, ich habe Sie den ganzen Sommer über nicht gesehen», sagte er kauend.

«Ich war weg», sagte Logan. «Wir versuchten, einen Pilzbefall in den Apfelplantagen zu bekämpfen.»

«Tatsächlich?» Tritt sah aus wie ein interessierter Bluthund.

«Ich wollte drüben im Westen auf verschiedenen Forschungsgebieten arbeiten», fuhr Logan fort. «Aber ich konnte dafür von der Universität kein Geld bekommen.»

«Und nun sind Sie zu Semesterbeginn wieder zurückgekehrt?»

«Leider», seufzte Logan. «Morgen geht's wieder los.» Und

einen Augenblick lang dachte er an all die Gesichter der frisch gebackenen Studenten, die ihn im Hörsaal anstarren würden: eine Bande überzüchteter, geistloser New-Yorker Großstadtjungen, die von den Eltern oder durch die Militärstipendien in seine Botanikvorlesungen getrieben wurden. Meist sture Leute, die an Forschung nicht interessiert waren. Logan bedauerte es manchmal, daß er in den fünf Jahren seiner Lehrtätigkeit nur wenigen Studenten seine eigene Freude an seinem Fach hatte weitervermitteln können.

«Im Lehrerberuf hat man immerhin sehr lange Ferien», sagte Tritt. «Von Juni bis September.»

«Das schon», antwortete Logan. «Aber man verdient nicht so gut, daß man mit der Freizeit viel anfangen könnte.»

Tritt setzte ein kleines, höfliches Lächeln auf und kaute weiter. Logan aß seinen grauen Apfelkuchen, der fade schmeckte wie in jedem Café.

«Mr. Tritt», sagte er nach einer langen Pause.

«Ja, bitte?»

«Wann geben Sie mir meine zweihundert Dollar zurück?»

«Nun hören Sie schon auf, Mr. Logan! Das hatten wir doch alles schon vor zehn Monaten! Wir haben damals alles mit Mr. Pinkson, den Bankprüfern und allen möglichen Leuten besprochen. Ich habe Ihnen Ihre zweihundert Dollar nicht gestohlen.»

«Natürlich haben Sie sie gestohlen, das wissen Sie ganz genau!»

«Ich will nichts mehr davon hören!»

«Mr. Tritt, ich hatte damals dreihundertvierundzwanzig Dollar, denn ich hatte gerade Bonds eingelöst. Ich weiß genau, wieviel ich hatte.»

«Die Angelegenheit ist völlig geklärt», antwortete Tritt kalt.

«Für mich nicht. Als Sie den Betrag meinem Konto gutschrieben, schrieben Sie nur einhundertvierundzwanzig, nicht dreihundertvierundzwanzig.»

Tritt legte seine Gabel hin und faltete bedächtig die Hände. «Sie haben mir diese Geschichte schon tausendmal erzählt, Sir. Meine Kasse stimmte, bevor Sie zurückkamen und sich beschwerten.»

«Natürlich stimmte sie», ereiferte sich Logan. «Weil Sie nämlich Ihren Fehler entdeckten und meine zweihundert Dollar an sich nahmen, bevor Pinkson um die Kassenabrechnung bat. Kein Wunder, daß dann Ihre Kasse stimmte!»

Tritt legte begütigend eine Hand auf Logans Arm. «Mr. Logan, ich bin seit langer Zeit bei der Bank, und ich könnte es mir ganz einfach nicht leisten, Fehler zu machen.»

«Vor allem können Sie es sich nicht leisten zuzugeben, daß Sie einen gemacht haben!»

«Na, hören Sie mal», sagte Tritt in einem Ton, als ob er zu einem Kind spräche. «Glauben Sie, ich würde meine ganze Karriere für zweihundert Dollar aufs Spiel setzen?»

«Sie haben sie doch gar nicht aufs Spiel gesetzt», schnauzte Logan ihn an. «Sie wußten, daß es dazu nicht kommen würde.»

Tritt blieb ruhig und bedachte Logan mit einem breiten Grinsen. «Nun, das ist Ihre Version, Mr. Logan. Ich hingegen wäre sehr froh, wenn Sie mich mit Ihrem Märchen endlich nicht mehr belästigen würden!» Tritt ließ die Hälfte seines Fleisches liegen, stand auf und nahm seinen Hut. Dann kam er nochmals zum Tisch und sagte von oben herab zu dem sitzenden Logan: «Angenommen, ich hätte Ihnen tatsächlich Ihr Geld gestohlen und würde meinem Ruf zuliebe auf einer Lüge beharren, so wäre doch das Schlimmste, was ich wahrscheinlich tun könnte, Ihnen Ihr Geld zurückzugeben. Ich nehme an, darin sind Sie mit mir einig.»

«Ich kriege Sie noch, Tritt», sagte Logan und lehnte sich zurück. «Ich hasse es, für dumm verkauft zu werden.»

«Ich weiß, ich weiß. Sie sagen das nun schon seit zehn Monaten. Auf Wiedersehen.»

Tritt verließ das Lokal. Norman Logan blieb unbeweglich sitzen und beobachtete, wie der große, dicke Kassierer die Straße überquerte und in der gegenüberliegenden Bank verschwand. Er verspürte nicht einmal Wut, sondern nur ein wachsendes Gefühl der Ohnmacht. Langsam trank er seinen Kaffee.

Kurze Zeit später betrat Logan die Bank. Unten im Tresorraum bei den Schließfächern hob er den Deckel seiner langen

Metallkassette und entnahm ihr drei Fünfundzwanzig-Dollar-Bonds. Mit einem Seufzer füllte er sie aus. Damit würde er die Jahresprämie für seine Altersrente bezahlen. Im Juli hatte er der Kassette schon drei Bonds entnommen, weil sein Vater seine Rente überzogen hatte. Und kurz zuvor auch schon ein paar, nachdem er einen Lieferwagen angefahren und seinen Plymouth demoliert hatte. Fast jeden Monat mußte er aus irgendeinem Grund einen Bond einlösen. Logan überlegte, daß er seit seiner Marinezeit keine neuen Obligationen mehr gekauft hatte. Botanik allein warf eben nicht genug ab.

Er stieg die enge Treppe zum Parterre hinauf, schritt an den Kassenschaltern vorbei, öffnete am Ende der langen Reihe ein Eisengitter in der niedrigen Marmorbrüstung und betrat das mit grünem Teppich ausgelegte Reich der Direktoren und Prokuristen. Der Direktorenschreibtisch war rechts neben dem Eingang. Mr. Pinkson hob den Kopf, als Logan eintrat, und lächelte ihn über seine Brille hinweg an.

«Guten Tag, Mr. Logan.» Pinksons flinke Augen erfaßten die Bonds und richteten sich dann mit der berufsmäßigen Gleichgültigkeit eines Bankmannes auf Logans schmales Gesicht. «Bitte, setzen Sie sich. Ich rufe gleich Mr. Tritt.»

«Mr. Tritt?» Logan war überrascht.

«Ja. Er ist erster Kassierer geworden und hat jetzt den vordersten Schalter.»

Pinkson wies auf einen breiten schweren Tisch an der gegenüberliegenden Wand hinter seinem eigenen Schreibtisch. Logan setzte sich dort auf einen Stuhl.

«Haben Sie den Sommer gut überstanden?» Der kleine Mann drehte sich auf seinem quietschenden Direktorensessel zu Logan um.

«Ganz anständig, danke.»

«Waren Sie verreist?»

«Ja, ich habe im Westen gearbeitet. Ich arbeite immer, wenn ich Ferien habe.»

Mr. Pinkson deutete ein Lächeln an, was er immer tat, wenn er nicht sicher war, ob der Kunde hatte witzig sein wollen oder nicht. Dann drehte er sich wieder um, sein dicker Kugelkopf fiel nach vorn, und er versenkte sich erneut in die Zahlenkolonnen.

Logan legte die Bonds auf die saubere Schreibunterlage und sah zu Tritts Schalter hinüber. Er lag am Ende der Reihe mit einer direkten Tür zum Direktionsraum. Tritt war noch am Telefon, und Logan mußte sich eine unangenehme Minute lang das fette, selbstsichere Gesicht durch das grünliche Glas ansehen. Ich kriege ihn noch, dachte Logan. Aber er wußte nicht, wie. Tritt hatte sich jetzt schon beinahe ein Jahr lang erfolgreich hinter seiner Lüge verschanzt, und Norman Logan verstand offensichtlich nicht genug von Rache, um ihn hereinlegen zu können.

Mürrisch lehnte sich Logan zurück, kippte den Stuhl nach hinten und kratzte an einem Fettfleck auf seinem Mantel. Dann fiel sein Blick plötzlich auf eine Schublade, die von der vorspringenden Tischplatte verdeckt wurde. Sie war kaum zu sehen – nicht viel mehr als ein Riß im dunklen Holz des Tisches. Logan konnte mit Mühe noch die beiden Löcher erkennen, wo einmal der Griff befestigt gewesen war. Neugierig rutschte er ein wenig vor und fuhr mit dem Fingernagel an dem Riß in der Tischfront entlang. Vorsichtig zog er. Die Schublade glitt weich und leise heraus.

Es herrschte ein trübes Durcheinander darin. Kleine Schmutzhäufchen klebten in den Ritzen. Eine Staubschicht auf dem Boden bedeckte vergilbte Papierbogen und ein paar rostige Büroklammern. Logan rückte den Stuhl weiter zurück. Zuunterst war ein wunderschönes Spinnennetz. Die Spinne war tot und hatte sich schon beinahe aufgelöst. Sie lag auf einem alten Kalenderblatt. Darauf war es der 2. Oktober 1936. Logan schob die Schublade vorsichtig zurück in den Tisch. Er überlegte, ob sie tatsächlich seit Roosevelts Zeiten nicht mehr geöffnet worden war.

Tritt kam mit einem großen gelben Formular aus seinem Schalter. Er ging leise über den Teppich und hielt dabei seinen fetten jungen Körper sehr gerade. Ganz offensichtlich versuchte er, seinen Bauch einzuziehen.

«Guten Tag, Mr. Logan», sagte er. «Bitte entschuldigen Sie

die Verzögerung. Ich sprach gerade mit unserer Zentrale und konnte nicht einfach einhängen.»

«Selbstverständlich.»

Lächelnd setzte sich der Kassierer Logan gegenüber. Logan schob ihm die Bonds über den Tisch zu.

«Ich freue mich, Sie wiederzusehen», sagte Tritt höflich, während er seinen Füllhalter aufschraubte. «Wahrscheinlich bereiten Sie sich auf Ihr neues Semester vor?» Nichts deutete darauf hin, daß sie sich kurz zuvor getroffen hatten. Logan gab keine Antwort. Tritt berechnete den Wert der Bonds. «Das sind zusammen siebenundsechzig Dollar und fünfundzwanzig Cent», addierte er schnell.

Logan füllte einen Einzahlungsauftrag aus. «Würden Sie es bitte meinem Konto gutschreiben?» Er schob sein Bankbuch über den Tisch. «Und würden Sie bitte den richtigen Betrag eintragen?»

«Selbstverständlich, Mr. Logan», sagte Tritt mit einem nachsichtigen Lächeln. Logan kontrollierte Tritts Eintragung genau. Dann ging der Kassierer eilig zu seinem Schalter zurück, während Logan einem inneren Drang folgend noch einen Blick in die verstaubte Schublade warf.

Sie ging ihm nicht aus dem Sinn, während er mit dem Bus zur Universität fuhr. Erstaunlich, daß es in dieser sonst so sauberen Bank ein derart verstaubtes, überflüssiges Möbel gab.

Nach seiner Rückkehr ins Institut setzte sich Logan an seinen Schreibtisch, um seine Vorlesung vorzubereiten. Lange saß er unbeweglich da. Die Septembersonne verschwand allmählich hinter dem Horizont, aber er konnte nicht arbeiten; die unbenützte Schublade stand unverrückbar vor seinen Augen.

Plötzlich beugte er sich in seinem Stuhl vor. Blitzartig war ihm klargeworden, wozu er die Schublade verwenden konnte. Er hatte nicht bewußt darüber nachgedacht. Der ganze, genaue Plan war plötzlich einfach da, so daß er sich beinahe nicht dafür verantwortlich fühlte. Er würde die Bank berauben und den Raub Tritt in die Schuhe schieben! Damit wäre Tritt ein für allemal erledigt.

In den folgenden Wochen blieb Norman Logan erstaunlich ruhig. Jedesmal, wenn er Stück für Stück den genauen Ablauf seines Plans durchging, schien er ihm noch besser durchführbar. Den ersten Schritt unternahm er, als er seinen Gehaltsscheck für November bekam.

Unten in der 51. Straße kaufte Logan in einem Zauberladen ein Zigarettenetui aus dunklem, stahlblauem Plastik, das aussah wie eine richtige 38er Automatic. Wenn man den Abzug drückte, schnappte ein Teil der Pistole über ein Scharnier zurück und gab die Zigaretten im Innern frei.

Dann nahm Logan den Bus und fuhr bis zur unteren 2. Straße und betrat einen düsteren Laden mit Pistolen und Gewehren in der Auslage. Der kleine Inhaber schlurfte herbei. Logan fragte nach einer 38er.

«Kann Ihnen nichts verkaufen ohne Waffenschein – laut Sullivan-Gesetz», sagte der Mann.

«Ich will ja gar keine Waffe kaufen», erklärte Logan. Er zog seine Plastikpistole hervor. «Ich möchte nur gern wissen, ob eine echte genauso aussieht wie diese.»

Der kleine Mann kicherte, holte eine 38er und legte sie neben Logans Spielzeug. «Sie wollen also nur einen Scherz damit machen, he?»

Logan nickte und betrachtete die beiden Pistolen. Es war kaum ein Unterschied festzustellen.

«Sie sind sich sehr ähnlich», sagte der Mann, «aber ich will Ihnen einen Rat geben: Nehmen Sie einen Klebestreifen und kleben Sie die Klappe fest. Ein Freund von mir hatte auch so eine. Er war gerade mitten in einem Raubüberfall, kam an den Abzug, und da flog die Klappe hoch. Da versuchte er dem Opfer eine Zigarette anzubieten, aber der holte aus und schlug ihn zusammen.»

«Vielen Dank», sagte Logan lächelnd. «Ich werde daran denken.»

«Hier – Sie können jetzt gleich einen Klebestreifen drübermachen.»

Um fünf Minuten vor drei betrat Logan die Bank. Der alte

Wächter in seiner grauen Uniform legte die Hand grüßend an die Mütze, als Logan eintrat. Alle Schalter waren besetzt, so daß es ganz natürlich war, daß Logan durch die eiserne Gittertür zu dem Tisch mit der Schublade ging. Mr. Pinkson und der neue Vizedirektor waren schon gegangen. Ihre Schreibtische waren verwaist. Als sich Logan setzte, steckte Tritt seinen Kopf zur Tür herein.

«Bonds, Mr. Logan?» fragte er.

«Nein», sagte Logan. «Nur eine Einzahlung.»

Tritt schloß die Tür und beugte sich über seine Arbeit. Logan nahm den Scheck aus seiner Brieftasche und blickte sich vorsichtig um. Niemand sah in seine Richtung. Als er die Brieftasche wieder einsteckte, nahm er gleichzeitig die kleine Plastikpistole heraus und öffnete unauffällig die Schublade. Er ließ die Pistole hineingleiten, schob das Fach zu, zahlte dann den Scheck ein und ging nach Hause. Trotz Sullivan-Gesetz würde er erreichen, was er wollte.

Zweimal benutzte er im November den Tisch mit der Schublade. Jedes Mal sah er nach der Pistole. Sie lag unverändert. Als Logan seinen Dezemberscheck einzahlte, war er ganz sicher, daß nie jemand in diese Schublade sah. Am 19. beschloß er loszuschlagen.

Am nächsten Morgen, nach der Zehn-Uhr-Vorlesung, ging Logan die sechs Blocks bis zur Bank. Es schneite. Er entnahm seiner Kassette vier Bonds und füllte sie aus. In der Schalterhalle quollen sanfte Weihnachtslieder aus den Lautsprechern.

Er setzte sich an den schweren Tisch und wartete auf Tritt. Pinkson hatte nur genickt und sich wieder über seine Zahlenkolonnen gebeugt. Der nervöse Vizedirektor war nicht da. Die Weihnachtslieder waren hier ziemlich laut zu hören, und Logan lächelte über sein unverhofftes Glück. Er legte die Papiere auf den Tisch. Dann zog er die Schublade heraus, holte mit der linken Hand die Pistole hervor und hielt sie unter dem Tisch bereit.

Tritt kam mit einer Kurstabelle in der Hand auf ihn zu. Er begrüßte Logan, setzte sich und begann zu rechnen. Er rechnete die Summe zweimal nach und sagte, ohne von den Zahlen aufzusehen: «Das sind also dreiundachtzig Dollar fünfzig, Mr. Logan.»

«Ich will aber mehr als dreiundachtzig-fünfzig!» Logan beugte sich vor und sprach ganz ruhig.

«Wie bitte?»

«Zehntausend Dollar in Zwanzigdollarscheinen.»

Tritts rosiges Gesicht lächelte. Er wollte Logan ins Gesicht sehen, aber seine Augen erstarrten, als die Mündung der Pistole über dem Tischrand auftauchte. Den Klebestreifen sah er nicht.

«Jetzt gehen Sie schnell an Ihren Schalter und holen das Geld», sagte Logan.

Es war das erstemal, daß William Tritt so etwas passierte. «Mr. Logan, hören Sie doch, Mr. Logan . . .» Er brach ab und nahm einen neuen Anlauf, aber seine Selbstsicherheit hatte ihn verlassen. Er drehte sich nach Pinkson um, der mit dem Rücken zu ihnen saß.

«Hierher sehen!» fuhr Logan ihn an.

Tritt wandte sich wieder um. «Mr. Logan, Sie wissen nicht, was Sie tun!»

«Ruhe!»

«Wollen Sie nicht einen Kredit aufnehmen, oder vielleicht . . .»

«Hören Sie zu, Tritt!» Logans Stimme war gerade noch laut genug, um «Oh du fröhliche» zu übertönen. Er war überrascht, wie gebieterisch seine Stimme klang. «Bringen Sie das Geld in einem Umschlag her und legen Sie ihn hier auf den Tisch!»

Tritt wollte widersprechen, aber Logan hob ein wenig die Pistole, und Tritts letzter Widerstand brach zusammen. Sein fetter Körper wurde schlaff.

«Also gut. Ich werde es holen.» Als Tritt wie versteinert zu seinem Schalter ging, ließ Logan die Pistole in die Schublade gleiten und schloß sie. Tritt schloß die Tür zu seinem Schalter. Sein Kopf verschwand hinter dem Teil aus grünem Glas. Plötzlich klingelte Mr. Pinksons Telefon. Er nahm ab. Logan betrachtete ihn von hinten. Nach ein paar Sekunden versteifte sich Pinksons Körper. Logan seufzte. Er sah, daß er bei diesem Versuch das Geld nicht bekommen würde.

Zunächst passierte einige Sekunden lang nichts. Dann rannte plötzlich der kleine alte Wächter mit gezückter Pistole um die Ecke der Schalterreihe. Zitternd richtete er sie auf Logan.

«Stillstehen und Hände hoch!»

Logan hob die Arme. Mit etwas überraschtem Gesicht wandte sich der Wächter an Pinkson. «Okay, Mr. Pinkson. Okay. Ich habe ihn!»

Pinkson erhob sich, als Tritt aus seinem Schalter kam. Durch ihre einzige Pistole gedeckt kamen die drei Männer langsam auf Logan zu.

«Vorsicht, Louie, er ist bewaffnet», warnte Tritt den Wächter.

«Darf ich fragen, was das alles zu bedeuten hat?» Logan stand immer noch mit erhobenen Armen da.

«Mr. Logan», sagte Pinkson. «Es tut mir leid, aber Mr. Tritt sagt, daß . . . daß . . .»

«. . . daß Sie zehntausend Dollar von mir wollten.» Tritts Stimme überschlug sich.

«Was wollte ich . . .?»

«Sie planten einen bewaffneten Raubüberfall auf die Bank», sagte Tritt langsam. «Versuchen Sie nicht, es zu bestreiten.»

Logans Gesicht nahm einen ungläubigen Ausdruck an. Er war sprachlos vor Staunen. Er mußte nur aufpassen, daß er nicht übertrieb. Erst lachte er Tritt ganz einfach aus. Dann nahm er die Hände herunter, ohne auf die Pistole des Wächters zu achten, und erhob sich: ganz selbstsicherer, entrüsteter Universitätsprofessor.

«Ich kann dazu nur sagen, Mr. Tritt, daß ich es tatsächlich bestreite.»

«Du meine Güte . . .», sagte Pinkson.

«Nehmen Sie ihm die Pistole ab, Louie!» befahl Tritt. Der Wächter trat bedächtig auf Logan zu und tastete ihn ab – es war wie im Kino. «Er hat keine, Mr. Tritt», sagte er.

«Natürlich hat er eine», fuhr Tritt den Wächter an und stieß ihn zur Seite. «Sie ist bestimmt im Mantel.» Tritt quetschte seine dicke Hand in Logans linke Manteltasche und fingerte darin herum. «Hier ist sie nicht», sagte er.

«Sie steckt auch nicht in der andern Tasche», erklärte Logan. «Weil ich keine habe.»

«Das ist nicht wahr. Natürlich haben Sie eine! Ich habe sie ja selbst gesehen», antwortete Tritt wie ein trotziges Kind. Er drehte Logan herum und zog ihm mit einem Ruck den Mantel aus. Eifrig kehrte der Kassierer die Seitentaschen nach außen, untersuchte die Innen- und Brusttaschen, tastete dann den ganzen Mantel ab und sagte: «Sie ist nicht im Mantel.»

«Sie steckt auch nicht in der Hose», fügte der Wächter hinzu.

Tritt trat schnell an den Tisch. «Sie muß hier irgendwo liegen. Wir saßen ja hier.» Er stand direkt vor der geschlossenen Schublade. Seine Hände fuhren sinnlos über die Tischplatte. Er hob einen kleinen Stoß Papiere auf, legte sie wieder hin, suchte unter der Schreibunterlage, als ob darunter eine Pistole versteckt sein könnte.

Logan wußte, daß er jetzt einschreiten mußte. «Kann ich hier irgendwo meine übrigen Kleider ausziehen?» fragte er laut und streifte die Hosenträger über seine Schultern. Einige Bankkunden hatten sich auf der anderen Seite der Marmorbrüstung versammelt und starrten neugierig herüber. Mr. Pinkson hatte genug.

«Aber nein, nein!» Er schrie beinahe. «Das ist nicht nötig, Mr. Logan. Louie sagte ja, Sie seien unbewaffnet. Los, Louie, stecken Sie Ihre Pistole ein, und schicken Sie um Himmels willen die Leute weg!»

«Aber Mr. Pinkson, Sie müssen mir glauben», sagte Tritt und trat auf den Direktor zu. «Dieser Mann bedrohte mich mit einer Waffe ...»

«Wem soll ich hier glauben?» fragte Pinkson. «Jedenfalls wurde kein Geld gestohlen, und ich finde, daß wir Mr. Logan nicht länger mit dieser Angelegenheit belästigen dürfen. Bitte, Mr. Logan, streifen Sie sich die Hosenträger wieder über.»

Das war ein niederschmetternder Moment für den Kassierer: Zum ersten Mal in seiner Banklaufbahn wurde an seinem Wort gezweifelt.

«Aber Sir, ich bestehe darauf, daß dieser Mann –»

«Ich muß Sie bitten, zu Ihrem Schalter zurückzugehen, Mr. Tritt!» Pinkson war ziemlich aufgebracht. Tritt gehorchte.

Der Direktor half Logan in den Mantel und steuerte ihn zu seinem Schreibtisch hinüber. «Ein bedauerlicher Irrtum, Mr. Logan. Bitte, setzen Sie sich noch einen Augenblick.» Der freundliche kleine Mann atmete heftig. «Ich wollte Ihnen nur sagen: Falls Sie Klage gegen uns erheben wollen, so – so wäre dies äußerst unangenehm für uns, im Hinblick auf unsere Zentrale, und ich –»

«Bitte, regen Sie sich nicht auf, Mr. Pinkson.» Logan lächelte. «Ich werde nichts unternehmen.» Er tat die Angelegenheit als unwichtig ab. Mr. Tritt hatte sich eingebildet, eine Pistole zu sehen, das war alles. Es war einfach eine momentane geistige Verwirrung, der gelegentlich sonst ganz normale Menschen verfallen konnten. Also: könnte sich Mr. Pinkson jetzt um seine Bonds kümmern? Unter erneuten Entschuldigungen zahlte der Direktor ihm seine dreiundachtzig Dollar fünfzig aus.

Logan verließ die Bank und ging, ein Weihnachtslied pfeifend, durch den sanft fallenden Schnee nach Hause. Er hatte sich vorbildlich gehalten.

In den folgenden Wochen benahm sich Logan Tritt gegenüber ganz so, als ob nichts passiert wäre. Der Kassierer versuchte, sich neutral und ruhig zu verhalten, aber er machte Fehler im Addieren, und seine Hände zitterten. Eines Tages, Ende Januar, als Logan einen Bond einlösen wollte, stand Tritt am ganzen Körper zitternd mitten in der Berechnung auf. «Einen Augenblick, bitte, Mr. Logan», murmelte er und verschwand im Korridor hinter den Schaltern. Pinkson folgte ihm, und Logan nutzte die Gelegenheit, um nach der Pistole zu sehen. Unberührt lag sie in der Schublade. Dann kam Pinkson allein zurück. «Bitte, entschuldigen Sie den Zwischenfall, Sir», sagte er. «Mr. Tritt fühlt sich nicht ganz wohl.»

«Hat er sich wieder eingebildet, eine Pistole zu sehen?»

«Nein. Aber er ist jetzt öfters sehr nervös. Seit jenem Vorfall letzten Monat ist er ganz durcheinander.»

«Mir fiel auch auf, daß er sich verändert hat.»

«Er hat seine Kaltblütigkeit verloren, die man in unserem Beruf eben braucht, Mr. Logan. Und außerdem hat er ständig Angst vor neuen Halluzinationen.»

«Das tut mir aber leid!» sagte Logan und sah ehrlich betrübt aus. «Es ist sehr bedauerlich, wenn jemand seine Fassung verliert.»

«Es ist besonders für mich sehr enttäuschend», sagte der Direktor. «Ich habe Tritt diesen Posten verschafft. Ich hatte große Pläne mit ihm. Sehr guter Mann, intelligent, korrekt, er war genau das richtige – auf allen Gebieten. Und jetzt dies. Hoffentlich kommt er darüber weg.»

«Ich begreife, wie Ihnen zumute ist», sagte Logan teilnahmsvoll. Innerlich freute er sich, wie präzise sein Plan abrollte. Der dicke William Tritt war in seinen Grundfesten erschüttert.

Am 10. März schlug Norman Logan zum zweiten Mal zu. Als Tritt ihm am Tisch gegenübersaß, sagte Logan: «Jetzt sind wir wieder soweit, Mr. Tritt.» Tritt hob den Kopf und sah erneut die Mündung der Pistole auf sich gerichtet. Er versuchte nicht, etwas zu sagen. «Los, holen Sie die Zehntausend», befahl Logan. «Und diesmal ohne Geschichten.»

Widerspruchslos ging der Kassierer zu seinem Schalter. Logan schob die Pistole in ihr Versteck zurück und legte seine Mappe auf den Tisch. Pinksons Telefon klingelte nicht. Von dem Wächter war nichts zu sehen. Ein paar Augenblicke später kam Tritt mit einer kleinen Tüte zurück.

«Machen Sie jetzt mit den Bonds weiter. Die Tüte legen Sie zwischen uns auf den Tisch», sagte Logan. Er öffnete sie und nahm das Geld heraus. Die Mappe gab ihm Deckung. Die sauberen neuen Scheine steckten in Tausenddollarbündeln unter gelben Papierstreifen. Logan zählte ein Paket durch, während Tritt ihn genau beobachtete. Dann verstaute er die Bündel sorgfältig in seiner Mappe.

«Und nun rechnen Sie die Bonds fertig aus», sagte Logan. Tritt füllte das Formular aus, und Logan unterschrieb. Tritt war nicht halb so aufgeregt, wie Logan vermutet hatte. «Hören Sie gut zu, Tritt», fuhr Logan fort. «Mein Rückzug ist natürlich gedeckt. Wenn Sie aber Alarm schlagen, bevor ich die Bank verlassen habe, jage ich Ihnen eine Kugel in den Kopf.» Logan deutete sich zwischen die Augenbrauen. «Und glauben Sie ja nicht, ich würde es nicht wagen! Und nun zurück an Ihren Schalter!»

Tritt tat, wie befohlen. Als er ihm den Rücken zukehrte, nahm Logan blitzschnell das Geld aus seiner Mappe und ließ es in der Schublade verschwinden – zu der Pistole. Dann schob er sie zu, nahm seine Mappe und verließ die Bank. Draußen blieb er direkt vor dem Eingang stehen, als warte er auf den Bus. Nach wenigen Sekunden heulte die Alarmanlage los. Der alte Wächter kam aus dem Eingang auf Logan zugerannt, Pinkson, der Vizedirektor und Tritt folgten ihm auf den Fersen.

«Aber meine Herren», sagte Logan und hob, als der Wächter seine Waffe auf ihn richtete, die Arme. «Geht das schon wieder los?»

Es bildete sich sofort eine Zuschauermenge. Pinkson schickte den Vizedirektor weg, um die Alarmglocke abzustellen. «Gehen wir hinein», sagte er. «Wir wollen hier draußen kein Aufsehen erregen.»

Es rollte nun die gleiche Szene ab wie schon einmal, nur spielte Logan jetzt – als zweimal fälschlich verdächtigter Bürger – den Wütenden. Und in Tritts Kasse fehlten zehntausend Dollar. Tritt blieb trotz allem ruhig.

«Diesmal habe ich ihn erwartet», sagte er stolz zu Pinkson. «Alle Scheine sind markiert. Meine Initialen sind auf der Banderole. Das Geld hat er in seiner Mappe.»

«Aber um Himmels willen, Tritt», brüllte Logan los. «Haben Sie schon mal gehört, daß jemand zu entkommen versuchte, indem er auf den Bus wartete? Ich weiß nicht, worauf Sie hinauswollen, aber –»

«Lassen Sie das meine Sorge sein», sagte Tritt. «Sehen wir doch mal in Ihrer Mappe nach!»

Er riß Logan die Mappe aus der Hand, öffnete sie und drehte sie um. Ein Stoß korrigierter Hefte fiel heraus. Sonst nichts.

«Na bitte!» sagte Logan. «Kein Cent!»

Der Wächter steckte seine Pistole ein, während Pinkson sich

bückte und die Hefte auflas. Tritt wandte sich um und schmetterte die Mappe gegen die Wand. Er packte Logan bei den Schultern: «Aber ich habe Ihnen das Geld gegeben! Ich habe es Ihnen gegeben!» Sein Gesicht war leichenblaß. Seine Stimme schnappte beinahe über. «Sie steckten es in Ihre Mappe. Ich habe es selbst gesehen. Ich sah, wie Sie es taten!» Er begann, Logan verzweifelt zu schütteln, als versuche er, die zehntausend Dollar aus ihm herauszuschütteln.

Pinkson erhob sich mit den Heften. «Um Himmels willen, Mr. Tritt! Hören Sie auf! Aufhören!»

Tritt ließ Logan los und wandte sich wütend an Pinkson. «Sie glauben mir nicht!» brüllte er. «Sie glauben mir nicht!»

«Es ist keine Frage von . . .»

«Ich werde das Geld finden! Ich werde Ihnen zeigen, wer lügt!» Er fiel über den großen Tisch her und fegte ihn mit einer einzigen Armbewegung vollständig leer. Papiere flatterten zu Boden. Das Tintenfaß zerbrach, und die schwarze Tinte ergoß sich auf den Teppich. Tritt zerrte den Tisch wütend über den grünen Teppich und stieß ihn gegen Pinksons Schreibtisch. Logan sah, wie sich die Schublade ein klein wenig öffnete.

Der dicke Kassierer ließ sich unbeholfen auf die Knie nieder und begann, mit den Handflächen auf den Teppich zu schlagen, wobei er wieder und wieder sagte: «Es muß hier irgendwo sein – in einer Tüte.» Er packte ein Ende des Teppichs und schlug es mit einem Grunzen zurück. Eine Staubwolke wirbelte auf. Nur der schmutzige Fußboden kam zum Vorschein. Ein Dutzend Leute standen inzwischen an der Marmorbrüstung, und alle Kassierer starrten durch ihre Glaswände zu Tritt hin.

«Ich werde es finden! Ich werde es finden!» brüllte Tritt. Mit schweißbedeckter Stirn stand er auf und drehte sich zum Tisch um. Die leicht geöffnete Schublade lag direkt in seinem Blickfeld, aber alle starrten Tritt an, und Tritt sah die Schublade unter der vorstehenden Tischkante nicht.

«Vielleicht wird er gefährlich, Mr. Pinkson», flüsterte Logan hastig. «Sie müssen ihn beruhigen.» Er packte Pinkson am Arm und schob ihn ein Stück zurück, so daß der Direktor nun an der

Tischecke stand, direkt vor der Schublade. Er hatte immer noch die Hefte in der Hand.

«Mr. Tritt, hören Sie endlich auf damit!» sagte Mr. Pinkson.

«Gehen Sie mir aus dem Weg, Pinkson», rief Tritt und kam schnaufend wie ein Stier auf ihn zu. «Sie glauben mir nicht, aber ich werde es Ihnen beweisen! Ich werde es finden!» Er legte Pinkson die Hände auf die Schultern. «Aber jetzt verschwinden Sie, Sie Blödian!»

«Das lasse ich mir nicht bieten!» sagte Pinkson scharf und schlug Tritt hart ins Gesicht. Betroffen sah ihn der Kassierer an, und plötzlich begann er zu weinen.

«Mr. Pinkson, Mr. Pinkson, Sie *müssen* mir glauben.»

Pinkson bereute schon sein Verhalten. «Tut mir leid, mein Freund. Das hätte ich nicht machen sollen.»

«Ich schwöre Ihnen, er drohte mir wieder mit einer Pistole. Mit einer richtigen Pistole – ich habe es mir nicht eingebildet.»

«Aber warum haben Sie Louie dann nicht gerufen?» fragte Pinkson. «Das ist Vorschrift.»

«Ich wollte ihn allein fangen. Er – er hat mich beim letztenmal so zum Narren gehalten.»

«Aber letztesmal war doch alles nur Einbildung», sagte Pinkson und sah zu Logan hinüber. Logan nickte.

«Wenn zehntausend Dollar fehlen, dann ist das keine Einbildung mehr», rief Tritt.

«Und genau hier fängt für mich das Rätsel an», sagte Pinkson langsam. «Aber wir werden es schon klären. Bis dahin muß ich Sie leider unter Arrest stellen, Mr. Tritt.»

Logan trat neben Pinkson. Beide sahen dem Kassierer mitfühlend nach, als er langsam, immer noch schluchzend, zu seinem Schalter zurückging.

«Das macht mich ganz krank», sagte Pinkson.

«Wahrscheinlich ist er unzurechnungsfähig», sagte Logan. Der Gedanke tröstete Pinkson.

«Vielleicht», sagte er.

Mitfühlend half Logan beim Aufräumen des Durcheinanders, das Tritt angerichtet hatte. Zusammen mit dem Vizedirektor schob er den Tisch an seinen Platz an der hinteren Wand, wobei er die Schublade sorgfältig zudrückte, bis sie fest geschlossen war.

Am nächsten Tag kam Norman Logan kurz vor Schalterschluß in die Bank. Er setzte sich an den Tisch, um einen Scheck auszufüllen. Ein sieghaftes Gefühl durchrieselte ihn, als er die Pistole und die zehntausend Dollar aus der Schublade in seine Manteltasche gleiten ließ. Als er aus dem Hauptportal trat und an dem Wächter vorbeiging, stieß er auf Mr. Pinkson.

«Schrecklich, schrecklich», sagte der kleine Mann ohne Einleitung.

«Was ist denn passiert?» fragte Logan ruhig.

«Ich habe eben mit den Ärzten im Krankenhaus gesprochen. Tritt scheint ganz in Ordnung zu sein, sie haben ihn entlassen. Er konnte auf jede Frage Antwort geben. Nur auf eine leider nicht: Wo ist das Geld?» Logan hielt das Geld in seiner Tasche fest umklammert und äußerte sein Mitgefühl.

Zu Hause lieh er sich von einem Nachbarn eine Reiseschreibmaschine und schrieb einen Brief.

Sehr geehrter Mr. Pinkson!

Ich schicke Ihnen das Geld zurück. Es tut mir sehr leid. Ich glaube, ich wußte gar nicht, was ich tat. Es scheint mir seit längerer Zeit so zu gehen.

Dann studierte er Tritts Initialen auf einer alten Quittung und schrieb ein kleines, sauberes, gefälschtes W. T. darunter.

Logan wischte seine Fingerabdrücke von den Scheinen und verpackte sie zusammen mit dem Brief zu einem kleinen Päckchen. Einen süßen Augenblick lang überlegte er, wie schön es wäre, das Geld zu behalten. Er könnte die Universität verlassen und im Westen seinen eigenen Forschungen nachgehen. Aber das gehörte nicht zu seinem Plan, der bis jetzt zu gut geklappt hatte, als daß er ihn nun gefährden durfte. Er fuhr zum Postamt in der Nähe von Tritts Wohnung und schickte das Geld Pinkson auf die Bank.

Am nächsten Morgen rief Mr. Pinkson Logan in der Universität an. «Nun hat sich alles aufgeklärt», sagte er erleichtert, aber traurig. «Tritt hat das Geld zurückgegeben, so daß die Bank keinen Schaden erlitt. Natürlich haben wir ihm gekündigt. Er bestreitet nicht nur, das Geld genommen zu haben, er bestreitet auch, es zurückgeschickt zu haben!»

«Wahrscheinlich weiß er nicht, was er tut», sagte Logan.

«Ja. Das schrieb er auch in seinem Brief. Jedenfalls wollte ich mich bei Ihnen für die Unannehmlichkeiten entschuldigen, die wir Ihnen verursacht haben.»

«Das waren keine Unannehmlichkeiten», antwortete Logan lächelnd.

«Und Sie haben uns auch sehr geholfen», fügte Pinkson hinzu.

«Ich habe Ihnen gerne geholfen», sagte Logan ruhig. «Es war mir geradezu ein Vergnügen.»

Logan verabschiedete sich, hängte ein und ging durch die Halle zu seiner Zehn-Uhr-Vorlesung über Botanik.

Die Bombe tickt

Stephen Marlowe

Wir saßen in der Turboprop auf dem Flug von Duluth in Minnesota nach Washington, D. C., als der kräftige Mann auf dem Fensterplatz neben mir auf seine Uhr schaute und sagte: «Zehn nach sieben, Drum. Wir haben die Hälfte hinter uns. Wenn ich jetzt fortlaufen könnte und irgendwo draußen auf dem Meer wäre, würde man das den Punkt ohne Wiederkehr nennen.»

«Sie laufen nicht fort, Mr. Heyn», sagte ich.

Mit einem leichten Lächeln stimmte er zu. «Nein, ich laufe nicht fort.»

Und dann begann das Ticken.

Heyns Augen wurden groß. Er hatte zu lange in Unsicherheit und Angst gelebt. Die körperliche Reaktion war deutlich – die weit geöffneten Augen, der starre Mund, die Hand, die sich auf der Armlehne zwischen uns um mein Gelenk klammerte.

Die lautlose Reaktion besagte: Sie haben doch die Zeitungen gelesen! Es ist nicht das erste Mal, daß in einem Flugzeug eine Bombe explodiert. Sie wissen, daß ich gejagt werde. Deshalb sind Sie hier.

Ich stand ganz ruhig auf, aber in meinem Hals klopfte eine Ader, im gleichen Rhythmus wie das Ticken. Einen Augenblick schaute ich auf den dunkelblauen Himmel über Heyns Kopf, und dann sah ich im Gepäcknetz über ihm die Aktentasche. Sie gehörte nicht Sam Heyn. Seine lag daneben, mit seinem Monogramm.

Das Ticken kam aus der Tasche ohne Monogramm. Es klang sehr laut, aber vielleicht bildete ich mir das nur ein. Es klang fast wie eine Trommel – jeder Trommelschlag brachte uns dem Tod einen Schritt näher und mit uns weitere vierzig unschuldige Menschen in der Maschine.

Ich sah auf die Aktentasche. Ich rührte sie nicht an. Bestimmt ein Zeitzünder; aber wie sollte ich wissen, auf welche Art der Mechanismus ausgelöst wurde? Vielleicht ging sie schon los, wenn man sie nur aus dem Gepäcknetz nahm.

Eine Minute war verstrichen. «Haben Sie etwas gefunden?» fragte Heyn.

Ich nickte wortlos. Ein kleiner Junge auf dem Platz vor Heyn drehte sich um. «Mami», sagte er. «Ich höre eine Uhr.»

Mami hörte sie auch. Sie warf Heyn und mir einen sonderbaren Blick zu. In diesem Augenblick kam die Stewardess mit einem Tablett vorbei. Sie blieb im Gang neben meinem Platz stehen und lauschte.

«Gehört die Tasche Ihnen?» Ihr Lächeln war gekünstelt. «Haben Sie eine Uhr drin?»

«Sie gehört mir nicht.» Ich stand auf und sagte leise zu ihr: «Es könnte eine Bombe sein, Miss. Da auf dem Fensterplatz das ist Sam Heyn.»

Sie erstarrte. Dann ging sie rasch in die Pilotenkanzel. Heyn sah mich an. Einen Augenblick später kam eine männliche Stimme über den Lautsprecher.

«Bitte, wem gehört die Aktentasche ohne Monogramm im Gepäcknetz über Platz siebzehn? Hier spricht der Captain. Bitte, wem gehört . . .»

Ich hörte das Ticken, das wie eine Trommel klang. Köpfe drehten sich um, und in der Kabine wurden Stimmen laut. Aber der Eigentümer der Tasche meldete sich nicht.

Auf Heyns Stirn standen Schweißperlen. «Verdammt», sagte er. «Wann wird sie losgehen?»

Dann kam der Captain. Er trug eine selbstbewußte, unbewegliche Miene zur Schau wie alle Piloten.

Er sah die Aktentasche an und lauschte. Auf der anderen Seite des Ganges stand ein Mann auf.

«Bleiben Sie bitte sitzen», sagte der Captain.

«Eine Bombe!» sagte plötzlich eine Stimme. Die Passagiere sprangen von ihren Plätzen auf und drängten sich in den vorderen und hinteren Teil der Kabine. In dem Durcheinander stellte ich mich rasch dem Captain vor. «Ich heiße Chet Drum. Ich bin Privatdetektiv und bringe Sam Heyn nach Washington, wo er vor dem Hartsell-Komitee aussagen soll. Wenn er beweisen kann, was die Lastwagenfahrer-Gewerkschaft im Mittelwesten plant, gibt es Ärger.»

«Ich kann es beweisen», murmelte Heyn.

Ich starrte auf die Aktentasche. Ich hörte das Ticken. Es sah nicht so aus, als ob er dazu noch Zeit haben würde.

«Wir könnten sie hinauswerfen», sagte der Captain.

«Die Kabine hat Druckbelüftung, oder?»

«Ja, und?»

«Wir wissen nicht, wie sie ausgelöst wird. Vielleicht genügt eine Luftdruckänderung, damit sie losgeht.»

Der Captain nickte. Er rief mit lauter Stimme: «Bitte, bleiben Sie alle auf Ihren Plätzen.» Dann sagte er: «Wenn wir rasch irgendwo landen könnten.» Sein Gesicht hellte sich auf. «Warten Sie.» Er blickte auf seine Uhr. «Sieben Uhr neunzehn.» Vor neun Minuten hatte das Ticken begonnen. «Wir brauchen nichts als eine viertausend Fuß lange Rollbahn. In der Nähe von New Albany gibt es einen kleinen Flughafen.»

Er ging rasch nach vorn. Wenige Sekunden später wurden wir aufgefordert, uns zur Notlandung anzuschnallen. Mit heulenden Turbinen ging die Maschine in steilem Flug nach unten.

Die Aktentasche tickte und tickte.

Wir machten zwei Anflüge. Beim ersten kam der Wind von der falschen Seite, und der Captain mußte es noch einmal versuchen. Als wir über den Platz brausten, sah ich einen Turm mit einem Windsack, zwei einsame kleine Hangars und drei glänzende schwarze Autos, die am Ende der Rollbahn warteten.

Worauf warteten die drei schwarzen Autos?

Ich fühlte, wie meine Kinnmuskeln sich entspannten. Ich sah Sam Heyn mit einem idiotischen Grinsen an. Er runzelte die Stirn und wischte sich den Schweiß vom Gesicht. «Nur immer mit der Ruhe», sagte ich.

Als ich den Arm nach der Aktentasche über seinem Kopf ausstreckte und das tickende Ding in der Hand hielt, wäre er fast von seinem Sitz aufgesprungen. Der Mann auf der anderen Seite des Ganges keuchte. Wir machten den zweiten Anflug auf den Platz und gingen steil nach unten. Ich brachte die Aktentasche nach vorn in die Pilotenkanzel.

Der Kopilot bediente den Knüppel. Der Captain sah erst mich und dann die Aktentasche an. «Sind Sie wahnsinnig?»

«Fast wäre ich es geworden.»

Er starrte mich an. Die Landeklappen waren ausgefahren. Wir glitten auf den Platz zu.

«Bleiben Sie weg von dem Platz.» Der Kopilot beachtete mich nicht.

Ich tat das einzige, was ich tun konnte, damit sie auf mich hörten. Ich schlug die Tasche gegen den Türgriff und zerbrach das Schloß. Der Captain wollte mich packen, aber er griff daneben. Ich öffnete die Tasche. Sie enthielt zwei Uhren, eine leise kleine und eine große laute. Die kleine hatte um sieben Uhr zehn das Werk der großen ausgelöst. Das war alles.

Keine Bombe.

«Sie kannten unsere Flugstrecke», sagte ich. «Sie ahnten, daß Sie es nicht wagen würden, eine Zeitbombe über Bord zu werfen, und daher wußten sie, daß Sie hier landen würden, wenn um sieben Uhr zehn das Ticken beginnen würde. Drei glänzende schwarze Autos warteten an einem verlassenen einsamen Flugplatz. Sie warteten auf Heyn.» Ich deutete auf den Sender. «Wenn Sie die Polizei benachrichtigen, können sie noch geschnappt werden.»

Es war sieben Uhr dreißig. «Nie wieder möchte ich zwanzig Minuten wie diese erleben», sagte der Captain.

Ich wollte es auch nicht. Aber Sam Heyn würde planmäßig in Washington ankommen.

Wenn ich dann noch lebe

Joe Gores

Wenn man aufgehört hat, sich täglich zu rasieren, und wenn die Hand beim Griff nach dem ersten Schluck am Morgen zittert, dann sagen die Leute in San Francisco, man werde «south of Market» landen – südlich der Market Street. Dort sieht es aus wie nördlich der Brücke in der Clark Street von Chicago oder zwischen Washington Avenue und Second in Minneapolis: Schnapsläden überrunden alle anderen Branchen, abgesehen von Pfandleihen, und nachts brennt nur in Kneipen Licht. Polizisten lassen sich da nur zu zweit blicken, und an den Ecken liegen die Säufer und schlafen, bis man sie aufliest und in den Ausnüchterungsschuppen Ecke Fifth und Bryant karrt. Südlich der Market Street findet man sie Abend für Abend: die Süchtigen, die Betrunkenen, die Nutten, die Zuhälter ... und die Leute, die schon so viel Angst und Schrecken durchgestanden haben, daß sie fast keine Furcht mehr kennen.

Leute wie mich.

Ich hockte in einer miesen Imbißkneipe an der Third über einem trockenen Stück Kuchen und einer Tasse besserem Spülwasser, als ich draußen die zwei Streithähne bemerkte. Der Grauhaarige trug ein weißes Hemd, einen Sportsakko und ungebügelte Hosen. Seine müden Whiskyaugen blickten aus einem zerfurchten Gesicht, dem man ansah, daß ihm schon sehr lange und sehr übel mitgespielt worden war. Der kleine elegante Mexikaner hatte einen blauen Anzug an, dazu weißes Hemd mit rotem Schlips, Cowboystiefel und Zweitagestoppeln. In einer Hand schwenkte er eine fast leere Tokajerflasche, mit der anderen versuchte er, dem Alten seinen neuen weißen Stetson aufzusetzen.

Als ich hinauskam, breitete er gerade die Arme aus und taumelte gegen eine Parkuhr. Dann wollte er den Alten die Third hinunterziehen.

«Laß mich. Du hast mich schon mal in Schwierigkeiten gebracht. Ich geh' nicht mit.»

Nachdem der Mexikaner verschwunden war, entdeckte der Alte mich und rief: «He, Kumpel!»

Er kam näher und fügte hinzu: «Bei mir hat es gerade für 'ne Flasche Tokajer gelangt, und dann bin ich hingegangen und hab' sie dem Mexikaner gegeben. Hinterher hab' ich 'rausgekriegt, daß der Junge Scheine hat, jede Menge Scheine. Wenn er nüchtern ist, ist er wahrscheinlich 'n ganz netter Kerl.» Seine trüben blauen Augen starrten besorgt dem Mexikaner nach. «Seh' ich gar nicht gern, daß der Junge mit den Scheinchen ‹south of Market› geht. Er kennt sich hier nicht aus, und was wird er da unten schon finden außer Betrügern?»

Ich wußte keine Antwort darauf. Weil ich das Ganze für eine Anzapfung hielt und weil ich ein weiches Herz habe, trennte ich mich von zwei Möpsen.

«Hier, Pops. Mach dir ein paar schöne Stunden.»

«Das wollt' ich doch gar nicht.» Seine Züge wurden versonnen, als er die zwei Dollar nahm. «Mein Name ist Kiely, Kumpel – ich wohne im Wessley, Ecke 22. und Third. Wenn du mal in die Gegend kommst . . .»

Er sprach nicht weiter, als wolle er der Einladung nicht zuviel Gewicht geben, widmete mir noch ein sanftes Lächeln und schlurfte davon. Auch nur einer von den Rumtreibern unter all den Haschköpfen und fröhlichen Mädchen und stumm dahintrottenden Schwarzen in der Third Street. In den Kneipen begegnete ich den üblichen traurigen Gestalten, die ihre Bierchen schluckten und die Taschen voller Staub und die Köpfe voller Hirngespinste hatten. Ich schlenderte in ein Kino, auf allen Plätzen fünfunddreißig Cent.

Gegen Mitternacht machte ich mich auf den Weg die Folsom Avenue hinaus zum Mission District, wo ich wohnte. An einer einsamen dunklen Stelle zwischen den Lichtkreisen der Straßenlampen glitt ein langer schwarzer 68er Lincoln an den Bordstein, und sein Auspuff machte Blubb-blubb-blubb in die kalte Nachtluft. Ein breites Gesicht mit blauem Kinn und einer dicken Zigarre mittendrin schob sich aus dem Fenster.

«Fährst du mit, Freund?»

Ehe ich nein sagen konnte, war die Tür offen, und der kleine Dicke, dem das Gesicht gehörte, stand neben mir auf dem Bürgersteig. Ein Messer drückte sich an meinen Gürtel.

«Einsteigen, Freund!»

Das blaue Kinn ließ die Zigarre auf und ab wippen wie einen braunen Finger, der winkt. Unter seinem blauen Mantel lagen fünfundzwanzig Pfund Übergewicht, wohl von italienischen Mehlspeisen, aber weil er das Messer hatte und ich keins, war er im Moment der Stärkere.

Sein Genosse steuerte den Lincoln die Eighth Avenue hinunter, wandte sich dann in Strandnähe nach links. Er war gebaut wie ein flinker Halbschwerer, hatte welliges Blondhaar und kalte blaue Augen, die sich auf einen Punkt hinter mir zu konzentrieren schienen.

«Du darfst mich Emmy nennen», sagte der gedrungene Italiener und spielte lässig mit seinem Feuerzeug. Für ihn war das hier nichts Neues.

«Hört mal», sagte ich. «Ihr habt euch den Falschen gegriffen. Ihr habt euch geirrt.»

Emmy beugte sich vor.

«Er sagt, wir haben uns geirrt, Earl.»

Earl gab keine Antwort. Emmy lehnte sich wieder ins Polster zurück und erklärte mit Entschiedenheit: «Wir haben uns nicht geirrt, Freund . . . Stimmt's, Earl?»

Earl blieb schweigsam und fuhr weiter. Er lenkte den Lincoln in die Sackgasse an der First Street gegenüber von der klotzigen grauen Masse des Seaman's-Union-Gebäudes, parkte mit dem Kühler Richtung Harrison und schaltete auf Standlicht.

«Wie heißt du denn, mein Junge?» fragte er.

«Rick. Ich sag' euch doch, ihr habt den Falschen erwischt.»

«Reg dich nicht auf, Junge. Erzähl uns was von Kiely.»

«Von dem hab' ich noch nie gehört.» Inzwischen schwitzte ich schon.

An der Ecke war ein Lokal mit roter Neonreklame über der Tür. Zwei Männer kamen heraus, blickten gleichgültig über den Lincoln hinweg und schlenderten zur Harrison hinüber. Ich rührte mich nicht. Neben mir schmatzte Emmy an seiner Zigarre wie ein Säugling am Nuckel.

«Wir wußten, daß er in der Stadt ist.» Earls Stimme klang gelöst und unbeschwert, als suche er sich gerade an den letzten zu erinnern, den er abgeknallt hatte. «Heute abend haben wir ihn beobachtet, wie er in der Third mit dir gesprochen hat, aber dann haben wir ihn verloren.»

«Und dann haben wir dich wiederentdeckt, als du aus dem Kino gekommen bist», schaltete sich Emmy ein.

«Ach so», sagte ich und erinnerte mich. «Das war Kiely? Ein Saufbold wie tausend andere, er hat mich um 'nen Dollar angefloht.»

«Hat er gesagt, wo er wohnt?»

Nach kurzer Pause sagte ich mit ruhiger Stimme. «Nein, kein Wort. Er hat sich nicht mal bedankt.»

Earl fing an, mit den Fingern auf dem Lenkrad zu trommeln. Dann sagte er unvermittelt: «Okay, mein Junge, ich glaube, du bist in Ordnung. Emmy, laß ihn 'raus.»

Während ich ausstieg, schob mir Emmy sein Gesicht unter die Nase. Mit seinen Hängebacken und den dicken Lidern ähnelte er einem wohlgenährten Bluthund.

«Schön brav die Harrison hinunter, ohne nach den Nummernschildern zu peilen, Freund.»

«Laß die Schau und mach, daß du 'reinkommst», schimpfte Earl.

Ich sagte danke, und er lachte, und ich marschierte die Harrison hinab und kam mir vor wie eine Plastikente auf dem Laufband in der Schießbude, wo der Antrieb ausgefallen ist, obwohl ich wußte, daß das dummes Zeug war. Keiner schoß hinter mir her. Ein paar Häuser weiter blieb ich stehen, um mir eine Zigarette anzuzünden: der Lincoln war nicht mehr zu sehen.

Meine Hände zitterten, als sie die Streichholzflamme abschirmten, aber sicher längst nicht so, wie sie Kiely gezittert hätten.

Das Wessley war eine Bruchbude mit Zimmern in den Obergeschossen, zweieinhalb Häuserblocks vom Revier auf der Third Street entfernt, wo ich aus dem Bus gestiegen war. Als ich unter der einsamen Glühbirne im Straßeneingang des Hotels stehenblieb, hielt ein großer Wagen hinter der nächsten Querstraße. Seine Scheinwerfer erloschen. Niemand stieg aus. Keiner kümmerte sich um mich.

Auf den knarrenden Stufen lag ein abgetretener Läufer, das schäbige Büro war leer. Ajax Kiely hatte laut Verzeichnis das Zimmer Nummer 27. Das Wessley roch alt und abgeschlafft, wie ein müder Bergmann nach einer Schicht unter Tage. Ein schäbiger Kokosläufer lief den schmalen Korridor entlang, um zwei rechte Winkel, und ganz hinten am Ende lag Nr. 27. Nichts rührte sich, als ich klopfte.

Ich ging wieder hinunter auf die Straße und ins Lokal nebenan. Es war ein altmodisches Wirtshaus mit hoher Decke; große Einmachgläser mit Soleiern standen auf der Mahagonitheke. Mit auf meiner Seite waren zwei italienische Arbeiter, auf der anderen war ein dicker, fast kahler Wirt, der aussah, als hätte er in seinen besten Tagen Dempsey schaffen können. In dieser Gegend hier hatte er wahrscheinlich einen Totschläger in der Tasche und einen geladenen 32er unter der Theke.

Im Spiegel wirkte ich breit und müde und weiß um die Lippen, so freundlich wie ein arbeitsloser Fernfahrer. Es war fast zwei.

«Was darf's sein, Freund?»

«Ich möchte einen Mann namens Kiely sprechen.»

«Kiely?» Es hörte sich an wie der Name eines ihm unbekannten Tieres.

«Stimmt . . . Ajax.» Ich zeigte nach oben. «Nummer 27.»

«Nee.» Sein schmutziges Handtuch ließ die Staubflöckchen auf der Theke Ringelreihen tanzen. «Fragen Sie mal in der Küche.»

Durch eine Verbindungstür gelangte ich in einen dunklen Lebensmittelladen, an dessen Rückwand durch eine weitere Tür mattes gelbes Licht fiel. Es roch nach Essig und Bratenfett. Die vollgepfropfte winzige Küche hatte kaum Platz für den schwarzen eisernen Herd und die dicke Italienerin mit dem beachtlichen Sortiment an Kinnfalten. Ihr Haar war zu einem dicken Knoten zusammengebunden, und ihre stechenden blauen Augen hatten bestimmt noch nie im Leben einen Dollar übersehen.

«Außer Sandwiches gibt's heute nichts mehr.»

«Oben in Nummer 27 wohnt ein Mann namens Kiely. War er heute abend mal hier?»

«Sind Sie von 'nem Inkasso-Institut?»

Ich rümpfte die Nase, ohne etwas zu sagen, als habe mir jemand einen Hering drunter gehängt.

Sie drehte das brutzelnde Steak um, schnitt es etwas ein, langte nach einem dicken Teller und griff nach einem französischen Weißbrot, und das alles mit einem solchen Minimum an Bewegungsaufwand, daß jeder Rationalisierungsfachmann blaß vor Neid geworden wäre.

Beim Brotschneiden sagte sie: «Harry vorn hatte letzte Woche einigen Ärger. Er antwortet nicht gern auf Fragen.» Sie drückte mir den Teller mit dem Sandwich drauf in die Hand. «Sagen Sie dem Kerl vorn an der Theke, das macht einen Dollar. Kiely sitzt hinten.»

Hinter einem verwaschenen grünen Vorhang am Ende des Lokals befand sich ein großes kahles Zimmer, in dem die langen Tische an die Wände geschoben waren, damit man samstags abends auf dem ungepflegten Boden tanzen konnte. Links waren hölzerne Nischen, und in der zweiten saß Kiely und tunkte mit Weißbrotbrocken Soße vom fast leeren Teller.

Als ich mich ihm gegenüber niedersetzte, sah er auf und grinste.

«Heute abend hätte ich dich nicht mehr erwartet, Kumpel.» Er wies auf den Teller. «Man soll immer seine regelmäßigen Mahlzeiten einhalten. Das habe ich gelernt, als ich bei den Chicago Sox spielte.»

Ich sagte: «Hör mal, da ist was ...»

«Als der Krieg anfing, habe ich mit Baseball aufgehört, Kumpel – ich ging zur Air Force und war Captain einer Staffel in Australien.» Er teilte ein Stück Apfelkuchen und steckte eine Hälfte in den Mund. Rotbraune Krümel rieselten ihm aufs Hemd. «Seither kann ich die Brüder nicht mehr ausstehen. Ich hab' da mal einen Krug Schnaps gekauft, für zehn amerikanische Dollar. Als ich ihn aufgemacht hab', war Tee drin. Seitdem ...»

Ich wiederholte geduldig: «Zwei Kerle. Sie suchen dich. Ich dachte, es würde dich wenigstens ein bißchen interessieren, aber ich will dich nicht weiter stören ...»

Seine Gabel klirrte auf den Teller und dann auf den Boden. Im Lokal dröhnte die Musikbox los.

«Zwei Kerle, sagst du? Earl und Emmy, nicht wahr? Bei Gott, sie haben's mal wieder geschafft.» Plötzlich glichen seine Worte Kugeln. «Und was hast du davon, Kumpel? Was haben sie dir angeboten?»

«Hol dich doch der Teufel, Kiely.»

Ich traf Anstalten, mich zu erheben, aber er hielt mich am Arm fest.

«Entschuldige, Kumpel. Es hat in Philly angefangen und ist über New York und Chicago und Miami und New Orleans und Los Angeles weitergegangen. Wenn du drei Jahre lang auf der Flucht bist und der Tod ist hinter dir her, dann bleibt da was hängen ...»

«Okay, Pops. Schwamm drüber. Ich bin manchmal impulsiv.»

Er nickte.

«Ich hab' gesehen, wie dieser Earl in Philly einen umgebracht hat. Es ging da um 'ne Menge Geld, und mir ist's in die Finger gefallen – frag mich nicht, wie. Wenn ich ihn mal abhänge, dann gibt es Weiber und Schnaps und Luxushotels, und dem alten Kiely werden die Schuhe gewienert ...» Er schwieg, senkte die Stimme. «Hast du schon mal achtzig Mille auf einem Haufen gesehen, Kumpel?»

Er pulte die obersten Hemdknöpfe auf, und ich sah ein Lederbeutelchen, das an einer Kordel unterm Arm hing. Er nahm einen flachen Schlüssel heraus, in den die Nummer hunderteinundachtzig eingestanzt war, und legte ihn zwischen uns auf den Tisch.

«Da liegt es, Kumpel. Ein Bankfach. Aber nur der alte Kiely weiß, in welcher Bank und in welcher Stadt auf welchen Namen es ist.»

Was sollte ich dazu sagen? Ich betrachtete den Schlüssel, der da im feuchten Ring lag, den sein Wasserglas verursacht hatte, und ich überlegte, was einer mit achtzig Mille alles anfangen konnte. Aber ich erinnerte mich auch an Earls Augen und seine Killerhände, und ich war froh, daß ich nicht Kiely war.

Als ich aufblickte, beobachtete er mich.

«Ich weiß, Kumpel: Du denkst, die achtzig Mille haben Kiely so gut wie gar nichts genutzt. Da hast du recht. Das stimmt.» Seine blauen Augen sprühten plötzlich Haß, wie die einer Nutte, die sich einen an Land gezogen hat und dann merkt, daß er von der Sitte ist. «Aber wenn man mal am Rennen ist, dann fällt's nicht leicht, damit aufzuhören. Und es geht ja auch nicht nur ums Geld. Earl will mich umlegen, weil ich ihm diesen alten Mord in Philly anhängen kann.»

«Hör zu, Pops», sagte ich rasch. «Laß mir Zeit bis morgen früh. Ich treibe ein paar Dollar auf, und dann kannst du aus der Stadt verschwinden.»

Er musterte mich lange, ohne etwas zu sagen; dann schob er mir den Schlüssel mit einem Zeigefinger herüber.

«Ich hab' so 'n komisches Gefühl, Kumpel. Gib mir den morgen früh am Busbahnhof wieder. Und jetzt geh mit auf mein Zimmer, und erzähl mir von Earl.»

«Ich will den Schlüssel nicht haben, Pops.»

«Aber auf diese Weise, Kumpel, wenn er ... mich heute nacht finden sollte, dann kann ich ihm nicht verraten, wo er ist, weil ich's ja nicht weiß. Ich sage dir, ich hab' so'n komisches Gefühl.»

Also steckte ich den Schlüssel in die Tasche und folgte ihm die Hintertreppe hinauf. Sein Zimmer war typisch für die alten

Hotels an der Third Street: Es roch ein bißchen sauer, nach kaltem Zigarrenrauch, und es war winzig. Das Bett war nicht gemacht, vor dem Fenster stand ein schäbiger Sessel, der wohl schon die Zeiten vor dem ersten Weltkrieg erlebt hatte. Der dünne braune Vorhang war herabgezogen, und die Schranktür stand gerade einen solchen Spalt breit offen, daß eine Maus herausschlüpfen konnte. Der braun gemusterte Teppich war dünn wie eine Münze aus den zwanziger Jahren. In diesem Zimmer konnte einer Alpträume kriegen.

«Sie würden 'ne Menge drum geben, wenn sie wüßten, daß es hier ist, was sie suchen», sagte Kiely und knipste das Licht an. Ich wandte mich um und wollte die Sicherheitskette vorlegen, und er fügte noch mit plötzlich hoher, atemloser Stimme hinzu: «Als ich in Philly mit einem gewissen Moran zusammen Baseball gespielt . . .»

Er verstummte abrupt, mit einem Seufzer. Als ich mich umdrehen wollte, spürte ich den seltsamerweise schmerzlosen Schlag auf den Kopf – und dann nichts mehr.

Grelle bunte Blumen bildeten das Muster auf dem billigen Papierkorb, und der braune Teppich, der mich an der Nase kitzelte, roch muffig. Eine sehr dicke Wespe bohrte ihren Stachel monoton und unablässig in meinen Hinterkopf. Als ich mich herumwälzte, mußte ich stöhnen. Kiely betrachtete mich nachdenklich aus seinem klapprigen Sessel.

«Was zum Teufel?» sagte ich zu ihm. «Was zum Teufel . . .?»

Dann erst fiel der Groschen. Meine Schuhe schoben etwas über den Teppich, das dann gegen die hölzerne Wandverkleidung klirrte. Es ähnelte dem Messer, das mir Emmy am frühen Abend an den Bauch gedrückt hatte. Ich erinnerte mich an den Geruch von Zigarrenrauch und musterte Kiely näher. Eine neue rote Krawatte zierte sein Hemd. Und während ich hinsah, wurde der Schlips länger und länger und tropfte in seinen Schoß. Da hatte ich die Kerle denn doch noch zu Kiely geführt.

Draußen heulte von weitem eine Sirene auf. Mir fiel ein, daß das Revier nur zwei Querstraßen entfernt war. Ein anonymer

Telefonanruf wahrscheinlich. Das Messer verstecken. Ich kroch hin, hob es auf und ließ es in die Tasche gleiten. An meinem Ärmel war Blut. Hol's der Teufel, dachte ich dann – wie soll ich bloß Kiely verstecken?

«Entschuldige mich», sagte ich laut.

Tritte polterten die Holztreppe herauf. Ich ging um Kiely herum und lehnte mich gegen das Fenster. Es ging nach draußen auf, Glas barst, und die Jalousie ging gleich mit. Die frische Luft war wie ein Schock für meinen noch getrübten Verstand, sie war feucht von dickem Nebel.

Eine schwere Faust ließ die Tür beben, und eine Tarzanstimme brüllte: «Polizei! Aufmachen!»

Vom Fensterbrett katapultierte ich in die Finsternis. Meine Absätze landeten in einem Eimer und warfen ihn um, und ich flog mit der Kehrseite in einen stinkigen Abfallhaufen. Ich watete über einen mit Unrat besäten Hof zum rückwärtigen Zaun und schaffte ihn trotz des Puddings in den Knien auf Anhieb. Als ich stehenblieb, um auf die Splitter in meiner Hand zu fluchen, leuchtete eine Stablaterne aus Kielys Zimmer in den Hof, und Stimmen erschallten. Ich machte mich schleunigst davon.

Die Erde war weich und naß, der Nebel überall. An einem schlammigen Kanalufer stieß ich auf Eisenbahnschienen. Sie führten mich zur Kreuzung an der 25. Straße, hier wandte ich mich bergauf, weg von der Third Avenue. Ich stieg zu den Potrero Terrace Housing Projects hinauf. Die vom Staat errichteten Einheitsbaracken gähnten mit offenen Fensterhöhlen, sie warteten auf die Abbruchkolonnen, grau und kalt und gespenstisch im wallenden Nebel. Ich suchte mir eine Telefonzelle und rief ein Taxi.

Während ich im Schatten des großen Kaufhauses an der Connecticut Avenue wartete, rollte ich meine Jacke zu einem festen Bündel, samt Blutfleck und Messer. Mit Blaulicht und Sirene brauste ein Streifenwagen auf der Army Street vorüber.

Meine Schuhe hallten hohl auf der Betonrampe der Nachtgarage im Keller des Bellingham Hotels Ecke Sixth und Mission Street.

Ein kräftiger Schwarzer etwa in meinem Alter döste auf einem Feldbett im hell erleuchteten Büro am Ende der Rampe. Er ähnelte Harry Belafonte, und quer über die Brust seines blauen Overalls war in großen roten Buchstaben der Name der Garage gedruckt.

Seine scharfen Augen öffneten sich, wurden wach.

«Mann», sagte er. «Bißchen kühl, um ohne Jacke draußen rumzulaufen.» Er setzte sich auf, rieb sich die Augen, dann griff er nach der Schreibtischlade, wo die Flasche stand. Ich schüttelte den Kopf.

«Wo wohnst du denn eben, Nat?»

«In einer Bude in der Geary Street. Warum?»

«Ich brauch' für ein paar Tage einen Unterschlupf.»

Er zog einen Schlüssel aus der Tasche und ließ ihn in meine ausgestreckte Hand fallen.

«Das dritte Haus hinter der Ecke Octavia, gelb gestrichen. Das Zimmer nach vorn im Parterre. Laß dich von der Wirtin nicht sehen, Mann. Sie hat entschieden etwas gegen Weiße in ihrem Haus. Sieht's bös aus?»

«Ziemlich. Es hat einen erwischt.» Als er große Augen bekam, fügte ich hinzu: «Nein, ich war's nicht, Nat.»

«Mann», sagte er leise, «ich hab' ja gar nicht gefragt. Du rutsehst doch immer wieder irgendwo rein.» Er stand auf und nahm seine grüne Armyjacke vom Haken an der ungestrichenen Wand. «Bis ich hier weggehe, scheint die Sonne, da brauche ich die nicht.»

Ich deponierte meine Jacke auf dem Stuhl. «Kannst du das loswerden, Nat? Es ist Blut dran, und in der Tasche steckt ein Messer.»

«Ist es das Messer, mit dem . . .»

«Ja.»

«Ich ruf' dir ein Taxi, Mann, du siehst ja zum Kotzen aus.»

Es war vier Uhr nachmittags.

Ein kleines Negermädchen in hellrotem Kleid hüpfte den Bürgersteig entlang; die beiden fest geflochtenen Zöpfe standen fast waagerecht nach beiden Seiten ab. Sie war einfach fröhlich. Hinter ihr kamen drei kleine Negerlein und ein Chinesenjunge, alle mit hellen Windjacken und braunen Cordhosen. Zwei hatten Schulbücher. Goldener Sonnenschein lag über dem Bürgersteig; es gibt keine schönere Stadt als San Francisco, wenn die Sonne scheint. Nat kam von der Bushaltestelle her die Straße herauf. Er pfiff vor sich hin. Auch er hatte Schulbücher unterm Arm, er studierte.

Über dampfendem Kaffee von seiner Kochplatte erzählte ich ihm die ganze Geschichte, bis zum Ende mit dem Schlüssel in meiner Hand. Er schüttelte den Kopf.

«Der gute alte Rick mit dem weichen Herzen», sagte er.

«Und achtzig Mille.»

«Als du hingegangen bist, um ihn zu warnen, hast du von den achtzig Mille nichts gewußt. Wie zum Teufel glaubst du, daß die beiden Halunken den Unterschlupf des Alten gefunden haben?»

«Earl hat nicht geglaubt, daß ich Kielys Wohnung nicht kannte», sagte ich grimmig, «und da sind sie mir gefolgt. Der Wagen, den ich beim Hinkommen weiter hinten in der Straße sah, muß der Lincoln gewesen sein.»

«Sie haben Kielys Namen im Gästeverzeichnis gefunden, sein Zimmer mit einem Dietrich geöffnet, sich im Schrank versteckt. Und als Kiely gesagt hat, was sie suchten, sei im Zimmer – aus war's.»

«Nicht ‹sie›», korrigierte ich. «Nur Emmy. Ich wette, Earl hat draußen gewartet, für den Fall, daß Kiely aus dem Hotel flüchtete. Er hätte den Alten nie umgebracht, ehe er ganz sicher war, wo das Geld steckt. Als ich wieder zu mir kam, war im Zimmer kaum etwas durcheinander.»

Nat goß Kaffee nach und lehnte sich aufs Bett zurück. Plötzlich schoß er wie ein Bolzen in die Höhe, daß die Federn protestierend ächzten.

«He, Mann, kurz bevor es Kiely erwischte . . . was hat er da gesagt?»

«Etwas von Philadelphia und einem Baseballspieler namens Moran. Nichts, was . . .»

Ich hielt inne und betrachtete den Schlüssel in meiner Hand.

«Das muß es sein», rief Nat aufgeregt. «Er war nicht auf den Kopf gefallen. Das Geld liegt in dem Bankfach hunderteinundachtzig von irgendeiner Bank in Philly – auf den Namen Moran.»

«In Philly gibt's 'ne Menge Banken.»

«Das kriegen wir schon 'raus. Im Moment ist unser Problem, daß diesem Earl wahrscheinlich aufgegangen ist, daß Kiely dir gegeben hat, was er sucht. Am besten bleibst du hier, Rick. Ich hör' mich heute abend vor der Arbeit ein bißchen um und sehe zu, was ich erfahren kann.»

Später, als er schon an der Tür war, rief ich ihm noch leise nach: «Und besten Dank auch, Nat.»

Er grinste breit. «Alte Kameraden aus der Army – und achtzig Mille.» Dann lachte er und ging hinaus.

Ich hab' ihn nie wiedergesehen.

Die Zeit verging langsam. Die Zeitungen behandelten Kielys Tod wie alle derartigen Vorkommnisse in den Slums – ein Einspalter auf Seite zwei. Die Giants hatten ein gutes Spiel geliefert, und es gab wieder einen Doping-Skandal beim Derby. Diesen Monat wurden zehntausend Mann eingezogen.

Auf dem Boden lag ein grüner Teppich, und jemand hatte die Tapete rosa gestrichen. Im Schrank fand ich eine Flasche Schnaps. Wieviel Banken mit Schließfächern es wohl in Philadelphia gab? Ein paar Geduldige konnten sie in einiger Zeit alle abklappern.

Um halb neun war die Flasche trocken. Durch den Nebel marschierte ich zu dem chinesischen Laden in der Geary Street, und wenn Autos vorüberkamen, wandte ich das Gesicht ab. Bei meiner Rückkehr unterhielten sich ein schwarzer Teenager und eine schwarze Dreißigerin im Treppenhaus vor einer offenen Wohnungstür. Das Treppenhaus duftete wie alle Treppenhäuser in billigen Mietshäusern. Sie schwiegen und musterten mich mit wachsamen, ausdruckslosen Augen.

Ich trank ein paar Gläschen und schaltete das Radio ein: Rock und Rock und Discjockeys mit fröhlichem leerem Geschwätz. Irgendwann vor Mitternacht schlief ich im Sessel ein.

Als mich ein Nachrichtensprecher morgens um sechs weckte,

wünschte ich mir, er hätte mich schlafen lassen. Er sagte: «Nathaniel Webster Doobey, achtundzwanzig Jahre alt, farbig, Wohnsitz unbekannt, wurde am frühen Morgen von einer Funkstreife in einem Hauseingang an der Jessie Street hinter dem Postamt an der Seventh Street tot aufgefunden. In seinem Körper waren elf Messerstiche, vier Knöchel seiner rechten Hand waren gebrochen. Vermutlich wehrte er sich, bis er aus Blutverlust zusammenbrach. Doobey starb im Krankenwagen, ohne das Bewußtsein wiederzuerlangen. Man vermutet, daß es sich bei dem brutalen Verbrechen um einen Raubmord handelt . . .»

Ich nahm einen tiefen Schluck aus der Flasche, dann tauchte ich meinen Kopf ins kalte Wasser der Schüssel in der Zimmerecke. Die einsame schwache Birne über dem Becken beleuchtete im rissigen Spiegel ein gelbes angstvolles Gesicht. Das war kein Raubmord gewesen. Und ich war der nächste. Vielleicht hatte er ausgeplaudert, wo ich mich verbarg. Fliehen . . .

In Nats Schubladen fand ich genügend Geld für die Fahrt nach Philadelphia. Sein Sportsakko war mir über den Schultern ein bißchen eng, aber die grauen Flanellhosen paßten. Ein Taxi hielt auf mein Winken hin vor Tommys Restaurant Ecke Geary und Van Ness.

Als ich die Fahrkarte nach Philly gekauft hatte, besaß ich noch neun Möpse. Ich versuchte, mich im Greyhound-Busbahnhof an der Seventh Avenue auf eine Illustrierte zu konzentrieren, während ich auf den Bus wartete, aber es wurde nichts draus. Gesichter von Toten huschten immer wieder über die Bilder. Ich hatte sie zu Kiely geführt. Earl hatte sich Nat wahrscheinlich selber vorgenommen; er war der Typ, der nicht zu stechen aufhören konnte, wenn er mal angefangen hatte. Nat hatte von einer Anwaltspraxis im Fillmore District geträumt, mit einem Büro in der O'Farrell Street. Sie hätten ihn nicht in der Gosse verbluten lassen dürfen. Meine Hände hatten die Illustrierte zerrissen. Ich ging hinaus.

All die Leute wollten verreisen, geschäftlich oder in Urlaub, sie lachten oder waren traurig, oder es war ihnen alles egal. Aber sie hatten ein Ziel. Und dann gestand ich mir ein: Ich fuhr nirgends hin. Noch nicht. San Francisco war meine Stadt, und irgendwo in dieser Stadt waren Earl und Emmy, suchten, stellten Fragen. Dabei mußten sie auffallen – und man würde sich an sie erinnern.

Der Strom der Feierabendheimkehrer wurde schon dünner, als ich stehenblieb, um dem Mann ohne Beine Feuer zu geben, der in der Market Street Bleistifte verkauft. Er hat schon mehr Münzen von mir bekommen als die Telefongesellschaft. Meine Füße schmerzten. Der Mann ohne Beine saß auf seinem Brett, er hob nie sein wuchtiges schönes Gesicht, aber er registrierte jeden, der vorbeikam. Während ich mich mit dem brennenden Feuerzeug bückte, sagte er:

«Der Dicke ist vor zwei Stunden aus dem Western-Union-Gebäude gekommen, Rick. Ein Yellow Taxi hat auf ihn gewartet.»

Am Taxistand beim Omnibusbahnhof brauchte ich eine halbe Stunde, bis ich den Taxifahrer gefunden hatte, den ich suchte. Er war ein langer, leicht gebückt gehender Kerl mit dunkelblondem Haar und Los-Angeles-Dialekt. Fünf Möpse brachten ihn zum Reden.

«Ja, der Mann, den Sie meinen, der ist 'ne ganze Zeit von Kneipe zu Kneipe gezogen, um Third Street und Folsom. Ich hab' im Auto auf ihn gewartet, immer nur kurz, er kann kaum was getrunken haben. Er scheint einen zu suchen, wenn Sie verstehen, was ich meine . . .?»

«Und wohin haben Sie ihn schließlich gefahren?»

«Ja, am Ende habe ich ihn vorm Rockwell abgesetzt, Ecke Jones und Eddy. Billiger Typ – kein Trinkgeld. Ich komm' da nicht ganz mit – sind Sie 'n Privatdetektiv oder was?»

Als ich ihn verließ, steckte er die Nase wieder in seine Filmillustrierte, als wär's ein Glas Bier. Der Dicke, der den Zeitungskiosk eine Straße weiter hatte, hielt mich an. Stan wollte mich sprechen, sagte er. Das konnte wichtig sein, überlegte ich.

Stan ist eine ehrliche alte Haut aus der Alten Welt, und seit ich mich erinnern kann, hat er in der Market und Kearny Street

Zeitungen verkauft. Er und seine beleibte polnische Gattin haben mich ein paarmal zum Dinner eingeladen. Er trug einen blauen Pullover und hatte sich in eine Ecke seines viereckigen grünen Häuschens verkrochen, als friere er.

«Dieser Nat, er hat immer bei mir Zeitung gekauft, auf Heimweg von Arbeit. Dann vielleicht zwei Stunden geschlafen, dann studieren.» Seine blassen Augen blinzelten einmal. «Ich hab' gehört, die Kerle, was du suchst, haben das mit Nat gemacht.»

«So ist es, Stan.»

Er nickte.

«Der Große, mit den harten Augen, er ist vorbeigekommen vor etwa zwei, drei Stunden. Ist die Third hinuntergegangen.»

«Er sucht mich.»

«Der andere, der Dicke . . .» Er blies die Backen auf und strich sich den Bauch über der goldenen Uhrkette. «Rockwell Hotel, Eddy Street, da sitzt er in der Bar und trinkt. Der Lincoln steht auf Parkplatz, zwischen Larkin und Leavenworth an der Eddy Street. Kein Parkwächter.»

Er wollte meine vier Dollar nicht haben.

«Du guter Junge, Rick. Ich glaube, du tust, was der Mensch tun muß, manchmal. Ich sage Mama schönen Gruß von dir.»

«Mach das, Stan.»

Als ich durch den Nebel weiterging, hallten meine ungeduldigen Schritte von den Wänden wider. Wie Geister huschten Menschen vorüber, auf der Suche nach warmen Zimmern und ein paar guten Gläschen und vielleicht nach zarten Mädchen. Auf der Insel Alcatraz heulte einsam das Nebelhorn, als beklage es sich, in solch einer Nacht da draußen in der Bay bleiben zu müssen. Tropfen glitzerten an den Lampen. Und irgendwo in dieser Waschküche war Earl, unterwegs wie eine Katze auf Raub, die Hände voller Geld und die gnadenlosen blauen Augen voller Mord.

Nachdem ich mich überzeugt hatte, daß der Lincoln noch auf seinem Platz stand, rief ich Emmy in der Bar vom Rockwell an. Seine Stimme klang breiig, als habe er wieder eine seiner weichgekauten Zigarren im Mund.

«Ja?»

Mit hoher Stimme rasselte ich herunter: «Sind Sie einer von denen, die einen Kerl namens Rick suchen?»

«Hm ...» Der schwerfällige Verstand in seinem dicken Kopf begann sich zu rühren wie ein Schwergewichtler in der Ballettschule. «Hm ja ... ich möcht' ihn mal sprechen.»

«Sie haben gestern abend mit jemand in der Jessie Street gesprochen. Was ich weiß, kostet Sie 'ne Stange Geld.»

Er sprach leise und vorsichtig in die Muschel. «Wenn Sie tatsächlich etwas von ihm wissen, zahlen wir gut.»

«Okay. Wir treffen uns an der Haltestelle der sechsundsiebzig, Ecke Franklin und Pine, in zwanzig Minuten. Kommen Sie mit dem Wagen, ich steige dann ein. Ich rede, wenn ich grüne Scheine sehe.»

«Eigentlich müßte ich warten, bis ...»

«Dieser Rick haut heute abend ab. Er hat eine große Sache vor. Bis gleich.» Ich legte auf.

Der kleine Parkplatz befand sich zwischen zwei Bürogebäuden aus rotem Backstein, die das Erdbeben 1906 überstanden haben mußten. Es war dunkel, nur ein Dutzend Wagen hatten Platz. Als Emmy heranwatschelte, schnaufte er, und auf seiner Stirn glänzte Schweiß. Ich wartete, bis er sich zum Türschloß hinunterbeugte, dann tauchte ich zwischen Kofferraum und Mauer auf.

Ich hieb ihm die Handkante auf die Schulter, daß es mir fast die Hand lähmte. Er taumelte seitlich gegen den Lincoln, seine andere Hand glitt unter den blauen Mantel und kam mit dem blitzenden tödlichen Stahlfinger wieder zum Vorschein. Die Klinge rutschte eiskalt über meine Hand, verfehlte aber die Sehnen. Dann schlossen sich meine Finger um sein Gelenk. Ich brach ihm den linken Daumen, als er ihn mir ins Auge stechen wollte.

Dreißig Sekunden lang hingen wir aneinander, reglos wie zwei Fliegen, die sich paaren, während die Adern an unseren Hälsen schwollen und der Schweiß mir in den Augen zu brennen anfing. Dann grunzte Emmy und wich einen Schritt zurück. Ich drückte ihn über die Motorhaube und drehte seine Hand gegen seinen eigenen Magen. Er stöhnte. Sein Fuß scharrte auf dem Kies. Wir glitten am Kotflügel entlang. Dann gab sein Gelenk meinem Druck nach, und meine Hand preßte sich gegen seinen Bauch.

Emmy hörte zu keuchen auf und ließ die Arme sinken. Benommen starrte er an sich hinab. Der Griff seines neuen Messers war ein groteskes Stück Horn, das mitten aus seinem Bauch ragte.

«O Jesus!» Schreckliche Verzweiflung klang aus seiner Stimme. Die Worte waren kein Fluch wie sonst. «O Jesus Christ!»

Seine Rechte suchte Halt, schmierte skurrile Muster auf die polierte schwarze Motorhaube des Lincoln. Auf seinem Handrücken wuchsen schwarze Haare. Heisere Laute drangen aus seiner Kehle, und plötzlich setzte er sich auf den Kies, wie ein dicker Mann, der Picknick machen will. Ich ging rückwärts zwischen den Wagen hindurch, unfähig, meinen Blick von ihm zu wenden.

Von der Einfahrt her erklang eine rauhe männliche mit Whisky getränkte Stimme. «Das da ist er.»

Ich schnellte zwischen die Wagen zurück und beugte mich über Emmy, preßte ihm die Hand auf den Mund, um sein Stöhnen zu unterdrücken.

«Dieser Nebel!» sagte eine Frauenstimme, die auch nicht ganz nüchtern war. «Welcher . . . Wagen ist es denn? Hinten neben dem Lincoln?»

Meine Fingerspitzen berührten den kalten Messergriff.

«Nee, der nicht.» Ihre langen Schatten tanzten über den Kies. Sie stiegen in den Wagen auf der anderen Seite des Olds, gegen den ich lehnte. Ich atmete tief aus und ließ das Messer los. Die Frau kicherte betrunken; etwas bewegte sich plötzlich, dann folgten Schmatz- und Kußgeräusche. Endlich flammten die Scheinwerfer auf, der Motor brummte, und der Wagen rollte hinaus. Seine Scheibenwischer kämpften gegen den Dunst.

Etwas Warmes ließ mich hinabblicken. Ich sah Blut. Meine Hand ließ Emmys Gesicht los, als habe sie sich verbrannt.

Aus dem Halbdunkel starrte er mich an.

«He ... he ... Freund ...»

Dann bliesen seine Lippen ein paar traurige kleine rosa Bläschen ab, und er starb. Seine glasigen Augen sahen mich an wie Zwiebeln aus dem Cocktailglas. Ich holte tief Luft und erhob mich.

Als ich stand, hatte ich das Messer mit der blitzenden Klinge in der einen Hand und in der anderen seinen Zimmerschlüssel. Ich ging an vier Wagen vorüber, und vor der Tür eines funkelnagelneuen Ford wurde mir schlecht.

Hier im Rockwell ging ich einfach durch die Halle, ohne einen Blick hinüber zum Empfang zu werfen, mit dem Zimmerschlüssel in der Hand. Niemand schien mich zu beachten. Ich ging die Treppe hinauf in den zweiten Stock zu seinem Zimmer.

Das war vor einer Stunde. Vielleicht hat die Polizei Emmy schon gefunden und ins Leichenschauhaus geschafft. Oder vielleicht hat Earl ihn vorher gefunden, ist einfach in den Lincoln gestiegen und weggefahren. Aber das glaube ich nicht.

Ich glaube, Earl wird herkommen. Wenn er Emmy entdeckt hat, dann ist er jetzt sehr auf der Hut, blickt immer mal über die Schulter zurück in den Nebel. Dann weiß er nämlich inzwischen, daß ich kein verängstigter Säufer wie Kiely bin und auch kein harmloser Junge wie Nat. Dann weiß er auch, daß nur einer von uns am Leben bleiben kann.

Das Messer halte ich jetzt mit lang ausgestrecktem Arm tief an meiner Seite, wie ich's als Junge auf den Straßen draußen im Mission District gelernt habe. Wenn die Tür aufgeht, wird sie mich den Augenblick lang verbergen, den ich brauche, um Earl das Messer in die Nieren zu stoßen ... wenn er Emmy nicht gefunden hat.

Die Aufzugtüren klappern. Der Liftboy sagt: «Gute Nacht, Sir.»

Stille.

Ist es Earl, der auf lautlosen Sohlen den Flur entlangkommt wie der Tiger, den ich an Sonntagnachmittagen im Fleishaker Zoo gesehen habe? Weiß er Bescheid? Ich habe den Geschmack von Angst auf der Zunge, als hätte ich an einer Messingpatrone gekaut. Ich habe so viel Angst, daß sie mir gar nichts mehr ausmacht: Ich bin ganz ruhig.

Ein Schlüssel wird ins Schloß gesteckt! Es ist Earl! In ein paar Sekunden werde ich wissen, ob er Emmy gefunden hat und mit mir rechnet.

In ein paar Sekunden!

Wenn ich dann noch lebe ...

Eine Frage der Intelligenz

Matthew Gant

Die Perkins-Zwillinge waren elf Jahre alt, beinahe schon zwölf. Oder, wie Patty Perkins es erklärte: «Nächsten Donnerstag bin ich elf dreiviertel. Danny, mein Bruder, ist genauso alt, minus vierzehn Minuten.» Den Mord am Bananenhändler lösten sie mit Intuition, wie sie unbescheiden, aber richtig sagten.

Der Intelligenzquotient der Perkins-Zwillinge war einhundertfünfundachtzig. Im allgemeinen konnten die Leute sie nicht leiden, mit Ausnahme ihrer Eltern und des Bananenhändlers, der überall «Der Grieche» hieß. Nur die Perkins-Zwillinge nannten ihn bei seinem richtigen Namen: Aristos Depopoulos. Der Bananenhändler mochte die Zwillinge, weil sie ihm auf ganz gerissene Weise gezeigt hatten, wie er seine Einnahmen verdoppeln konnte.

Vor seinem plötzlichen Ableben tauchte der Bananenhändler regelmäßig im Viertel auf und schob seinen schweren, knarrenden Karren durch die Straßen der sich immer weiter ausdehnenden Neubausiedlung in der East Bronx, wo ein hellgelbes Ziegelhaus aussah wie das andere.

Danny und Patty Perkins hatten in ihrem elfjährigen Leben noch nie einen Obstkarren auf der Straße gesehen. Mit ernsten Augen kamen sie neugierig näher. Der Bananenmann tippte sich an seine speckige Mütze.

«Hallo», sagte er. «Wollt ihr Bananen kaufen?»

«Was für eine Aussprache», murmelte Patty Perkins.

«Klingt eher nach Hollywood als nach Griechenland», meinte Danny.

Patty legte den Kopf schief. «Hm. Vielleicht.» Sie starrte den Bananenmann an. «Sagen Sie noch was», verlangte sie.

Der Bananenmann wurde etwas rot und grunzte: «Haut ab, ihr Rotznasen!»

Patty Perkins grinste. «Du hast recht», sagte sie zu ihrem Bruder.

«Ich hab' immer recht», antwortete Danny Perkins.

Patty Perkins besah sich die Bananen. «Wieviel?»

Der Hausierer deutete auf das große weiße Schild mit der unbeholfenen Schrift in schwarzem Fettstift: ein Bündel dreizehn Cent, zwei Bündel fünfundzwanzig.

«Wieviel ist bei dem Geschäft drin?» fragte Danny Perkins.

Mittlerweile hatte der schlaue Bananenmann begriffen, daß die beiden Kinder, die da vor ihm standen, nicht so waren wie gewöhnliche Kinder. Er zündete sich eine Zigarette an, und als er die Packung gerade wieder in die Hosentasche stecken wollte, sagte er: «Oh, Entschuldigung» und bot den Perkins-Zwillingen eine Zigarette an. «Nein, danke», sagte Patty. Und Danny erklärte: «In der Sorte ist zuviel Teer und Nikotin drin. Haben Sie schon die neue Kent probiert?»

Man machte sich miteinander bekannt, und der griechische Bananenhändler Aristos Depopoulos gab zu, daß der Gewinn bei dem Geschäft tatsächlich ziemlich mager sei, aber wenn er ein bißchen mehr absetzte, könnte er ein bißchen billiger einkaufen, und dann würde er ganz gut davon leben können.

Danny Perkins schälte langsam eine Banane und biß das oberste Stück ab. Dann starrte er auf das Schild, und plötzlich lag ein kleines Lächeln um seinen Mund mit den vorspringenden Zähnen.

Die Perkins-Zwillinge mußten eine Brille tragen, hatten schlechte Zähne und waren ziemlich klein für ihr Alter. Mit sieben hatten sie ein rheumatisches Fieber gehabt und wußten, daß sie ein schwaches Herz hatten und ihren einundzwanzigsten Geburtstag kaum noch erleben würden.

Deshalb gingen sie so selten wie möglich zur Schule und verbrachten statt dessen ihre Zeit mit Lernen oder taten ihren Nachbarn Gutes, wie sie das übertriebenerweise nannten. Die Nachbarn dagegen bezeichneten sie als vorlaute, altkluge Gören oder noch Schlimmeres. Selbstverständlich waren Danny und Patty keine eineiigen Zwillinge, da ein Junge und ein Mädchen keine eineiigen Zwillinge sein können. Aber sie standen sich so nahe, wie das nur möglich war, wobei sie jedoch einen Hauch eigener Persönlichkeit behielten.

«Was hast du, Dan?» fragte Patty, als sie das rätselhafte Lächeln auf dem Gesicht ihres Bruders sah, während er prüfend das Schild des Bananenmannes betrachtete.

«Ganz einfach», sagte er. «Was für einen niedrigsten gemeinsamen Nenner haben seine Kunden?»

«Die Dummheit?» schlug Patty vor.

«Klar.» Er zog sich auf den Karren und riß das Schild herunter, das senkrecht zwischen den gelben Bananenbündeln gesteckt hatte. «Ein Bündel kostet dreizehn Cent. Zwei Bündel kosten fünfundzwanzig. Aristos, wie oft verkaufen Sie zwei Bündel?»

Der Hausierer zuckte mit seinen breiten Schultern. «Hin und wieder. Nicht mehr so oft wie früher. Die Leute haben wohl nicht mehr soviel Geld.»

«Blödsinn», sagte Danny. «Vielleicht nicht, um einen Chevrolet, der eintausendneunhundertfünfundneunzig Dollar kostet, für zweitausendvierhundert zu kaufen. Aber ein bißchen Kleingeld hat doch jeder.»

Patty schob ihre Unterlippe vor. «Bis zu einem gewissen Grad hat er recht. Die Leute sind knickriger geworden. Wenn er sagt, daß die, die zwei Bündel kaufen, seltener werden, glaube ich ihm das.»

«Hören Sie», sagte Danny zu dem Bananenmann. «Heutzutage ist Mengenrabatt doch ein alter Hut. Die Leute finden das langweilig. Geben Sie mir mal Ihren Stift.» Schweigend reichte Aristos Depopoulos Danny Perkins, der schon fast elf dreiviertel war, seinen Fettstift. Danny drehte das Schild um und schrieb: Ein Bündel dreizehn Cent, zwei Bündel siebenundzwanzig Cent. «So», sagte er und blickte seine Schwester an, die langsam das Geschriebene las und dann zustimmend nickte.

«Genial», sagte sie. «Richtig genial.»

«Eben», meinte Danny Perkins. «Ganz einfach.»

Der Grieche starrte auf das Schild. «Das ist verrückt! Warum sollte jemand für zwei Bündel mehr als das Doppelte als für eins bezahlen? Das ist doch Unsinn!»

Patty lächelte gezwungen. «Die einfachen Leute sind so schwer von Begriff. Natürlich wäre es verrückt, zwei Bündel zu dem höheren Preis zu kaufen. Aber», erklärte sie, und plötzlich sah sie aus wie ein schlaues Eichhörnchen, «aber was hindert einen Kunden daran, ein Bündel für dreizehn Cent zu kaufen und gleich darauf noch eins für dreizehn Cent. Der Dummkopf denkt, er hätte einen Cent gespart. In Wirklichkeit haben Sie einen Cent zusätzlich verdient.»

«Ganz einfach», sagte Danny.

Der Grieche runzelte die Stirn. Er überlegte. Er scharrte mit den Füßen, seine Stirnfalten vertieften sich. Dann nahm er das Schild, packte den Stift, strich die alten Zahlen gründlich durch und steckte es mit den neuen Preisen nach vorne senkrecht zwischen die gelben Bananenbündel.

«Sie sind auf dem besten Weg, sich Ihren ersten Cadillac zu verdienen», erklärte Danny Perkins.

Der Grieche lächelte. Er sagte nichts. Er hatte schon einen Cadillac.

Ungefähr zwei Monate später fand man den Griechen tot neben seinem Karren liegen. Die Perkins-Zwillinge hörten die Sirenen des Krankenwagens und der Funkstreife – es war unter der Woche an einem heißen Nachmittag im August – und liefen dem Klang nach zum Schauplatz des Geschehens, der ein paar Blocks von ihrem Haus entfernt an den Ausläufern der ständig wachsenden Wohnsiedlung lag. Am Straßenrand standen ein Polizist und ein paar Bauarbeiter, Bananenschalen und Pappbecher lagen herum, in der Nähe ragte ein halbfertiges Mietshaus auf, das später genauso aussehen würde wie die Nachbarhäuser. Der Polizist hatte ein kleines schwarzes Notizbuch in der Hand und machte sich eifrig Notizen. Auf der anderen Straßenseite wurden die sterblichen Reste von Aristos Depopoulos auf einer Bahre in den Krankenwagen geschoben, während sich noch ein Polizist Notizen in ein kleines schwarzes Buch machte. Ein dritter Polizist hatte bei dem Bananenkarren einen Ziegelstein aus dem Rinnstein aufgehoben und hielt ihn vorsichtig mit einem dünnen Stück Stoff fest, um keine Fingerabdrücke zu verwischen. Wegen des Bluts und der dunklen Haarbüschel, die daran klebten, war sogar dem Polizisten klar, daß der Ziegel das Mordinstrument gewesen sein mußte.

«Der arme Aristos», sagte Patty laut und ohne Mitgefühl.

Der Polizist beim Krankenwagen sah auf. «Du kennst den Mann?»

«Klar», sagte Patty Perkins. «Er war unser ältester und bester Freund.»

Mit offenem Notizbuch kam der Polizist auf sie zu. «Raus mit der Sprache», befahl er. «Wie hieß der Tote?»

«Aristos Depopoulos», sagte Patty Perkins langsam. Dann, noch langsamer, buchstabierte sie den Namen, wobei sie den Polizisten freundlich korrigierte, während sie zusah, wie sein Kugelschreiber über das Papier glitt.

«Kein Ausweis?» fragte Danny Perkins.

«Nichts», grunzte der Polizist.

«Dann muß ihn jemand identifizieren», erklärte Danny ruhig. Er ging an dem Polizisten vorbei zum Krankenwagen. «He, was bildest du dir ein?» rief ein Sanitäter. «Das ist schon in Ordnung», sagte der Polizist. «Ein Freund des Toten.»

Danny Perkins kletterte in den Wagen, zog das Tuch weg, das den toten Aristos Depopoulos bedeckte, und starrte in das Gesicht seines Geschäftsfreundes. Dann zog er das Tuch wieder gerade und kletterte auf die Straße.

«Ist er es?» fragte der Polizist.

«Ja.» Danny wandte sich an Patty. «Seltsam», sagte er.

«Was ist seltsam?» fragte der Polizist.

«Das geht Sie nichts an», antwortete Danny.

Die Perkins-Zwillinge kehrten an ihren Platz zurück und beobachteten weiter, was geschah. Kurz darauf traf eine Grüne Minna ein und holte die sechs Bauarbeiter ab – vier Italiener, einen Neger und einen blonden, amerikanisch aussehenden Weißen, den Patty für einen Skandinavier hielt. Aber Danny fand, daß er mehr wie ein Deutscher aussehe.

Nachdenklich gingen sie nach Hause. Patty beschäftigte sich in Gedanken mit den sechs Bauarbeitern, die zum Revier gebracht worden waren, obwohl sie sich klar war, daß sie den Mord auf diese Weise nicht lösen würde. Und trotzdem war sie überzeugt, daß die sechs Männer als Täter nicht in Betracht kamen, auch ohne mit ihnen gesprochen zu haben. Das war einfach logisch. Danny dachte an die seltsame Tatsache, daß die Blutspuren auf Aristos' Overall gar keine Blutspuren gewesen waren. Als er sich über den Toten gebeugt hatte, hatten sich die roten Spuren durch seinen Atem bewegt. Und er entdeckte, daß es roter Ziegelstaub war.

«Iß, Daniel», sagte Mrs. Perkins. Sie war eine kleine Frau mit einem Gesicht, das an einen Spatzen erinnerte. Man sah ihr an, daß ihr das Klimakterium viel zu schaffen machte.

«Sie werden die sechs Männer genau überprüfen», sagte Danny zu Patty.

Sie nickte. «Das habe ich mir schon überlegt. Sechs Bauarbeiter. Fünf von ihnen gehören Minderheiten an. Der Skandinavier nicht.»

«Der Deutsche», verbesserte Danny.

«Iß, Patricia!» sagte Mr. Perkins. Er war ein gedrungener, rotnackiger Mann mit Falten unter dem Kinn, die von den vierzehn Jahren herrührten, die er über Journale gebeugt als Buchhalter zugebracht hatte.

«Bei den Italienern und dem Neger werden sie sicher Vorstrafen herausfinden», sagte Patty. «Bei der hohen Kriminalität, die heute bei diesen Minderheitsgruppen herrscht! Es wäre doch komisch, wenn die nichts auf dem Kerbholz hätten.»

Danny nickte.

«Also», fuhr Patty fort, «behalten sie die mit Vorstrafen. Damit haben sie ein oder zwei Verdächtige und sind ein paar Tage beschäftigt.»

«Aber», meinte Danny, «vielleicht lassen sie sie wieder frei. Vielleicht lassen sie die ganze Sache auf sich beruhen. Einfach ein ungelöster Fall. So nennt man das doch.»

«Eßt», sagte Mrs. Perkins schwach.

«Natürlich kein Motiv!» sagte Patty. «Von Anfang an nicht. Aber du weißt ja, wie Polizisten sind. Sie sehen nie das Wesentliche. Von den Bauarbeitern hatte keiner einen Grund, Aristos zu töten. Und dann noch die Tatumstände.»

Danny zog eine Augenbraue hoch. «Vielleicht haben sich Aristos und einer von den Arbeitern wegen des Bananenpreises gestritten oder irgend so etwas. Ein Streit. Eine Prügelei.» Er dachte über seine Worte nach. «Nein. Das ist zu unwahrscheinlich. Und wenn sie sich gestritten oder geprügelt hätten, hätte das sicher ein anderer Arbeiter gemerkt. Er würde es der Polizei erzählen, und damit hätte es sich.»

«Wenn also in dem Fall nicht bald eine Änderung eintritt», sagte Patty, «kann man annehmen, daß niemand was Wichtiges ausgesagt hat und keiner den Mörder sah. Wahrscheinlich saßen sie am Rinnstein, aßen und tranken – Milch oder Bier oder so –, und ihre Köpfe hielten sie wegen der grellen Sonne gebeugt. Und plötzlich sahen sie, wie der Händler umfiel und der Ziegelstein über die Straße hüpfte. Soweit habe ich mir alles genau überlegt. Aber jetzt sitze ich fest.»

«Mehr ist nicht», sagte Danny. «Ein Toter, ein Ziegelstein. Sonst nichts.»

«Vielleicht lief jemand weg?» schlug Patty vor. «Um die Ecke? Der Karren stand ziemlich nahe an der Ecke, nicht?»

«Vielleicht fünf Meter weg.»

«Hätte nicht jemand einfach einen Ziegelstein von dem Haufen bei dem Neubau nehmen und Aristos niederschlagen können, weil er überzeugt war, daß die Arbeiter zu sehr mit ihrem Essen beschäftigt wären? Und dann ist er einfach weggerannt.»

«Für einen vorsätzlichen Mord zu riskant», sagte Danny. «Am hellichten Tag! Obwohl es an dem Tag heiß war und kein Mensch auf der Straße war. Trotzdem – man kann nie wissen, in wen man an der nächsten Ecke hineinrennt. Eine Frau mit einer Einkaufstasche zum Beispiel; der Postbote, irgend jemand. Er wäre erledigt gewesen.»

«Womit ich wieder da bin, wo ich am Anfang schon war», sagte Patty. «Keinen Schritt weiter.»

«Hast du den Ziegelstein gesehen?»

«Nein.»

«Was für einen Ziegelstein?» fragte Mr. Perkins, der gerade eine Gabel Kartoffelbrei essen wollte.

«Der stumpfe Gegenstand», sagte Danny, ohne seinen Vater anzusehen. «Sie prüfen ihn auf Fingerabdrücke.»

«Soviel ich weiß, ist es schwierig, an einem so rauhen Gegenstand wie einem Ziegel Fingerabdrücke festzustellen», sagte Patty.

«Das stimmt. Also werden sie hartnäckig dabei bleiben, daß nur einer der Arbeiter als Täter in Frage kommt. Aber keiner wird gestehen. Wenn ich doch bloß den Ziegelstein genau gesehen hätte!»

«Spielt das eine Rolle?» fragte Patty.

Danny seufzte. «Nein, wahrscheinlich nicht. Aber ich habe jetzt eine ziemlich feste Vorstellung von dem Fall. Der Ziegelstein würde mir dabei sehr viel nützen. Nur um die Sache zu untermauern.»

«Du hast es rausgekriegt?» fragte Patty und biß sich auf die Lippen.

«Natürlich. Es ist ganz einfach.»

«Nur, weil du Aristos in dem Fleischwagen noch gesehen hast?»

«Patricia!» mahnte Mrs. Perkins schaudernd.

«Stimmt», sagte Danny selbstzufrieden.

«Aristos war noch nicht tot? Er hat noch was gesagt?»

«Er hätte nicht toter sein können», sagte Danny entschieden.

«Das ist nicht fair. Du hast ihn noch mal gesehen. Du müßtest es mir sagen!»

Danny deutete mit einer Kopfbewegung auf ihre Eltern. «Nicht vor ihnen.»

Patty begann zu essen, und Mr. Perkins seufzte erleichtert auf. Danny griff nach seiner Gabel. Beide aßen methodisch, beinahe grimmig, und ihre Eltern waren froh, daß sie aßen und deshalb nicht reden konnten.

Am nächsten Morgen gingen Patty und Danny Perkins die Straße hinunter, in der sie wohnten. Sie liefen dicht an den schattigen Hausmauern entlang und fuhren im Gehen mit ihren Fingern über die noch kühlen Ziegel, die in der zunehmenden Hitze des Augusttages immer wärmer wurden.

Sie kehrten zum Schauplatz des Verbrechens zurück, blieben am Rinnstein bei ein paar Erwachsenen stehen und starrten auf die Straße, wo Aristos Depopoulos gestorben war.

Ein Mann deutete auf einen feuchten Fleck im Asphalt. «Dort», sagte er rauh.

«Blut», flüsterte jemand.

Danny Perkins ging hin und bückte sich. Er prüfte den feuchten Fleck mit seinem Zeigefinger und roch vorsichtig daran. «Urin», verkündete er laut. Und er und Patty stellten sich wieder an die Hausmauer.

Patty betrachtete Dannys Zeigefinger und dann ihre eigenen Hände. Die Fingerspitzen – mit Ausnahme von Dannys rasch trocknendem Zeigefinger – waren mit dem blassen Staub der Ziegelmauern bedeckt. Sie sah rasch über die Straße zu der Baustelle hin, wo wieder ein Haus entstand, das später genauso aussehen würde wie die Nachbarhäuser. Ein paar Arbeiter schoben einen Karren mit gelblichen Ziegelsteinen über eine Holzplanke.

«Sie haben schon Ersatz gefunden», sagte Danny.

«Natürlich», meinte Patty. «Die Zeiten sind schlecht. Arbeiter zu finden ist vermutlich nicht schwierig.»

«Du erkennst keinen von denen wieder?»

«Nein», sagte Patty. «Das sind nicht die gleichen.»

«Das bedeutet, daß die sechs noch in Untersuchungshaft sitzen.»

«Das bedeutet, daß niemand gestanden hat.»

«Ja.»

«Bist du wirklich überzeugt, daß es keiner von ihnen war?»

«Vollkommen», sagte Danny.

«Jetzt kannst du's mir doch sagen», meinte Patty.

«Komm mit!»

Danny ging auf den Eingang des Hauses zu, das der Stelle, an der Aristos Depopoulos getötet worden war, am nächsten lag.

Sie gingen zum Aufzug und drückten auf den Knopf. Die Aufzugtür glitt auf, und sie traten in die feuchtkühle Dämmerung der Kabine. Danny blickte prüfend auf die Knöpfe, von K für Keller bis zu sechs, oberster Stock. Er drückte auf den Knopf mit der Zahl sechs, die Tür glitt zu, der Aufzug fuhr hinauf. Als sie gerade am zweiten Stock vorbeikamen, sagte er: «Aristos wurde von einem roten Ziegelstein erschlagen.»

«Oh», sagte Patty mit einem unterdrückten Seufzer. «Woher weißt du das?»

«Ganz einfach», sagte Danny. «Auf seinen Schultern war ein Hauch von rotem Staub. Natürlich, wenn ich den Ziegelstein gesehen hätte . . .»

«Den jemand von einem Dach hinuntergeworfen hat?» fragte Patty. Sie kicherte ein bißchen.

«Natürlich.»

Der Lift hielt, die Tür ging auf. Sie stiegen die kurze Treppe bis zur eisenbeschlagenen Dachtür hinauf, stießen sie auf und traten auf das heiße Dach hinaus. Ihre Schuhe sanken ein wenig in die weich gewordene Teerdecke ein.

«Da!» sagte Danny und streckte seinen Finger aus.

Patty betrachtete den niedrigen Schornstein aus roten Ziegeln. Dann gingen sie bis zum Dachende und sahen zu den Nachbardächern hinüber, die alle den gleichen Schornstein aus roten Ziegeln hatten.

«Überall dasselbe», murmelte Danny.

«Ja», sagte Patty. «Die Häuser können die verschiedensten Farben haben, aber die Schornsteine müssen aus roten Ziegelsteinen sein.»

Sie untersuchten den Schornstein. Danny legte seine Hand auf den oberen Rand; er war locker. Er stieß daran und hielt dann einen Ziegelstein in der Hand. Er betrachtete ihn und ließ ihn fallen. Er landete auf dem weichen Teer. Aber selbst bei einem Fall aus so geringer Höhe entstand beim Aufprall roter Ziegelstaub, genau wie er ihn bei Aristos gesehen hatte.

Patty ging um den Schornstein herum. «Sieh mal!» Sie kicherte. Am oberen Rand fehlte ein Ziegelstein.

«Eben», murmelte Danny.

«Du brauchst den Ziegelstein nicht mehr zu sehen. Da oben hat er gelegen. Ganz bestimmt!»

Die schnellen Schritte auf der Treppe zum Dach waren leise, aber die Zwillinge hörten sie. Danny grinste. Patty kicherte noch vernehmlicher.

«Der Täter kehrt zum Schauplatz des Verbrechens zurück», sagte Patty.

Die schwere Eisentür ging auf. Ein ungefähr sieben Jahre alter Junge tauchte auf und blinzelte in den hellen Sonnenschein. Als er die Zwillinge sah, blieb er zögernd im Türrahmen stehen.

In der Hand hielt er einen roten Ziegelstein.

«Moment», sagte Danny. «Bleib, wo du bist!»

«Zeig deinen Schuh her», sagte Patty.

Mit leicht geöffnetem Mund starrte der Junge sie an. Dann hob er den Fuß ein wenig hoch. Patty packte ihn und drehte ihn um. «Siehst du», sagte sie.

Die Schuhsohle hatte getrocknete Teerflecken.

«Er ist unser Mann», sagte Danny.

«Ich – ich hab's nicht getan», sagte der Junge.

«Natürlich hast du's getan», sagte Patty tröstend und strich dem kleinen Jungen über den Kopf.

«Woher – woher weißt du es?» fragte der kleine Junge.

«Wir wissen alles», sagte Danny nachdrücklich. «Intuition.»

«Reg dich nicht auf», sagte Patty. «Dir passiert nichts. Du hast es nicht absichtlich getan. Du bist ja nur ein kleiner Junge, du hattest nichts zu tun und lockertest einen Stein und warfst ihn runter. Stimmt's?»

Der Junge nickt heftig.

«Deswegen brauchst du keine Angst zu haben», sagte Danny. «Er war zwar ein netter Kerl, und er machte mit seinen Bananen ein gutes Geschäft. Aber die Leute hätten bald gemerkt, daß ein Bündel dreizehn Cent kostete, zwei aber siebenundzwanzig. Es konnte nicht gutgehen. Genaugenommen nur ein verrückter Einfall.»

«Was wolltest du mit dem Ziegelstein machen, den du da in der Hand hast?» fragte Patty.

Der Junge sah von einem zum andern. Dann zuckte er gelassen die Schultern. «Ich wollte ihn dort hinlegen, wo der andere gelegen hat.»

Danny riß die Augen auf. «Was», rief er, «das ist gerissen. Das ist richtig genial. Du hast ihn von einem anderen Schornstein geholt?»

Der kleine Junge nickte.

Patty kicherte und klatschte in die Hände. «Von einem ein paar Häuser entfernteren Dach?»

Der kleine Junge nickte.

«Mein Gott», sagte sie, «das ist wirklich großartig. Wenn die Polizei draufkommt, untersucht sie die umliegenden Dächer, und es fehlt kein Stein! Dann wissen sie nicht weiter. Mein Gott, das ist Klasse!»

Die Zwillinge beugten sich zu dem kleinen Jungen vor. Danny verschränkte die Arme vor der Brust. «Großartig oder nicht, du mußt dafür bezahlen.»

«Bezahlen?» fragte der kleine Junge.

«Du kriegst doch Taschengeld?» fragte Danny.

Der kleine Junge nickte.

«Wieviel?»

«Fünfzig Cent in der Woche.»

«Sechsundzwanzig Dollar im Jahr», rief Patty.

Danny schüttelte den Kopf. «Er kann uns nicht alles geben. Da müßte er seinen Eltern zu viel erklären. Die Hälfte vielleicht.»

«Oder fünfunddreißig Cent?» fragte Patty gierig.

Danny wandte sich an den kleinen Jungen. «Was hältst du davon? Kannst du fünfunddreißig Cent in der Woche abliefern?»

«Das ist Erpressung», sagte der kleine Junge ruhig. Auf seinem Gesicht lag ein neuer Ausdruck, ein harter, kalter Ausdruck. In seinen Augen blitzte es kurz auf.

«Dummkopf!» kicherte Patty. «Natürlich ist es Erpressung. Kannst du fünfunddreißig Cent abliefern?»

Der kleine Junge blickte zum Dachrand hinüber. «Ich glaube schon.»

«Gut.» Danny sah Patty an. «Damit wäre die Sache also erledigt.»

Patty fuhr dem Jungen durch das Haar. «Wiedersehen», sagte sie. «Für die wöchentliche Zahlung treffen wir uns hier. Jeden Samstagabend. Sagen wir um zehn. Okay?»

Der kleine Junge nickte. Er wirkte uninteressiert.

Danny und Patty Perkins gingen an ihm vorbei die Treppe hinunter. Geduldig warteten sie auf den Aufzug, der langsam zum obersten Stock hochgefahren kam.

Oben auf dem Dach starrte der kleine Junge auf den Ziegelstein in seiner Hand und dann auf den anderen, der auf dem Teer lag.

Er bückte sich, hob den anderen Ziegelstein auf und ging zum Dachrand. Die Mauer war etwas mehr als einen halben Meter hoch. Er beugte sich vor. Sein Gehirn arbeitete ganz automatisch.

«Dumm», murmelte er, «dumm und altklug!» Er wußte auswendig, was er jetzt tun mußte, aber um nichts zu riskieren, berechnete er alles noch einmal genau, die Fallgeschwindigkeit, den Kurvenwinkel. Und sein Herz klopfte wie verrückt.

Zwei Ziegelsteine. Zwei Menschen da unten. Er hatte bis jetzt noch nie einen Doppelschuß probiert. Trotzdem, er war gut im Zielen.

Er wartete, bis die Zwillinge aus der Eingangstür des Mietshauses kamen.

Eine Frage der Intelligenz, dachte er. Sein kleiner Intelligenzquotient von einhundertfünfundneunzig schnurrte. Ein großartiger Beweis seiner Intelligenz. Er hielt den Atem an, als die Zwillinge sechs Stockwerke unter ihm einen Augenblick stehen blieben. Er blickte die Straße hinauf und hinunter. Dann berührte er mit den Fingerspitzen ganz sanft, ganz ganz sanft die beiden Ziegelsteine und stieß sie hinunter.

«Feuer frei», sagte er.

Wahre Liebe findet einen Weg

David Alexander

Wenn man eine Lawine einen Berg hinunterdonnern sieht, glaubt man an Gott.

Nicht an den neuen Gott des Friedens, des Mitleids und des Vergebens, sondern an den alten, wilden Gott des Zorns und der Rache, aus dessen Augen Blitze sprühen und dessen Stimme wie Donner über die Berge rollt. Nur ein solcher Gott kann einen Berg sich spalten lassen.

Wir waren auf der obersten Felsterrasse des Berges, den die Schweizer Gottestreppe nennen, und standen vor dem aus Holzbohlen gebauten Gipfelhaus, als wir das erste leise Grollen des nahenden Verderbens hörten. Anfangs kam nur ein schwaches Rieseln winziger Steinchen, die von Felsvorsprung zu Felsvorsprung hüpften, dann folgte das scharfe Stakkato eines Steinschlags und schließlich das laute Donnern von tonnenschwerem Packschnee, der die tödliche Explosion auslöste. Felsbrocken, die schon alt waren, als die Dinosaurier noch die Erde bewohnten, wurden plötzlich ausgehustet und zerstörten springend, rollend, mahlend das Granitgesicht des Berges.

Eine halbe Stunde lang, dreißig Minuten der Ewigkeit, standen wir drei – meine Frau Linda, der Schweizer Bergführer Keller und ich – vor Entsetzen gebannt, während die furchtbare Flutwoge nur dreißig Meter von uns entfernt vorbeibrandete. Steinstaub und Eissplitter trafen unsere Gesichter, aber keiner rührte sich. Wir standen nur da und starrten das unglaubliche Schauspiel an. Wenn der alte, vergessene Gott zurückkehrt, um seine Macht zu zeigen, wendet man sich nicht ab.

Als endlich alles vorüber war, sahen wir, daß von dem obersten Felsplateau, auf dem wir soeben die Gefahr überlebt hatten, die Hälfte in die Tiefe gerissen worden war. Alle anderen Felsvorsprünge waren verschwunden, und wir erkannten sofort, daß es keinen Rückweg mehr gab. So gut wie sicher würden wir in der kleinen Holzhütte, die etwa sechzehnhundert Meter über dem Tal lag, sterben müssen.

Wir dachten an das freundliche Dorf unterhalb der Wolkendecke und an die heiteren, lebensfrohen Menschen, die nun für immer unter einem Berg aus Geröll begraben lagen.

Die Gottestreppe ist der eigenartigste Berg der Schweiz – aber ich sollte nicht in der Gegenwart sprechen. Sie *war* es, ehe die Lawine die Hälfte wegriß. Sie war ein Einzelberg, der aus der Entfernung einer schlanken, in die Wolken ragenden Spindel glich oder einem mahnend ins Unendliche weisenden Finger. Auf drei Seiten war blanker, glatter Fels gewesen, ohne jeden Halt für Hand und Fuß. Kein noch so leichtsinniger und waghalsiger Bergsteiger hätte sich an diese Steilwände gewagt. Auf der vierten Seite aber war die Gottestreppe, eine einfache Route. Selbst dicke alte Damen in Korsetts konnten die vierte Seite des Bergs ohne besondere Anstrengung ersteigen. Daher wurde er auch mit einer Treppe verglichen.

In einem früheren Erdzeitalter hatte ein langsam mahlender Gletscher in die Bergflanke sein Muster gezeichnet, das einem Sägeblatt glich. Der Berg bestand vom Fuß bis zum Gipfel aus Terrassen, manche waren schmal, manche angenehm breit. Die Besteigung der Gottestreppe war eher ein Spaziergang als eine sportliche Leistung. Weder beim Aufstieg noch beim Abstieg war es schwierig gewesen, von einer Terrasse auf die andere zu kommen. Nun, nachdem die Lawine herabgedonnert war, kam man weder hinauf noch hinunter.

Wir drei waren in der Unendlichkeit gestrandet wie ein steuerloses Raumschiff im All.

Jetzt erinnere ich mich, wie Schweder, der dicke Gastwirt, uns vor der Besteigung gewarnt hat. Im Frühling, sagte er, räuspert sich der Berg, und eines Tages wird er husten und das ganze Dorf zerstören. Keller, unser Bergführer, hatte ihn ausgelacht und ihm vorgeworfen, er benähme sich wie ein altes Waschweib.

«Selbst die alten Leute im Dorf können sich nicht an eine Lawine erinnern», sagte er. «Der Berg ist weniger gefährlich als deine baufällige Treppe, Schweder.»

Ich hatte nicht auf den Berg gewollt. Ich bin körperlich nicht gewandt und habe seit meiner Kindheit keinen Sport betrieben. Ich weiß nicht, was es für einen Sinn hat, einen kleinen Ball über weite Geländestrecken zu schlagen, auch wenn das der Sport von Präsidenten zu sein scheint. Ich halte es für pure Grausamkeit, Tiere mit Gewehrkugeln zu durchlöchern oder Fischmäuler mit Widerhaken zu zerreißen. Ich bin nämlich Schriftsteller, Schriftsteller und Dichter. Am wohlsten fühle ich mich in meiner Bibliothek in dem stillen, alten Haus. Wirklich glücklich bin ich nur, wenn ich Worte auf Papier schreibe. Darum kritzele ich auch jetzt in mein Tagebuch, trotz der unerträglichen Schmerzen, uneingedenk des nagenden Hungers, und obgleich der Tod wie eine geduldige, weißgesichtige Krankenschwester neben mir steht und wartet. Ein Schriftsteller muß schreiben, auch in einer Zeit wie dieser.

Als wir in die Schweiz kamen, dachte ich nicht im Traum daran, einen Berg zu besteigen.

Es war Linda, die unbedingt mit mir auf die Gottestreppe klettern wollte. Linda ist eine starke Persönlichkeit, und sie ist auch sehr sportlich. Es gelingt ihr fast immer, genau das durchzusetzen, was sie will.

Im Laufe der Jahre haben Linda und ich uns immer weiter auseinandergelebt. Die Reise nach Europa sollte eine Art zweite Hochzeitsreise werden, um unsere Ehe zu retten. Im Grunde, glaube ich, liegt es daran, daß wir keine gemeinsamen Interessen haben. Linda liest selten ein Buch, gibt sich aber die Mühe, die zu lesen, die ich schreibe. Sie ist ein Naturmensch und eine ausgezeichnete Sportlerin. Sie spielt Tennis und Golf, ist Jagdreiterin und verbringt, so scheint es mir wenigstens, im Sommer mehr Zeit im Wasser als auf dem festen Land.

In meiner Bibliothek hängen zarte, reizvolle japanische Drucke von Hiroshige, Sharaku, Hokusai und anderen Meistern. Aber Linda hat sich nur über zwei Blätter meiner großen Sammlung bewundernd geäußert. Ihr gefällt ein steigendes Pferd von Harunobu und eine Ringerszene von Shuncho. Das ganze übrige Haus gehört Linda. Zumindest hat sie davon Besitz ergriffen. Die Wände des Wohnzimmers, Eßzimmers und der Flure sind bepflastert mit Bildern stämmiger Männer mit roten Gesichtern – so rot wie ihre Reitröcke –, die auf springenden Pferden sitzen.

Linda sagt, unsere so unterschiedlichen Interessen seien nicht die Ursache unserer Differenzen. Sie behauptet, die wahre Ursache sei meine hemmungslose Eifersucht. Ich bin tatsächlich eifersüchtig auf Lindas Interesse an anderen Männern. Ich habe keinen Beweis, daß sie mir jemals untreu geworden ist. Aber es hat häßliche Gerüchte gegeben, die Linda mit Benson, dem Golftrainer des Clubs, in Verbindung brachten und mit dem jungen Aldrich, ihrem Partner im gemischten Doppel, ja sogar mit dem überlebensgroßen und fetten Gaines, dem Master der Meute, was immer das bedeuten mag.

Linda sagt, ich kritisiere sie zu viel. Ich gebe zu, ihre Eßgewohnheiten haben mich fast so sehr gestört wie ihr übertrieben aktives Leben. Ich verstehe nicht, wie man als Frau eine so bezaubernde Figur bewahren kann wie Linda, wenn man gewaltige Mahlzeiten aus Fleisch, Kartoffeln und mächtigen Süßspeisen ißt. Ich bin immer ein sehr bescheidener Esser gewesen. Ein kleines Lammkotelett, grüner Salat und zum Nachtisch Reispudding war für mich schon ein Festessen.

Jetzt, kurz vor dem Verhungern, gestehe ich, daß ich von den schweren, üppigen Mahlzeiten träume, die Linda so sehr schätzt. Es ist merkwürdig: Jetzt, wo es keine Möglichkeit mehr gibt, diesen fleischlichen Gelüsten nachzugeben, überwältigt mich sündige Gier. Ich bedauere es kaum, bestimmte Bücher und Gedichte nicht geschrieben zu haben. Ich bedauere es aber, kein Vielfraß und Wüstling gewesen zu sein, als ich noch die Gelegenheit hatte, diese Begierden zu stillen. Die Menschen glauben immer, daß sie sich in der Todesstunde Gott zuwenden und nur noch an das ewig Geistige denken werden. Das ist falsch. Wenn man weiß, daß der Tod naht, daß er unvermeidlich ist, wird man zum Tier. Man denkt an nichts anderes mehr als an seine primitivsten fleischlichen Lüste.

Wenn sie mir die immer kleiner werdenden Rationen bringen, verschlinge ich sie, wie Lindas sabbernde Bulldogge rohes Fleisch hinunterschlang. Mit diesem Hund begannen die Zerwürfnisse zwischen Linda und mir. Linda hat mir mit der Scheidung gedroht, als sie herausbekam, daß ich das widerliche Vieh vergiftet hatte. Jetzt bin ich kaum besser als der Hund. Ich existiere nur von Happen zu Happen, den Linda und Keller mir geben. Manchmal jammere ich und bettle um mehr. Wenn Linda in meiner Nähe ist, strecke ich meine Klauenhand aus, um ihren ausgemergelten Körper zu berühren, und eine überwältigende, wenn auch impotente Begierde verbrennt mich. Ja, ich bin zu einem Tier geworden. Selbst in dieser Ausnahmesituation haben Linda und der Bergführer Keller Reste menschlicher Würde bewahrt. Beide hoffen noch, glaube ich, aber in mir ist die Hoffnung längst gestorben. Wegen meines gebrochenen Beins bin ich völlig von ihnen abhängig. Sie müssen alles für mich tun. Ich weiß, daß sie mir mehr als meinen Anteil an dem spärlichen Vorrat von Lebensmittelkonserven gegeben haben, der für Notfälle in der Gipfelhütte aufbewahrt wurde. Nun haben wir nichts mehr zu essen. Vor einer halben Stunde haben sie mir das Letzte gebracht.

Selbst jetzt verzweifelt Linda nicht. Als ich um einen Löffel mehr bettelte und weinte, mußte sie mir sagen, daß alle Vorräte aufgebraucht sind und sie und Keller mir den Rest gegeben haben. Als ich den letzten Bissen meines Lebens geschluckt hatte, legte Linda ihren dünnen Arm um meine Schultern und versuchte, mich zu trösten.

«Mach dir keine Sorgen, mein Lieber. Es muß einen Weg ins Tal geben. Ich werde ihn finden, ehe es zu spät ist. Ich verspreche es dir.» Sie brachte ein beinahe fröhliches Lachen zustande. «Liebe findet einen Weg», fügte sie hinzu.

Lindas Angewohnheit, Platitüden so von sich zu geben, als wären es originelle und geistreiche Bemerkungen, ist mir früher sehr auf die Nerven gegangen.

Meine Stimme ist so schwach, daß ich nur flüstern kann. Ich fragte: «Liebst du mich wirklich, Linda? Hast du mich wirklich immer geliebt?»

Sie legte den Arm fester um meine Schulter. «Natürlich! Und ich liebe das Leben. Ich will nicht sterben. Ich werde einen Weg finden weiterzuleben.»

Nachdem ich dies alles geschrieben hatte, überkam mich wieder der Schlaf. Ich habe es jetzt noch einmal gelesen und sehe, daß mein Bericht weitschweifig ist, während ich präzise sein will, denn es besteht die Hoffnung, daß zumindest dieses Tagebuch einmal gefunden wird. Schmerz und Hunger wirken sich auf den Geist aus. Es ist schwer, klar zu denken und die Dinge in der richtigen Reihenfolge niederzuschreiben. Aber ich will es versuchen.

Wie ich bereits sagte, war es Linda, die unbedingt den Berg mit dem Namen Gottestreppe besteigen wollte. Ich weigerte mich entschieden, und es kam wieder zu einer jener kleinen, törichten Streitereien, die es in unserer Ehe zu häufig gegeben hat. Linda verkündete, daß sie allein ginge, wenn ich nicht mitkommen würde. Das konnte ich natürlich nicht hinnehmen. Sie wäre dann mit dem Bergführer Keller allein auf dem Gipfel gewesen, und er ist einer jener sportlichen Männer, die ich noch nie habe ausstehen können: gedrungen, kräftig, blond, mit leuchtend blauen Augen. Ich habe Lindas heimlichen Blick auf den Schweizer gesehen, es war der Blick, mit dem sie alle männlichen Tiere betrachtet, die ihr gefallen. So machten wir die Bergtour zu dritt, trotz aller Warnungen des Wirts.

Der Aufstieg war so leicht, wie Keller es behauptet hatte. Trotzdem ging mir schon auf halbem Weg die Luft aus, und ich war in Schweiß gebadet. Linda und Keller schienen das Ganze als heiteren Spaziergang zu betrachten. Keiner atmete auch nur angestrengt. Sie ließen mich ihren Ärger über unser langsames Vorwärtskommen nicht merken, aber ich hielt sie natürlich auf. Endlich hatten wir die tiefhängenden Schneewolken hinter uns und erreichten das Gipfelplateau. Ich sank völlig erschöpft zu Boden.

Nur Augenblicke danach begann der Berg sich zu «räuspern», wie Schweder, unser Wirt, es vorhergesagt hatte. Innerhalb von Sekunden setzte das Donnern der Schnee- und Felslawine ein.

Als es endlich vorüber war, stand ich eine Weile vor Entsetzen gelähmt still. Dann schrie ich Keller zu: «Wie sollen wir runterkommen? Wie kommen wir wieder nach unten?»

Keller betrachtete die Verwüstung sehr genau, ehe er antwortete. Er schüttelte den Kopf. «Es gibt keinen Weg mehr.»

Ich wurde hysterisch. Meine Stimme hörte sich an wie das Kreischen einer Frau. «Sie müssen uns runterbringen! Wir können hier oben doch nicht einfach sterben!»

Keller sah mich verächtlich an. Er streckte den Arm aus und zeigte in Richtung des unter den Schneewolken verborgenen Dorfs.

«Wir sind besser dran als die da unten», sagte er. «Die sind schon beerdigt. Mein Vater und meine Mutter und meine Schwester sind mit dem Dorf begraben.»

Ich hatte kein Mitleid für Keller und seine verlorene Familie übrig. Unsere eigene Not war zu groß.

«Aber wir leben!» rief ich. «Sie müssen einen Weg nach unten finden. Sie sind unser Bergführer, und es ist Ihre Pflicht, uns sicher ins Tal zu bringen!»

Linda sagte so leise, als führe sie ein Selbstgespräch: «Es muß einen Weg geben. Es gibt immer einen Ausweg.»

Kellers Gelassenheit war unerträglich.

«Es schneit jetzt», stellte er fest. «Die Wolken hängen sehr tief, und im Tal ist Nebel. Es gibt keinen Weg nach unten, übrigens auch keinen zu uns herauf. Keine Rettungsmannschaft kann jetzt den Berg besteigen. Aber es gibt noch eine Hoffnung: den Hubschrauber vom Militärposten. Es ist möglich, daß er hier oben landen und uns holen kann. Aber nicht heute und nicht morgen. Nicht bevor das Wetter sich bessert. Und wann das sein wird, kann man nicht vorhersagen. Niemand weiß, wann in diesen Bergen der Schnee und der Nebel aufhören. Vielleicht in ein paar Tagen, vielleicht in zwei Monaten.»

«Wir müssen Signale geben», sagte ich. «Wir müssen . . .»

«Das hat keinen Sinn», unterbrach mich Keller. «Bei den Wolken, bei dem Schnee und Nebel könnte kein Mensch unsere Signale sehen. Und da unten werden sie in den nächsten Tagen mit der Bergung der Toten genug zu tun haben. Aber es könnte schlimmer sein. Wir sind in der Hütte geschützt, wir haben Feldbetten und Decken, wir haben einen Ofen und Brennholz. Wir Bergführer haben zusammengelegt und von unserem Verdienst Konservenvorräte gekauft. Wenn wir uns einschränken, werden wir damit eine Weile auskommen. Wir können Schnee zu Wasser schmelzen. Mein Freund und Kollege Jan Brucker weiß, daß wir heute auf den Berg gestiegen sind. Er ist mit seiner Gruppe zum Donnerhorn unterwegs und muß dadurch der Lawine entkommen sein. Er wird dem Militärposten sagen, daß wir auf der Gottestreppe sind. Sobald die Maschine fliegen kann, werden sie nach uns suchen.»

«Und wann ist das?» schrie ich. «Wann, Keller, wann?»

Der Schweizer blieb ruhig. «Darauf kann ich Ihnen keine Antwort geben. Vielleicht kommen sie rechtzeitig, vielleicht nicht. Das hängt vom Wetter ab. Wir müssen mit den Nahrungsmitteln sehr sparsam sein. Übrigens ist in der Hütte auch Schnaps. Sie zittern so. Er wird Ihnen guttun.»

Sein Ton ärgerte mich bis zur Weißglut, aber Linda machte mich fast noch wütender. Sie legte ihre Hand auf meinen Arm und versuchte, mich zu beruhigen wie eine Mutter ihr weinendes Kind.

«Wir werden einen Weg finden», sagte sie. «Es gibt immer einen Weg. Keller kennt den Berg ganz genau. Er kennt ihn ebensogut wie du deine japanischen Holzschnitte.»

Ihre Worte brachten mich zum Wahnsinn. Es ging um Leben und Tod, und sie verließ sich blind auf die Kraft und Geschicklichkeit dieses gedrungenen, blonden Fremden. Sie betrachtete ihren eigenen Mann als hilflos wimmerndes, weibisches Wesen, das zu nichts taugte, es sei denn zu einem so reizenden Vergnügen wie dem Sammeln japanischer Farbdrucke.

Lindas Worte verführten mich zu einem Akt lächerlicher Tollkühnheit.

«*Ich* werde den Weg nach unten finden!» schrie ich ihnen zu.

Dann rannte ich über die glitschigen Felsen zu dem Pfad, den wir heraufgekommen waren und den die Lawine zerstört hatte. Ich blieb vor dem Abgrund stehen und spähte hinunter. Einen Augenblick teilten sich die Wolken, und ich konnte die entsetzliche, senkrecht in die Tiefe abfallende Bergwand sehen. Aber ich mußte etwas unternehmen. Ich mußte Linda beeindrucken, die angstvoll nach mir rief. Ich mußte etwas wagen, wozu der schwerfällige Schweizer keinen Mut hatte.

Ich entdeckte direkt unter unserer Felsterrasse, unmittelbar über der fast senkrechten Wand, einen kleinen Felsvorsprung, auf dem sich durch den Steinschlag Geröll angehäuft hatte. Mir war schlecht und schwindlig, aber ich ließ mich langsam über die Kante hinab und suchte mit dem Fuß zwischen Geröll und Schnee nach einem festen Halt. Es war ein absolut sinnloses Unternehmen, denn selbst wenn ich festen Halt fand, konnte ich von dort aus nicht weiter.

Mein linker Fuß traf auf etwas, das fest zu sein schien, aber der Schutt gab unter meinem Gewicht wie Treibsand nach, und mein Bein versank in dem Haufen aus Steinen und Schnee. Und dann löste sich der Felsbrocken, schmetterte meine Kniescheibe gegen die Felswand und stürzte in die Tiefe. Ich fand nur noch mit den Fingern Halt, ein entsetzlicher, stechender Schmerz durchfuhr mein Bein vom Knöchel bis zur Hüfte. Ich schrie.

Es gelang Keller, mich wieder hinaufzuziehen. Er stellte fest, daß das Bein gebrochen war. Ich bin klein und schlank. Keller hob mich auf und trug mich in die Hütte. Er legte mich auf eine harte Bettstelle. Ich schrie immer noch vor Schmerzen. In der Hütte war außer den Lebensmitteln und dem Feuerholz auch eine kleine Notapotheke. Der Schweizer fand eine Ampulle mit Morphium und gab mir eine Spritze in den Arm. Dann nahm er Holzspäne und konstruierte mit Hilfe seines Seils eine Schiene.

Ich kann nicht sagen, wie lange das nun her ist. Ich glaube sicher, daß Linda und Keller die Tage gezählt haben, aber ich traue mich nicht, sie zu fragen, wie lange wir hier sind. Ich weiß nur, daß sie sagen, der Berggipfel, auf dem ich im Sterben liege, sei immer noch von Schnee und Nebel eingehüllt.

Die kleine Hütte hat zwei Räume. Linda schläft hier bei mir. Manchmal sitzt sie neben meinem Bett, hält meine Hand und verspricht mir, einen Weg zu finden; aber sie verbringt immer mehr Zeit nebenan bei Keller. Vielleicht liegt es daran, daß ich zu schwach bin, mich mit ihr zu unterhalten.

Jetzt höre ich Lindas Schritte. Sie kommt auf die Tür zu. Vielleicht hat sie etwas Eßbares gefunden. Oh, bitte, Gott, bitte! Laß Linda mir etwas zu essen bringen!

Sie hat mir nichts gebracht. Als ich mich beklagte, sagte sie, daß nichts mehr da wäre. Aber sie hat mir eine Morphiumspritze gegeben. Sie sagt, es wäre die letzte Ampulle. Wenn die Wirkung nachläßt, werde ich unerträgliche Schmerzen erdulden müssen, und ich werde verhungern ...

... ich habe eine Weile gewartet, ehe ich den Bericht fortsetze. Ich habe versucht zu schlafen. Aber ich bin offenbar gegen das Morphium immun geworden. Linda zuliebe habe ich die Augen geschlossen und tief geatmet. Sie glaubte, ich schliefe, als sie auf Zehenspitzen zu Keller zurückkehrte. Sie hat die Tür einen Spalt offengelassen; ich konnte sie sprechen hören. Vielleicht haben die Schmerzen und der Hunger mein Gehör geschärft. Ich konnte sie sehr gut hören, obwohl sie leise sprachen, um mich nicht zu wecken.

Linda sagte: «Keller, kommt der Hubschrauber rechtzeitig?»

Keller antwortete erst nach langer Zeit. «Ich will Ihnen die Wahrheit sagen, Linda. Er wird kommen, aber ich glaube nicht, daß er noch rechtzeitig kommt. Wir sind sehr schwach. Wir sind sehr lange hier, und wir haben nichts mehr zu essen. Von dem wenigen, was wir hatten, haben wir das meiste Ihrem Mann gegeben. Nein, ich glaube nicht, daß wir den Schnee und den Nebel überleben werden, bis der Hubschrauber kommt.»

Linda sagte sehr leise: «Ich weiß einen Weg, Keller. Wir müssen nicht sterben. Ich habe einen Plan, der uns retten wird.»

Linda hat Keller ihren Plan erzählt. Ich lauschte starr vor

Staunen. Er ist so naheliegend, so einfach. Ich begreife nicht, warum ihr das nicht schon früher eingefallen ist. Sie ist eine so gescheite Frau, jeder Notlage gewachsen. Jetzt, wo ich weiß, daß Linda einen Plan hat, spüre ich kaum noch den stechenden Schmerz in meinem Bein oder den nagenden Hunger. Ich kann sogar lächeln. Ich brauche nichts mehr zu tun, nur zu warten ...

... Ich habe nicht lange gewartet. Ich höre Linda auf die Tür zukommen. Ob sie mir wohl von ihrem Plan erzählt, von dem Weg, den sie gefunden hat? Nein, natürlich nicht. Sie wird es für viel besser halten, mich damit zu überraschen.

Sie braucht es mir nicht zu sagen. Ich habe die beiden belauscht, und ich weiß genau, was sie tun werden.

Sie werden mich essen.

Rache mit Zinsen

Michael Zuroy

«Sind Sie ganz sicher?» Der Vorstandsvorsitzende der Chowder Falls Nationalbank sah den vor ihm sitzenden Buchprüfer an, ohne eine Miene zu verziehen.

Er war ein sehr großer Mann, sein kahler Schädel, der von einem dichten Haarkranz umgeben war, schien wie aus Stein gehauen. Ein kleines Schild mit goldenen Buchstaben auf schwarzem Grund auf seinem Schreibtisch verriet, wer dahinter saß: Augustus Prescott, Generaldirektor.

«Ganz sicher», antwortete Mr. Tunney, der Buchprüfer. Dabei ahmte er den kühlen Ton nach, der in der Frage des Generaldirektors mitgeschwungen hatte.

«Ihre Rechnung beweist also eindeutig, daß mehr als vierzigtausend Dollar fehlen?»

«Genau vierzigtausendzweihundertelf Dollar», sagte Tunney. Es klang, als lese er die Zahl aus einer Bilanzaufstellung ab. Tunney war ein dürrer Mann, der wie ausgetrocknet wirkte. Er trug eine randlose Brille. Ohne diese hätte man ihn sich auch nicht vorstellen können.

Dann trat eine Gesprächspause ein, bis Prescott seine Stimme wieder erhob. Er sprach sehr bedächtig, als wolle er jeden Punkt erst genau klarlegen, bevor er zum nächsten überging.

«Ihre Überprüfung hat also ergeben, daß unser Kassierer Robert Dorp das Geld genommen hat?»

«Ja.»

«Gibt es da keinen Zweifel?»

«Nein, nicht den geringsten.»

«Mir scheint», sagte Prescott, «daß es für einen Buchprüfer doch höchst schwierig ist, einen Gauner festzunageln. Reichen denn die Beweise auch für ein gerichtliches Verfahren?»

«Vollkommen.» Tunney erhob sich vom Sessel neben dem Tisch des Generaldirektors und ging zu einem großen Konferenztisch, auf dem Aktenordner, Bilanzpapiere und Prüfungsunterlagen ausgebreitet waren. «Diese Zahlen hier beweisen klar und eindeutig, daß das Defizit durch Dorp verursacht wurde. Jeder vereidigte Sachverständige in diesem Land würde das ebenfalls feststellen.»

«Ich möchte gegen den Mann nicht vorgehen, wenn wir unserer Sache nicht absolut sicher sind.»

«Ich wiederhole, Mr. Prescott, die Beweise sind einwandfrei.»

Prescott seufzte, stand auf und ging durch das Büro zu einer Tür. Er öffnete sie einen Spalt, gerade so weit, daß die beiden Männer einen Blick in den angrenzenden Schalterraum werfen konnten. Dorp stand an seinem etwas entfernter liegenden Schalter und bediente freundlich lächelnd eine Kundin. Er war groß und schlank, sein Haar dunkel und leicht gelockt.

«Sieht großartig aus, der Bursche», meinte Prescott.

«Ja. Ein ausgesprochener Frauentyp.»

Prescott und Tunney sahen sich an. «Ein bißchen zu gut aussehend», sagte Prescott.

Die beiden Männer schwiegen gedankenversunken. Nach geraumer Zeit fragte Tunney: «Wie geht es Ihrer Tochter?»

«Wie? Ach so, ja, danke gut.»

«Ahnt sie, daß Sie etwas wissen?»

«Nein, und wenn es nach mir geht, wird sie es auch nie erfahren. Man hält mich zwar für einen harten Mann, Tunney, aber bei meiner Tochter werde ich weich wie Butter. Ich würde ihr niemals weh tun – und ich werde jeden, der sie zum Weinen bringt, fertigmachen.»

«Das glaube ich», antwortete Tunney. «Übrigens, wie haben Sie's denn erfahren?»

«Sie hat es ihrer Freundin erzählt, und die fand, man sollte mich benachrichtigen.»

«Sie lassen sich Ihre Gefühle nie anmerken», sagte Tunney, «aber mir ist klar, was Sie in dem Moment dachten. Ich weiß, daß Ihre Tochter Ihr Einundalles ist.»

«Verstehen Sie mich nicht falsch», entgegnete Prescott grimmig, «ich würde ihr nie im Wege stehen, wenn zur richtigen Zeit der richtige Mann käme. Ich bin nicht der Ansicht, daß zwischen dem Vater und dem Freund die übliche Feindschaft herrschen muß. Ich erwarte auch von meiner Tochter nicht, daß sie ewig eine Jungfrau bleibt. Aber sie ist knapp sechzehn und fürs Leben noch nicht gewappnet. Sie wurde auf gemeinste Weise verführt!»

«Meinen Sie, daß Ihre Tochter das auch so sieht?»

«Ich glaube, daß sie es langsam begreift. Sie wirkt so beschämt und gedemütigt. Ihre Gefühle sind verletzt. Sie weiß, daß sie nur mißbraucht worden ist. Sie kennen doch die romantischen Vorstellungen eines jungen Mädchens. Statt eines liebenden Prinzen erschien ein geiler Kater, für den sie eine Katze unter vielen war.»

Tunney nickte verstehend. «Sie wird drüber wegkommen. Sie wissen ja selbst, es braucht eben alles seine Zeit.»

«In ihrem Alter hinterläßt so etwas eine Narbe.» Prescott zündete sich eine Zigarre an und starrte minutenlang in den bläulichen Rauch. Dann schüttelte er den Kopf, als wollte er sich von seinen Gedanken befreien, und fragte Tunney:

«Wie geht es Ihrer Frau?»

«Ich nehme an, gut. Sie ist bei ihrer Mutter.»

«Ach ja, natürlich!»

«Ich möchte sie jetzt nicht um mich haben.»

«Das verstehe ich.»

«So haben wir beide Gelegenheit, die Sache in Ruhe zu überdenken.»

«Was werden Sie machen?»

«Sie kann zurückkommen. Ich glaube, ich verzeihe ihr. So wie sie sich verhalten hat.»

«Wie bitte?»

«Sie haben richtig gehört. Sie bat mich nämlich, ihr noch einmal eine Chance zu geben. Sie sagte, daß sie es selbst nicht begreifen könnte, aber der Bursche hätte sie einfach so eingewickelt, daß sie schwach wurde. Sie ist viel jünger als ich und sehr temperamentvoll. Aber sie behauptet, sie liebt mich und wäre mir vorher noch nie untreu gewesen. Und würde es auch nie wieder sein, wenn ich sie wieder aufnähme.»

«Aha! Wie haben Sie es denn überhaupt erfahren?»

«Ich habe sie in flagranti ertappt.»

«Das muß aber ein Schock für Sie gewesen sein.»

«Das können Sie sich vorstellen. Ich war auswärts bei einer Buchprüfung, mit der ich aber schneller als erwartet fertig war, und wollte nicht nutzlos noch eine Nacht im Hotel verbringen. Ich hatte eine ziemliche Strecke zu fahren und kam erst nach Mitternacht zu Hause an. Da ich Ann nicht stören wollte, verhielt ich mich so leise wie möglich. Erst als ich die Schlafzimmertür öffnete, hörte ich die Geräusche. Ich glaubte, meinen Ohren nicht zu trauen. Ich zögerte. Ann stöhnte leise, etwas, das sie bei mir nur selten tut. Meine Augen gewöhnten sich an die Dunkelheit, der Mond schien zum Fenster herein. Ich sah Anns nackten Körper, ihren verschleierten Blick, die weißen Zähne. Ich sah den geschmeidigen Körper des Mannes. Ich gebe zu, daß ich ihn in dem Augenblick um seine Jugend und Kraft beneidete. Erst danach packte mich die Wut. Ich zog mich stillschweigend zurück. Es war mir unmöglich, in diesem Augenblick eine Entscheidung zu treffen. Ich hatte das Gesicht des Mannes im Mondlicht erkannt und beschloß, mir mein weiteres Vorgehen genau zu überlegen. Am nächsten Tag schickte ich Ann selbstverständlich zu ihrer Mutter.»

«Er ahnt also nicht, daß Sie ihn beobachtet haben?»

«Nein, bestimmt nicht.»

Es entstand eine lange Pause. Schließlich brach Tunney das Schweigen. «Was werden Sie jetzt mit der Peitsche tun?»

«Mit der neunschwänzigen Katze? Die bewahre ich als Kuriosität auf.»

Tunney zog eine Grimasse. «Das Ding sieht bösartig aus. Damit könnten Sie einen Menschen erschlagen.»

Prescott lächelte eisig. «Ja, das könnte ich. Aber da Sie mich fragen – was machen Sie mit Ihrer Pistole?»

«Die schmeiße ich jetzt weg. Ich habe dafür nicht mehr Verwendung als Sie für Ihre Peitsche.»

«Meiner Meinung nach», sagte Prescott zögernd, «traf es sich sehr günstig, daß wir uns bei einem Drink einmal vertraulicher unterhalten haben. Wenn wir damals nicht entdeckt hätten, daß wir im gleichen Boot sitzen, steckte jetzt einer von uns in Schwierigkeiten.»

«Ja, in großen Schwierigkeiten. Ich stünde weiß Gott nicht gern unter Mordanklage vor Gericht.»

«So ist es sehr viel besser.»

«Bestimmt. Glauben Sie, daß er Verdacht geschöpft hat?»

«Ganz und gar nicht.»

«Er ist ja wirklich ein hübscher Kerl», sagte Tunney. «Auf den Typ fliegen die Frauen.»

«Also, dann wollen wir mal . . .» Prescott zog einen Schlüssel aus der Tasche und schloß das unterste Fach seines Schreibtisches auf. Er nahm zwei Päckchen gebündelter Geldscheine und zwei Münzen heraus. «Das ist genau die Summe, die fehlt. Jedes Päckchen enthält zwanzigtausendeinhundertundfünf Dollar in Scheinen, die zwei Fünfzig-Cent-Stücke sind für den restlichen Dollar.»

Die Männer stopften sich das Geld in die Tasche.

Dann sah Prescott sein Gegenüber noch einmal fragend an. «Um sicherzugehen, Tunney, haben Sie die Prüfung wirklich so genau gemacht, daß Dorp ohne den geringsten Zweifel überführt werden kann? Nirgends eine schwache Stelle?»

«Nirgends. Diese Zahlen können nicht angezweifelt werden. Schließlich steht ja auch mein Ruf dabei auf dem Spiel.»

«Na, wunderbar.» Prescott zog an seiner Zigarre. «Ich finde, daß er billig davonkommt. Wir sind fair zu ihm.»

«In Anbetracht der Umstände sogar sehr fair.»

«Na schön, dann holen wir jetzt die Polizei.»

Prescott griff nach dem Telefonhörer.

Die Aasgeier

James Holding

Als Jane Farquhar auf dem Hügel hinter ihrem Hotel den Kadaver ihres Hundes Duke entdeckte, wurde ihr klar, daß der Amerikaner mehr Interesse an ihrem Schmuck hatte als an ihr selbst. Um ihn zu bekommen, würde er auch vor einem Mord nicht zurückschrecken.

Sie sah auf den erstarrenden Körper der großen Dogge. Die verkrampfte Haltung und der im Schmerz aufgerissene Rachen ließen keinen Zweifel an der Todesursache zu: Gift.

Erst kam der Schock, dann der Schmerz, dann der Zorn. Die Empörung überwältigte sie, und jedes Gefühl für diesen Mann war wie ausgelöscht. Auch wenn seine Behauptung stimmte, er sei ihr letzter noch lebender Verwandter, das letzte Blatt am letzten Zweig der amerikanischen Linie der Farquhar. Als sie vor ihrer vergifteten Dogge stand, wußte sie plötzlich, daß Arthur Campbell den Schmuck haben wollte und sonst nichts.

Er war mit einem gemieteten Plymouth aus Hluhluwe gekommen, angeblich auf einer Rundreise durch Südafrika zur Besichtigung von Diamantenfeldern, Goldminen und Großwildreservaten. Als Höhepunkt seiner Urlaubsreise hatte er sich – wie er sagte – einen Besuch im Upland Hotel in Swaziland vorgenommen, von dem er wußte, daß es seiner einzigen Verwandten Jane Farquhar gehörte.

Natürlich hieß ihn Jane herzlich willkommen. Sie fand ihn sympathisch und gut aussehend. Bald ließ er sie merken, daß ihr naiver Charme und ihre sehr weibliche Figur es ihm angetan hatten. Er selbst war groß und hatte auffallend helle Augen. Seine weiche Stimme entschädigte für seine ein wenig gewöhnliche Art.

Jane wies ihm die größte und luftigste der runden Hütten an, die zum Hotel gehörten. Die übernächste war ihre eigene, in der sie schlief, um wenigstens nachts vor den Fragen der Gäste und Angestellten sicher zu sein, die zum größten Teil im Hauptgebäude untergebracht waren.

Am ersten Abend, nach dem Essen, sagte er: «Schön, daß wir uns kennengelernt haben. Mutter sagte immer, du seiest die letzte Farquhar, ich sollte dich einmal besuchen. Und hier bin ich.»

«Ich freue mich auch, dich kennenzulernen», erwiderte Jane lächelnd. «Man stelle sich vor – ich habe einen Vetter! Woher hat deine Mutter von mir gehört?»

«Sie war in unserer Familiengeschichte sehr bewandert», erinnerte sich Campbell, «und wußte Dinge, die Jahrhunderte zurück lagen. Das will bei uns Amerikanern was heißen.»

«Und wie war sie mit den Farquhars verwandt?»

«Sie war selbst eine Farquhar. Die letzte dieses Namens in Amerika. Wir beide sind nur um zwanzig Ecken herum verwandt, aber doch – Vetter und Kusine.»

«Wie nett», sagte Jane.

«Das kann man wohl sagen.» Er sah sie anerkennend an. «Mutter erzählte, die Familie hätte sich um achtzehnhundertzwanzig herum geteilt. Es sollen drei Brüder gewesen sein. Der jüngste wanderte nach Amerika aus, der älteste nach Afrika, und der mittlere blieb in Schottland. Du bist die letzte der afrikanischen, ich der letzte der amerikanischen Linie. Der schottische Zweig ist vor hundert Jahren ausgestorben.»

«So ungefähr hat es mir mein Vater erklärt», sagte sie, «nur hatte er nicht gewußt, daß es noch einen lebenden Nachkommen der amerikanischen Linie gab. Du ahnst nicht, wie ich mich freue, einen Verwandten zu haben, Arthur. Auch wenn er nur um tausend Ecken mit mir verwandt ist.»

«Mir geht es genauso, Jane.» Seine tiefe Stimme klang weich und einschmeichelnd. «Mutter war wirklich beschlagen in der Ahnenforschung. Und doch hatte sie einen seltsamen Tick.»

Jetzt kam es. Wie immer, wenn ein Fremder auf den Edelstein zu sprechen kam, beschlich Jane ein unbehagliches Gefühl. Aber er war ja kein Fremder, überlegte sie erleichtert. Er gehörte zur Familie, er war der einzige Angehörige, den sie noch hatte.

Sie fragte: «Was meinst du damit?»

«Irgendwas von einem seltenen Erbstück in einem Zweig der Familie, Jane. Mutter behauptete, es sei im Besitz deines Vaters als dem Haupt der Familie. Sie nannte es das Kronjuwel, aber sie dürfte kaum viel darüber gewußt haben. Nur, daß du es nach dem Tode deines Vaters geerbt hast.»

Jane schwieg. Der Mann gefiel ihr. Sie fühlte sich nicht mehr so allein. Langsam sagte sie: «Ja, wir haben ein Erbstück, Arthur.»

Die hellen Augen des Amerikaners verengten sich. «Erzähl mir davon, Jane.»

Sie streichelte Duke, der seinen Kopf auf ihre Füße gelegt hatte. «Also», begann sie, «es stammt von Maria Stuart. Ihr erster Mann, der Dauphin von Frankreich, schenkte es ihr am Hochzeitstag.»

«Mary, Königin von Schottland! Sie steht sogar in unseren Geschichtsbüchern.» Er runzelte die Stirn, und sie mußte lachen. «Wie sieht denn das Schmuckstück aus?» fragte er nachdenklich und hüstelte leicht.

«Es ist wirklich sehr schön. Es hängt an einer schweren goldenen Kette. Eigentlich ist es ein Anhänger. Er besteht aus einem großen, sehr großen Rubin in einem Kranz von dreiunddreißig Brillanten. Keiner davon unter vier Karat.»

Sie sah ihren Vetter an. Er schien beeindruckt.

«Die blauen, lupenreinen Brillanten sind in einem breiten Goldreif um den Rubin gefaßt. Nur der Rubin ist leicht asymmetrisch und nicht ganz lupenrein, wie man mir sagte.»

Der Amerikaner drückte seine Zigarette aus. «Klingt phantastisch», sagte er einschmeichelnd. «Aber wie ist es in eure Familie geraten?»

«Willst du damit sagen, wir hätten es gestohlen?» fragte sie lachend. «Nein, es wurde uns geschenkt. Vor ihrer Hinrichtung war Mary als Gefangene von Queen Elizabeth in Fotheringhay Castle in England. Ihr Sohn, James VI., schickte ihr einen schottischen Pagen namens Lionel Farquhar. Verstehst du jetzt den Zusammenhang?»

«Sicher», sagte Campbell. «Mary hat also dem Jungen das Schmuckstück geschenkt, was?»

«Genau. Auf der Fahrt zum Schafott nahm sie die Kette ab und hängte sie Lionel um den Hals, zur Erinnerung an seine unglückliche Königin oder so ähnlich.»

«Was ist das Schmuckstück wert, Jane?» fragte er plötzlich.

«Wert? Es war vierhundert Jahre in unserer Familie. Für mich hat es natürlich einen großen Wert.»

«Ich meine, wieviel in Dollar und Cent?» Campbell grinste. «Schließlich sind die Farquhars Schotten, liebe Kusine. Sicher haben sie das Stück irgendwann einmal taxieren lassen?»

Das war ein erheblicher Dämpfer. Jane sagte kurz: «Zuletzt wurde es auf dreißigtausend Pfund geschätzt.»

«Donnerwetter!» rief er. «Das ist ja mehr als achtzigtausend Tierhäute, meine liebe afrikanische Erbin! Bist du dir darüber im klaren?»

«Wir betrachten das Stück nicht unter diesem Aspekt», bemerkte sie sanft.

«Warum? Geld stinkt doch nicht? Hoffentlich zeigst du mir das Wunderding, bevor ich heimfahre.»

Sie schüttelte den Kopf. «Tut mir leid, Arthur. Ich bewahre den Schmuck natürlich nicht hier auf. Er ist auf einer Bank in England.»

«So ein Pech! Würde schon gern mal was sehen, das so viel Kohlen wert ist!»

Später ging er mit ihr und Duke zu ihrer Hütte. Als sie die Tür aufschloß, wünschte er ihr herzlich «gute Nacht» und ging zu seiner eigenen.

Zwei Tage später kehrte Jane nach Mitternacht todmüde in ihre Hütte zurück. Während sie nach ihren Schlüsseln suchte, kam ihr plötzlich zum Bewußtsein, daß Duke, ihr Beschützer, nicht bei ihr war – daß sie ihn seit dem Abendessen nicht mehr gesehen hatte. Sie pfiff mehrmals – den Pfiff, auf den er sonst sofort herbeigerannt kam. Als er nicht erschien, begann sie, unruhig zu werden.

Sie holte eine Taschenlampe aus ihrer Hütte und ging auf die Suche. Dann fand sie ihn. Er war tot.

Der Zorn ließ ihre Tränen versiegen. Sie knipste die Taschenlampe aus und betrat das Hotel durch den Hintereingang. Dann weckte sie den Swazi-Kellner, der den Amerikaner beim Abendessen bedient hatte. Ein paar Worte genügten, um die Situation einwandfrei zu klären. Der Kellner hatte gesehen, wie Campbell ein großes Stück Rindfleisch von seinem Teller in einer Papierserviette mitgenommen hatte. Aber wo kam das Strychnin her? Egal, sie wußte, daß er es dazugetan hatte.

Zuerst dachte sie daran, die Polizei im drei Stunden entfernten Mbabane anzurufen und dem Swazi-Kellner zu erzählen, daß Duke tot war, damit er ihr half, mit Campbell fertig zu werden. Dann verzichtete sie aber auf beides. Sie schämte sich, daß es ihr Vetter war, der eine solche Gemeinheit begangen hatte. Dukes Tod war eine persönliche Angelegenheit zwischen ihr und dem Amerikaner. Darum kehrte sie in ihre Hütte zurück.

Als sie hinkam, lehnte Campbell lässig am Türrahmen und schlug nach den Moskitos. «Stimmt was nicht, Jane?» fragte er.

Sie ging an ihm vorbei und machte Licht. Er folgte ihr hinein.

«Ich kann Duke nicht finden», sagte sie.

Er warf ihr einen seltsamen Blick zu. Dann schloß er die Tür und lehnte sich dagegen. Sie hörte, wie er hinter seinem Rücken den Riegel zuschob. «Hör mal, Jane. Kann ich mich setzen? Ich möchte etwas mit dir besprechen.»

«Hast du deswegen den Riegel vorgeschoben?»

Er hatte so viel Anstand zu erröten. «Ich will den Schmuck sehen», sagte er einfach.

«Weshalb?»

«Um ihn zu fotografieren. Ich könnte einen Bildartikel über dein Erbstück günstig unterbringen.»

«Ich sagte dir schon, daß es in England ist.»

«Komm, komm, Jane. Wir sind doch erwachsene Menschen. Warum solltest du den Familienschmuck in England aufbewahren, wo du ihn nie zu sehen bekommst? Vielleicht hat dich dein Vater noch auf dem Sterbebett davor gewarnt, den Kram irgendeinem Dahergelaufenen zu zeigen. Aber schließlich bin ich dein Vetter, Jane. Dein einziger Vetter. Mir kannst du vertrauen.»

Sie setzte sich auf den Bettrand.

«Ich glaube kaum», fuhr er fort, «daß du dir einen scharfen Wachhund halten würdest und drei Sicherheitsschlösser an dieser Tür hättest anbringen lassen, wenn sich das berühmte Schmuckstück von Maria Stuart wohlverwahrt in einem Londoner Safe befände. Habe ich recht?»

«Und wenn schon.»

«Dann zeig es mir.»

«Nein.»

Er holte tief Luft. «Jane, ich mache keinen Spaß. Ich will den Schmuck sehen! Sofort!»

«Dann such ihn dir! Du brauchst keine Angst mehr zu haben, nachdem du Duke getötet hast.»

«Du hast ihn also gefunden», sagte er und kam auf sie zu. «Okay. Jetzt ist er tot, und ich habe bis morgen Zeit, um dich zu zwingen, das Ding herauszurücken!»

«Es liegt in der obersten Schublade der Kommode dort drüben. In einer blauen Samtschatulle», sagte sie matt.

Seine Miene hellte sich auf. «So ist's recht, Jane!» Dann ging er zur Kommode, holte die Schatulle und öffnete sie. Seine Hände zitterten.

«Bitte geh jetzt!» sagte Jane.

Er nahm eine Lupe aus der Tasche, klemmte sie sich ins Auge und untersuchte das Stück sorgfältig im Licht der Deckenlampe. Als er das Vergrößerungsglas herausnahm, sah er Jane wütend an.

«Eine Fälschung», sagte er kurz. «Eine Kopie.» Sie wunderte sich, wie wütend es klang, ohne daß er die Stimme erhoben hatte. Er muß tatsächlich ein richtiger Juwelendieb sein, dachte sie seufzend, wenn er immer eine Lupe dabei hat.

Rasch stand sie auf. Das kühle Metall des Schlüssels mit der

Erkennungsmarke, das sie unter ihrer Bluse auf der Haut spürte, gab ihr Mut. Sie sagte: «Hinaus, Arthur. Sonst rufe ich meine Swazis, damit sie dich in Stücke reißen.» Sie rannte zur Tür und faßte den Türgriff mit einer Hand, den Riegel mit der anderen. Sie riß den Mund auf, um zu schreien.

Ein schwerer Schlag traf sie im Genick. Sie dachte noch überrascht, daß er nun doch gewalttätig geworden war. Bevor sie ohnmächtig wurde, durchzuckte es sie: Einen Knüppel hatte er auch. Na so was!

Als sie wieder zu sich kam, war es noch Nacht. Das Rütteln verriet ihr, daß sie in einem fahrenden Wagen war. Warum? Dann klärten sich ihre Gedanken. Natürlich. Ihr eigener Land-Rover! Oder der gemietete Plymouth des Amerikaners. Als sie blinzelnd ihren eigenen Wagen erkannte, fühlte sie sich erleichtert. In erster Linie aber war ihr schlecht.

Sie saß zusammengesunken auf dem Vordersitz. Der Amerikaner fuhr durch dicke Staubwolken über die ungepflasterte Landstraße.

Dann merkte Jane, daß ihre Bluse am Ausschnitt offen war. Der Schlüssel, der immer an einem Kettchen um ihren Hals gehangen hatte, war weg. Sie hob ihren schmerzenden Kopf und brachte ihre Bluse in Ordnung.

Ohne sie anzusehen, sagte der Amerikaner: «Sind wir wieder wach, Liebling?» Er schien bester Laune zu sein.

Schüchtern fragte sie: «Wo bin ich?» Es klang heiser.

«In deinem eigenen Wagen, liebe Kusine, auf dem Weg nach Mbabane, damit wir dort sind, wenn die Bank morgens aufmacht. Dann kannst du mit dem Schlüssel, der um deinen Hals hing, den Safe öffnen und mir das Kronjuwel geben. Jetzt weißt du, wo du bist, meine Liebe.»

Sie schwieg.

«Hat's dir die Sprache verschlagen?» fuhr er spöttisch fort, «nach deinem kindischen Versuch, mich mit einer Imitation hereinzulegen? Für wie dumm hältst du mich eigentlich?»

«Du hast mich niedergeschlagen.»

«Entschuldige! Schließlich konnte ich nicht riskieren, daß du um Hilfe schreist, nicht wahr? Also – nichts für ungut, mein Schatz.» Er zündete sich eine Zigarette an und lenkte den Wagen mit sicherer Hand um eine gefährliche, ungeschützte Kurve.

«Ich bin nicht dein Schatz», sagte Jane. «Weshalb hast du meinen und nicht deinen Wagen genommen?»

Er schielte zu ihr hinüber. «Ich möchte, daß du in deinem eigenen Wagen bei der Bank vorfährst», sagte er leichthin. «Dann wirkt alles viel echter.»

«Das Schmuckstück ist in London, Arthur!»

Er lachte schallend. «Zweifellos. Deshalb trägst du einen Safeschlüssel im Büstenhalter. Mit dem Kennzeichen der Bank von Mbabane.»

Sie schwieg. War dieser Amerikaner tatsächlich ihr Vetter oder nur ein gerissener Gangster, der irgendwo von dem Schmuck gehört hatte? Sie wußte es nicht. Es war ihr auch gleichgültig. Den Kopf in die Hand gestützt lehnte sie sich vor, öffnete das Handschuhfach und holte eine abgenutzte Feldflasche heraus. Während sie den Deckel aufschraubte, sagte sie mit dünner Stimme: «Ich muß einen Schluck trinken. Mir ist schlecht.» Dann hielt sie sich die Flasche an die Lippen. Der Amerikaner sah ihr belustigt zu.

«Was ist denn drin?»

«Brandy!» Sie begann, die Flasche wieder zuzuschrauben. «Warte mal», sagte der Mann. «Gib mir auch einen Schluck!» Er nahm sie ihr aus der Hand, und sie sah, wie sich sein Adamsapfel mehrmals hob und senkte.

«Das genügt, du Dummkopf», sagte sie schroff. «Er ist furchtbar stark.»

«Hm. Und bitter ist er auch.»

Sie drehte den Kopf und sah ihn an. In seinem Gesicht zuckte es. Krampfhaft hielt er sich am Lenkrad fest. Dann fuhr er sich mit der Hand über die Augen und nahm das Gas weg.

Langsam hielt er den Wagen an, schüttelte ärgerlich den Kopf und zog wie in Trance die Handbremse an. Die rote Staubwolke, die sie aufgewirbelt hatten, zog über den Wagen hinweg. Mit schwerer Zunge murmelte er: «Ach, du hinterhältiges ...» und faßte dabei in seine Jackentasche.

Jane schlug ihm mit der Feldflasche sanft gegen die Schläfe. Er sackte zusammen wie eine in den Kopf getroffene Antilope.

Als er die Augen aufmachte, war es heller Tag, und die Sonne brannte auf ihn hernieder. Er lag auf der Erde, die Arme und Beine gespreizt und an Pfählen festgebunden, die haltbar, wenn auch nicht ganz fachgerecht, in den felsigen Boden gerammt waren. Lag er auf einem Hügel? Um ihn herum war nur der blaue Himmel.

Stöhnend fuhr er sich mit der Zunge über die trockenen Lippen. Dann rief er wütend: «He!» Jane trat in seinen Gesichtskreis. «Hast *du* das gemacht?» fragte er und zerrte an seinen Fesseln.

«Natürlich», sagte sie trocken. «Mit Hilfe von zwei Swazis aus meinem Hotel da unten am Fuß des Hügels.» Sie deutete in die entsprechende Richtung.

Er sah sie nachdenklich an. «Es war der Brandy.»

Sie nickte. «Mit aufgelösten Schlaftabletten darin. Ich habe ihn immer dabei.»

«Wozu denn, zum Teufel?»

«Für solche Gelegenheiten wie heute nacht, Arthur. Mein Vater hat vor seinem Tode ein paar einfache Schutzmaßnahmen ausgeknobelt, um mich und das Schmuckstück vor solchen dunklen Existenzen wie dich abzusichern. Er wußte, daß eine alleinstehende Frau in Afrika sehr verlassen ist.»

«Schutzmaßnahmen?»

«Jawohl! Erst hatte ich Duke. Falls ihm etwas zustoßen sollte, waren da die drei Schlösser an meiner Tür. Und sollten auch die versagen, so gab es noch die ausgezeichnete Imitation, die jeden täuschen würde, außer einem Experten – einem Experten wie dich.» Nach kurzer Pause fuhr sie etwas ruhiger geworden fort: «Für den Fall aber, daß die Kopie als solche erkannt werden würde, trug ich den Safeschlüssel mit dem Namen der Bank um den Hals – ein Hinweis auf den Aufbewahrungsort des Schmucks.

Die Bankangestellten würden sich dann sofort um jeden kümmern, der diesen Schlüssel im Tresorraum vorwies. Weil es nämlich einen Tresor mit dieser Nummer gar nicht gibt!» Sie sah ihn lächelnd an. «Natürlich hatte ich auch noch den präparierten Brandy.»

«Und keine Pistole im Gürtel?» fragte er säuerlich. «Laß mich los, Jane! Du hast jetzt deinen Spaß gehabt. Du bist ganz schön schlau, weißt du das?»

«Jedenfalls schlau genug für Typen wie dich, Arthur. Wie fühlst du dich?»

«Mir ist heiß», sagte er. Auf seinen Wangen und seiner Oberlippe standen Schweißperlen.

«Wegen der Hitze brauchst du dir keine Sorgen zu machen.»

«Was willst du damit sagen?»

Sie zeigte hinauf zum Himmel. «Vielleicht solltest du dir darüber Gedanken machen.»

Ruhig zogen zwei Vögel hoch oben ihre Kreise. Die riesigen Schwingen bewegten sich nicht.

«Aasgeier», sagte Jane. «Sie werden bald herunterkommen.» Sie entfernte sich kurz und schleppte dann etwas Schweres heran. «Das hier wird sie anlocken.»

Der Amerikaner reckte den Hals, bis er sehen konnte, was es war. Es war der Kadaver von Duke, der Dogge. Jane ließ ihn ein paar Schritte neben Campbell zu Boden gleiten.

«Jane», sagte er, seine Stimme war nicht mehr so klangvoll. «Jane, so was kannst du doch nicht tun.»

«Warum denn nicht?» Nun lächelte sie nicht mehr. «Du kannst dann sehen, ob es stimmt, was behauptet wird: daß Aasgeier nichts Lebendiges anrühren. Ich gehe jetzt die Polizei anrufen. Die schätzt es nicht, wenn amerikanische Gangster nach Swaziland kommen, um zu morden und zu stehlen. Sie werden in etwa drei Stunden da sein.»

«Laß mich nicht hier liegen, Jane!» Sein Blick glitt an ihr vorbei zum blauen Himmel, wo inzwischen ein Dutzend Vögel kreisten – hoch oben, dann immer tiefer und tiefer.

«Nur bis die Polizei kommt», sagte Jane. «Ich kann dich doch nicht in mein Hotel lassen, nicht wahr?» Ihre Stimme klang hart. «Ich habe nur seriöse Gäste, zu denen würdest du schlecht passen.»

Sie bückte sich und tätschelte den starren Leib des Hundes. «Leb wohl, Duke», sagte sie leise. Dann, nach langer Pause: «Leb wohl, Arthur.»

Sie wandte sich um und ging den Hügel hinunter zum Hotel.

Arthur Campbell lag still auf dem Hügel und starrte mit seinen hellen Augen schreckerfüllt zum afrikanischen Himmel hinauf.

nicht mehr [illegible] lassen, nicht wo [illegible] Stunde lang war, [illegible] nahe [illegible] Gasse, in denen [illegible] gel-
[illegible]

Sie blickte sich um und [illegible] den [illegible] Herrscher, [illegible] Pause [illegible] wohl, Anna.

Sie [illegible] Hügel [illegible] zum [illegible] Arthur [illegible] Augen [illegible] zum [illegible] Himmel [illegible]

Eine Woche der Spannung

Der Swimming-pool

Andrew Benedict

George Raymond löste gleichmäßig die Bolzen, mit denen die verchromte Stahlleiter am Ende des Swimming-pools neben dem Sprungbrett auf die Fliesen geschraubt war. Die kurze Leiter ragte normalerweise kaum einen Meter ins Wasser hinein. Der Wasserstand des überall zwei Meter siebzig tiefen Beckens war bereits so weit gefallen, daß nur noch die unterste Leitersprosse überspült wurde.

Die zweite Leiter am anderen Ende war schon abgeschraubt und in der Garage gelagert worden.

«Jugendliche Vandalen», sagte er während der Arbeit zu Beth. «Kommen und nehmen nur so zum Spaß alles mit, was sie erwischen können. Ich will die Versuchung möglichst verringern.»

«Brechen sie nicht vielleicht ins Haus ein?» fragte Beth. «Die großen Fenster . . .»

«Das müssen wir eben riskieren. Fertig! Jetzt kann ich die Leiter herausheben.»

«Warte, Liebling . . . darf ich noch einmal ins Wasser? Um mich von meinem schönen Swimming-pool zu verabschieden?»

«Jetzt nicht. Vielleicht später, wenn wir gepackt haben. Ich lasse die Leiter hier, damit du noch ein paarmal hineinspringen kannst, falls die Zeit reicht.»

«So einen Swimming-pool bekomme ich bestimmt nie wieder.» Sie versuchte zu lächeln. «Bleiben wir lange fort?»

«Wahrscheinlich. Jedenfalls kommen wir nicht hierher zurück. Das weißt du doch.»

«Ja, ich weiß.»

Er stand auf, nahm ihren Arm und führte sie zu dem großzügig angelegten Bungalow am Ende eines der Canyons, von denen die Hügel in der Umgebung von Los Angeles durchzogen sind. «Am besten packen wir jetzt fertig», schlug er vor. «Wir müssen spätestens um fünf am International Airport sein. Denk daran – nur zwei Koffer mit dem Wichtigsten. Keine Andenken, keine Erinnerungsstücke. Ich nehme nicht einmal meine Schreibmaschine mit. Wir reisen mit leichtem Gepäck.»

«Und sehr plötzlich», fügte sie hinzu. «Willst du mir nicht erklären, was das alles zu bedeuten hat, Liebling? Ich weiß, daß wir vor irgend etwas fliehen. Dieser Brief, den du heute morgen von deinem Agenten bekommen hast ... Kannst du es mir nicht sagen?»

«Sobald wir in Spanien sind, Beth», antwortete er geduldig. «Es würde – jetzt zu lange dauern. Im Augenblick sind wir Zugvögel und ziehen weiter.»

Er führte sie ins Haus. Sie war verwirrt und ein bißchen ängstlich, aber sie stellte keine weiteren Fragen.

Eine Stunde später fuhr ein altes Kabriolett mit heruntergeklapptem Dach um eine Kurve der Canyonstraße und hielt dort, wo die Straße vor einer Grundstückseinfahrt endete. Die Einfahrt wurde von zwei Steinpfosten flankiert. An einem verkündete ein Schild: *Raymond – Privat!* Eine schwere Kette, die mit einem großen Vorhängeschloß gesichert war, sperrte die Zufahrt ab.

Der Mann am Steuer war klein, dick und Mitte Vierzig; er hatte ein breites Gesicht, das von der Sonne gerötet war. Jetzt schob er seine Sonnenbrille hoch, um das Schild besser lesen zu können, und wandte sich dann an seinen Begleiter, der jünger, blond und muskulös war. «Hier sind wir richtig, Joe. Wir haben den Professor gefunden.»

Der jüngere Mann atmete Zigarettenrauch aus. «Privatstraße. Eisenkette. Büsche, Bäume – und das alles am Ende des Canyons. Er hat sich einen guten Platz ausgesucht, wo ihn kaum jemand zu sehen bekommt.»

«Natürlich!» Der Dicke stieg aus. «Ihm geht es nicht schlecht. In den letzten drei Jahren hat er zwei Bestseller geschrieben. Und vor ein paar Jahren hat er eine hübsche Frau geheiratet. Sie war als Kunstspringerin Mitglied der amerikanischen Olympiamannschaft.»

Er trat an die Kette und untersuchte das Vorhängeschloß. Dann holte er ein Werkzeug mit einer Anzahl schmaler Klingen aus der Jackentasche und arbeitete damit kurz an dem Schloß. Als es aufschnappte, konnte er die Kette aushaken. «Je größer sie sind, desto leichter lassen sie sich öffnen», stellte er fest.

Joe rutschte nach links ans Steuer und fuhr den Wagen über die Kette auf das Grundstück. Der Dicke hängte die Kette wieder ein, ließ das Schloß zuschnappen und setzte sich auf den Beifahrersitz. «So, jetzt fahren wir hinauf und sagen guten Tag.»

Das Kabriolett rollte die asphaltierte Zufahrt zwischen als Sichtschutz dienenden Büschen entlang und hielt auf dem kiesbestreuten Platz vor der Doppelgarage. Auf der anderen Seite des Abstellplatzes lag der Swimming-pool. Die beiden Männer stiegen aus.

«Sogar mit Swimming-pool», meinte der ältere Mann. «Und wie groß er ist! Für seine Frau, schätze ich. Joe, wir sind gemachte Leute. Schließlich heißt es immer, daß man nur in Kalifornien richtig leben kann!»

Joe sah sich rasch um. «Da!» sagte er und zeigte auf George Raymonds Wagen, der mit offenem Kofferraum vor der Garage stand. «Im Auto stehen schon zwei Koffer. Die beiden packen für eine kleine Reise. Wir sind gerade noch rechtzeitig gekommen.»

«Hauptsache, daß wir hier sind.» Der Dicke ging zum Haus voran. «Der Swimming-pool gefällt mir. Glaubst du, daß der Professor uns Badehosen leihen kann? Natürlich erst, nachdem er uns begrüßt hat ...»

Die beiden Männer betraten das Haus durch den Vordereingang, ohne sich die Mühe zu machen, auf den Klingelknopf zu drücken.

Beth Raymond klappte den kleinen Koffer zu und schloß ihn ab. «Ich bin fertig, George!» rief sie ins nächste Zimmer hinüber.

Er kam an die Tür und sah auf seine Uhr.

«Gut», sagte er, «wir haben noch eine Stunde Zeit, Liebling. Du kannst rasch noch einmal baden, und wir können dann zur Bank fahren. Was hältst du von einem Drink?»

«Ich mixe dir einen», bot sie ihm an und ging ins Wohnzimmer. Sie hatte den Raum schon halb durchquert, bevor sie den dicken rotgesichtigen Mann mit einem Kognakglas in der Hand in einem Sessel hocken sah.

«Hallo, Mrs. Raymond», begrüßte sie der Dicke. «Leisten Sie mir bei einem Drink Gesellschaft?»

«Wer sind Sie?» fragte sie erschrocken. «Was tun Sie hier? Ich habe kein Klingeln gehört!»

«Ich habe nicht geklingelt. Sie dürfen Max zu mir sagen. Ihre Hausbar ist wirklich gut gefüllt, Mrs. Raymond.»

«Verschwinden Sie! Aber sofort, sonst rufe ich die Polizei an.»

«Wirklich?» Er grinste. «Wissen Sie, das glaube ich Ihnen nicht.»

«Das werden Sie gleich sehen!» Das Telefon stand auf einem Tischchen neben ihr. Sie trat darauf zu, nahm den Hörer ab und begann zu wählen. Jemand tauchte hinter ihr auf, schlang einen muskulösen Arm um sie und drückte sie gegen einen verschwitzten Körper. Sie erkannte sofort, daß sie gegen diesen Mann nichts ausrichten konnte, und zwang sich dazu, keine Gegenwehr zu leisten.

Der Mann, der sie festhielt, war jung und hatte kurzgeschnittenes blondes Haar; er war nicht groß, aber athletisch gebaut. Er hatte die Fotos über dem Kamin studiert, die sie bei den Olympischen Spielen 1964 zeigten, und sie hatte seine Anwesenheit erst bemerkt, als er nach ihr griff.

«Weißt du was, Puppe?» sagte er ihr ins Ohr. «Du fühlst dich gut an. Der Professor hat Geschmack.»

«Laß sie los, Joe», forderte Max ihn auf. «Wir wollen es uns nicht gleich mit unserer Gastgeberin verderben. Wir haben schließlich Zeit.»

«Richtig, Max», stimmte der jüngere Mann zu. «Wir können später in aller Ruhe Bekanntschaft schließen.»

Er ließ Beth los. Sie riß sich zusammen, um nicht zu zittern, trat einen Schritt vor und drehte sich um. Der junge Mann betrachtete sie mit einem unverschämten und zugleich bewundernden Grinsen von oben bis unten. Er hatte das Gesicht eines hübschen, etwas trotzigen Kindes – bis auf Lippen und Augen.

«Ich weiß nicht, was das bedeuten soll», sagte sie mühsam beherrscht, «aber die Polizei hier draußen geht gegen Leute wie Sie besonders streng vor.»

«Soll ich Ihnen etwas verraten?» Max lächelte ihr über sein Glas hinweg zu. «Ich bezweifle sehr, daß Ihr Mann damit einverstanden wäre, daß Sie die Polizei alarmieren – selbst wenn wir Sie ließen. Habe ich recht, Professor?»

Beth drehte sich um. George war hinter ihr hereingekommen. Er blieb stehen und nahm ihre kalte Hand in seine. «Nein, Beth. Wir können keine Polizei brauchen.»

«Du – du kennst diese Männer?»

«Ich kenne Max. Wir – haben früher einmal zusammengewohnt.»

Max lachte in sich hinein. «So kann man es auch ausdrücken. Sie müssen wissen, Mrs. Raymond, daß . . .»

«Das erzähle ich ihr selbst, Max!»

Der Dicke zuckte mit den Schultern. «Sie soll nur wissen, worum es geht. Frauen sind oft impulsiv. Aber Mrs. Raymond wirkt eigentlich sehr vernünftig. Sie ist es bestimmt, sobald sie besser informiert ist.»

«Was meint er damit, George?»

«Beth, das wollte ich dir alles erst in Spanien erzählen. Es ist die Erklärung dafür, daß ich dir immer ausweichend geantwortet habe, wenn du etwas über meine Vergangenheit hören wolltest. Max und ich haben in New York in der gleichen Gefängniszelle gesessen. Ich bin vor acht Jahren ausgebrochen.»

«Nehmen Sie's nicht zu schwer, Mrs. Raymond», warf Max ein, der ihr Gesicht beobachtete. «Das war eigentlich nur Pech. Der Professor – Ihr Mann, meine ich – hat zufällig bei ein paar jungen Kerlen im Auto gesessen, die auf die Idee gekommen sind, eine Tankstelle zu überfallen. Dabei ist der Tankwart erschossen worden. Ihr Mann hatte nichts damit zu tun, aber er war vorbestraft – deshalb ist er zu zwanzig Jahren verknackt worden.»

«Tut mir leid, Beth», murmelte George und hielt ihre Hand umklammert. «Tut mir leid, daß du das auf diese Weise erfahren mußtest.»

Einen Augenblick später erwiderte sie den Druck seiner Finger. «Macht nichts», sagte sie tapfer. «Ich weiß, was für ein Mann du wirklich bist. Ich weiß, daß du niemand etwas zuleide tun könntest.»

«Danke, Beth . . . Max, wie habt ihr mich hier aufgestöbert?»

Max stand auf, trat an die Hausbar und füllte sein Glas nach. «Ein Schluck auf die gute alte Zeit, Professor? Oder Sie, Mrs. Raymond? Na, ich habe wenigstens gefragt.» Er ging zu seinem Sessel zurück und ließ sich lässig hineinfallen. «Wie wir dich aufgestöbert haben? Weißt du, Georgie, ich habe zufällig dein letztes Buch gelesen. Ein Bestseller, was? Mir sind darin ein paar Kleinigkeiten aufgefallen, die ich dir damals in Zelle vierhundertdreizehn erzählt hatte. Das hat mich neugierig gemacht.

Nach meiner Entlassung auf Bewährung habe ich mich mit Joe zusammengetan.» Max zeigte auf den blonden jungen Mann. «Wir haben festgestellt, daß der bekannte Schriftsteller George Raymond sehr zurückgezogen lebt. Keine Fotos, keine Adresse. Eine geheimnisvolle Gestalt. Die meisten Leute haben das für einen Werbegag gehalten, aber ich war schlauer. Ich wußte, wer George Raymond sein mußte: George Rice, genannt Professor, mein alter Kumpel aus Zelle vierhundertdreizehn.»

Er trank einen Schluck Kognak und schmatzte mit den Lippen. «Ich habe Joe losgeschickt, damit er sich an die Sekretärin deines Agenten heranmacht. Joe versteht es nämlich mit den Weibern. Er hat sich deine Adresse von ihr geben lassen. Dann haben wir uns ein altes Auto gekauft und sind in Richtung Westen losgefahren. Freut mich wirklich, daß du's so weit gebracht hast, Professor.»

«Mein Agent hat mir geschrieben, um mich zu warnen», sagte George. «Sie hat es ihm schließlich erzählt. Was wollt ihr von mir? Geld?»

«Geld?» wiederholte Max lachend. Joe, der am Klavier saß, schlug einen spöttisch klingenden Akkord an. «Geld können wir selbst verdienen. Aber Joe ist ein bißchen heiß, und ich verstoße gegen die Bewährungsauflagen. Wir wollen hier ein paar neue Verbindungen anknüpfen. Bis dahin brauchen wir ein gutes Versteck. Wir ziehen einfach zu euch.»

«Nein!» rief Beth unwillkürlich aus. «Wir reisen ins Ausland!»

«Wollten ins Ausland reisen», verbesserte Max sie. «Du hast gehofft, längst weg zu sein, wenn wir hier aufkreuzten, nicht wahr, Georgie?»

George nickte widerstrebend. «Als ich heute morgen Peters Brief bekommen habe, war mir klar, daß jemand auf meine Spur gestoßen sein mußte», erklärte er Beth. «Deshalb wollte ich plötzlich nach Spanien.»

«Wir amüsieren uns bestimmt prächtig!» behauptete Max lachend. «Während wir uns über die gute alte Zeit unterhalten, kann Joe sich um deine Frau kümmern. Sie kann ihm klassische Musik vorspielen, und er kann ihr Boogie-Woogie beibringen. Joe, spiel den Leuten etwas vor.»

«Mit Vergnügen!» Joe rückte den Klavierhocker zurecht. *«Piano Roll Blues?»*

Er begann temperamentvoll zu spielen. Nach dem letzten Ton stand er auf und machte eine kleine Verbeugung. «Besten Dank für Ihre freundliche Aufmerksamkeit.»

«Joe könnte sich sein Geld als Nachtklubmusiker verdienen», sagte Max. «Damit hat er angefangen. Aber dann hat er gemerkt, daß man mit Morden mehr verdient.»

Beth starrte unwillkürlich das lächelnde Jungengesicht an, das fast cherubinisch gewirkt hätte, wenn die Augen nicht gewesen wären. Und der Mund.

«Ganz recht», stimmte Joe zu, «ich lege Leute um.» Er zielte mit dem Zeigefinger auf sie und schnalzte dabei mit der Zunge. Beth zuckte zusammen. George legte ihr einen Arm um die Schultern.

«Aber beim letztenmal wäre die Sache beinahe schiefgegangen», fuhr Max fort, «deshalb ist Joe wie gesagt ein bißchen heiß.» Er stand auf und leerte sein Glas. «Wir sind weit gefahren und sind verschwitzt und staubig. Joe, was hältst du davon, wenn wir uns erst ein bißchen frisch machen, bevor wir uns von unseren guten Freunden zu einem kleinen Mittagessen einladen lassen?»

«Ich möchte als erstes den Swimming-pool ausprobieren.» Joe grinste. «Ich habe noch nie in einem privaten Schwimmbecken gebadet.»

«Okay. Professor, hast du zwei Badehosen für uns?»

«Im Gästezimmer. Die Tür dort drüben. In der oberen Schublade.»

«Gut, dann ziehen wir uns gleich um. Komm, Joe, wir lassen die beiden allein, damit der Professor sich mit seiner Frau aussprechen kann.»

Sie verschwanden im Gästezimmer und schlossen die Tür hinter sich.

«George . . .», begann Beth.

«Komm lieber mit hinaus.» Er führte sie auf die Terrasse, an die der Swimming-pool anschloß.

«Beth», sagte er bedrückt, «ich habe mich ganz sicher gefühlt – sonst hätte ich dich nie geheiratet. Jetzt haben wir nur noch eine Chance. Ich muß hierbleiben. Du fährst mit deinem Wagen weg. Irgendwohin. Laß dich von mir scheiden. Vergiß mich einfach.»

«Bevor du an meiner Stelle über meine Zukunft entscheidest», antwortete sie eisig, «könntest du mir etwas mehr über deine Vergangenheit erzählen. Aber diesmal bitte die Wahrheit!»

«Das ist keine schöne Geschichte, Beth. Ich bin in der Gosse aufgewachsen und ein Gelegenheitsdieb geworden. Noch vor meinem zwanzigsten Geburtstag mußte ich zum erstenmal sitzen. Im Gefängnis habe ich zu lesen und zu lernen begonnen. Aber nach meiner Entlassung bin ich wieder in die gleichen Kreise geraten. Dann kam der Überfall, von dem Max gesprochen hat. Er hatte recht. Ich war nur zufällig dabei und bin verurteilt worden, weil ich vorbestraft war.

Damals war ich vierundzwanzig. Ich bin oft in der Gefängnisbücherei gewesen und später Hilfsbibliothekar geworden. Das hat mir den Spitznamen Professor eingebracht. Ich habe Kurzgeschichten über meine Mithäftlinge geschrieben. Und eines Tages bin ich entwischt – ich bin einfach mit einer Ärztedelegation, die das Gefängnis besucht hatte, durch alle Kontrollen marschiert.

Ich bin nach Kalifornien getrampt, habe mir einen Schlupfwinkel gesucht und habe zu schreiben begonnen. Als ich Erfolg hatte, habe ich keine Fotos von mir machen lassen, bin allem Rummel aus dem Weg gegangen und habe mir meine Freunde sorgfältig ausgesucht. Als wir uns kennenlernten, war ich davon überzeugt, so viel älter geworden zu sein, daß niemand mich wiedererkennen würde.»

«Und jetzt?» fragte sie bedrückt.

«Jetzt bin ich Max ausgeliefert. Wenn er mich verpfeift, sitze ich sofort wieder. Aber du hängst nicht mit drin, Beth, du mußt fort! Laß mich mit den beiden allein.»

«Ich soll dich jetzt verlassen? Für wen hältst du mich eigentlich? Ich lasse dich selbstverständlich nicht allein!»

Er schwieg. «Danke, Beth», sagte er dann. «Herzlichen Dank.»

«Aber was sollen wir tun?» fragte sie. «Wenn wir bleiben, passiert etwas Schreckliches. Das spüre ich einfach! Dieser Joe macht mir Angst. Er ...»

«Beth! Du mußt wegfahren und die Polizei holen. Ich habe jetzt Geld; ich kann mir die besten Anwälte nehmen und eine Wiederaufnahme meines Verfahrens erzwingen. Vielleicht gelingt es mir doch, meine Unschuld zu beweisen.»

«Nein!» sie griff nach seiner Hand. «Und wenn du das nicht schaffst? Glaubst du, ich würde riskieren wollen, daß du mir weggenommen wirst? Nein, George! Darauf lasse ich mich nicht ein. Das kann ich nicht!»

Sie sah über seine Schulter. Max und Joe kamen aus dem Haus. Max trug eine rote Badehose. Joe hatte eine mit buntem Hawaiimuster an.

«He!» sagte Joe, als er herankam. «Was ist mit dem Becken los? Das Wasser steht ja ganz tief. Warum?»

«Wir wollten es ablaufen lassen», erklärte George. Er verzog das Gesicht. «Wir wollten verreisen.»

«Aufhören!» befahl Joe ihm. «Stell das Wasser wieder an. Ihr habt jetzt Gesellschaft und bleibt hübsch zu Hause, verstanden?»

«Meinetwegen.» George ging zu den Ventilen hinüber, schloß das Auslaufventil und öffnete das Einlaßventil.

Joe wandte sich grinsend an Beth. «Ich habe dir gezeigt, wie man Boogie-Woogie spielt», meinte er. «Du könntest mir dafür zeigen, wie man richtig ins Wasser springt. Das kannst du doch prima, Kleine? Sobald genug eingelaufen ist ...»

«Das Wasser ist schon tief genug», unterbrach Beth ihn. «Ich muß nur noch meinen Badeanzug anziehen.»

Joe sah ihr nach, als sie ins Haus lief.

Max grinste. «Na, hast du dein Frauchen aufgeklärt, Professor?» fragte er George.

«Ich habe ihr alles erzählt», antwortete George.

«Hübsches Ding», sagte Max anerkennend. «Wir haben uns über sie informiert. Sie war Musikstudentin, als sie die Bronzemedaille gewonnen hat, nicht wahr? Sie hat ein paar Konzerte gegeben und sogar selbst komponiert. Du hast dich wohl ziemlich sicher gefühlt, als du sie geheiratet hast? Ich muß allerdings zugeben, daß du kein schmächtiger Junge mehr bist. Hätte ich nicht gewußt, mit wem ich es zu tun habe, hätte ich dich vermutlich nicht wiedererkannt.»

«Was willst du wirklich von mir, Max?» erkundigte George sich. «Soll ich euch nur verstecken – und wie lange?»

«Das stellt sich noch heraus, das zeigt sich noch. Jedenfalls so lange, bis wir ein paar gute Verbindungen angeknüpft haben. Danach seid ihr wieder frei wie zwei Vöglein, George. Aber ich weiß natürlich, daß du mit einem alten Kumpel teilen willst, weil du doch jetzt in Geld schwimmst.»

«Erpressung? Mein ganzes Leben lang?»

«Daran wirst du dich gewöhnen. Ich ziehe die Schraube nicht zu fest an. Ah, da kommt dein Frauchen zurück. Weißt du, ich habe den Verdacht, daß sie eine Vorliebe für Joe entwickeln wird. Das tun alle Frauen, die ihn kennenlernen. Laß dir einen guten Rat geben, Georgie. Sei nicht eifersüchtig.»

«Nein, Max, darauf lasse ich mich nicht ein!» widersprach George energisch, als Beth in einem einteiligen Badeanzug und mit Holzpantoffeln aus dem Haus kam. «Ich gehe zur Polizei und riskiere, daß ich . . .»

Max griff blitzschnell nach Georges Handgelenk und riß ihm den Arm hinter dem Rücken hoch. «Joe!» sagte er. Joe kam grinsend näher und schlug George links und rechts ins Gesicht. Dann versetzte er ihm einen Kinnhaken. George sackte in den Armen des Dicken zusammen. Max ließ ihn zu Boden sinken, wo George bewegungslos liegenblieb.

«George!» Beth lief zu ihrem Mann und kniete neben ihm nieder. «Ihr habt ihm weh getan!»

«Das soll ihm eine Lehre sein, Puppe», erklärte Joe. «Ein hübscher glatter K. o. Keine Angst, er wird wieder zu sich kommen und ist dann so gut wie neu.»

«Er hat von der Polizei geredet», sagte Max. «Sprechen Sie lieber mit ihm, wenn er aufwacht. Falls er sich die Sache nicht anders überlegt, kann jemand etwas zustoßen. Ihm – oder vielleicht sogar Ihnen.»

«Und wir würden einer so hübschen Frau nur ungern etwas antun», warf Joe ein. «Der Professor soll sich nur ausschlafen. Wie steht's jetzt mit dem versprochenen Unterricht im Kunstspringen? Dafür bringe ich dir später etwas anderes bei.» Er machte eine Pause und grinste. «Vielleicht einen Boogie-Woogie.»

Beth holte tief Luft und stand langsam auf. George atmete gleichmäßig, war jedoch offensichtlich bewußtlos. «Gut», sagte sie, «anscheinend bleibt mir nichts anderes übrig.»

Sie ging zur Schmalseite des Swimming-pools, streifte unterwegs ihre Holzpantoffeln ab, kletterte aufs Sprungbrett und ließ es nur kurz federn, bevor sie sprang. Sie tauchte elegant und fast ohne Spritzer ein, schwamm unter Wasser bis zum Ende des Beckens und kam erst dort wieder hoch. «Sehen Sie?» fragte sie Joe. «Das Wasser ist tief genug. Es steht fast zwei Meter hoch.

Normalerweise ist es zwei Meter siebzig tief. Sie müssen nur flach eintauchen.»

«Was du kannst, kann ich auch!» Joe sprang ins Wasser und kam neben Beth hoch. «Das müssen wir oft tun, Puppe.» Er winkte Max zu. «Los, komm 'rein, Max! Hier ist es wirklich großartig. Weich dich mal wieder richtig ein!»

«Klar, wird gemacht.» Max grinste. «Aber nur, bis der Professor aufwacht. Ein kurzes Bad zur Abkühlung. Später können wir ausgiebig schwimmen.»

Er setzte sich auf den Beckenrand, rutschte mit den Beinen voraus ins Wasser und kam prustend und schnaubend hoch. «Das nenne ich Leben, mein Junge! Das ist das wahre Leben, Joe!»

«Das richtige Leben für uns, was, Max?»

«Jetzt zeige ich euch noch etwas anderes», sagte Beth. Sie schwamm zur Leiter und kletterte aus dem Becken.

«Okay, wir sehen zu, Puppe», antwortete Joe. «Was willst du uns zeigen?»

«Das hier!» Beth bückte sich und zog die Bolzen heraus, die George vorhin gelöst hatte – die vier Bolzen, mit denen die Leiter auf die Fliesen geschraubt war. Dann zog sie die Leiter aus dem Wasser, legte sie zwei Meter vom Beckenrand entfernt nieder und bückte sich rasch, um das Einlaßventil zu schließen.

«Jetzt könnt ihr mir etwas zeigen!» rief sie den Männern zu. «Zeigt mir doch, wie man aus einem Tauchbecken herauskommt, in dem das Wasser überall gleich tief ist – wenn die Leiter fehlt und der Beckenrand so hoch ist, daß man sich nicht hinaufziehen kann.»

«He!» sagte Max erschrocken. «Sie hat die Leiter herausgezogen. Joe, wie kommen wir hier wieder heraus? Die Seiten sind so hoch, daß der Rand nicht zu erreichen ist.»

«Das zeige ich dir gleich!» antwortete Joe wütend. «Wenn die Puppe spielen will, werde ich dir zeigen, daß dazu immer zwei gehören.»

Er schwamm zur Beckenwand, ließ sich ins Wasser zurücksinken und schnellte sich dann hoch. Der abgerundete Beckenrand lag reichlich einen Meter über dem Wasserspiegel, aber Joe bekam ihn unter die Fingerspitzen und blieb daran hängen. Dann zog er sich Zentimeter für Zentimeter hoch, bis sein Kopf sich in gleicher Höhe mit dem Beckenrand befand.

Beth beobachtete ihn, während er seinen Klimmzug machte, und griff nach einem ihrer schweren Holzpantoffeln. Sie holte damit aus und traf Joes Finger mit der scharfen Kante. Zuerst die rechte, dann die linke Hand.

Joe schrie auf und fiel ins Becken zurück. Er tauchte keuchend und hustend auf und trat Wasser. «Okay!» sagte er heiser. «Das wird dir noch verdammt leid tun, wenn ich mit dir fertig bin!»

«Wirklich, Joe?» Sie kniete am Beckenrand nieder und sah ihm genau ins Gesicht. «Komm doch, zeig mir, wie du aus diesem Swimming-pool herauskommst, wenn das Wasser so tief ist, die Leiter fehlt und du dich nirgends festhalten kannst!»

Sie beugte sich noch weiter herab. «Ich muß dir noch etwas erzählen, Joe. Das ist mir vor zwei Jahren einmal selbst passiert. Ich mußte drei Stunden lang schwimmen, bis jemand gekommen ist und mir herausgeholfen hat. Aber ich bin eine gute Schwimmerin. Kannst du drei Stunden schwimmen, Joe? Oder vielleicht drei Tage lang? Wenn ich hierbleibe und dir jedesmal die Finger zerschlage, sobald du herausklettern willst?»

«Joe!» Max' Augen drohten vor Entsetzen aus den Höhlen zu treten. Er schlug wild um sich, schluckte Wasser und bemühte sich, seinen Kopf über Wasser zu halten. «Ich muß 'raus! Ich kriege kaum noch Luft! Ich bin im Knast ganz verweichlicht.»

«Leg dich auf den Rücken, Idiot! Laß dich treiben. Nur Ruhe! So kannst du stundenlang schwimmen. Mir fällt schon etwas ein.»

Joe schwamm quer durchs Becken, ohne auf Max zu achten, der ihm irgend etwas zurief. Er erreichte die Wand, schnellte sich hoch und bekam erneut den Beckenrand zu fassen. Er zog sich mit schmerzverzerrtem Gesicht in die Höhe.

Beth kam ruhig heran und blieb über ihm stehen. «Noch eine Lektion, Joe?» Sie bückte sich und drosch ihm den Holzpantoffel auf die Finger.

Joe fiel kreischend und fluchend ins Wasser zurück. Dann hielt er den Mund, um nicht völlig außer Atem zu kommen, und schwamm wieder auf die andere Seite. Aber Beth erwartete ihn bereits dort. Er machte keinen Versuch, aus dem Becken zu klettern, sondern ließ sich auf dem Rücken treiben und sah zu ihr auf. Beth starrte ihn haßerfüllt an.

«Du hast meinem Mann weh getan», stellte sie fest. «Du hast vielen Leuten weh getan. Einige hast du sogar umgebracht. Aber dir hat noch nie jemand weh getan, nicht wahr?»

«Damit kommst du nicht durch, Puppe», keuchte Joe. «Schon in der nächsten Minute kann hier jemand vorbeikommen.»

«Hierher kommen nur Leute, die wir eingeladen haben. Und niemand kann euch schreien hören – unser Haus liegt zu einsam. Ihr seid hergekommen, um meinen Mann und unser Glück zu vernichten. Jetzt ist die Falle zugeschnappt. Begreift ihr das noch immer nicht?»

«Joe, das ist ihr Ernst», sagte Max. «Hören Sie, Mrs. Raymond, das war alles nur ein Scherz, verstehen Sie? Ich meine, das war bloß ein Spaß. Wir wollten nicht hierbleiben. Hängen Sie die Leiter ein, dann verschwinden wir unauffällig. Wir belästigen den Professor bestimmt nicht wieder!»

«Nein, Max», antwortete Beth ausdruckslos. «Ihr wolltet hierbleiben, und ihr werdet hierbleiben. Wo ihr seid. In meinem Swimming-pool.»

«Max!» rief Joe scharf. «Du schwimmst zu einem Ende, und ich schwimme zum anderen. Sie kann uns nicht beide gleichzeitig abwehren.»

Max, der ebenfalls auf dem Rücken trieb, sah zweifelnd zum Beckenrand hinauf.

«Zwecklos, Joe», meinte er schließlich. «Meine Arme sind zu kurz. Ich käme nicht weit genug hinauf, um mich richtig festzuhalten. Du bist groß, aber ich bin nur ein kleiner Dicker.»

«Du gibst doch nicht etwa auf, Max?» fragte Beth spöttisch. «Gebt ihr so früh auf? Oh, ihr seid zwei große tapfere Mörder, was? Männer wie ihr halten alle Frauen für schwach und ängstlich. Aber das sind wir nicht! Nicht wenn wir um etwas kämpfen. Und ich kämpfe um meinen Mann und mein Glück.»

Sie machte eine Pause, um Luft zu holen. Die beiden Männer im Wasser starrten zu ihr hinauf.

«Du hast dir die Sache nicht überlegt, Puppe», behauptete Joe. «Was ist mit der Polizei? Sie schnappt den Professor, darauf kannst du dich verlassen!»

«Nein, das glaube ich nicht. Wenn ihr nicht mehr weiterschwimmen könnt, fahren wir euren Wagen dreißig oder vierzig Meilen weit in die Berge hinein, sobald es dunkel genug ist. Ihr seid dann auf dem Rücksitz. Dort gibt es viele Schluchten, in die man ein Auto stürzen kann. Falls ihr jemals gefunden und identifiziert werdet, kann niemand eine Verbindung zu meinem Mann herstellen.»

«Joe!» ächzte Max. «Ich bekomme jetzt besser Luft, aber ich kann nicht mehr lange schwimmen – nicht einmal auf dem Rükken. Ich meine, ich bin im Knast ganz verweichlicht. Du mußt dir etwas einfallen lassen, Joe.»

«Mir ist schon etwas eingefallen», erklärte Joe ihm scharf. «Ich bin einsachtzig groß, kapiert? Wenn du dich auf meine Schultern stellst, kannst du leicht hinausklettern. Dann haben wir sie!»

«Richtig!» stimmte der ältere Mann eifrig zu. «Du tauchst an der Wand unter, und ich klettere auf deine Schultern und bin dann groß genug. Prima, Joe!»

Beth hob warnend ihren Holzpantoffel. «Du weißt, was dich erwartet, Max.»

«Pah!» schnaubte Max, der bereits neben Joe her zum Bekkenrand schwamm. «Komm mir nur zwischen die Finger, Puppe, dann hast du ein gebrochenes Bein oder Handgelenk. Notfalls ziehe ich dich zu uns ins Wasser – und dann werden wir ja sehen! Ein paar Schläge bringen mich nicht um.»

Joe tauchte unter, während Max hinter ihm unbeholfen versuchte, mit den Knien auf Joes Schultern zu gelangen. Der erste Versuch mißlang, aber die beiden machten weiter.

Beth beobachtete sie kurz und lief dann in die Garage, wo

der Hochdruckschlauch lag, mit dem sonst die Fliesen am Beckenrand abgespritzt wurden. Sie rannte mit dem Schlauch zum Swimming-pool zurück.

Joe stützte Max jetzt von unten. Das breite Gesicht des Dikken erschien über dem Beckenrand. Max sank nach vorn und arbeitete sich stöhnend weiter über die Fliesen vor, während Joe unten nachhalf.

Beth schraubte den Schlauch am Wasserhahn fest. Sie ruckte daran, um zu sehen, ob er wirklich festsaß, und drehte dann den Hahn ganz auf. Schließlich lief sie mit dem Wasserschlauch in der Hand zum Becken und blieb zwei Meter von Max entfernt stehen. «Da, das ist für dich, Max!» rief sie und drehte das Mundstück auf.

Das unter hohem Druck stehende Wasser schoß in dickem Strahl aus dem Schlauch. Max hatte Beth mit offenem Mund angestarrt. Der Strahl traf zuerst seine Augen und dann seinen offenen Mund. Er rutschte zurück, rang nach Atem, keuchte, versuchte Luft zu holen und bekam dabei Wasser in die Lungen.

«Max!» brüllte Joe, der nicht sehen konnte, was sich über ihm ereignete. «Los, auf sie!»

Aber Max, der vor Luftmangel hilflos war, fiel auf Joe zurück. Er umklammerte den jüngeren Mann bei dem verzweifelten Versuch, über Wasser zu bleiben. Die beiden Männer versanken wild um sich schlagend und wirbelten die glatte Wasserfläche bei ihrem rasenden Kampf auf.

«Max, laß los! So ersaufen wir beide!» brüllte Joe mit einem Schluchzen in der Stimme, als es ihm gelang, den Kopf aus dem Wasser zu strecken.

Aber Max, der noch immer keuchte, war nicht mehr ansprechbar. Sie gingen wieder in einem hektischen Gewirr aus Armen und Beinen unter. Sekunden später kamen sie einen Augenblick lang erneut an die Oberfläche – gerade so lange, daß Joe einen blubbernden Schrei ausstoßen konnte. Als sie diesmal versanken, kamen sie nicht mehr herauf.

George stöhnte. Beth lief zu ihm, kniete nieder. «George», flüsterte sie. «George, Liebster.»

Er holte tief Luft. Seine Augen öffneten sich, klappten zu und blieben dann offen. Er sah auf und rang sich ein Lächeln ab. «Alles in Ordnung?» fragte er.

«Mir geht's gut. Wie fühlst du dich?»

«Zittrig. Hilf mir bitte auf.»

Sie stützte ihn, bis er kurze Zeit später imstande war, wieder allein zu stehen. Er sah sich um und kniff die Augen zusammen. Der große Swimming-pool war leer. Die vorhin noch aufgewühlte Wasserfläche glättete sich bereits. Nur ein paar Luftblasen kamen noch herauf und zerplatzten.

«He, wo sind die beiden?» wollte George wissen. «Im Haus?»

«Nein.» Sie umklammerte seine Hand. «Nein, George.»

«Wo denn sonst?» Er starrte sie verwirrt an.

«Wir haben sie erledigt. Ich und mein Swimming-pool. Ich habe gleich gewußt, daß das klappen würde, als sie vom Baden gesprochen haben. Du hättest mich davon abgehalten. Aber ich wußte, daß es getan werden mußte. Sie waren böse Menschen! Sie hätten uns schreckliche Dinge angetan. Und das durfte ich nicht zulassen! Ich bin eine Frau, George, und eine Frau tut alles, was sie tun muß, um ihr Glück zu verteidigen. Niemand darf dich mir wegnehmen. Niemals!»

Dann legte sie ihr Gesicht an seine Schulter und begann zu weinen. Aber als diese erste Reaktion vorüber war und sie ihm erzählte, was sie als nächstes tun mußten, empfand sie nur eine grausame Zufriedenheit.

Die Pranke des Löwen

William Sambrot

San Francisco hat, was Gott sei Dank noch nicht überall bekannt ist, zwei sogenannte Russische Hügel. Einer davon liegt südlich der Market Street, oberhalb von Potrero. Ein wenig abgeschlossen, denn an seinem Fuß ballen sich schmutzige Fabriken – aber er bietet einen erstaunlich schönen Ausblick auf die Stadt und die Bucht, wenn man die Höhe erklommen hat.

Die Bewohner des Hügels, hauptsächlich Künstler, Schriftsteller und andere Freischaffende, haben es allerdings gar nicht gern, wenn man die herrliche Aussicht preist.

Aus seinem Apartment auf diesem Russischen Hügel beobachtete Ed McKelvin, wie ein Mann aus einem einige Kilometer weiter entfernten und fünfundzwanzig Stockwerke hohen Bürogebäude kletterte. Dieser Anblick warf McKelvin keineswegs um, denn er besaß starke Nerven, ein gutes Fernglas und studierte gerne das Spiel von Licht und Schatten über der Stadt. Er war nämlich Fotograf, nicht fest angestellt, aber einer der besten der Welt.

Die Wände seiner Junggesellenwohnung waren mit Vergrößerungen seiner Fotos, meist Schnappschüssen, dekoriert. Den Ehrenplatz über der reich ausgestatteten Hausbar nahm jedoch der Schneeleopard ein. Ein brillanter «Schuß», der Weltruhm erlangt hatte. Ed war es gelungen, zum ersten Mal einen der seltenen Schneeleoparden mitten im Sprung zu fotografieren, vor einem rötlichen Granitblock, der aus dem tief verschneiten Gelände herausragte, darüber der fast purpurne Himmel: ein Farbfoto von einmaligem Rang. Im Hintergrund türmte sich der Himalaya wie ein Mondgebirge. Das Bild war in jedem Fotomagazin der Welt erschienen. Selbstverständlich hatte es eine der größten – und bestzahlenden – Illustrierten als erste veröffentlicht. Mit der Bildunterschrift: Der seltenste Leopard der Welt.

Dieses Bild hatte die Karriere McKelvins begründet – und ihn gleichzeitig abgestempelt. Die Bildredakteure erwarteten von ihm nur noch Meisterfotos, die die «Pranke des Löwen» erkennen ließen. Sie dichteten ihm den Nimbus eines Genies an. Eigentlich aber hätte so ein Bild den Höhepunkt einer Laufbahn bilden sollen und nicht ihren Beginn.

McKelvin pirschte sich näher ans Fenster. Fest und sicher lag das Fernglas in seinen Händen, während er beobachtete, wie der Mann, aus dieser Entfernung schon winzig, aus dem Fenster kroch, dann auf den darunterliegenden Sims sprang und sich zur Ecke des Gebäudes vorarbeitete.

McKelvins fotografisch geschulter Blick erfaßte die Szene sofort. Die Front des Stockwerks endete mit dem Fenster, aus dem der Mann gestiegen war. Von dort bis zur Ecke des Gebäudes, auf die er sich stetig zubewegte, war eine kahle, leere Wand. Vom fünfundzwanzigsten, dem letzten Stockwerk mit Fenstern, an gab es noch weitere fünf Stockwerke, hinter deren fensterlosen Fassade die elektronischen Anlagen und die Sende- und Empfangsstationen für Überseeverbindungen untergebracht waren. McKelvin wußte das, denn er kannte das Haus. Knapp unter dem Dach befand sich ein sehr breiter steinerner Vorsprung, ein typisches Beispiel für den sinnlosen Einfall eines Architekten. Bei einem stärkeren Erdbeben würde das Ding garantiert herunterfallen und allerhand Schaden anrichten. McKelvin sah deutlich, daß dieser Vorsprung die Sicht vom Dach auf den darunter umlaufenden Fenstersims unmöglich machte.

Nun konzentrierte er seinen Blick auf den Mann auf dem Sims, dessen Hemd in der steifen Brise, die vom kalten Pazifik kam, flatterte. Er ging Zentimeter für Zentimeter vorwärts, bis er die Gebäudeecke erreicht hatte, blickte sich dann um, schien zu stürzen. Sekundenlang schwankte er zwischen der Wand und dem Abgrund. McKelvins Hände krampften sich um das Fernglas. Er überlegte, ob er sich nicht eine Kamera mit einem Teleobjektiv holen sollte, gab dieses Vorhaben aber sofort wieder auf. Dazu war keine Zeit mehr. Er richtete seinen Blick wieder auf den Mann, Gedanken zuckten wie Blitze durch sein Hirn, während er alle Möglichkeiten abwog, die ihm diese Szene bot.

Jetzt preßte sich der Mann an die Wand. Seine Arme waren weit gespreizt, mit der einen Hand klammerte er sich an die Hausecke.

Das veranlaßte McKelvin zu handeln.

Er rannte zu seinen Kameras, griff kurz entschlossen nach der alten Hasselblad, entschied sich dann aber für die neue Exakta VF 11 B. Dann steckte er ein paar hochempfindliche Farbfilme in die Taschen seines Anzugs und verließ im Sturmschritt sein Apartment. Wenn er Glück hatte, konnte er das Bürogebäude in fünfzehn Minuten erreichen. Es war Samstag nachmittag, im Geschäftsviertel herrschte kaum noch Verkehr.

Er schaffte es in zwölf Minuten.

In Windeseile hatte er seinen uralten Mercedes 300 SLR auf der anderen Straßenseite in einer gelben Zone geparkt. An der Windschutzscheibe prangte das große PRESSE-Schild. Er sah sich um. Es waren nur wenig Leute unterwegs, hauptsächlich Arbeiter, die die Straßen ausbesserten. Mit einem schnellen Blick nach oben erfaßte McKelvin die Figur des Mannes, der noch immer gefährlich schwankend auf dem Sims im fünfundzwanzigsten Stockwerk verharrte.

McKelvin stürzte in die Halle. Er hielt sich nur einen Augenblick dort auf, um Nelson, den Korrespondenten einer großen Illustrierten anzurufen, für die er schon oft gearbeitet hatte.

«Hier ist McKelvin», sagte er kurz, «ich bin im Nachrichtenhochhaus. Im fünfundzwanzigsten Stock steht ein Mann auf dem Sims. Ich glaube, daß er Mut sammelt, um 'runterzuspringen. Lassen Sie mir fünf Minuten Zeit, holen Sie dann die Polizei.»

Er warf den Hörer auf die Gabel und rannte zum Fahrstuhl.

Minuten später preschte er durch den Korridor im obersten Stockwerk zu dem offenen Fenster. Er starrte hinaus; der feuchte, kalte Wind zerrte an seinen von der Sonne gebleichten Haaren.

Ein Blick genügte, um die Situation zu erfassen. Auf dem Sims stand ein junger Mann, etwa zwanzig Jahre alt. Er trug ein Hemd mit kurzen Ärmeln, knappsitzenden Bluejeans und schmutzige weiche Schuhe.

McKelvin sagte kein Wort. Er berechnete kühl die Entfernung, die Belichtungszeit, die Brennweite, überlegte, welche Filme er bei sich hatte, wählte dann einen Ektachrom aus. Ohne jede Hast prüfte er die Kamera, legte den Film ein und befestigte den Apparat genau in Brusthöhe. Dann schwang er sich aus dem Fenster, trat auf den Sims und ging langsam auf den Jungen zu, der mit zusammengedrückten Knien an der Hauswand lehnte. Seine dünnen weißen Finger krallten sich in den großporigen Beton, gegen den er sein hohlwangiges Gesicht preßte.

McKelvin ging Meter für Meter weiter. Sein Hirn arbeitete wie ein Computer, ständig wechselte er Belichtungszeit und Entfernung. Vor seinem geistigen Auge zeichnete sich bereits eine ganze Serie von Fotos ab. McKelvin wußte genau, was er wollte.

Er sah bereits die Kontaktbögen vor sich, obwohl er die Fotos noch gar nicht gemacht hatte. Wenn er das auf dem Film hatte, wäre es sein zweiter Schneeleopard. Und so was brauchte er jetzt dringend. Es wäre der Beweis dafür, daß es beim ersten Mal nicht nur Glück gewesen war. Ein Beweis, daß das Foto damals von ihm so geplant gewesen und dann geschossen worden war.

Vom Dach des Gebäudes, oberhalb des überflüssigen Vorsprungs, hörte McKelvin Stimmen, verzerrt durch den stetig blasenden Wind. Er achtete nicht darauf. Es gab nur eine Möglichkeit den Jungen zu erreichen – und diese nutzte er aus. Jeder andere hätte entweder hinter ihm gehen müssen oder den weiteren Weg um die Südseite des Hauses herum. In jedem Fall konnte man den Jungen auf dem nur dreißig Zentimeter breiten Sims nicht am Hinunterspringen hindern, wenn es nicht gelang, ihn zur Rückkehr zu überreden.

Der Bursche hatte – absichtlich oder zufällig – genau die Stelle gewählt, die Rettungsversuche fast unmöglich machte.

Von dem Platz, den McKelvin erreicht hatte, gab es nur noch ein kurzes, kahles Stück Wand bis zur Hausecke. Auf der anderen, der südlichen Seite, zog sich ein wesentlich längeres Sims entlang. Dort aber gab es nur noch wenige Fenster, die sehr hoch darüber lagen. Wegen des gewaltigen steinernen Vorsprungs konnten Helfer, die vom Dach aus arbeiteten, natürlich nichts sehen. Ein Netz im darunterliegenden Stockwerk aufzuspannen, wäre schwierig und sehr gefährlich gewesen. Die Entfernung zwischen den beiden Fenstern, dem letzten auf der Seite, an der der junge Mann stand, und dem ersten auf der Südseite, war zu groß.

Der Junge hielt sich noch immer an der Ecke des Hauses fest. Er zitterte vor Angst und Kälte. Sein Gesicht preßte er fest an die Wand. McKelvin ging bis auf eineinhalb Meter an seinen ausgestreckten Arm heran, hob die Kamera und schaute kurz auf die Mattscheibe. Dann hatte er den Jungen im Bild. Er korrigierte noch einmal die Haltung, um die Vertikale der Hausecke besser anvisieren zu können. Das wirre Haar, der struppige Bart, die hohlen Wangen des Burschen – alles war klar zu erkennen. Das an die Mauer gedrückte Gesicht, die weit ausgebreiteten Arme, die sich an das Haus klammerten.

Klick. Klick.

Während McKelvin mit sicherer Hand die Kamera bediente, um seine Schnappschüsse zu machen, fiel ihm bereits eine Bildunterschrift ein: Der Mensch am steinernen Kreuz.

Er hörte, wie ein Fenster hinter seinem Rücken geöffnet wurde und eine beruhigende feste Stimme sagte: «Mein Sohn, ich bin's, Pfarrer Collins. Um Gottes willen, kommen Sie zurück. Gehen Sie nicht näher an ihn heran. Er reißt Sie mit sich in die Tiefe.»

McKelvin streckte seine Hand nach rückwärts aus und bewegte sie auf und ab, um anzudeuten, daß er weitergehen wolle.

«Du», sagte er leise, «Junge, dreh doch mal den Kopf!»

«Er geht weiter», sagte der Priester, dessen Stimme im Heulen des Sturms zu ersticken drohte, «ein tapferer Mann . . .»

Dann kam eine andere Stimme, aus dem gleichen Fenster,

durch das er hinausgestiegen war: «Machen Sie keinen Unsinn. Kommen Sie zurück. Hier spricht die Polizei. Wir müssen auf den Sims. Können Sie mich verstehen?»

Wieder machte McKelvin eine abwehrende Handbewegung, dann streckte er mit einer beschwörenden Geste, die sowohl von unten wie vom Inneren des Gebäudes gesehen werden konnte, einen Arm nach dem Jungen aus. Dagegen war nicht zu beobachten, daß er mit der anderen Hand wieder zur Kamera griff.

Tief unter sich hörte er den Klang von Feuerwehrsirenen. Es war Ed klar, daß sich dort eine Menge ansammelte, die von dem makabren Schauspiel geradezu magisch angezogen wurde. McKelvin hatte das bereits in vielen Ländern der Erde erlebt.

«Du, Junge», flüsterte er mit halberstickter Stimme.

Der Bursche drehte den Kopf, seine Wange streifte den Beton mit einem kratzenden Geräusch. Dunkle Augen mit dem Blick eines gequälten Tieres starrten in die Linse der Kamera.

Klick. Klick.

Der junge Mann sah McKelvin an. Das konzentrierte Interesse des Fotografen, die wie an einem Felsen unbeweglich vor der Brust befestigte Kamera, der fast weltentrückte Ausdruck des Gesichts schienen dem Jungen einen fürchterlichen Schrekken einzuflößen. Er schloß die Augen.

Klick. Klick.

McKelvins automatische Kamera arbeitete einwandfrei. Er legte einen neuen Film ein. Die Einstellung stimmte haarscharf, der hochempfindliche Film paßte für jede Beleuchtung.

McKelvin ging noch näher heran.

Jetzt öffnete der Bursche wieder die Augen. Er starrte McKelvin mit angstverzerrtem Gesicht an. Seine Silhouette stand vor dem abendlichen Himmel: Groß, dürr, hoch über dem Abgrund.

McKelvin ging noch einen Schritt näher heran.

Da fing der Junge an zu sprechen. Sein Kehlkopf bewegte sich, er schluckte: «Bleib stehen! Laß mich in Ruhe!» Er versuchte, sich von McKelvin zu entfernen. Dabei verlor er mit einem Bein den Halt auf dem feuchten Sims. Ängstlich versuchte er, wieder festen Stand zu gewinnen, seine Hände griffen nach dem rauhen Betonputz. In seinem Gesicht spiegelte sich die Furcht, das Gleichgewicht zu verlieren. Seine Züge waren verzerrt.

Klick. Klick.

Wieder streckte McKelvin seine Hand aus. Ein Geräusch auf dem Dach erinnerte ihn daran, daß Helfer versuchten, den Jungen vor dem Selbstmord zu retten. Ein Seil wurde hinter ihm herabgelassen.

Stimmen schrien von oben: «Ein Seil. Halten Sie sich daran fest.»

Von dem letzten Fenster im fünfundzwanzigsten Stock kam eine Antwort: «Es hat keinen Zweck. Das Seil hängt zu weit draußen. Er kriegt's nicht.»

McKelvin beobachtete den Jungen, der Bursche sah den Fotografen an. Sein Blick verriet, daß er die wahre Absicht McKelvins erkannt hatte.

McKelvin wog die Situation ab. Die Gelegenheit war günstig, ja, mehr als günstig. Aber ein Schnappschuß wie der Schneeleopard würde ihm nicht gelingen. Er wünschte sich etwas anderes – genauso, wie er es sich vor Jahren auf der Himalayaexpedition gewünscht hatte, als er zum ersten Mal einen Schneeleoparden sah.

Damals stapften sie über einen öden schneebedeckten Hang im Himalaya unter einer strahlenden Morgensonne, die die Sinne betäubte. McKelvin legte einen Halt ein, sein Atem ging kurz und stockend, sein Herz schlug in dieser Höhe in einem irrsinnigen Rhythmus. Vor ihm erhob sich ein Felsen, der sich in kräftigem Rot gegen den Schnee und den tiefblauen Himmel abzeichnete, freigefegt von dem stürmischen Wind.

Während er den Fels anstarrte, bemerkte er etwas, was sich bewegte. Er setzte das Fernglas an die Augen – und holte tief Luft.

Im Brennpunkt seines Feldstechers sah er ein weißes gefährlich wirkendes Tier, das dichtbepelzt mit leicht über den Schnee streichendem Schweif in großen Sprüngen herankam. Ein schneeweißes Tier, voller Anmut und Grazie in seinen Bewegungen, das während seiner Sprünge die kleine Gruppe der Sherpas und Bergsteiger beobachtete.

McKelvin hatte sofort gewußt, daß es sich nur um den äußerst seltenen Schneeleoparden handeln konnte. Ein Tier, das nur wenige Menschen je gesehen hatten. In seiner Phantasie sah er bereits das Bild vor sich, das er sich wünschte. Und er wußte, wie er's anpacken mußte.

Damals hatte er den Sherpas befohlen, sich um den Fuß der Felsnadel und am Anfang des Abgrunds zu sammeln, um dem Tier jede Fluchtmöglichkeit abzuschneiden. Er selbst postierte sich am Rande des Schneefeldes unterhalb des Abgrunds.

Dort wartete er auf das sichere Ende der Tragödie.

Das Tier bewegte sich leicht und sicher. Aber es spürte, daß es in einer Falle war, denn von allen Seiten drangen die Sherpas mit Bergstöcken bewaffnet auf es ein. Es kroch mit zurückgezogenen Lefzen und weit geöffnetem roten Maul rückwärts, wie McKelvin es vorausberechnet hatte. Immer weiter zog es sich auf die Felsnadel zurück. Ein unbeschreiblich schöner Anblick. Schließlich fand es einen Halt auf einem Vorsprung im Felsen, wo es mit nervös zuckenden Pfoten in geduckter Haltung stehenblieb. So hatte es McKelvin erwartet.

Er schickte einige der sehnigen diensteifrigen Sherpas um die Seite der Felsnadel herum, zu einem Platz, der seinem gegenüberlag. Das Tier kauerte immer noch auf dem schmalen Vorsprung, der ihm den Rückzug nach oben abschnitt. Die Sherpas erklommen den Felsen. Für den Schneeleoparden blieb nur noch ein einziger Weg zur Flucht – das schmale Schneefeld, das sich vor dem Abgrund erstreckte.

Die Sherpas brüllten. Der Leopard spannte seine Muskeln. Dann sprang er ab, segelte weit hinaus, in einem gigantischen Sprung hoch über dem Schnee. Seine Silhouette zeichnete sich in phantastischer Schönheit gegen den blauen Himmel ab.

McKelvin hatte auf diesen Moment gewartet. Er fotografierte Schuß auf Schuß, ohne Unterbrechung, bis der Leopard im Schnee landete. Vergeblich versuchte das Tier, seinen Aufschlag zu bremsen, sich im Schnee festzukrallen. Es schoß den steilen

Abhang hinunter, auf den Abgrund zu, stürzte hinein und verschwand im Nichts.

Die Pranke des Löwen, dachte McKelvin spöttisch.

McKelvin ging noch näher an den Jungen heran. «Du», sagte er, leicht krächzend, «du, komm, schau mich mal an . . .»

«Laß mich in Ruhe, laß mich in Frieden!» Ein angsterfüllter Schrei schlug dem Fotografen entgegen. «Hau ab!»

McKelvin ging noch näher, nur Zentimeter trennten ihn von dem Burschen, der mit verkrallten Fingern am Putz des Hauses hing.

«Junge», sagte McKelvin in dem beruhigenden väterlichen Ton, den jeder Erwachsene einem Jüngeren gegenüber anschlägt, weil er glaubt, damit Vertrauen zu erwecken. Er stockte dabei nicht einmal. «Ich will dir helfen. Sag's mir. Welchen Kummer hast du?»

Der Körper des Burschen wurde wie vom Fieber geschüttelt. Er sah McKelvin an, in seinen Augen flammte der Zorn.

«Du machst mich verrückt. Alle machen mich verrückt. Laß mich in Ruhe!» Der Junge schrie. Sein Mund war weit geöffnet, die Adern an seinem dünnen Hals waren geschwollen, seine weit aufgerissenen Augen glänzten.

«Warum könnt ihr mich denn nicht allein lassen?»

Klick. Klick.

«Hör mal!» sagte McKelvin mit erstickter Stimme, «wäre es nicht besser, wenn du mit mir zurückkommen würdest? Du bist jetzt durcheinander, aber wenn wir erst wieder drin sind, ist ja alles in Ordnung. Sieh mal nach unten – da sind ein Haufen Leute. Sie sind nicht an mir interessiert – sondern an dir. Wirklich interessiert. Komm mit mir zurück. Jeder wird dir helfen wollen.»

«Halt's Maul, um Gottes willen, quatsch nicht weiter!»

Der Junge schluchzte. Er schlug seinen Kopf an die kahle Wand. Hinter den beiden ertönten warnende Rufe. Im darunterliegenden Stockwerk lehnten sich Männer weit aus den Fenstern hinaus. Mit langen Stangen und Nylonseilen versuchten sie, die Hausecke und die jenseitige Wand abzuschirmen. Riesige Netze waren an den Seilen befestigt. Tief unten sah man die geballte Menge und Autos, die käfergroß wirkten.

«Brauchst du Geld? Das ist kein Problem! Wenn du zurückkommst, bekommst du alles, was du willst. Die Zeitungen, das Fernsehen – sie zahlen dir, was du verlangst. Jeder ist scharf auf deine Geschichte. Sie werden dir einen Haufen Geld hinblättern, das kannst du mir glauben.»

Der Bursche drehte seinen Kopf zu McKelvin, dann wandte er sich ab. Mit gellender Stimme schrie er: «Hau ab, hau ab! So geh doch endlich!»

«Hör doch zu! Hinter dem Fenster, aus dem du 'rausgeklettert bist, warten sie auf dich, um dir zu helfen.» McKelvin ergriff die Hand des Jungen.

Er riß sich los. Er ging noch näher an die Hausecke. Seine Bewegungen waren unsicher; fast schien er seitwärts zu gehen. Speichel quoll aus seinem Mund, lief über das Kinn, er stöhnte.

«Pfarrer. Ärzte. Alle warten auf dich, alle wollen dir helfen. Du wirst es gut haben, wenn sie dich mitnehmen. Es wird warm sein, du mußt nicht arbeiten. Du bekommst gut zu essen. Schwestern und Doktoren werden für dich sorgen. Alle wollen nur dein Bestes. Komm mit mir zurück, Junge! Du wirst nie mehr allein sein, nie mehr . . .»

«Nein! O Gott, nein! Nein!» Der Junge näherte sich der Außenkante des Simses, kam ihr ganz nahe. Sah in den Abgrund. Dann öffnete sich sein Mund zu einem letzten entsetzlichen Schrei, bevor er das Gleichgewicht verlor und sanft, aber unwiderstehlich in die Tiefe gezogen wurde. Sein Körper schwang weit hinaus, während seine Augen riesengroß wurden, als visierten sie einen Punkt in unendlicher Ferne an. In seinem Blick lag Ruhe, vollkommene Ruhe. Er fiel wie ein Stein.

Klick. Klick.

Nur für den Bruchteil einer Sekunde lang war sein Körper noch sichtbar. Dann war alles vorbei. McKelvin drückte sich gegen die Hauswand. Seine Beine gaben plötzlich unter ihm nach. Hinter sich hörte er die Stimme des Priesters: «Te absolvo in nomine patris . . .» Aber vor seinen Augen sah er schon das letzte Bild. Die Augen des Jungen, das plötzlich so kindlich weich wirkende Gesicht, die Ergebenheit bei dem Fall ins Nichts. Er sah noch etwas mehr: Die Bildunterschrift: Der Blick in die Ewigkeit.

Dann begann er seinen Rückzug auf dem Sims. Wie ein Blinder tastete er an der Hausmauer entlang, seine Kräfte waren erschöpft. Er kroch durchs Fenster, zurück ins Innere des Hauses, Tränen strömten ihm übers Gesicht. Er dachte an das letzte Bild. Den Widerstreit der Gefühle . . . hier hatte er das großartig eingefangen.

Die Pranke des Löwen!

Wie ein Betrunkner schwankte er durch den Raum. Die kalten Augen der Polizisten und Reporter waren auf ihn gerichtet, aber er bemerkte sie nicht. Nelson, der Reporter, mit dem er zuvor telefoniert hatte, sah ihn mit einem wissenden Blick ironisch an.

Mechanisch beantwortete McKelvin die auf ihn abgefeuerten Fragen. Ja, es stimme, er sei Fotograf. Er habe zufällig gerade die Stadt von oben aufnehmen wollen, als der Junge aus dem Fenster kletterte. Dabei habe er ihn beobachtet. Selbstverständlich hätte er ihn fotografiert, das sei ja schließlich sein Beruf, eine derartige menschliche Tragödie könne man ja nicht unbeachtet lassen. Es sei ihm zur zweiten Natur geworden, sofort die Kamera zu nehmen und zu schießen. Eigentlich wäre er aber auf den Sims geklettert, um den Jungen zu retten – soweit das überhaupt menschenmöglich war. Es ging aber nicht. Nein, er stünde noch unter dem Schock, weitere Fragen könne er jetzt nicht beantworten. «Fragen Sie Nelson», sagte er, «er kann Ihnen alles über mich erzählen.»

Minuten später stand McKelvin auf dem Gehsteig vor dem Haus. Das Pflaster war naß. Es war die Stelle, wo der Körper des Jungen aufgeschlagen war und die die Feuerwehr inzwischen abgespritzt hatte. Er ging näher, dann blieb er stehen. Das riesige Gebäude zeichnete sich deutlich als Spiegelbild in der Pfütze ab. Eine verkürzte Silhouette, finster drohend, wie ein zum Himmel ragender Finger.

Ein interessantes Bild. Außerdem paßte es haargenau zu dem, was sich soeben abgespielt hatte.

Er richtete seine Kamera auf die Pfütze, stellte die Entfernung ein, gab ihr dann noch einen anderen Winkel, um die Höhe des Hauses noch etwas größer erscheinen zu lassen, und drückte auf den Auslöser.

Da ist von Genialität, von der Pranke des Löwen nicht viel zu merken, dachte McKelvin, aber ein guter Schuß war es doch.

Gefährliche Kurve

Alex Gaby

Ein großer und sehr teurer, schwerer grauer Wagen rollte lautlos die gewundene Straße entlang. Der Mann fuhr, und die Frau saß ruhig neben ihm. Beide waren in konservativem Geschmack sehr gut gekleidet. Die Frau hielt auf ihrem Schoß eine große glänzende Lackledertasche, deren Vorderseite eine Filigranarbeit aus Goldfäden zeigte, die zu einem hübschen Muster verflochten waren.

Sie waren beide Anfang Dreißig, beide dunkelhaarig, schlank und intelligent aussehend. Sie hatte ein hübsches ovales Gesicht mit weit auseinanderstehenden großen blauen Augen, und sie saß entspannt mit einem leichten Lächeln da und sah auf die gewundene Straße in der hügeligen Landschaft. Es war Frühlingsanfang, einer dieser unerwartet warmen Tage, die selbst in diesem nördlichen Land an den Sommer erinnerten, und im Wagen war es warm, fast heiß, obwohl an schattigen Stellen am Straßenrand noch vereinzelt Schnee lag. Sie hatten alle Fenster geöffnet, und der Fahrtwind strich ihr durch das kurze dunkle Haar, das ihr Gesicht einrahmte.

Plötzlich, als sie um eine Kurve kamen, sahen sie den grünweißen Wagen, vielleicht hundert Meter vor ihnen, mit einer langen Radioantenne, die aus dem linken hinteren Kotflügel ragte. Als sie weiter in die Kurve fuhren, sahen sie die Aufschrift POLIZEI auf den Türen des Wagens, und die beiden Männer im Auto, die breitkrempige Hüte trugen, wie sie im amerikanischen Westen seit Jahrzehnten nicht mehr modern sind.

Die Frau drehte sich zu dem Mann hin. «Wie schnell fährst du?»

Er warf einen Blick auf den Tachometer. «Genau fünfzig. Nicht die kleinste Verkehrsübertretung.»

Sie sah, wie der Abstand zwischen den beiden Wagen allmählich kleiner wurde, und verrenkte den Hals, um den Tachometer zu beobachten. «Sie wollen anscheinend, daß du sie überholst», sagte sie endlich. «Willst du es tun?»

Er grinste. «Sie fahren genau achtundvierzig Meilen in der Stunde, genau achtundvierzig. Ich muß sie überholen, wenn ich nicht den ganzen Weg bis Robertsville mit achtundvierzig fahren will.»

Sie blickte auf eine Karte, die sie auf dem Schoß hielt. «Es sind noch etwa zehn Meilen. Du bist dicht hinter ihnen. Ist das nicht ein bißchen zu dicht?»

«Dicht genug», sagte er und drückte auf die Hupe.

Der Wagen vor ihnen fuhr dicht an die rechte Straßenseite, und ein paar Sekunden später hatten sie ihn überholt und fuhren wieder nach rechts, und der Abstand wurde größer. «Sie haben uns viel Platz gelassen. Sehr höflich.» Er nickte und lächelte sie an. Auch sie lächelte und entspannte sich wieder. Sie beobachtete die Straße vor ihnen.

Dann erschreckte sie das Heulen der Sirene hinter ihnen, und er warf rasch einen Blick in den Rückspiegel. Der Polizeiwagen hinter ihnen kam mit heulender Sirene wie ein Geschoß auf sie zu.

«Du fährst nicht zu schnell!» Sie beugte sich vor und blickte auf den Tachometer. «Sie meinen uns wohl gar nicht.»

«Jetzt genau fünfzig. Vielleicht ist irgendwo vor uns etwas los, und sie haben einen Anruf über Funk bekommen.» Er sah noch einmal in den Rückspiegel. «Sie fahren irrsinnig schnell. Ich will lieber rechts 'ranfahren.»

Er trat auf die Bremse und lenkte den Wagen an den Straßenrand, aber bevor er ihn erreicht hatte, schoß der grün-weiße Wagen an ihnen vorbei und bog dicht vor ihnen wieder nach rechts, die Sirene gellte ihnen in den Ohren. Plötzlich sah er die Stopplichter des Wagens aufleuchten und hörte das Kreischen von Bremsen, dann hörte er seine eigenen Bremsen kreischen; er konnte einen Zusammenstoß mit dem Polizeiwagen nur vermeiden, indem er das Lenkrad heftig herumriß.

Der große graue Wagen kam völlig von der Straße ab und geriet auf den weichen Seitenstreifen; er war jetzt rechts neben dem Polizeiwagen und stieß gegen den harten Steinrand des Seitenstreifens, dann kam er ruckartig zum Stehen, und sie beide fielen gegen das Lenkrad.

«Das war Absicht! Das haben sie bestimmt absichtlich getan!» Mit bleichen Gesichtern starrten sie sich an.

Dann hörten sie, wie die Tür des Polizeiwagens zugeschlagen wurde, und einer der beiden Polizisten kam langsam auf ihren Wagen zu und blieb stehen, um ihr Kennzeichen in ein kleines Buch zu schreiben. Der Mann war groß und schlank, mit einem wettergebräunten Gesicht, und die scharfen, vorspringenden Knochen seiner Schulter schienen sich durch den grünen Uniformstoff zu bohren. An den Beinen trug er schwarze, glänzende hohe Schaftstiefel aus Leder.

Er kam zum Wagen, lehnte sich auf der Fahrerseite lässig auf die Fensterkante und schaute die beiden an. «Haben Sie noch einen weiten Weg vor sich, Mister? Sie haben es wohl ganz besonders eilig?» Seine Stimme klang nicht unfreundlich, und auf seinem langen Gesicht zeigte sich ein leichtes Lächeln. Aber die Augen – sie waren klein und hart, und blau wie ein eisiger Winterhimmel. Die Nase war nicht groß, aber sie war früher einmal gebrochen worden, und der Bruch war nicht richtig geheilt, wodurch sie einen leichten Schlag nach links hatte, was irgendwie das lange Kinn zu betonen schien.

Mit schneeweißem Gesicht saß der Mann da und umklammerte das Lenkrad. Seine Augen funkelten vor Zorn. Die Frau beschäftigte sich mit ihrer Handtasche, als ob sie hinter ihr Schutz suchte; sie war ebenfalls sehr blaß und rutschte auf dem Sitz sehr dicht zu dem Mann hinüber.

«Das hätten Sie nicht tun dürfen», sagte der Mann. Seine Stimme war heiser vor Wut. «Uns auf diese Weise anzuhalten. Sie hätten uns umbringen können.»

«Jedenfalls haben wir Sie angehalten, Mister», sagte der Polizist gelangweilt. «Ihre Zulassung und den Führerschein. Geben Sie her.» Er streckte die Hand aus.

Der Mann blinzelte. «Ich hätte gern gewußt, was das alles zu bedeuten hat. Warum haben Sie mich auf diese Weise von der Straße abgedrängt?»

Der Polizist griff plötzlich in den Wagen; sein Ärmel streifte dem Mann über das Gesicht, als er den Zündschlüssel aus dem Schloß zog. Der Motor war beim Anhalten abgewürgt worden, aber der Mann hatte die Zündung nicht ausgeschaltet. «Ich sage es noch einmal, Mister. Die Zulassung und den Führerschein. Aber ein bißchen flott.» Jetzt war seine Stimme nicht mehr freundlich; sie war scharf und rauh.

Der Mann zog die Brieftasche aus der Jacke, schlug sie auf und nahm die Zulassung und den Führerschein heraus. Der Polizist riß ihm die Papiere aus der Hand und sah sie sich gründlich an.

«Also, Mister Henry Sanford Adams aus Richford, New York, wie schnell darf man in Ihrer Heimat fahren?»

«Fünfzig auf den meisten Bundesstraßen. Aber das ist doch unwichtig. Ich habe keine Geschwindigkeitsbeschränkung übertreten.»

«Welches ist die Höchstgeschwindigkeit auf dieser Straße?» Der Polizist zeigte ein breites Grinsen. Es machte ihm offenbar einen Riesenspaß, die Frau zu beobachten, die sich noch dichter an den Mann drängte und dabei nervös mit der Tasche in ihren Händen spielte.

«Fünfzig Meilen pro Stunde», sagte der Mann langsam.

«Sie fuhren genau siebenundfünfzig, als Sie uns überholten. Aber wissen Sie, Mister, das war doch wohl das dümmste, was Sie tun konnten, ausgerechnet einen Polizeiwagen zu überholen, als ob Sie sich über uns lustig machen wollten.» Er trat ein paar Schritte zurück und stemmte die großen roten Hände in die Hüften. «Also gut. Lassen Sie den Motor an, und folgen Sie uns.»

«Ich mußte ein bißchen schneller fahren, um Sie zu überholen. Sie fuhren etwas unter fünfzig. Was hätte ich sonst tun sollen? Stundenlang hinter Ihnen herfahren? Nach dem Überholen bin ich wieder auf fünfzig heruntergegangen, und dann haben Sie mich gestoppt.»

Der Polizist kam näher und steckte den Kopf durch das Fenster an der Fahrerseite. Seine Augen glitzerten. «Mister, ich weiß nicht, wie Sie mit den Verkehrspolizisten im Staat New York umgehen, aber hier kommen Sie damit nicht durch, merken Sie sich das. Merken Sie sich das ein für allemal.»

Die Frau drängte sich an den Mann und beugte sich etwas vor. Dabei sah sie den Polizisten an. Sie sprach mit freundlicher leiser Stimme, wie man mit einem jähzornigen Kind spricht. «Wir wollen nicht mit Ihnen streiten, aber wir sind wirklich sehr vorsichtig gefahren. Und als Sie uns stoppten, waren wir unter der Höchstgeschwindigkeit.»

Der Polizist sah sie genau an; bewundernd sah er auf ihre Schuhe, ihr teures Kleid, die Tasche, die sie mit den Händen umklammerte, und auf ihr Gesicht, das plötzlich rot wurde, als sie den Blick in seinen Augen sah. Er sah sie so lange an, daß der Mann neben ihr unruhig zu werden begann. Dann sagte er mit besonders gelangweilter Stimme: «Madam, es hat niemand mit Ihnen gesprochen. Überhaupt niemand. In unserem Land überlassen die Damen den Männern das Reden. Es hat überhaupt niemand mit Ihnen gesprochen!»

Die Frau starrte fassungslos auf den Mann.

«Was fällt Ihnen ein, so mit einer Dame zu reden? Was soll das heißen?» Der Mann packte den Türgriff und wollte aussteigen.

«Bleiben Sie sitzen!» Der Polizist steckte rasch die Hand in den Wagen und drückte sie dem Mann auf die Schulter. «Ich will Ihnen sagen, was das heißt, Mister. Es heißt, daß Sie ein Gesetz verletzt haben, und es heißt, daß Sie mir folgen werden, und es heißt, daß Sie nicht den ganzen Tag hier sitzen und Reden halten sollen. Wenn Sie keine Lust haben, meinen Pistolengriff auf Ihrem Schädel zu spüren, dann lassen Sie den Motor an.»

Er trat vom Wagen zurück und schlug leicht auf die Ledertasche, die an seiner Seite an einem breiten glänzenden Ledergurt hing, dessen schweres Schloß mit dem Polizeiwappen geschmückt war.

Der Mann öffnete mehrere Male den Mund, dann blickte er

auf das Armaturenbrett. «Sie haben meinen Zündschlüssel», sagte er kurz.

Der Polizist warf ihm den Schlüssel zu und steckte den Führerschein und die Zulassung in die Brusttasche seiner Uniform. Mit erhobenem Arm gab er dem anderen Polizisten im Wagen ein Zeichen, und der Polizeiwagen fuhr fünf Meter weiter. Der Polizist am Lenkrad hatte den linken Ellbogen auf die Fensterkante gelegt, und mit der rechten Hand drehte er an den Knöpfen des Funkgeräts, das in einem Blechkasten über dem Armaturenbrett angebracht war.

Der Mann drehte den Zündschlüssel um und ließ den Motor an. Dann legte er den Rückwärtsgang ein. Als er anfuhr, wurde ein schleifendes, mahlendes metallisches Geräusch hörbar. «Mit dem Wagen stimmt etwas nicht», sagte er zu dem Polizisten und stieg aus.

Sie gingen beide um den Wagen herum und sahen, daß das rechte Vorderrad beschädigt war. Es war gegen einen großen Stein gestoßen und verbogen, und der Schlauch hing in Fetzen heraus.

Nachdem der Polizist das Rad genau untersucht hatte, ging er zum Polizeiwagen und sprach mit dem Fahrer. Der Fahrer sprach in ein kleines Mikrophon, dabei drehte er immer noch an den Knöpfen, und dann kam der Polizist zu dem Mann zurück, der mißmutig das beschädigte Rad betrachtete.

«Da haben Sie sich eine schöne Suppe eingebrockt, Mister», sagte er spöttisch.

Die Frau stieg auch aus und stellte sich neben den Mann; die hübsche Ledertasche hielt sie wie einen Schild vor ihre Brust. Sie erschrak, als sie das Rad sah. «Henry! Was sollen wir tun? Glaubst du, daß du es in Ordnung bringen kannst?»

«Ich müßte das Rad wechseln und das Reserverad nehmen», sagte der Mann. «Vielleicht hilft uns der Herr dabei. Schließlich war es seine Schuld.»

«Sie haben die Sirene gehört; Sie haben sich sehr viel Zeit gelassen mit dem Anhalten», fuhr ihn der Polizist mit rotem Gesicht an. Er schaute wieder auf das Rad. «Das können Sie hier nicht in Ordnung bringen. Das Lager ist hin, das ist sicher. Sie müssen mit uns mitfahren.»

«Ich konnte nicht anhalten! Sie haben mir keine Zeit gelassen!» sagte der Mann wütend. «Sie haben mich geschnitten, und ich mußte von der Straße, um Sie nicht zu rammen. Ich glaube, Sie wollten mich aus irgendeinem Grund von der Straße abdrängen.»

«Ach, nein!» Der Polizist kam ganz nahe heran. Der Mann war groß, aber der Polizist war noch größer, und dieser Eindruck wurde durch den Hut und die Pistole an seiner Seite noch verstärkt. «Wollen Sie mich beschuldigen, daß ich Sie vorschriftswidrig und gewaltsam von der Straße gedrängt habe? Wollen Sie eine solche Beschuldigung erheben?» Sein Gesicht war jetzt rot wie eine Rübe.

«Bitte, Henry», sagte die Frau und legte dem Mann die Hand auf den Arm.

«Ich erhebe gar keine Beschuldigung.» Der Mann bückte sich, um das Rad näher zu untersuchen. «Die Schmierbüchse scheint in Ordnung zu sein. Ich glaube nicht, daß das Lager hin ist. Ich glaube, ich brauche nur das Rad zu wechseln. Ich fange gleich an.»

«Hören Sie, Mister.» Der Polizist leckte sich die Lippen und schaute auf die Straße. «Ich sage, das Lager ist hin. Und Sie bilden hier ein Verkehrshindernis. Der Wagen steht in einer Kurve. Ich nehme Sie mit und schicke einen Abschleppwagen. Kommen Sie.» Wieder blickte er auf die Straße.

«Aber das Lager scheint in Ordnung zu sein.» Der Mann begann sich die Jacke auszuziehen. «Bevor Sie mit einem Abschleppwagen hier sind, habe ich das Rad gewechselt.»

Der Polizist kam näher und stemmte langsam die Hände in die Hüften. Er hatte riesige Hände, die Knöchel sahen wie Steine aus. Sein Gesicht war dunkel und seine Stimme heiser vor Zorn. «Wenn ich Ihnen befehle, in unseren Wagen zu steigen, können Sie nicht hier herumstehen und Reden halten. Also kommen Sie, beide! Steigen Sie in den Streifenwagen – los!»

Die Frau sah auf das Gesicht des Polizisten und tat einen tiefen Seufzer. «Henry», sagte sie mit sehr leiser Stimme. «Bitte, tu, was er sagt!»

Der Mann zog langsam die Jacke wieder an; dann ging er um den Wagen herum und drehte die Fenster hoch. Er schloß die Türen ab, und als sie zum Streifenwagen gingen, hörten sie von der Straße das Brummen eines Motors. Ein Lastwagen kam aus der Richtung von Robertsville; er fuhr sehr schnell und wirbelte eine lange Staubwolke hinter sich auf.

Der Polizist grinste. «Anscheinend haben Sie Glück», sagte er. «Da kommt Charley aus der Stadt. Er kann Ihren Wagen abschleppen.»

Sie blieben stehen und beobachteten, wie der Lastwagen um den Polizeiwagen herumfuhr und neben ihm zum Halten kam. Auf der Ladefläche hatte er eine kranähnliche Hebevorrichtung, und aus dem Führerhaus, an dessen Rückseite eine lange Antenne aufragte, kamen die Geräusche eines Radios; es klang genau wie der Polizeifunk, den man aus dem Wagen der beiden Polizisten hören konnte.

Ein junger untersetzter Mann mit rotem Gesicht, langem schwarzem Haar und sorgfältig geschnittenen langen Koteletten sprang aus der Fahrerkabine. Er trug einen schmierigen verschossenen grauen Overall, auf dessen Rücken die Worte «Charley's Ace High Garage» standen.

«Hallo, Carney», rief er fröhlich und winkte dem Polizisten zu. «Hat es Schwierigkeiten gegeben?»

«Du hast es gut getroffen, Charley», sagte der Polizist. «Die Leute brauchen dringend einen Abschleppwagen.»

Der Mann starrte leise pfeifend auf den Kranwagen. «Sagen Sie, da in der Kabine das klingt doch genau wie der Polizeifunk. Ich dachte, das ist verboten. Arbeitet er mit der Polizei zusammen?»

Er ging auf die Fahrerkabine des Wagens zu, aber der Polizist packte ihn am Arm und riß ihn heftig herum. Dann begann er ihm mit dem Finger auf die Brust zu stoßen, und bei jedem Stoß drängte er ihn einen kleinen Schritt zurück.

«Mister, aus irgendeinem Grund scheinen Sie mich nicht zu

verstehen. Für einen Großstädter erstaunlich, daß Sie mich nicht verstehen. Sie steigen in den Wagen ein, und Sie haben keine Fragen zu stellen, und Sie hören damit auf, andere Leute strafbarer Handlungen zu beschuldigen, während Sie selbst festgenommen sind wegen Verkehrsübertretungen!»

Charley brüllte vor Lachen. «Carney, du solltest zum Fernsehen gehen. Das bringt mich um, wenn ich dich so reden höre.»

Plötzlich hörte er auf zu lachen, ging zu dem grauen Wagen und beugte sich über das beschädigte Rad. Dann schob der Polizist den Mann ebenfalls zum Wagen, und alle drei betrachteten das Rad. Die Frau drängte sich mit bleichem Gesicht so dicht wie möglich an den Mann und preßte die große hübsche schwarze Tasche mit beiden Händen eng an ihre Brust.

Der Mann räusperte sich, warf dem Polizisten einen nervösen Blick zu und fragte Charley: «Können Sie den Reservereifen aufmontieren? Genügt das?»

Der Polizist kicherte, und Charley sah ihn mit gerunzelter Stirn fragend an.

«Ich habe ihm gesagt, daß das Lager hin ist», erklärte der Polizist. «Aber er weiß es besser, er ist ja aus New York.»

Charley stand auf, ohne noch einen Blick auf das Rad zu werfen. «Ja», sagte er. «Das ist bestimmt hin. Ich muß Sie abschleppen.»

Um sich seinen Zorn nicht anmerken zu lassen, sprach der Mann leise und sehr langsam. «Ich – ich glaube nicht, daß das Lager defekt ist. Aber – was verlangen Sie für das Abschleppen und den Radwechsel?»

Charley zuckte die Achseln. «Die Preise sind hier in der Gegend ziemlich gleich. Für das Abschleppen fünf Dollar die Meile. Es sind neun Meilen bis zur Stadt. Und fünf Dollar für die Herfahrt. Dann noch zehn für das Lager. Alles in allem einschließlich Arbeitszeit ungefähr sechzig Dollar.»

Der Mann fuhr auf. «Fünf Dollar für eine Meile Abschleppen! Kein Wunder, daß Sie so schnell hiergewesen sind. Wenn ich mich nun weigere? Wenn ich mich weigere, mich auf diese Weise ausrauben zu lassen? Warum kann ich den Wagen nicht hier lassen und dann von der Stadt aus eine Werkstatt anrufen?»

«Mister!» Der Polizist kam wieder näher, und seine Hände ballten sich zu riesigen Fäusten.

Charley warf dem Polizisten einen Blick zu. «Reg dich nicht auf, Carney. Der Mann meint es nicht so, wie es klingt. Widerstand gegen die Staatsgewalt und so. Das haben Sie doch nicht gemeint, oder?» Er hielt inne und rieb sich seine dicke Nase. «Wenn Sie es so machen wollen – das ist Ihr gutes Recht. Jedenfalls sind das meine Preise. Wenn Sie es irgendwo in der Stadt billiger kriegen können – allerdings bin ich die einzige Werkstatt in Robertsville. Mir ist es egal, und Carney ist es auch egal.»

Der Polizist packte den Mann grob am Arm. «Jetzt langt es», sagte er. «Ich habe mir das lange genug angehört. Jetzt steigen Sie in den Wagen und kommen mit zum Gericht. Ich meine es ernst!» Er schüttelte den Mann am Ellbogen. «Hören Sie, Mister. Entweder lassen Sie Ihren Wagen abschleppen, oder ich beschlagnahme ihn. Abgeschleppt wird er von Charley auf jeden Fall. Und es kostet dasselbe.»

«Laß ihn doch, Henry», sagte die Frau. «Bitte, wir wollen es endlich hinter uns bringen.»

Der Mann streichelte ihren Arm. «Gut», sagte er zu Charley. «Schleppen Sie ihn ab. Ich komme dann nachher in Ihre Werkstatt.»

Als sie in dem Streifenwagen saßen und nach Robertsville abfuhren, hatte der Kranwagen gewendet, und Charley hängte den Wagen an den Haken.

Der Mann saß neben der Frau auf dem Rücksitz. Sie schauten auf die beiden Polizisten mit ihren großen Hüten, die vor ihnen saßen. Der Fahrer sprach kein einziges Wort. Er fuhr ausgezeichnet, und alles, was er vom Leben verlangte, war offenbar ein Streifenwagen und ein Funkgerät, an dessen Knöpfen er unablässig drehte.

Nach kurzer Zeit waren sie in Robertsville. Es war ein winziges Nest an einer Straßenkreuzung mit einem Kaufhaus, einem Drugstore und ein paar anderen Läden, die sich an der Kreuzung drängten – und «Charley's Ace High Garage», ein verwitterter ehemaliger Stall, der nach der einen Seite etwas schief war, mit zwei neuen funkelnden Zapfsäulen, die gar nicht dazu paßten.

Sie bogen direkt hinter der Garage von der Hauptstraße ab und kamen zum letzten Haus an der Straße. Der Wagen hielt, und der große Polizist stieg aus und hielt für den Mann die Tür auf. Als die Frau auch aussteigen wollte, beugte er sich in den Wagen und grinste sie an.

«Madam», sagte er, «von Ihnen will das Gericht nichts. Sie können hier warten. Mein Kollege spielt nur mit seinem Radio, sonst interessiert ihn nichts. Sehen Sie?» Er deutete mit dem Kopf auf den Fahrer, und auf seinem langen Gesicht lag ein verächtliches Grinsen. Der Fahrer kicherte und drehte weiter an seinen Knöpfen.

«Ich will sie bei mir haben», sagte der Mann mit vor Zorn erstickter Stimme. «Steig aus und komm mit!»

«Gut.» Der Polizist zuckte die Achseln und trat von der Tür zurück. «Solange sie sich zurückhält. Der Richter schätzt es gar nicht, wenn Damen seine Verhandlungen stören.»

Es war ein kleines Holzhaus, und schmutzige braune Farbe blätterte in großen Stücken von den alten Brettern. Auf dem ungepflegten Rasen stand ein Schild: FRIEDENSRICHTER.

Sie stiegen ein paar ausgetretene Stufen zu einem Vorplatz empor. Dann kamen sie in ein dunkles Zimmer, das nach Kohl und Alter roch. An der einen Seite stand ein hoher, schwerer Schreibtisch und dahinter ein gewaltiger Ledersessel und auf dem Schreibtisch eine Lampe mit einem Schirm aus mattiertem Glas.

Der Polizist ging zum Schreibtisch und läutete eine kleine Glocke, und ein Mann kam durch eine Tür aus dem Inneren des Hauses und watschelte durch den Raum. Er war sehr dick, und er trug Pantoffeln, ein schmutziges weißes Hemd mit einer Schleife und eine glänzende Tuchjacke.

Der Richter ging wie auf Glasscherben rund um den Schreibtisch herum und ließ sich unter Stöhnen und Keuchen in dem großen Sessel nieder. Er war etwa sechzig und hatte ein bleiches Gesicht, das für den massigen Körper viel zu klein und zierlich war.

«Morgen, Carney», sagte der Richter. Seine Stimme war hoch und nasal, aber er sprach sehr deutlich. «Was gibt es denn? An einem so schönen Frühlingstag – also, was ist los?» Blinzelnd starrte er den Mann und die Frau an.

Der Polizist gab dem Richter den Führerschein und die Zulassung, dann begann er aus seinem kleinen schwarzen ledernen Notizbuch vorzulesen. «Der Beschuldigte überschritt mit seinem Cadillac, Kennzeichen New York VR 32–98, die Höchstgeschwindigkeit um sieben Meilen pro Stunde auf der Bundesstraße sieben, neun Meilen nördlich von Robertsville. Er ließ das Signal der Sirene unbeachtet und wurde nach einer kurzen Verfolgung von Wachtmeister Charles T. Bleecker und Wachtmeister Carney S. Tait angehalten. Beim Anhalten wurde sein Fahrzeug beschädigt, und die genannten Beamten nahmen den Beschuldigten fest und brachten ihn mit der ihn begleitenden Frau nach Robertsville vor den Friedensrichter Ferard Stanton.» Als er fertig war, nickte er dem Richter zu und steckte sein Notizbuch in die Uniform.

«Schlimm», sagte der Richter und sah den Mann kopfschüttelnd an. «Ein so schöner Wagen! Sie hätten sofort halten sollen. Ist er stark beschädigt?»

«Euer Ehren», sagte der Mann und sah dabei den Polizisten an. «Ich hätte den Schaden an Ort und Stelle beheben können, aber der Wachtmeister hinderte mich daran. Er bestand darauf, daß der Wagen nach Robertsville abgeschleppt wird. Es lag ihm offensichtlich daran, daß er abgeschleppt wurde, und als ich sah, wie schnell der Abschleppwagen zur Stelle war, und als ich die Preise hörte, die der Mechaniker verlangte – nun, Euer Ehren, ich glaube, ich weiß, warum dem Wachtmeister daran lag, daß ich abgeschleppt wurde.»

Der Polizist tat einen Schritt auf den Mann zu.

«Was wollen Sie damit sagen, Sir?» Der Richter saß aufrecht in seinem Sessel und starrte blinzelnd auf den Mann. Seine

Stimme war schneidend. «Wollen Sie den Beamten der Bestechung beschuldigen? Wollen Sie den Beamten beschuldigen, in Ausübung seines Dienstes eine Straftat begangen zu haben?»

Das Zimmer war plötzlich kein Zimmer mehr, das nach Kohl und Alter roch, es war plötzlich ein Ort tiefster Finsternis, und die runde Lampe auf dem Schreibtisch war wie ein Mond, der das Gesicht des Richters in weißes Licht tauchte; und das ganze Zimmer schien zusammenzuschrumpfen, es schien sich so zu verengen, daß die ganze Welt nur noch aus dem Richter, dem Mann, der Frau und dem Polizisten und der ungeheuerlichen Beschuldigung bestand.

«Also, Sir? Wollen Sie vor diesem Gericht eine formelle Anklage gegen den Beamten erheben?» Der Richter lehnte sich schwer auf seinen Schreibtisch und starrte den Mann an.

«Nein – ich – ich weiß nicht –» Der Mann stotterte, er hatte plötzlich Angst vor dem drohenden Ausdruck in den Gesichtern des Polizisten und des Richters.

Der Polizist trat rasch vor und stellte sich zwischen den Mann und den Richter. «Euer Ehren», sagte er langsam. Er sprach zum Richter, sah aber den Mann an. «Seit wir diesen Mann aufgegriffen haben, hat er die schlimmsten Beschuldigungen gegen unsere Gesetze erhoben, alle denkbaren Beschuldigungen. Ich glaube, Euer Ehren, Sie werden es sicher verstehen, wenn ich ihm mit meiner Pistole eins über den Schädel gebe. Ich hätte das schon vorher tun sollen!»

Der Mann sprang zurück und riß dabei fast die neben ihm stehende Frau um, aber es war zu spät; er wurde überrumpelt, denn der Polizist griff nicht nach seiner Waffe, sondern schlug ihn mit dem Handrücken ins Gesicht, sehr stark, und er fiel rückwärts auf den Boden. Da lag er und fragte sich, was als nächstes kommen würde, halb betäubt von der Wucht des Schlages; sein Herz begann wild zu klopfen, als der Polizist, beinahe gleichgültig, nach der Waffe an seiner Seite griff, sie mit einer geschmeidigen Bewegung aus der Tasche zog und sie ihm kräftig gegen das Ohr schlug.

Aus der Wunde am Ohr sickerte Blut, der Mann versuchte

aufzustehen, aber der Polizist stieß ihn mit seinem glänzenden Stiefel zurück und hob noch einmal die Waffe.

Die Frau war fassungslos. «Bitte», schrie sie den Richter an. «Bitte – halten Sie ihn zurück. Halten Sie ihn zurück. Wir zahlen jede Strafe, aber halten Sie ihn zurück.»

«Wachtmeister Tait!» sagte der Richter mit scharfer Stimme, und als der Polizist sich umdrehte und ihn ansah, lächelte der Richter und ließ sich in seinen Sessel zurücksinken. «Sie sind heftig gereizt worden, aber jetzt lassen Sie ihn lieber in Ruhe. Wenn er Anzeige gegen Sie erstatten will, ist das sein Recht. Helfen Sie ihm bitte auf die Füße.»

Der Polizist schaute mit glitzernden Augen nach unten auf den Mann, und auf seinem Gesicht zeigte sich ein leises, fast fröhliches Grinsen. Langsam schob er die Pistole in die Tasche zurück, und dann zog er mit einer einzigen kraftvollen Bewegung seines rechten Arms den Mann vom Boden in die Höhe. «Haben Sie noch mehr Beschuldigungen, Sir?» murmelte der Polizist, und sein Grinsen wurde breiter.

Der Mann keuchte. Links sickerte etwas Blut an seinem Hals herab und rötete den Hemdkragen. Die Frau biß sich auf die Lippen und wischte sich die Augen, dann tupfte sie mit einem winzigen Taschentuch das Blut von seinem Ohr. Mit der anderen Hand hielt sie die schwarze Tasche wie einen Schild vor sich.

Der Richter räusperte sich. «Sie werden beschuldigt, mit einem Motorfahrzeug in einer Fünfzig-Meilen-Zone mit einer Geschwindigkeit von siebenundfünfzig Meilen pro Stunde gefahren zu sein», sagte er zu dem Mann. «Bekennen Sie sich schuldig?»

Der Mann schluckte ein paarmal und warf einen nervösen Blick auf den Polizisten. «Wissen Sie, ich mußte den Streifenwagen überholen – er fuhr weniger als fünfzig, und ich mußte beim Überholen etwas schneller fahren oder die ganze Zeit hinter ihm bleiben. Ich glaube, Euer Ehren, die Überschreitung der Höchstgeschwindigkeit war in diesem Fall entschuldbar.»

Der Richter sah gelangweilt aus. «Mr. Adams, bekennen Sie sich schuldig?»

«Unter den gegebenen Umständen – nicht schuldig.»

«Schön», erklärte der Richter kurz. «Ich setze die Verhandlung fest auf Freitag, den neunundzwanzigsten März, um zehn Uhr vormittags vor diesem Gericht. Sie haben pünktlich zu erscheinen und können Zeugen mitbringen, wenn Sie welche haben. Sie, Wachtmeister Tait, finden sich ebenfalls zu der genannten Zeit mit Wachtmeister Bleecker hier ein. Mr. Adams, Sie hinterlegen eine Kaution von hundert Dollar bei diesem Gericht, die verfällt, wenn Sie zu der Verhandlung nicht erscheinen. Nach Hinterlegung der Kaution sind Sie frei und können gehen.» Der Richter stützte sein Kinn auf die Fingerspitzen.

Der Mann holte tief Luft. «Euer Ehren! Zu der Zeit bin ich viele hundert Meilen weit weg von hier. Kann die Verhandlung nicht gleich stattfinden?»

Er hörte den Polizisten schnaufen.

«Verkehrsübertretungen verhandelt dieses Gericht am Freitag, dem neunundzwanzigsten März, Mr. Adams. Ich kann die Geschäftsverteilung des Gerichts nicht ändern, nur um Ihnen einen Gefallen zu tun.»

«Das ist – das ist völlig –», stotterte der Mann und sah die Frau an.

«Völlig was?» fragte der Richter.

«Ich weiß nicht, ich weiß wirklich nicht.» Der Mann schüttelte den Kopf.

«Bekennen Sie sich schuldig?» Es war sehr still im Zimmer, und die Worte des Richters schienen sich in der warmen abgestandenen Luft endlos zu wiederholen.

«Schuldig», sagte der Mann.

Der Richter nickte und sah ihn über seine Fingerspitzen hinweg an. «Sie werden hiermit zu fünf Dollar Strafe für jede Meile verurteilt, um die Sie nach eigenem Geständnis die Höchstgeschwindigkeit überschritten haben, und wegen der Schwierigkeiten, die Sie den beiden Polizisten gemacht haben, indem Sie auf ihr Sirenensignal nicht anhielten, und wegen der daraus entstandenen Zeitverschwendung – und ich möchte sagen, auch wegen Ihrer Haltung vor diesem Gericht – verurteile ich

Sie zur Zahlung der doppelten Gerichtskosten, das sind sechzig Dollar und fünfzig Cents zusätzlich zu den fünfunddreißig Dollar für die Geschwindigkeitsüberschreitung. Sind Sie bereit zu zahlen?»

Der Mann starrte den Richter mit offenem Mund an, aber die Frau sprach rasch auf ihn ein. «Zahl doch, Henry. Bitte, ich möchte weg von hier.»

Mit einem sanften Lächeln sah der Richter zu, wie der Mann das Geld abzählte. «Lassen Sie sich das eine Lehre sein, junger Mann», sagte er. «Halten Sie sich an die Höchstgeschwindigkeiten.»

Als sie endlich aus dem Haus kamen, geblendet von der grellen Sonne, saß der Polizist wieder in seinem Wagen. Sie hörten das Geräusch des Funkgeräts. «Soll ich Sie zu Charleys Werkstatt bringen?» rief der Polizist ihnen zu. Grinsend ließ er den Blick über die Frau gleiten.

«Nein, danke», sagte der Mann knapp und nahm die Frau am Arm. «Ein schöner Tag für Sie. Eine schöne Leistung für einen Tag. Ich nehme an, daß Sie sich die Strafe mit dem Richter teilen. Habe ich recht?»

«Völlig recht, Sir. Sie haben ja so recht.» Der Polizist spuckte aus dem Fenster, und dann schoß der Wagen mit kreischendem Getriebe davon und überschüttete sie mit einer Wolke aus Staub und Kies.

Sie wanderten auf die Mitte des Ortes zu und kamen nach kurzer Zeit zu der Werkstatt.

Der Wagen stand neben einer der glänzenden neuen Zapfsäulen, und Charley stützte sich auf ihn und sah ihnen entgegen. «Alles in Ordnung», rief er. «Ich habe ihn auch gleich vollgetankt. Fünfzig Liter gingen in den Tank.»

Der Mann trat an die Zapfsäule, die Frau blieb dicht neben ihm. Auf der Skala war keine Treibstoffabgabe registriert. «Natürlich», sagte der Mann. «Fünfzig Liter, mehr oder weniger.»

«Und zwei Liter Öl. Es fehlte sehr viel», fügte Charley hinzu. «Das beste Öl, das wir haben.»

Der Mann ging mit der Frau um den Wagen herum und betrachtete das Rad. Es war das Reserverad. Das beschädigte Rad lag hinten im Wagen auf dem Boden. Charley kam zu ihnen und trat mit dem Fuß gegen das Rad. «Carney hatte recht, das Lager war wirklich hin. Ich habe ein neues eingesetzt.» Er sah sie von der Seite an und grinste.

Der Mann nickte bedächtig. «Haben Sie das alte noch? Ich möchte es gern sehen.»

Charley schlug sich mit der Hand vor die Stirn. «Daran habe ich nicht gedacht. Vor zehn Minuten war der Trödler hier, und ich habe ihm das ganze Altmetall mitgegeben – auch das Lager.» Er schüttelte den Kopf, aber dann hatte er eine Idee. «Ich will Ihnen was sagen, kommen Sie in ein paar Tagen wieder her, dann habe ich das alte Lager. Ich hole es von dem Trödler, sobald ich kann. Einverstanden?»

Der Mann sah, wie ein unterdrücktes Lachen Charleys Gesicht verzerrte, und sein eigenes Gesicht wurde starr vor Zorn. Seine Hände begannen sich langsam zu Fäusten zu ballen. «Geben Sie mir die Rechnung», sagte er schließlich. «Wieviel macht es?»

Charley zog ein Stück Papier aus der Tasche. «Mal sehen. Fünfundvierzig für das Abschleppen, das sagte ich schon; zehn Dollar für das Lager – ein schwerer Wagen braucht schwere Lager – und – ja – zehn Dollar für die Arbeitszeit. Alles zusammen, einschließlich Benzin und Öl, sind es siebzig Dollar und vierzig Cents. Für Sie siebzig Dollar.» Er gab dem Mann die Rechnung. Alle Posten waren sorgfältig notiert.

Die Frau nahm ihm den Zettel aus der Hand und schaute ihn an, dann starrte sie auf Charley. Der Mann zog seine Brieftasche heraus und gab Charley sieben Zehn-Dollar-Scheine. «Rufen Sie Carney mit Ihrem Funkgerät an, damit er sich seinen Anteil holen kann. Und den Richter auch. Geben Sie ihm seinen Anteil und lassen Sie sich von ihm den Ihrigen geben», sagte er kalt, und seine Hände begannen sich schon wieder zu ballen.

In Charleys Augen kam ein verschlagener Blick. Ein paar Schritte von ihm entfernt lag ein Montiereisen auf dem Boden. Er trat plötzlich zurück und griff nach dem Eisen. «Verschwinden Sie, solange Sie noch Zeit haben», sagte er zu dem Mann, und seine Stimme überschlug sich vor Aufregung. «Wenn Carney auf seiner Streife herkommt, sind Sie besser nicht mehr hier. Also, verlassen Sie mein Grundstück!» Er schlug sich mit dem Montiereisen in die flache Hand.

Der Mann und die Frau stiegen in den großen grauen Wagen, und kurze Zeit später lag Robertsville hinter ihnen, und sie fuhren auf der gewundenen Straße durch die hübsche Landschaft nach Norden, und das war die Richtung zur Hauptstadt.

Eine Weile später fuhr der Mann den Wagen an den Straßenrand und brachte ihn zum Halten. «Reicht es?» fragte er lächelnd und tastete mit der Hand nach seinem verletzten Ohr. Die Blutung hatte aufgehört, aber eine rote Schwellung war zurückgeblieben.

«Es ist mehr, als wir brauchen», sagte sie und öffnete die hübsche schwarze Tasche mit der goldenen Filigranarbeit an der Vorderseite. An der Innenseite der Klappe war ein kleines Metallschild auf dem Leder befestigt. Darauf stand:

STAATLICHE KOMMISSION FÜR FERNSTRASSEN
KOMITEE FÜR BESONDERE ERMITTLUNGEN

Sie griff in die Tasche und drehte an einem kleinen Knopf. Ein surrendes Geräusch wurde hörbar, als ein Tonband zurückgespult wurde, und als es ganz durchgelaufen war, drehte sie den Knopf nach der anderen Seite. Einen Augenblick war nichts zu hören, und dann kam eine klare und deutliche Stimme direkt aus der goldenen Filigranarbeit an der Vorderseite der Tasche. «Haben Sie noch einen weiten Weg vor sich, Mister? Sie haben es wohl besonders eilig?»

Ein harmloses Sandwich

Jack Ritchie

«Nach meinem Dafürhalten zählt die Wurst zu den edelsten Erfindungen der Menschheit», sagte Henry Chandler. «Und wenn sie sich in der Gestalt eines Sandwichs präsentiert, ist sie nicht nur nahrhaft, sondern auch enorm praktisch. Der Prozeß der Nahrungsaufnahme nimmt die Aufmerksamkeit nicht über Gebühr in Anspruch. Man kann dabei lesen, die Umwelt beobachten oder eine Pistole halten.»

Die elektrische Wanduhr zeigte auf Viertel nach zwölf, und bis auf Chandler und mich waren die Büroräume leer.

Er biß in das Sandwich, kaute und schluckte. Dann lächelte er. «Sie und meine Frau waren sehr diskret, Mr. Davis. Außerordentlich diskret, und das wirkt sich jetzt zu meinen Gunsten aus. Natürlich werde ich es so einrichten, daß der Eindruck entsteht, als hätten Sie sich selbst das Leben genommen. Sollte sich aber die Polizei doch nicht täuschen lassen, sollte sie doch zu der Überzeugung gelangen, daß ein Mord vorliegt, dann wird sie immer noch vergeblich nach einem Motiv suchen. Es gibt keine ersichtliche Verbindung zwischen Ihnen und mir über den Umstand hinaus, daß ich bei Ihnen angestellt bin ... ebenso wie zwanzig andere.»

Ich legte meine kalten Finger auf die Schreibtischplatte. «Ihre Frau wird Bescheid wissen. Sie wird zur Polizei gehen.»

«Wirklich? Das bezweifle ich. Eine Frau mag allerhand tun für ihren Liebhaber ... solange er lebt. Aber sobald er tot ist, sieht die Sache ganz anders aus. Frauen sind enorm praktisch, Mr. Davis. Und dann wird sie ja auch nur *argwöhnen*, daß ich Sie umgebracht habe. Sie wird es nicht *wissen*. Und diese Ungewißheit allein schon wird sie davon abhalten, zur Polizei zu gehen. Sie wird sich vernünftigerweise sagen, daß es keinen

Grund gibt, ihre Affäre mit Ihnen ans Licht zu zerren. Vielleicht gibt es außer mir noch Dutzende von anderen Leuten, die Ihren Tod herbeiwünschen.»

Aus meiner Stimme klang deutliche Verzweiflung. «Die Polizei wird jeden überprüfen. Sie wird feststellen, daß Sie hier oben geblieben sind, als die anderen gingen.»

Er schüttelte den Kopf. «Das glaube ich nicht. Niemand weiß, daß ich hier bin. Ich bin mit den anderen weggegangen, aber ich kam zurück, als ich wußte, daß Sie allein sein würden.» Er kaute einen Augenblick. «Ich hatte mir überlegt, daß es am schlauesten sein würde, Sie während der Mittagspause umzubringen, Mr. Davis. Um die Zeit würde die Polizei nämlich die meiste Mühe haben, festzustellen, wo sich jeder einzelne aufgehalten hat. Die Leute essen zu Mittag, gehen spazieren oder einkaufen und begeben sich schließlich wieder an ihren Arbeitsplatz zurück. Da ist es fast unmöglich nachzuweisen, ob sie wirklich dort gewesen sind, wo sie behaupten, gewesen zu sein.»

Er langte abermals in die braune Papiertüte. «Gewöhnlich esse ich in einer der zahlreichen Cafeterias hier in der Umgebung zu Mittag. Aber ich bin ein Typ, dessen Anwesenheit – oder Abwesenheit – niemand auffällt. Seit zwei Wochen, Mr. Davis, habe ich darauf gewartet, daß Sie einmal allein dableiben, wenn die anderen gehen.» Er lächelte. «Und heute morgen habe ich dann beobachtet, daß Sie Ihr Lunchpaket mit ins Büro brachten. Dachten Sie, Sie würden zu viel zu tun haben, um zum Mittagessen zu gehen?»

Ich befeuchtete meine Lippen. «Ja.»

Er klappte die obere Brotscheibe hoch und betrachtete die beiden kleinen Würste. «Der menschliche Körper reagiert oft merkwürdig. In Augenblicken starker seelischer Belastung – Kummer, Angst, Zorn – soll er beispielsweise häufig mit Hungergefühlen antworten. Und in diesem Augenblick, Mr. Davis, stelle ich fest, daß ich fast umkomme vor Hunger.» Er lächelte. «Möchten Sie wirklich kein Sandwich? Immerhin sind es Ihre.»

Ich sagte nichts.

Er wischte sich die Lippen mit einer Papierserviette ab. «In seinem augenblicklichen Entwicklungsstadium braucht der Mensch noch Fleisch. Für einen sensiblen Menschen wie mich stehen allerdings dem ungetrübten Genuß desselben gewisse Hindernisse entgegen. Wenn mir beispielsweise ein Steak angeboten wird, nähere ich mich diesem nur zögernd. Wußten Sie, daß, wenn ich auch nur auf ein einziges Stückchen Knorpel beiße, mich das sofort so aufwühlt, daß ich die Mahlzeit nicht beenden kann?»

Er sah mich prüfend an. «Vielleicht halten Sie mich für etwas überspannt, daß ich in einem solchen Augenblick vom Essen rede?» Dann nickte er wie zu sich selbst. «Ich weiß selbst nicht, warum ich Sie nicht auf der Stelle erschieße. Ist es, weil ich diese Augenblicke genieße und sie gern in die Länge dehnen möchte? Oder ist es, weil ich vor der eigentlichen Tat doch zurückscheue?» Er zuckte die Achseln. «Aber selbst wenn ich davor zurückscheue, seien Sie versichert, daß ich fest entschlossen bin, sie durchzuführen.»

Ich riß meine Augen von der Papiertüte los und griff nach dem Zigarettenpäckchen auf meinem Schreibtisch. «Wissen Sie, wo Helen jetzt ist?»

«Wollten Sie sich von ihr verabschieden? Oder sie dazu bewegen, daß sie mir mein Vorhaben ausredet? Leider kann ich Ihnen da nicht behilflich sein, Mr. Davis. Helen ist am Donnerstag für eine Woche zu ihrer Schwester gefahren.»

Ich zündete mir eine Zigarette an und zog den Rauch tief in meine Lungen. «Ich sterbe ohne Bedauern. Ich glaube, ich bin quitt mit der Welt und mit den Menschen.»

Er neigte verständnislos den Kopf.

«Es ist dreimal passiert», sagte ich. «Dreimal. Vor Helen war Beatrice, und vor Beatrice war Dorothy.»

Er lächelte plötzlich. «Erzählen Sie das, um Zeit zu gewinnen? Aber das wird Ihnen im Endeffekt nichts nützen, Mr. Davis. Ich habe die äußere Tür zum Korridor abgesperrt. Sollte jemand vor ein Uhr zurückkommen – was ich nicht glaube –, so kann er nicht herein. Und wenn der Betreffende darauf besteht und klopft, dann erschieße ich Sie einfach und verlasse das Büro durch den Hintereingang.»

Meine Fingerspitzen hinterließen feuchte Spuren auf der Schreibtischplatte. «Liebe und Haß liegen eng beisammen, Mr. Chandler. Vor allem bei mir. Wenn ich liebe – oder hasse –, tue ich es mit ganzer Kraft.»

Ich starrte auf meine Zigarette. «Ich habe Dorothy geliebt und war überzeugt, daß auch sie mich liebte. Wir wollten heiraten. Ich hatte fest damit gerechnet. Ich hatte mich darauf *verlassen.* Aber im letzten Augenblick sagte sie mir, daß sie mich nicht liebe. Daß sie mich nie geliebt habe.»

Chandler lächelte und biß in das Sandwich.

Ich lauschte einen Augenblick auf den Straßenverkehr draußen. «Ich sollte sie nicht haben, aber dann sollte sie auch kein anderer bekommen.» Ich blickte Chandler an. «Ich habe sie umgebracht.»

Er zuckte mit den Augenlidern und starrte mich an. «Warum erzählen Sie mir das?»

«Was spielt das jetzt noch für eine Rolle?» Ich zog an der Zigarette. «Ich habe sie umgebracht, aber das war mir nicht genug. Verstehen Sie, Chandler? Es war mir nicht *genug.* Ich habe sie gehaßt. *Gehaßt.*»

Ich drückte die Zigarette aus und fuhr leise fort: «Ich kaufte ein Messer und eine Metallsäge. Als ich fertig war, beschwerte ich den Sack mit Steinen und warf die Stücke in den Fluß.»

Chandlers Gesicht war blaß geworden.

Ich starrte finster auf den Zigarettenstummel im Aschenbecher. «Zwei Jahre später lernte ich Beatrice kennen. Sie war verheiratet, aber wir gingen zusammen aus. Ein halbes Jahr. Ich dachte, sie liebe mich, wie ich sie liebte. Aber als ich sie bat, sich von ihrem Mann scheiden zu lassen ... mit mir zu kommen – da lachte sie. Sie *lachte.*»

Chandler war einen Schritt zurückgewichen.

Ich spürte Schweißtropfen auf meinem Gesicht. «Diesmal genügten mir Säge und Messer nicht. Das hätte mir nicht die nötige Befriedigung verschafft.» Ich beugte mich vor. «In der Nacht brachte ich den Sack zu den Raubtierkäfigen. Der Mond schien. Ich sah zu, wie sie knurrend an den Stücken zerrten und an den Gitterstäben auf mehr warteten.»

Chandlers Augen waren weit aufgerissen.

Ich stand langsam auf. Ich streckte die Hand nach dem Sandwich aus, das er auf meinem Schreibtisch liegengelassen hatte, und klappte es auseinander. Dann lächelte ich. «Schweinedärme werden in Salz verpackt geliefert, Chandler. Wußten Sie das? In einem kleinen runden Karton. Fünfzehn Meter Darm zu achtundachtzig Cent.»

Ich klappte das Brot wieder zusammen. «Wußten Sie, daß eine Wurstspritze fünfunddreißig Dollar kostet?»

Ich starrte an ihm vorbei ins Leere und lächelte. «Zuerst löst man das Fleisch von den Knochen, dann schneidet man es in passende Stücke. Das Magere, das Fette, die Knorpel.»

Ich sah ihm in die Augen. «Ihre Frau wollte Sie nicht verlassen, Chandler. Sie hat mit mir gespielt. Ich habe sie geliebt, und ich habe sie gehaßt. Mehr als ich jemals irgend jemand auf der Welt gehaßt habe. Und ich habe an die Raubkatzen gedacht und mit welchem Appetit sie . . .»

Ich blickte in Chandlers entsetzensstarre Augen. «Wo, glauben Sie, befindet sich Helen jetzt *wirklich*?»

Und ich hielt ihm das halbverzehrte Sandwich entgegen.

Nach der Beisetzung geleitete ich Helen zum Wagen zurück. Als wir allein waren, wandte sie sich mir zu. «Ich bin ganz sicher, daß Henry nichts von uns beiden wußte. Ich kann einfach nicht begreifen, warum er sich das Leben genommen hat, und noch dazu in deinem Büro.»

Ich fuhr durch das Friedhofsportal und lächelte. «Ich weiß nicht. Vielleicht hatte er was Unrechtes gegessen.»

Gentleman und Co.

Mike Marmer

Herbert Wiggam stand im Flur, die eine Hand am Knauf der halbgeöffneten Tür, mit der anderen hielt er Bowler und Regenschirm fest.

«Ich gehe jetzt, Mutter», rief er in die Stille des frühen Morgens.

«Mach's gut, mein Junge.» Die Stimme aus dem Schlafzimmer klang warm, aber leblos. «Wirst du heute abend pünktlich sein?»

«Ja, Mutter.»

«Sieben Uhr?»

«Sieben Uhr», antwortete er mechanisch, während er nachdenklich das Wohnzimmer betrachtete.

Er war seltsam bewegt. Ich werde das alles vermissen, dachte er, als er die zierlichen Hepplewhite-Möbel betrachtete und die Glasvitrine, in der seine Mutter einige schöne Stücke von Wedgwood und Minton aufbewahrte.

Früher war es einmal ein schöner, gepflegter Raum gewesen, aber jetzt sah alles verblaßt und trostlos aus, so wie seine Mutter jetzt müde und verblaßt wirkte. Seit dem Bankkrach 1929 war sie Witwe, und weil Herberts Gehalt nicht groß war, hatte sie sich Arbeit gesucht und sie bis heute nicht aufgegeben.

Er rief der gerade in der Küche verschwindenden, schwerfälligen grauen Gestalt ein leises «Auf Wiedersehen» zu, wartete auf die gleichlautende Antwort und zog dann die Tür hinter sich ins Schloß.

Er stieg in den altertümlichen Fahrstuhl, und während er hinunterfuhr, studierte er die unzähligen Namen, die sich dort verewigt hatten.

Dreißig von seinen vierzig Jahren wohnte er schon in diesem Haus, und bisher hatte er noch nicht einmal seine Initialen in die Wand des Fahrstuhls geritzt. Er seufzte, heute würde er es auch nicht tun. Es war seine letzte Chance gewesen.

Denn Herbert Wiggam, ein schmalschultriger, unauffälliger Mann mit dezenten Manieren, hatte vor, eine halbe Million Dollar zu stehlen, bevor der Tag um war.

Wie gewöhnlich saß Herbert auch diesen Morgen im dritten Wagen des Vorortzuges, mit kurzsichtigen Augen die sorgfältig gefaltete *New York Times* lesend.

An der Station Wall Street stieg Herbert aus, ging einen Häuserblock entlang und verschwand in einem der gleich aussehenden grauen Gebäude. Er nickte dem uniformierten Mann am Eingang zu, betrat den Fahrstuhl und fuhr in den siebzehnten Stock. Einen kleinen Moment stand er vor der Tür mit Milchglasfenster, auf der zu lesen stand:

H. TUPPER & SÖHNE, GEGRÜNDET 1848, MITGLIEDER DER NEW YORKER BÖRSE – AKTIEN – OBLIGATIONEN – FINANZIERUNGEN

Er ging den Korridor entlang durch eine Schwingtür, schaute kurz auf die Börsennotierungen des heutigen Tages, die mit Kreide auf eine schwarze Tafel geschrieben waren, und betrat dann ein kleines, unpersönlich wirkendes Zimmer. Die Einrichtung bestand aus einem halben Dutzend Schreibtischen und einigen Ablageschränken. In einer Wand war ein kleines vergittertes Fenster.

Dank seiner dreiundzwanzigjährigen Zugehörigkeit zu H. Tupper & Söhne stand Herberts Schreibtisch separat von den anderen.

Seine Kollegen betraten kurz vor neun Uhr das Zimmer. Frisbee, ein großer, hagerer Mann mit zwei Jahren weniger Betriebszugehörigkeit als Herbert, nickte lakonisch und setzte sich auf seinen Stuhl. Miss Pomfritt, eine gutgebaute Dreißigerin, brachte noch ihr Make-up in Ordnung, bevor sie sich hinter ihren Schreibtisch setzte. Zwei jüngere Büroangestellte namens Cranshaw und Lowe folgten ihr. Zuletzt kam Laurence Westbrook, Sylvester Tuppers Neffe.

Der junge Westbrook kam gerade rechtzeitig, um von seinem Onkel mit einem unheilvollen Blick begrüßt zu werden. Sylvester Tupper, Vizepräsident, war aus seinem Büro gekommen, um die Häupter seiner Angestellten zu zählen. Zufrieden darüber, daß alle anwesend und mit Ausnahme seines Neffen in ihre Arbeit vertieft waren, winkte er Miss Pomfritt, ihm zu folgen.

Um zehn Uhr dreißig erschien Miss Pomfritt wieder aus Sylvester Tuppers Büro. Sie brachte ihre Frisur in Ordnung, und Herbert stellte fest, daß ihr die sieben Jahre als Sekretärin des Vizepräsidenten sehr gut bekommen waren.

Etwas später erschien der stattliche Tupper persönlich neben Herberts Schreibtisch.

«Guten Morgen, Wiggam», grüßte er ihn. «Alles in Ordnung?»

«Alles in Ordnung, Mr. Tupper», antwortete Herbert.

«Wie Sie wissen, ist ja heute der bewußte Freitag. Der Sondertransport kommt heute nachmittag. Sie werden den Auftrag wie immer selbst erledigen. Ziemlich wichtige Sache, sie sind übertragbar. Wir werden die Papiere heute nacht unten im Tresor aufbewahren.»

Herbert nickte. Als aber Laurence Westbrook plötzlich an Tuppers Seite auftauchte, wurde er unruhig.

«Onkel Sylvester», sagte Westbrook unterwürfig, «vielleicht wäre dies für mich eine günstige Gelegenheit, einmal wichtigere Aufgaben zu übernehmen als die, die ich jetzt habe.»

Sylvester Tupper drehte sich zu Herbert um. «Was halten Sie davon, Wiggam?»

Das war das letzte, was Herbert wollte. «Ich weiß nicht, Mr. Tupper. Ich bin dafür verantwortlich, noch dazu, wo es Inhaberobligationen sind und die Coupons bei jeder Bank eingelöst werden können, und –»

«Ganz richtig», bemerkte Sylvester Tupper.

Sein Neffe murmelte etwas in sich hinein und ging zu seinem Schreibtisch zurück.

Nachdem Sylvester Tupper wieder in seinem Büro verschwunden war, warf Herbert einen hastigen Blick auf seine Kollegen.

Als er sich unbeobachtet fühlte, griff er zum Telefon und führte hintereinander drei kurze Gespräche. Das erste mit seiner Mutter – aus Gewohnheit. Das zweite wurde leise geführt und beinhaltete eine Verabredung zum Essen für heute mittag. Das dritte Gespräch, wobei er seine Stimme verstellte, führte er mit Mr. Smollet von der Maklerfirma Harbinger und Durand, die sich ein Stockwerk tiefer direkt unter den Räumen von Tupper & Söhne befand.

Nach diesen Gesprächen schloß er die Mittelschublade seines Schreibtisches auf und entnahm ihr ein Bündel länglicher Quittungen. Alle waren unbenützt, und Herbert hatte sie während der letzten Monate mit unendlicher Vorsicht und Geduld von derselben Transportfirma, die heute nachmittag die Lieferung vornehmen würde, einbehalten.

Herbert begann, die Scheine auszufüllen, indem er die entsprechenden Namen und Seriennummern von einer mit der Maschine getippten Liste abschrieb, die er seiner Westentasche entnommen hatte.

Als die Wanduhr zwölfmal schlug, hatte er das Bündel gefälschter Empfangsscheine fast fertig. Er schloß die Scheine wieder in seinem Schreibtisch ein und holte sich anschließend von der Garderobe in der Ecke Hut und Jacke.

Er verließ das Gebäude und betrat nach einigen Minuten ein kleines Selbstbedienungs-Restaurant. Dort balancierte er sein Eßtablett zu einem Tisch, an dem zwei Männer saßen. Einer von ihnen war klein und hatte ein listiges Gesicht mit einer scharfen Nase, während der andere stämmig war und buschige Augenbrauen und ein rundes schweres Kinn hatte.

Herbert redete die beiden Herren mit Mr. Webster und Mr. Brand an. Der Polizei waren sie allerdings als Louie Webster und Muggsy Brand besser bekannt. Zwei Typen aus der Unterwelt, die Herbert nach intensiver dreiwöchiger Suche durch die verrufenen Bars von New York ausgegraben hatte.

Während er sein Huhn verspeiste, erklärte er den Grund des eiligen Zusammentreffens. Als er ihnen die Höhe des Fischzuges nannte, starrten Louie und Muggsy einander verblüfft an.

Herbert trank einen Schluck Milch aus seinem Glas und tupfte dann seine Lippen mit der Papierserviette ab. «Die Sache ist völlig ungefährlich», sagte er. «Alles ist bis ins letzte Detail ausgearbeitet und absolut idiotensicher.» Er beugte sich vor und erklärte die erste Phase seines Planes.

Ein einfacher, minuziös ausgeklügelter Plan. Herbert würde das Büropersonal überwachen, das freitags grundsätzlich früher Feierabend machte, während Louie und Muggsy mit Mr. Smollet ein Stockwerk tiefer zum Schein eine Besprechung über Geldanlagen hatten und dann in Richtung Feuertreppe verschwanden. Miss Pomfritt würde, wie jeden Tag, fünf Minuten vor Feierabend ihren Schreibtisch verlassen, um ihr Make-up aufzufrischen. Während ihrer Abwesenheit sollte der Raub stattfinden.

Es war alles ganz einfach. Wenn Herbert mit den Wertpapieren das Büro des Vizepräsidenten betrat, sollten Louie und Muggsy ins Büro stürzen, ihre Waffen ziehen, die Papiere an sich reißen und Sylvester Tupper einen Schlag auf den Kopf geben, und zwar gerade so hart, daß er bewußtlos wurde. Dann würden sie Herbert eine kleine Schramme, nur für das Polizeiprotokoll, verpassen. Niemand, warnte er, dürfe verletzt werden.

Die zwei Gangster nickten. Sie hatten seinem Plan mit Bewunderung zugehört. Erst als sie erfuhren, daß dann eine Alarmanlage ausgelöst würde, durch die zwei Wächter vom Hauptkorridor gewarnt und automatisch alle Ausgänge versperrt werden würden, brachen sie ihr andächtiges Schweigen.

«Moment», unterbrach Louie scharf. «Wenn die Pomfritt-Dame zu früh zurückkommt, sitzen wir in der Tinte.»

«Ja», fügte Muggsy hinzu. «Die Verabredung mit Smollet gibt uns zwar ein Alibi, warum wir in dem Gebäude sind, aber wenn sie uns durchsuchen, werden sie die Wertpapiere finden.»

«Nein, das werden sie nicht!» antwortete Herbert triumphierend. «Da ihr die Papiere nicht habt.»

Die beiden sahen Herbert mit hochgezogenen Augenbrauen fragend an.

«Das», erklärte Herbert, «ist der letzte Punkt meines Planes.» Er winkte sie näher heran. «Hört jetzt gut zu! Wenn ihr nach dem Raub das Büro verlaßt, werft ihr die beiden Pakete in meinen Papierkorb. Ich lasse auf meinem Schreibtisch Schmierpapier liegen, mit dem ihr dann die Wertpapiere im Papierkorb zudecken könnt. Dann lauft ihr zur Feuertreppe, nehmt eure Masken ab und geht ins nächste Stockwerk hinunter. Von dort nehmt ihr den Fahrstuhl und fahrt ins Erdgeschoß.»

«Ich habe verstanden», sagte Muggsy eifrig. «Wenn der Alarm losgeht, sind wir sauber, stimmt's?»

«Genau.»

«Nicht ganz», sagte Louie. «Wie bekommen wir die Papiere aus dem Haus?»

«Ganz einfach. Die Polizei wird mich verhören und meine Unschuld feststellen. Schließlich bin ich ein vertrauenswürdiger Angestellter. Wenn sie weg sind, hole ich die Wertpapiere aus dem Papierkorb, stecke sie in meine Aktentasche und gehe.» Herberts Stimme hatte einen stolzen Ton angenommen.

«Also, das ist wirklich ein Ding», gluckste Muggsy. «Wir klauen Wertpapiere im Wert von einer halben Million und brauchen nicht einmal das Risiko einzugehen, mit dem Zeug erwischt zu werden.»

Louie dachte praktischer. «Für wieviel können wir die Dinger wieder loswerden? Sie sagten, sie seien leicht in Bargeld einzuwechseln.»

Auf Herberts Gesicht erschien ein träumerischer Ausdruck. «Ein vorsichtiger Mann könnte ins Ausland gehen, die jeweils fällig werdenden Coupons einlösen und sehr bequem von einem Einkommen von ungefähr zwanzigtausend Dollar im Jahr leben.» Der träumerische Blick verschwand. «Natürlich gehören Sie, meine Herren, kaum zu der vorsichtigen Sorte! Der Verkauf der Papiere dürfte ungefähr zweihundertfünfzigtausend Dollar einbringen. Also – sind wir uns über den zeitlichen Ablauf des Planes alle einig?»

Die drei Männer steckten ihre Köpfe zusammen und gingen den Plan noch einmal Punkt für Punkt durch. Als sie damit fertig waren, stand Herbert auf und stülpte sich seinen Bowler auf den Kopf. «Auf Wiedersehen, meine Herren», sagte er ernst. «Bis um vier Uhr achtundfünfzig.»

Auf seinem Weg zur Tür stand er einen Moment still, und einem plötzlichen Impuls folgend zog er seinen Bowler keck in die Stirn. Dann trat er selbstbewußt auf die Straße hinaus.

Der frühe Nachmittag war wie die ersten Morgenstunden mit Routinearbeit ausgefüllt. Zwischendurch nützte Herbert jede Chance, die falschen Quittungen zu Ende auszufüllen.

Er war gerade damit fertig, als um drei Uhr dreißig die Sonderlieferung von Wertpapieren eintraf. Selbst erstaunt über seinen Gleichmut nahm Herbert die Lieferung durch das vergitterte Fenster in Empfang, veranlaßte, daß der uniformierte Bote seinen Kaffee bekam, und kehrte zu seinem Schreibtisch zurück. Das war der Augenblick, in dem Laurence Westbrook Herbert zum zweitenmal einen Schrecken einjagte.

Als Herbert gerade dabei war, so zu tun, als prüfe und quittiere er die Lieferung, stand Westbrook plötzlich neben ihm, die Arme über der Brust gefaltet. «Ich hoffe, Sie haben nichts dagegen, wenn ich Ihnen über die Schulter schaue», sagte er bissig. «Ich möchte nur sehen, wie ein verantwortlicher Mann arbeitet.»

Erst als sein Onkel unerwartet den Kopf aus seinem Büro steckte, eilte Westbrook zu seinem eigenen Schreibtisch zurück.

«Werden Sie bis fünf Uhr fertig, Wiggam?» fragte der Vizepräsident.

«Vielleicht schon ein paar Minuten früher», antwortete Herbert. Als Tupper wieder in seinem Büro verschwunden war, übergab er dem Boten die gefälschten Quittungen.

Um vier Uhr betete Herbert im stillen, daß Louie und Muggsy bei Harbinger und Durand eingetroffen waren, um von dem arglosen Mr. Smollet Auskunft über irgendwelche Finanzierungen einzuholen.

Um vier Uhr fünfzehn hatte er den großen gelben Rechnungsbogen auf seinem Schreibtisch ausgebreitet und trug die gefälschten Buchungen in die passenden Spalten ein. Laurence Westbrook war schon gegangen, wenig später folgten ihm die beiden jungen Angestellten Cranshaw und Lowe, und schließlich ging auch der hagere Frisbee.

Sorgfältig verglich Herbert die Eintragungen mit seiner heimlichen Liste. Die Wertpapier-Seriennummern hatte er Sylvester Tuppers persönlichem Konto entnommen. Es konnten fünf oder sogar zehn Jahre vergehen, bevor der Vizepräsident sie brauchen würde. Somit würden die Serien-Nummern, nach denen die Polizei Ausschau hielt, die ganze Zeit in Tuppers Banksafe liegen.

Als Herbert fertig war, stellte er erstaunt fest, daß es schon vier Uhr fünfundfünfzig war, der Moment, in dem Louie und Muggsy die Maklerfirma ein Stockwerk tiefer verlassen sollten und Miss Pomfritt ihr nachmittägliches Make-up-Ritual absolvieren würde.

Ihren Gewohnheiten treu nahm die Sekretärin ihre umfangreiche Handtasche aus einer Schublade und ging zum Waschraum.

Sofort brachte Herbert den Papierkorb in die vorteilhafteste Position und legte dann einige Bogen Schmierpapier auf die Ecke seines Schreibtisches, so daß sie fast über dem Papierkorb hingen. Er trat zurück, um alles zu überprüfen: es war perfekt. Anschließend zog er dicke Gummibänder über die zwei Wertpapierstapel. Noch ein Blick auf die Uhr. Es war vier Uhr achtundfünfzig, der Augenblick, an dem Louie und Muggsy ihren Auftritt hatten.

Er schloß die Augen und öffnete sie dann langsam, fast ängstlich. Wie hingezaubert erschienen zwei maskierte Gestalten in der Tür. Herbert zitterte fast vor Erleichterung.

Der Raub wurde genau nach Plan durchgeführt, und Herbert konnte aus der Bodenlage heraus beobachten, wie die Wertpapiere in den Papierkorb geworfen und mit Papier bedeckt wurden. Dann sah er zwei Paar behoste Beine davonlaufen.

Etwas später kam ein Paar gut geschwungene Damenbeine in Seidenstrümpfen in sein Blickfeld, und Miss Pomfritts Schrei hallte von den Wänden wider.

Fast eine Stunde später hatte der rotgesichtige Polizeileutenant das Verhör mit Miss Pomfritt und Sylvester Tupper beendet und wandte seine Aufmerksamkeit jetzt Herbert zu.

Der Vizepräsident hatte einen dicken Verband um den Kopf und wurde von seiner Sekretärin getröstet. Herbert saß in seinem Schreibtischsessel mit einer kleinen Schramme auf der Stirn.

«Sie können also die bewaffneten Männer auch nicht beschreiben, Mr. Wiggam», sagte der Lieutenant, während er sich auf die Ecke von Herberts Schreibtisch setzte und mit den Beinen baumelte.

«Nein, Sir», antwortete Herbert. «Es war genau, wie Mr. Tupper sagte: einer war groß und dick und der andere klein und dünn. Beide trugen Masken.»

Der Lieutenant hielt eine Liste mit Nummern in seiner Hand. «Das ist also die vollständige Liste der gestohlenen Wertpapiere?»

«Ja, Sir. Während wir auf Sie warteten, habe ich die Liste aufgestellt.»

«Gute Idee. Sie wird uns helfen, die Papiere zu identifizieren, wenn sie auftauchen.» Er legte die Liste auf den Schreibtisch.

«Brauchen Sie uns noch?» fragte Sylvester Tupper.

«Nein, ich glaube nicht. Ich habe noch ein paar Fragen an Mr. Wiggam hier, und das wär's dann wohl.»

«Dann werden wir gehen.» Tupper lehnte sich schwerer als nötig an Miss Pomfritt und verließ das Büro.

Der Lieutenant wandte sich wieder Herbert zu, und während dieser seine Fragen beantwortete, stellte er mit wachsendem Unbehagen fest, daß der vor und zurückschwingende Fuß des Polizisten jedesmal den Papierkorb nur um Haaresbreite verfehlte.

Sein Unbehagen wurde zu Angst, seine Angst zur Qual, als der Fuß den Papierkorb traf.

Der Papierkorb wackelte, neigte sich zur Seite und schwenkte, als es gerade so aussah, als würde er umfallen, wieder zurück. Er wackelte noch einmal hin und her und stand still.

Herbert starrte nach unten, ein Bündel Wertpapiere war zwischen dem Schmierpapier sichtbar.

Als der Lieutenant aufstand und nachdenklich in Richtung auf Tuppers Büro blickte, schob Herbert heimlich die restlichen Papiere vom Schreibtisch in den Papierkorb.

«Was soll das?» rief der Lieutenant und drehte sich um. Er langte in den Papierkorb und begann, die obenaufliegenden Papierschichten herauszunehmen. Winzige Schweißtropfen erschienen auf Herberts Oberlippe. Der Lieutenant richtete sich auf.

«Fast hätten Sie die Liste mit den Seriennummern weggeworfen», sagte er etwas vorwurfsvoll und schwenkte die Liste. «Werfen wir noch einmal einen Blick auf den Schauplatz des Verbrechens.»

Bevor Herbert das Büro des Vizepräsidenten betrat, sah er sich noch einmal um, gerade, als ein Wägelchen mit einem Abfallsack in das Zimmer geschoben wurde. Hinter dem Wägelchen schlurfte eine formlose Gestalt herein, deren altes, stumpfsinniges Gesicht von tiefen Falten durchzogen war.

Der Lieutenant, der Herberts Blick mit den Augen gefolgt war, murmelte: «Es ist nur die Putzfrau.» Er zog Herbert ins Büro.

Selbst als der Lieutenant und die zwei uniformierten Polizisten den Vorfall noch einmal mit ihm durchspielten, konnte Herbert, dessen Herz wild klopfte, hören, wie nebenan das Staubtuch über die Schreibtische fegte und die metallenen Papierkörbe in den Abfallsack geleert wurden.

Als sie Tuppers Büro verließen, ging Herbert schnell zu seinem Schreibtisch und sah nach unten.

Der Papierkorb war leer!

Seine Augen folgten dem Rücken der Putzfrau, während sie ihr Wägelchen durch die Tür hinaus in den Korridor schob.

Es dauerte noch eine halbe Stunde bis der Lieutenant mit dem Ergebnis seiner Untersuchung zufrieden war und sie mit dem Fahrstuhl hinunterfuhren und das Gebäude verließen.

Herbert war überrascht, daß es noch hell war. Die letzten Stunden waren ihm wie eine Ewigkeit vorgekommen. Er lehnte das Angebot, nach Hause gefahren zu werden, ab und behauptete, noch ein wenig laufen zu wollen. Der Lieutenant bedankte sich nochmals für die Liste mit den Seriennummern, und der Streifenwagen brauste davon.

Sowie das Auto außer Sicht war, rannte Herbert zur Straßenecke und winkte einem vorbeikommenden Taxi. Er nannte dem Fahrer sein Ziel, bat ihn, sich zu beeilen, und lehnte sich außer Atem in die Polster. Als das Taxi am Flughafen hielt, stieg Herbert aus und ging sofort in die Abfertigungshalle. Eine Stimme verkündete gerade über den Lautsprecher: «Letzter Aufruf für Rio de Janeiro, Flug Nr. 706, Tor 4–C.»

Herbert blickte zur Flughafenuhr hinauf und stellte fest, daß es sieben Uhr war: genau vor zwölf Stunden war er heute morgen aufgestanden.

Am Tor 4–C ging er auf eine kleine Gestalt in einem schwarzen Mantel und mit einem Blumenhut zu. Die Frau war mit ihren Koffern beschäftigt und drehte Herbert den Rücken zu. Herbert klopfte ihr auf die Schulter.

«Ich bin pünktlich auf die Minute, Mutter», sagte er.

«Sehr schön, mein Junge.» Die Stimme klang immer noch genau so freundlich, hatte aber etwas von ihrem resignierten Unterton verloren. «Ist alles gutgegangen?»

«Ja, Mutter bis in die kleinste Kleinigkeit.»

«Fein, mein Junge.»

Herbert nahm die zwei Koffer, und während sie hinaus zum Flugzeug gingen, lächelte er leicht. Die Sorgenfalten im Gesicht seiner Mutter schienen weniger tief zu sein. Und ihr Gang schien weniger schwerfällig zu sein als noch vor einer Stunde.

Da hatte sie ihren letzten Tag als Putzfrau bei H. Tupper & Söhne beendet.

Der Amateur

Michael Gilbert

Wir sprachen über Gewalt. «Manche Leute», sagte ich, «fürchten sich vor Menschen, andere vor Gegenständen.»

Chefinspektor Hazlerigg schenkte dieser Bemerkung mehr Aufmerksamkeit, als sie zu verdienen schien, und sagte dann: «Erklären Sie mir das doch bitte.»

«Nun, es gibt Menschen, die sich vor ihrem Chef fürchten, aber es gibt auch Menschen, die vor Rasierklingen Angst haben.»

«Ich glaube nicht, daß solche Angstzustände von Dauer sind», sagte Hazlerigg. «Sie ändern sich mit zunehmendem Alter – oder wachsender Lebenserfahrung. Als junger Konstabler hatte ich vor allem einen Horror vor betrunkenen Frauen. Heute dagegen – nun, vielleicht sollte ich das Pferd andersherum aufzäumen. Vielleicht sollte ich Ihnen den Typ Mann beschreiben, den ich *mir* nicht als Verfolger wünschen würde.»

In der nun folgenden Pause versuchte ich mir vorzustellen, welche Mischung von Gewalttätigkeit und Entschlossenheit den rotgesichtigen, grauäugigen, dicken, gleichmütigen Mann neben mir in Angst und Schrecken versetzen könnte.

«Er wäre Engländer», sagte Hazlerigg schließlich, «zumindest Angelsachse, nicht mehr ganz jung, ein guter Geschäftsmann. Er hätte durchaus Erfahrung mit Waffen – Erfahrungen, die vielleicht aus seiner Zeit als Infanterist im Weltkrieg stammen. Im übrigen ist er nur Amateur – ein Amateur der Gewalt. Er würde leidenschaftlich an die Rechtmäßigkeit seines Handelns glauben, ohne jemals den Fanatiker über den Geschäftsmann die Oberhand gewinnen zu lassen. Diesen Typ hätte ich ganz bestimmt nicht gern zum Gegner! So ein Mann ist nicht aufzuhalten.»

«Basiert Ihre Charakterschilderung irgendwie auf der Wirklichkeit?»

«Ja», sagte Hazlerigg langsam. «Ja, so jemanden hat es gegeben. Das ist nun schon alles vor langer Zeit passiert – als ich noch einfacher Inspektor war.»

Inspektor Hazlerigg lernte Mr. Collet – von den Werft-Collets, er war der dritte der Dynastie – in seinem mahagonigetäfelten Direktorenbüro kennen. Hazlerigg war auf Mr. Collets Bitte hin gekommen. In einem neutralen Wagen wurde er abgeholt; er hatte das Haus durch den Lieferanteneingang betreten und war sehr zuvorkommend behandelt worden.

In den wenigen Minuten vor seinem Zusammentreffen mit Mr. Collet hatte Hazlerigg bereits einige Eindrücke sammeln können. Nur Kleinigkeiten: die Art, wie der Pförtner und der Botenjunge über den Chef sprachen, und besonders auch die Art, wie seine Sekretärin *mit* ihm sprach. Hazlerigg schloß daraus, daß der Chef beliebt war und man gern für ihn arbeitete. Es war auch bekannt, daß etwas nicht stimmte, und man bedauerte ihn. Natürlich wußte niemand genau, worin die Probleme bestanden – im Gegensatz zu Hazlerigg.

Entführung – Erpressung durch Kidnapping – ist eine schmutzige Angelegenheit. Es hatte in jenem Jahr schon mehrere Fälle gegeben.

Mr. Collet hatte einen Sohn von neun Jahren, er war sein einziges Kind. Am Nachmittag des vorangegangenen Tages war der Junge mit seiner Tante, Mr. Collets Schwester, im Park gewesen. Ein Wagen hatte die beiden an einer einsamen Stelle überholt. Ein Mann war herausgesprungen, hatte den Jungen auf den Rücksitz des Autos gezerrt und war davongefahren. Das war alles.

«Soweit wir wissen», sagte Hazlerigg, «kann es sich nur um eine Bande handeln. Ich werde ganz offen mit Ihnen sein. Wir wissen sehr wenig über sie. Aber es hat bereits vier Fälle gegeben, die zu sehr übereinstimmen, als daß es keinen Zusammenhang geben könnte.»

«Zum Beispiel ...?» fragte Mr. Collet. Hazlerigg bemerkte, daß er seine Stimme und seine Hände völlig in der Gewalt hatte. Die Augen waren nicht zu sehen; Mr. Collet trug eine dunkle Sonnenbrille.

«Nun – am Anfang verlangen sie nicht allzuviel, das wäre das eine. Die erste Forderung hat sich immer recht bescheiden ausgenommen. Dahinter steht wohl der Gedanke, daß ein Mann leichter weiterzahlt, wenn er erst einmal damit begonnen hat.»

«Stimmt bisher», sagte Mr. Collet. «Man verlangt nur fünftausend Pfund. Ich hätte das Geld schon heute morgen übergeben können, wenn ich mir etwas davon versprochen hätte.»

«Dann ist da die Übergabemethode. Sie ist entwaffnend einfach. Es werden nämlich Ganoven eingeschaltet, die uns durchaus bekannt sind. Ich weiß nicht, wie die Bezahlung aussieht – sie wird wohl das Risiko decken. Die Ganoven sind nur Botenjungen, weiter nichts. Wir könnten sie bei der Kontaktaufnahme mit Ihnen mühelos verhaften – ohne allerdings den eigentlichen Hintermännern auch nur um einen Schritt näherzukommen.»

«Am Green Park auf der Seite zum Piccadilly, morgen früh um zwei Uhr», sagte Mr. Collet. «Man hat mir die Zeit ganz offen durchs Telefon angesagt. Könnte man die Burschen verfolgen?»

«Damit fängt die Organisation der Bande erst richtig an», sagte Hazlerigg. «Jeder einzelne Schritt nach erfolgter Übergabe ist genau ausgetüftelt – und wenn Sie mal richtig darüber nachdenken, werden Sie erkennen, daß die Karten tatsächlich zugunsten der anderen gemischt sind. Sie brauchen das Geld nur weiterzugeben, wofür es Hunderte von Methoden gibt. Sie reichen es vielleicht im U-Bahn-Gedränge weiter oder in einem Bus während der Hauptverkehrszeit, oder sie lassen sich irgendwo von einem Wagen auflesen oder nehmen die Übergabe in einem Kino vor. Vielleicht werden sie das Geld noch am gleichen Tag los, vielleicht warten sie auch eine Woche.»

«Ja», sagte Mr. Collet, «mit ein wenig Organisationstalent dürfte dieser Teil nicht allzu schwierig sein. Noch andere Besonderheiten?»

Sein Tonfall erinnerte Hazlerigg an einen Geschäftsmann, der sich über eine Firma erkundigt, mit der er ins Geschäft kommen will.

Hazlerigg zögerte. Was er sagen würde, mußte doch einmal ausgesprochen werden. Am besten brachte er es sofort hinter sich.

«Ja, Sir», sagte er. «Etwas ist noch zu berücksichtigen. Wieviel das Opfer auch zahlt, wie oft und wie prompt es auch zahlt – es bekommt das Kind nicht zurück. Sie haben sich eigentlich bereits die besten Chancen gegeben, indem Sie sofort zu uns kamen.» Mr. Collet schwieg. «Sie kennen doch Roger Barston – er hat sein kleines Mädchen verloren. Zilla hieß sie. Neunmal hat er gezahlt – über hunderttausend Pfund. Bis er kein Geld mehr hatte und den Verbrechern das mitteilte. Am nächsten Morgen wurde Zilla gefunden – in der Mülltonne hinter seinem Haus.»

Wieder breitete sich Schweigen aus. Hazlerigg sah, wie die Fingerknöchel einer der schlanken braunen Hände seines Gegenübers einen Augenblick weiß wurden. Dann stand Collet auf und sagte: «Ich danke Ihnen, Inspektor. Ich habe Ihre Telefonnummer und werde mich mit Ihnen in Verbindung setzen, sobald ich ... sobald etwas passiert.»

Als Collet zur Tür ging, nahm er zum erstenmal seine Brille ab, und Hazlerigg erkannte an seinen Augen, daß er einen Verbündeten gefunden hatte. Es war ein Risiko gewesen – aber ein Risiko, das sich gelohnt hatte.

Mr. Collet würde kämpfen.

Als sich die Tür hinter dem Inspektor geschlossen hatte, überlegte Mr. Collet einige Minuten lang und läutete dann nach Mr. Stevens.

Mr. Stevens, dem nur noch wenige Monate bis zum fünfzehnten Geburtstag fehlten, war der Leiter des Colletschen Botendienstes, ein geborener Organisator. Er verbrachte einen Großteil seiner Zeit damit, die Botenjungen der Firma in einer Art Gewerkschaft zusammenzuhalten, und er hatte bereits zwei wunderbar abgepaßte Streiks organisiert, von denen der zweite sogar Mr. Collets persönliches Einschreiten erforderlich gemacht hatte.

Es spricht sehr für beide Seiten, daß sich der junge Mr. Stevens Mr. Collets Bitte um Hilfe sehr genau anhörte und ihm sofort seine völlige Unterstützung – und die Unterstützung seiner Organisation – zusagte.

«Aber keine dramatischen Sachen», sagte Mr. Collet. «Es handelt sich um richtige Verbrecher, die sehr gefährlich sind. Und sie passen auf. Sie rechnen damit, verfolgt zu werden. Wir müssen die Sache ganz geschäftsmäßig angehen.»

Das war am Mittwoch. Am Donnerstag nachmittag um sechzehn Uhr traf Inspektor Hazlerigg zum zweitenmal in der Archangel Street ein, wobei er die gleichen Vorsichtsmaßnahmen ergriffen hatte wie bei seinem ersten Besuch. Mr. Collet saß hinter seinem Schreibtisch. «Sie haben etwas für mich . . .» Das war mehr eine Feststellung als eine Frage.

«Ehe ich darauf eingehe», sagte Mr. Collet, «möchte ich Sie um etwas bitten. Versprechen Sie mir, daß Sie auf meine Informationen hin nichts unternehmen, ohne daß ich Ihnen meine Erlaubnis dazu gebe.»

Hazlerigg sagte: «In Ordnung. Ich kann Ihnen nicht versprechen, meine bereits eingeleiteten Maßnahmen zu stoppen. Aber ich sage Ihnen zu, von Ihren Informationen keinen Gebrauch zu machen, solange Sie das nicht wünschen. Was haben Sie herausbekommen?»

«Ich kenne die Namen der in die Sache verwickelten Männer», sagte Mr. Collet. «Ich weiß auch, wo mein Sohn ist – wo sich die Leute verstecken.»

Hazlerigg war sprachlos. Schließlich fragte er: «Vielleicht könnten Sie mir das näher erklären.»

«Ich habe sorgfältig über Ihre Worte nachgedacht», sagte Mr. Collet, «über die Leute, mit denen wir es zu tun haben. Vor allen Dingen über die Männer, die sich mit mir in Verbindung setzen und das Geld transportieren würden. Es war klar, daß sie vor Gewalt nicht zurückschreckten. Im Grunde hatten sie auch keine Angst vor einer Verhaftung. Darin lag ein Teil des

Risikos. Auf Argumente ließen sie sich also keinesfalls ein. Wenn sie sich nach dem Plan richteten, der zweifellos bis in alle Einzelheiten für sie festgelegt worden war, mußten sie mir das Geld abnehmen und es zu ihren Auftraggebern schaffen, ohne mir die Chance einer Verfolgung zu bieten. Ihre Stellung schien nahezu unangreifbar. Unter den gegebenen Umständen schien es . . . spielen Sie Bridge, Inspektor?»

«Sehr schlecht», erwiderte Hazlerigg. «Aber es macht mir großen Spaß.»

«Dann kennen Sie sicher den Wiener Zug?»

«Von der Theorie her schon – geschafft habe ich ihn noch nie. Er ist eine Art Angriff. Man beginnt damit, indem man eins seiner Sieg-Asse ausspielt, nicht wahr?»

«Genau», sagte Mr. Collet. «Man macht – jedenfalls dem Anschein nach – seinem Gegner ein unerwartetes Geschenk. Und wie das bei unerwarteten Geschenken so ist, wirft es ihn aus dem Gleichgewicht und bringt seine Verteidigung durcheinander. Ich habe mich zu der gleichen Taktik entschlossen. Um es konkret zu sagen – ich habe den Burschen fünftausend Pfund mehr gegeben als verlangt. Ich traf die Männer – wie ich Ihnen schon sagte, waren es zwei – zum verabredeten Zeitpunkt im Green Park. Ich öffnete meine Aktentasche und gab ihnen ein in braunes Papier eingewickeltes Päckchen. Sie öffneten es hastig, und im gleichen Augenblick sagte ich: ‹Zehntausend Pfund in Einpfundnoten, so stimmt's doch, nicht wahr?› Ich spürte, wie sie darauf ansprangen. Um ihnen Zeit zum Erholen zu geben, fragte ich: ‹Wann bekomme ich meinen Jungen wieder?› Der ältere der beiden Männer sagte: ‹Sie bekommen ihn bald zu sehen. Wir rufen Sie morgen an.› Dann zogen sie ab. Ich sah noch, wie sie zu diskutieren anfingen.»

Mr. Collet hielt inne. Inspektor Hazlerigg, der noch über die Folgen nachdachte, schwieg.

«Wie ich mir ausrechnete», fuhr Mr. Collet fort, «waren die Pläne der Burschen darauf abgestellt, fünftausend Pfund an die Auftraggeber weiterzureichen. Nun gab ich ihnen aber zehntausend. Das waren fünftausend Pfund Extraverdienst, wenn sie den Mund hielten und die Sache richtig anpackten. Allerdings hatte ich die Banknoten in ein Päckchen getan. Der überschüssige Betrag mußte also herausgenommen und anschließend zwischen den beiden Boten aufgeteilt werden. Vor allem mußten sie schleunigst einen ruhigen und sicheren Ort finden, wo sie die Sache besprechen konnten. Sie verstehen, was das bedeutete. Der ursprüngliche Plan, von den Bossen bis ins einzelne ausgetüftelt, mußte aufgegeben werden.

Statt dessen war ein neuer Plan fällig, und zwar schnell. Er mußte einfach sein. Wahrscheinlich gingen die beiden entweder zu sich nach Hause oder suchten einen zuverlässigen Freund auf – jedenfalls einen Ort, an dem es ein Telefon gab. Sie mußten natürlich für ihre Bosse eine Geschichte erfinden, um zu erklären, warum sie vom ursprünglichen Plan abgewichen waren. Dies alles war von meiner Seite aus nur Spekulation, aber ein annehmbares Geschäftsrisiko.»

«Ja», sagte Hazlerigg. «Ich verstehe. Trotzdem mußten Sie den Burschen auf den Fersen bleiben.»

«Nicht ich», sagte Mr. Collet. «Das haben die Jungen übernommen. In den Straßen um den Park wimmelte es förmlich davon. Sie sind eine Art Auto-Club – man sieht sie überall in den Londoner Straßen. Sie sammeln Autonummern. Ein Junge aus meiner Firma, Stevens, hat die Sache geleitet. Er ist der geborene Organisator. Ich bin sofort ins Büro zurückgegangen, und eine Viertelstunde später kam ein Anruf. Eine Adresse wurde mir durchgegeben. In der Nähe von King's Cross.

Ich gab sie sofort an einen Freund weiter – einen hohen Beamten, dessen Namen ich Ihnen nicht nennen kann. In kaum fünf Minuten waren die Telefonleitungen dieses Hauses angezapft, und wir fingen den hinausgehenden Anruf ab. Der Anruf galt einem Haus in Essex. Hier ist die Adresse.» Er schob dem Inspektor ein Stück Papier über den Tisch. «Das ist der Name.»

«Einfach so», sagte Hazlerigg und schnippte mit dem Finger. «Scotland Yard hat seit sechs Monaten vergeblich versucht, sie 'rauskriegen.»

«Für mich stand aber auch mehr auf dem Spiel als für Sie.»

«Ja», sagte Hazlerigg. «Und wie geht es jetzt weiter?»
«Jetzt», sagte Mr. Collet, «warten wir ab.»

Hazlerigg spann den Faden seiner Geschichte weiter und sagte: «Das war wohl eine der tapfersten und kaltblütigsten Entscheidungen, die ich jemals einen Mann habe treffen sehen. Er hatte natürlich recht. Die Leute, mit denen wir es zu tun hatten, handelten rein instinktiv – mit dem tödlichen Instinkt von Menschen, die ohnehin den Finger am Abzug haben, wenn sie sich schlafen legen.

Als die Kontaktleute die Änderung der Pläne durchgaben – ich weiß nicht, welche Geschichte sie sich dazu einfallen ließen –, waren die Auftraggeber bestimmt nicht sehr erbaut. Sie haben sicher gleich gerochen, daß etwas nicht stimmte. Sie waren so daran gewöhnt, andere Leute übers Ohr zu hauen, daß sie in dieser Beziehung sicher hellsichtig waren. Wären wir jetzt sofort zum Angriff übergegangen, hätten wir den Jungen niemals lebend bekommen. Also warteten wir ab. Wir ließen das Haus durch einen Mann beobachten – es war ein großes, abseits stehendes Haus zwischen Pitsea und Rayleigh nördlich der Themse.»

Die nächsten Tage verbrachte Mr. Collet in seinem mahagonigetäfelten Büro und leitete die Geschäfte seiner Firma. Am vierten Morgen erhielt er einen Brief in säuberlicher Schuljungenschrift:

Lieber Vater!
Ich soll Dir schreiben. Du sollst noch fünftausend Pfund zahlen. Du wirst angerufen und erfährst, wie Du zahlst. Mir geht es gut. Es ist ein nettes Haus. Morgens weckt mich die Sonne in meinem Zimmer.

Liebe Grüße von David.

PS: Bitte beeil Dich.

Mr. Andrews, Seniorpartner der Firma Andrews und Mackay, Häusermakler in Pitsea, schätzte seinen Besucher mit einem

Blick ab, der die seidene Krawatte ebenso erfaßte wie die schweinslederne Aktentasche und den Daimler mit Chauffeur vor der Tür. Dann sagte er in beflissenem Ton: «Gewiß, Mr. ... äh ... Robinson. Wir helfen Ihnen natürlich gern. Das Haus entspricht zwar nicht den idealen Vorstellungen, aber wenn Sie sich nach etwas Ruhigem, Abgelegenen umsehen ...»

«Wie ich höre, ist es im Moment noch bewohnt», sagte Mr. Robinson.

«Vorübergehend», bestätigte Mr. Andrews. «Aber Sie können es erwerben. Der Eigentümer hat es kurzfristig einer Gruppe von Männern überlassen, die ein neues Farbverfahren ausprobieren. Sie brauchen das große Grundstück – die Ruhe, die Ungestörtheit, Sie verstehen ... Die einzige Schwierigkeit ist, daß wir das Haus heute nicht besichtigen können. Nach der getroffenen Vereinbarung besteht eine Kündigungsfrist von mindestens achtundvierzig Stunden.»

Mr. Robinson überlegte einen Augenblick und sagte dann: «Haben Sie vielleicht einen Plan des Hauses?»

«Aber natürlich!» erwiderte Mr. Andrews. «Wir haben uns das Objekt sehr genau angesehen, ehe wir es zum Verkauf anboten. Hier – nur ein Obergeschoß, wie Sie sehen.»

«Und nur ein Schlafzimmer», sagte Mr. Robinson, «das nach Osten hinausgeht?»

«Ja.» Mr. Andrews war an die Schrullen seiner Kunden gewöhnt.

«Morgens weckt mich die Sonne in meinem Zimmer», sagte Mr. Robinson leise.

«Wie bitte?»

«Nichts», sagte Mr. Robinson. «Nichts. Ich habe nur laut gedacht. Schlimme Angewohnheit. Wäre es vielleicht möglich, daß ich mir die Baupläne für einen Tag ausleihe?»

«Aber natürlich!» sagte Mr. Andrews. «Behalten Sie sie, solange Sie wollen.»

Sechzehn Uhr an einem wunderbaren Sommernachmittag. Es war so still, daß der Aufprall einer Sensenklinge auf einen Stein durch das ganze Tal schallte, in dem das große graue Haus in der Sonne döste.

Als die Glockenschläge von der Kirche in Rayleigh die halbe Stunde anzeigten, erschien eine Gestalt auf der staubigen Straße – ein Mann in der Uniform eines Briefträgers. Er schob ein Rad vor sich her.

Die Frau im Pförtnerhäuschen kam zur Tür und öffnete kommentarlos einen der großen Torflügel. Dann kehrte sie in ihr Hinterzimmer zurück, hob das Haustelefon ab und sagte: «In Ordnung. Ist nur der Briefträger.»

Das war ein Fehler, der sie vielleicht teuer zu stehen gekommen wäre.

Während Mr. Collet das geliehene Fahrrad langsam über die lange Auffahrt schob, dachte er an den unförmigen Sack, den er mühsam auf dem Sattel im Gleichgewicht hielt. Er wußte, daß er von scharfen Augen beobachtet wurde, aber dagegen konnte er nichts tun. Er hatte keine andere Möglichkeit gefunden, wie er sein Gerät hätte zum Haus schaffen können.

Er lehnte sein Fahrrad neben die Haustür, ließ den Sack zu Boden gleiten – wobei er die Sacköffnung mit der linken Hand festhielt – und läutete.

Die Tür wurde von einem Mann in Kordhosen und Tweedjacke geöffnet. Er hätte Gärtner oder Förster sein können. Mr. Collet, der ihm in die Augen sah, wußte es besser.

«Mund halten, nicht schreien!» sagte er. Die Pistole in seiner Hand war ein überzeugendes Argument.

Einen Augenblick starrte der Mann auf die Waffe. Dann sprang er zur Seite und wollte den Mund öffnen.

Aber selbst für einen schlechten Schützen sind drei Meter eine kurze Entfernung. Das schwere Geschoß hob den Mann in die Höhe, als hätte er einen Schlag in die Magengrube erhalten; dann sank er zu Boden.

In der absoluten Stille, die dem Aufbrüllen der Pistole folgte, rannte Mr. Collet auf die Treppe zu. Obwohl ihm der schwere Sack gegen die Beine schlug, schaffte er die Entfernung in Sekundenschnelle.

Im Obergeschoß angekommen, wandte er sich nach links und steuerte auf einen Raum am Ende des Korridors zu – mit der Sicherheit eines Mannes, der sich auskennt.

Er sah, daß die Tür mit einem Vorhängeschloß versehen war.

Er hielt die Mündung seiner Waffe an das Schloß und drückte ab.

Aber die Kugel traf nur die Türfüllung. Mr. Collet zielte nun tiefer und versuchte es noch einmal. Und noch zweimal. Das Schloß sprang auf.

Mr. Collet drückte die Tür auf und trat ein.

Der Junge hockte in einer Ecke des Zimmers. Mr. Collet grinste ihn ermunternd an – eine Ermunterung, die er selbst gebraucht hätte – und sagte: «Bleib in der Ecke, mein Sohn. Der Vorhang geht auf – über dem letzten Akt.»

Collet begann, Matratzen, Bettzeug, einen Teppich und einige kleine Stühle zu einer Barrikade aufzuschichten. Als er damit fertig war, öffnete er den Sack, holte das seltsame Gerät hervor, legte es neben seine selbstgebaute Brustwehr und begann, daran herumzuhantieren.

«Geh da drüben in die Ecke, mein Junge», sagte er. «Du behältst das Fenster im Auge, falls es den Ehrenmännern einfällt, eine Leiter anzulegen. Aber auf jeden Fall mußt du den Kopf unten behalten! Da kommen sie schon!»

Obwohl Joe Keller Kinder mißhandelt und Menschen aus Vergnügen und für Geld umgebracht hatte, war er im Grunde kein Feigling.

Als er seinen Kumpel zuckend auf dem Korridorboden liegen sah, blieb er ganz ruhig.

Er hatte schon viele Männer sterben sehen. Außerdem arbeitete er bereits an einem Angriffsplan.

«Nimm eine lange Leiter», befahl er einem Mann, «und stell sie ans Fenster. Nicht an das Schlafzimmerfenster – sei doch kein Dummkopf! Nein, du mußt sie ans Flurfenster des Treppenabsatzes stellen, hier auf dieser Seite. Von dort kannst du die Schlafzimmertür übersehen. Wenn sie geschlossen ist, mußt du warten. Ist sie aber offen, schießt du in das Zimmer – aber hoch zielen. Wir kriechen dann hinein.»

«Er wird uns in Ruhe aufs Korn nehmen.»

«Nicht wenn ihn Hoppy unter Beschuß hält», sagte Keller. «Außerdem hat er wohl nicht viel Ahnung von Kanonen. Immerhin hat er vier Schüsse gebraucht, um das Schloß aufzubekommen, oder nicht? Noch Einwände?»

Etwa eine halbe Meile weiter unten im Tal, hinter einer Biegung, wurden beim Geräusch des ersten Schusses vier Polizeiwagen angelassen.

Hazlerigg lag flach ausgestreckt mit einem Fernglas auf dem Dach eines Wagens.

Der Polizeichef von Essex blickte zu ihm hoch.

«Das waren jetzt fünf Schüsse», sagte er. «Fahren wir los?»

«Nein, Sir», sagte Hazlerigg. «Sie kennen doch das Signal, das wir vereinbart haben.»

«Glauben Sie, daß er es schafft?» fragte der Polizeichef beunruhigt.

«Bisher hat er sich ganz gut geschlagen», erwiderte Hazlerigg knapp, und die beiden Männer schwiegen.

Schließlich war es der Fahrer des Wagens, der das Signal als erster entdeckte und die anderen darauf aufmerksam machte. Aus einem Fenster des ersten Stockwerks quoll eine dicke, öligschwarze Rauchwolke.

Die vier Wagen fuhren gleichzeitig an.

In dem langen Flur im ersten Stockwerk war der Angriff planmäßig verlaufen – jedenfalls zuerst. Durch das Feuer vom Fenster gedeckt, waren Joe Keller und seine beiden Helfer auf Ellenbogen und Knien vorsichtig vorgerückt, die Waffen schußbereit erhoben.

Am Ende des Flurs stand die Tür einladend offen. Als sie weiterkrochen, kam das Ende der Barrikade in Sicht, die Mr. Collet errichtet hatte. Aber sie lag etwas zurück, und Mr. Collet war nicht zu sehen.

Noch fünf Meter.

Dann, als die drei Männer zum Sprung ansetzten, kam es aus

der Tür geschossen. Ein großer roter und gelber Feuerstrahl, vermischt mit beißendem schwarzem Rauch und zischendem Öl. Als sie sich umdrehten, um zu fliehen, holte er sie ein . . .

«Als wir am Ort des Geschehens eintrafen, gab es nicht mehr viel zu tun», sagte Inspektor Hazlerigg. «Wir mußten Mr. Collet und den Jungen durch das Fenster herausholen, da der Flur noch glühend heiß war. Außerdem fingen wir einen Mann im Garten, der völlig die Nerven verloren hatte und froh war, sich ergeben zu können.

Was die anderen drei angeht, so ist ein Flammenwerfer keine zimperliche Waffe, besonders nicht auf kurze Entfernung. Man könnte sagen, daß von den drei Burschen gerade soviel übrigblieb, daß man damit den Abfalleimer füllen konnte, in dem die kleine Zilla Barstow gefunden wurde. Nein, man sollte sich niemals mit einem Amateur einlassen, der aufs Ganze geht.»

Der perfekte Selbstmord

Lawrence Block

Der Bulle sah das Auto auf der Brücke halten und fand nichts Ungewöhnliches daran. Man konnte auf der Brückenmitte an den Straßenrand fahren und anhalten; besonders spät abends bei dünnem Verkehr hatte man keinen Hintermann zu fürchten, der einem gleich hupend in den Nacken sprang. Die Brücke war eine elegante Parabel aus Stahl; das tiefe Flußbett teilte die Stadt in zwei saubere Hälften; und von der Mitte der Brücke konnte man die Stadt am besten überschauen. Rechts die aneinandergedrängten Häuser der Altstadt; flußabwärts links die Mühlen, dahinter die sanfte Linie des Horizonts und die Möwen, die über den Fluß segelten. Von der Brücke hatte man auf alles den besten Blick. Teenager, die auf stundenlanges Parken aus waren, fanden sie nicht abgelegen genug; sie fuhren lieber in die Autokinos oder an Stellen am Nordufer des Flusses. Aber Schaulustige hielten gern hier, genossen für ein paar Augenblicke die Aussicht und fuhren dann weiter.

Auch Selbstmörder zog es zu der Brücke. Dem Bullen kam der Gedanke erst, als er den Mann aus dem Auto steigen und langsam über den Gehweg zum Brückenrand gehen sah; prüfend legte der Mann seine Hand aufs Geländer. Da war etwas in seinem Gang, etwas in der Haltung der einsamen Gestalt auf der leeren Brücke in dem düsteren nachmitternächtlichen Licht; oder lag es an dem Grau dieser Nacht und dem Nebel, der aus dem Fluß aufstieg? Der Bulle beobachtete den Mann, fluchte und fragte sich, ob er ihn noch rechtzeitig erreichen konnte.

Er ging den Gehweg entlang auf ihn zu. Rufen wollte er nicht, und er wollte sich auch nicht mit seiner Pfeife bemerkbar machen. Denn er wußte, was für eine Wirkung das auf einen Mann haben konnte, der sich überlegte, ob er springen sollte oder nicht. Jetzt sah er, wie der Mann mit den Händen festen Halt auf dem Geländer suchte und sich auf die Zehenspitzen stellte. In dem Augenblick hätte er fast aufgeschrien und wäre beinahe losgerannt; aber dann stellte sich der Mann wieder fest auf die Füße, ließ das Geländer los, nahm eine Zigarette und zündete sie an. Da wußte der Polizist, daß er sich nicht mehr zu beeilen brauchte. Das taten sie alle; immer rauchten sie noch diese letzte Zigarette bis zum letzten Zug, bevor sie sich hinunterstürzten.

Als der Bulle keine zehn Meter mehr zu gehen hatte, drehte sich der Mann um, erschrak und nickte dann resigniert. Er schien Mitte Dreißig zu sein, war groß, hatte ein langes schmales Gesicht und tiefliegende Augen unter dicken schwarzen Brauen.

«Schöne Nacht heute», sagte der Bulle.

«Ja.»

«Sie sehen sich die Gegend an?»

«Jaja.»

«Habe Sie hier draußen gesehen und gedacht, vielleicht kann man ein bißchen plaudern. Nachts um diese Zeit kommt man sich manchmal ziemlich einsam vor.» Der Bulle klopfte sich die Taschen ab. «Sagen Sie, haben Sie wohl zufällig noch eine Zigarette? Meine sind mir ausgegangen.»

Der Mann gab ihm eine Zigarette. Es war eine mit Filter; normalerweise rauchte der Bulle nur filterlose, aber er wollte jetzt nicht unhöflich sein. Er bedankte sich, ließ sich Feuer geben und dankte noch einmal. Dann stellte er sich neben den Mann, stützte sich auf das Geländer, beugte sich vor und schaute auf die Stadt und den Fluß.

«Sieht hübsch aus von hier», sagte er.

«Finden Sie?»

«Doch, das finde ich. Es ist so friedlich; man fühlt sich so eins mit sich selbst.»

«Auf mich wirkt es nicht so», sagte der Mann. «Ich habe mir überlegt, wie – hm – wie man für immer Frieden finden könnte.»

«Ich meine, man muß sich eben so durchs Leben schuften», sagte der Bulle. «Früher oder später kommt man schon wieder mit sich selbst ins reine. Manchmal dauert das seine Zeit, und ich nehme an, bei Ihnen sieht es nicht allzu gut aus; aber es wird schon wieder werden.»

«Das glauben Sie wirklich?»

«Ganz bestimmt.»

«Bei allem, was Sie in Ihrem Beruf so zu sehen kriegen?»

«Ja, trotzdem», sagte der Bulle. «Geschenkt wird einem nichts; aber das kennt man ja. Diese Welt ist die beste, die wir haben. Unten im Fluß finden Sie bestimmt keine bessere.»

Der Mann schwieg eine Weile, dann schnipste er seine Zigarette über das Geländer. Er und der Bulle beobachteten die Kippe, die im Flug Funken sprühte und leise zischte, als sie aufs Wasser traf.

«Viele Spritzer hat sie nicht gemacht», sagte der Mann.

«Nein.»

«Aber wer oder was hinterläßt schon viele Spuren», sagte der Mann. Er war einen Augenblick still, dann sah er den Bullen an. «Ich heiße Edward Wright», sagte er. Der Bulle nannte seinen eigenen Namen. «Ich glaube, ich hätte es nicht getan», fuhr der Mann fort. «Nicht heute nacht.»

«Hat auch keinen Sinn, daß man es drauf ankommen läßt, oder?»

«Stimmt schon.»

«Sie wollten es fast drauf ankommen lassen, nicht? Sie sind hierhergekommen, haben sich ans Geländer gestellt und haben sich's überlegt. Wenn man das lange genug macht, wird man mit der Zeit ein bißchen zu nervös und springt wirklich. Eigentlich wollte man gar nicht, und man bereut es, bevor man noch aufs Wasser aufschlägt; aber dann ist es zu spät. Man hat's einfach zu sehr drauf ankommen lassen, und dann ist es plötzlich vorbei. Wer sein Schicksal zu sehr herausfordert, zieht meist den kürzeren.»

«Wahrscheinlich haben Sie recht.»

«Irgendwas Besonderes, das Sie bedrückt?»

«Nicht . . . nichts Spezielles, nein.»

«Sind Sie mal beim Arzt gewesen?»

«Ab und zu.»

«Das kann einen nämlich wieder auf die Beine bringen.»

«Das sagen alle Leute.»

«Wollen Sie einen Kaffee mit mir trinken?»

Der Mann machte den Mund auf, wollte etwas sagen; aber dann überlegte er sich's anders. Er zündete sich noch eine Zigarette an, stieß eine kleine Rauchwolke aus und sah zu, wie der Wind sie auseinandertrieb. «Ich hab' mich jetzt gefangen», sagte er.

«Bestimmt?»

«Ich fahre jetzt nach Hause und lege mich ins Bett. Ich hab' schlecht geschlafen in letzter Zeit, seit meine Frau –»

«Ach je», sagte der Bulle.

«Sie ist vor kurzem gestorben. Ich hatte nur sie und, na ja, nun lebt sie nicht mehr.»

Der Bulle legte ihm seine Hand auf die Schulter. «Sie werden schon drüber wegkommen, Mr. Wright. Einfach die Zähne zusammenbeißen, dann geht's. Sie müssen eben durchhalten, und mit der Zeit schaffen Sie's dann schon. Sie denken jetzt wahrscheinlich, es ginge nicht mehr, es würde nie mehr werden, wie es war, aber –»

«Ich weiß.»

«Wollen Sie wirklich keinen Kaffee?»

«Nein, ich fahre jetzt lieber nach Hause», sagte der Mann. «Tut mir leid, daß ich Ihnen Unannehmlichkeiten gemacht habe. Ich werde versuchen, mich auszuruhen. Ich schaffe es schon.»

Der Bulle sah dem Auto noch nach und überlegte, ob er ihn nicht doch hätte mitnehmen sollen. Aber schließlich gab es keinen Grund. Man wurde ja schon verrückt genug, weil man sich um jeden Selbstmordversuch kümmern mußte. Und dieser Mann hatte nicht mal den Versuch gemacht; er hatte bloß drüber nachgedacht. Wenn man jeden aufgabeln wollte, der sich mit Selbstmordgedanken trug, hätte man weiß Gott viel zu tun.

Er ging zur anderen Seite der Brücke zurück. Für alle Fälle

wollte er auf dem Revier den Vorfall protokollieren, überlegte er; deshalb zog er seinen Bleistift und sein Dienstbuch aus der Tasche und notierte den Namen, *Edward Wright*. Damit er sich merken konnte, was es mit dem Namen auf sich hatte, fügte er hinzu *starke Augenbrauen, Ehefrau verstorben, Selbstmordgedanken.*

Der Psychiater strich über seinen Spitzbart und sah zu dem Patienten auf der Couch. Der Bart und die Couch, das hatte er seiner Frau mehrmals gesagt, sollten eine bestimmte Wirkung auf seine Patienten ausüben; man sollte ihn als Funktion dieser äußeren Symbole sehen und nicht als ein Individuum. Seine Frau haßte den Bart und hatte das Gefühl, er würde die Couch für amouröse Abenteuer benutzen. Er hatte sich auch tatsächlich einige Male mit seiner drallen blonden Sprechstundenhilfe auf der Couch amüsiert. Einige denkwürdige Male, dachte er; und er schloß jetzt die Augen und kostete in Gedanken noch einmal aus, wie er mit Hannah eine irrsinnige Seite nach der andern aus dem Krafft-Ebing durchgegangen war.

Widerwillig wandte er sich seinem augenblicklichen Patienten zu. «... kommt mir einfach nicht mehr lebenswert vor», sagte der Mann. «Ich schleppe mich nur noch von einem Tag zum andern.»

«Wir alle leben unser Leben von einem Tag zum andern», kommentierte der Psychiater.

«Aber muß das denn immer so qualvoll sein?»

«Nein.»

«Letzte Nacht hätte ich mich fast umgebracht. Nein, es war vorletzte Nacht. Ich hätte mich beinahe von der Morrissey-Brücke gestürzt.»

«Und?»

«Es kam gerade ein Polizist vorbei. Aber ich wäre sowieso nicht gesprungen.»

«Warum nicht?»

«Ich weiß nicht.»

Das Wechselspiel, der Dialog zwischen Arzt und Patienten,

zog sich endlos hin. Manchmal brauchte der Arzt die ganze Stunde lang kein einziges Mal nachzudenken; er gab seine Antworten automatisch, reagierte wie immer und hörte seinem Patienten überhaupt nicht zu. Ich frage mich, dachte er, ob ich diesen Leuten überhaupt helfen kann. Vielleicht wollen sie nur reden und brauchen die Illusion, einen Zuhörer zu haben. Vielleicht ist der ganze Beruf überhaupt nur eine intellektuelle Bauernfängerei. Wenn ich Priester wäre, dachte er melancholisch, könnte ich zu meinem Bischof gehen, wenn ich Zweifel an meinem Glauben hätte. Aber Psychiater haben nun mal keine Bischöfe. Das Problem dieses Berufs ist, daß es unter meinen Kollegen keine hierarchische Rangordnung gibt. Absolute Religionen können sich keine demokratische Organisation leisten.

Als nächstes hörte er sich einen Traum an. Fast alle seine Patienten erzählten ihm gern was sie träumten. Für den Psychiater war das ein ständiges Ärgernis; denn er konnte sich in seinem Leben an keinen einzigen eigenen Traum erinnern. Von Zeit zu Zeit glaubte er, das alles sei nur ein gigantischer Schwindel und in Wirklichkeit gebe es überhaupt keine Träume. Er hörte seinem Patienten mit akademischem Interesse zu, warf ab und zu einen Blick auf seine Uhr und sehnte das Ende der Fünfzig-Minuten-Sitzung herbei. Der Traum, das wußte er, enthielt deutlich Hinweise auf den sinkenden Lebensmut dieses Mannes, auf eine wachsende Sehnsucht nach dem Tode und ein Selbstmordverlangen, das nur noch mühsam durch Angst und konventionelle Erziehung unterdrückt wurde. Er fragte sich, wie lange es noch dauern würde, bis seinem Patienten der erste Selbstmordversuch gelang. In den drei Wochen seit Beginn der Behandlung hatte er anscheinend nur negative Fortschritte gemacht.

Es kam noch ein Traum. Der Psychiater schloß die Augen, seufzte und hörte nicht mehr zu. Noch fünf Minuten, sagte er sich. Noch fünf Minuten, dann mußte dieser Idiot gehen. Vielleicht konnte er dann die dralle blonde Hannah noch zu ein paar Experimenten mit ihm überreden. Neulich abend hatte er bei Stekel von einem Fall gelesen, der sehr vielversprechend geklungen hatte.

Der Arzt sah auf. Der Mann hatte tiefliegende Augen, darüber kräftige Brauen, und das schlechte Gewissen stand ihm ins Gesicht geschrieben. «Sie müssen mir den Magen auspumpen, Herr Doktor», sagte der Mann. «Können Sie das hier machen, oder muß ich ins Krankenhaus?»

«Was fehlt Ihnen denn?»

«Tabletten.»

«Was für eine Sorte? Schlaftabletten? Meinen Sie Schlaftabletten?»

«Ja.»

«Welche Sorte? Und wieviel haben Sie genommen?»

Der Mann gab die Art der Tabletten an und sagte, er hätte zwanzig Stück eingenommen. «Zehn ist die tödliche Dosis», sagte der Arzt. «Um welche Zeit haben Sie die Tabletten genommen?»

«Vor einer halben Stunde. Nein, später. Vielleicht vor zwanzig Minuten.»

«Und dann fanden Sie, daß das Ganze doch ziemlich idiotisch wäre, nicht? Sie sind also nicht eingeschlafen. Warum haben Sie dann zwanzig Minuten gewartet?»

«Ich habe versucht, mich zu übergeben.»

«Und das ging nicht? Na, dann versuchen wir's mal mit der Magenpumpe», sagte der Arzt. Die Pumpe war unangenehm, aber noch unangenehmer war die Analyse des Mageninhalts. Das Auspumpen war noch rechtzeitig geschehen, stellte der Arzt fest. Die Tabletten waren noch so gut wie gar nicht vom Blut absorbiert worden.

«Sie kommen durch», sagte er schließlich.

«Danke, Herr Doktor.»

«Sie haben keinen Grund, sich zu bedanken. Ich muß einen Bericht machen.»

«Wenn Sie davon absehen könnten, wär mir das natürlich lieber. Ich . . . ich bin in psychiatrischer Behandlung. Es war eigentlich mehr ein Unfall, wirklich.»

«Zwanzig Tabletten?» Der Arzt zuckte die Achseln. «Sie zahlen am besten gleich hier», sagte er. «Ich halte nichts davon, an potentielle Selbstmörder Rechnungen zu verschicken. Das ist mir zu riskant.»

«Dies ist eine schöne Schrotflinte, und sie ist sehr preiswert», sagte der Verkäufer. «Hier habe ich noch ein ausgesprochenes Liebhaberstück; die hat eine viel größere Reichweite und größere Genauigkeit. Wenn Sie ein paar Dollar zulegen –»

«Nein, diese genügt mir. Und dann brauche ich noch eine Schachtel Munition.»

Der Verkäufer stellte die Schachtel auf den Ladentisch. «Ich kann Ihnen drei Schachteln für –»

«Nur die eine.»

«Wie Sie wollen», sagte der Verkäufer. Aus einem Fach unter dem Ladentisch nahm er die Registraturliste, schlug sie auf und schob sie dem Mann hin. «Sie müssen hier unterschreiben», sagte er, «damit die Behörde bei Laune bleibt.» Der Mann unterschrieb, und der Verkäufer sah sich die Unterschrift an. «Jetzt brauche ich noch Ihren Ausweis, Mr. Wright. Vielleicht haben Sie den Führerschein dabei; das genügt vollkommen.» Er prüfte den Führerschein, und bevor er dessen Nummer notierte, verglich er die Unterschriften. Schließlich nickte er befriedigt.

«Danke», sagte der Mann, als er sein Wechselgeld bekommen hatte. «Vielen Dank.»

«Ich habe zu danken, Mr. Wright. Sie haben bestimmt viel Freude an dieser Flinte.»

«Bestimmt.»

Am selben Abend um neun Uhr klingelte es bei Edward Wright an der Hintertür. Er stieg mit seinem Drink die Treppe hinunter, trank unterwegs das Glas aus und ging die Tür aufmachen. Edward Wright war groß, hatte tiefliegende Augen und dicke schwarze Brauen. Er sah hinaus, erkannte den Besucher, zögerte einen Augenblick und öffnete.

Der Besucher stieß die Mündung einer Schrotflinte in Edward Wrights Unterleib.

«Mark –»

«Laß mich ’rein», sagte der Mann. «Es ist kalt draußen.»

«Mark, ich weiß nicht –»

«’rein mit dir.»

In seinem Wohnzimmer starrte Edward Wright in die Mündung der Schrotflinte und wußte, daß er nicht mehr lange zu leben hatte.

«Du hast sie umgebracht, Ed», sagte der Besucher. «Sie wollte sich scheiden lassen. Aber das hättest du nicht ertragen, was? Ich hab’ ihr gesagt, sie sollte nicht mit dir reden. Ich hab’ ihr gesagt, wie gefährlich das ist, und daß du ein Vieh bist. Ich hab’ ihr gesagt, sie sollte einfach mit mir weggehen und dich vergessen. Aber sie wollte es auf die anständige Tour machen, und da hast du sie umgebracht.»

«Du bist verrückt!»

«Du hast es wirklich gut gemacht. Es hat ausgesehen wie ein Unfall. Wie hast du’s angestellt? Es ist besser für dich, wenn du redest. Sonst geht die Flinte los.»

«Ich hab’ sie geschlagen.»

«Du hast sie geschlagen und umgebracht? So war das?»

Wright schluckte. Sein Blick wanderte von der Mündung der Flinte zu dem Mann. «Ich hab’ ein paar Mal zugeschlagen. Ziemlich lange zugeschlagen. Dann hab’ ich sie die Kellertreppe ’runtergeworfen. Aber zur Polizei kannst du damit nicht gehen. Sie haben keine Beweise, und sie würden es auch nicht glauben.»

«Wir wollen gar nicht zur Polizei gehen», sagte der Mann. «Ich bin ja vorher auch nicht hingegangen. Sie hatten kein Motiv für dich, so war’s doch? Ich hätte ihnen eins liefern können, aber ich hab’s nicht gemacht, Edward. Setz dich an deinen Tisch, Edward. Jetzt gleich. Schön! Nimm ein Blatt Papier und was zum Schreiben. Es ist besser für dich, wenn du tust, was ich sage, Edward. Ich möchte dir einen kleinen Brief diktieren.»

«Du kannst doch nicht –»

«Schreib: *Ich kann nicht mehr. Diesmal schaffe ich es.* Darunter setzt du deinen Namen.»

«Das mache ich nicht.»

«Doch, das wirst du tun, Edward.» Er drückte die Mündung hinten gegen Edward Wrights zitternden Schädel.

«Das traust du dich nicht», sagte Wright.

«Du irrst.»

«Dafür wirst du gehängt, Mark. Sie schnappen dich doch.»

«Selbstmord, Edward.»

«Ich und Selbstmord! Das traut mir kein Mensch zu, ob mit oder ohne Abschiedsbrief. Das glaubt doch kein Mensch.»

«Brauchst nur zu schreiben, Edward. Dann gebe ich dir die Waffe und lasse dich mit deinem Gewissen allein. Ich weiß genau, was du dann machst.»

«Du –»

«Schreib! Ich will dich nicht erschießen, Edward. Ich will nur, daß du diesen Abschiedsbrief schreibst, für den Anfang; und dann lasse ich dich allein.»

Wright glaubte ihm nicht ganz, aber die Schrotflinte an seinem Hinterkopf ließ ihm keine Wahl. Er schrieb den Abschiedsbrief und unterzeichnete mit seinem Namen.

«Dreh dich um, Edward.»

Er drehte sich um und staunte. Der Mann hatte sich völlig verändert. Er trug falsche Augenbrauen und eine Perücke, und auch mit seinen Augen hatte er etwas angestellt; sie waren rundum geschminkt.

«Weißt du, wie ich jetzt aussehe, Edward?»

«Nein.»

«Ich sehe aus wie du, Edward. Natürlich nicht genauso. Nicht so, daß ich damit Leuten etwas vormachen könnte, die dich kennen. Aber wir haben ungefähr dieselbe Größe und Figur; dazu die Geheimratsecken, die Augenbrauen und das Haar und die hohlen Augen; und das alles an einem Mann, der sich als Edward Wright ausgibt und sich auch als solcher identifizieren kann – was kommt dann dabei raus? Eine gute Imitation von dir, Edward.»

«Du hast dich für mich ausgegeben?»

«Ja, Edward.»

«Aber warum denn?»

«Um deine Persönlichkeit zu verändern», sagte der Mann. «Du hast mir gerade gesagt, du wärst nicht der Typ eines Selbstmörders, und kein Mensch würde dir einen Selbstmord abnehmen. Aber du wirst dich wundern, was du in letzter Zeit alles angestellt hast, Edward. Es gibt da einen Polizisten, der dir ausreden mußte, dich von der Morrissey-Brücke zu stürzen. Es gibt einen Psychiater, bei dem du wegen Depressionen und Selbstmordabsichten in Behandlung bist; dem hast du auch ein paar klassische Träume erzählt. Und es gibt den Arzt, der dir heute nachmittag den Magen auspumpen mußte.» Er stieß Edward den Gewehrlauf in den Magen.

«Meinen Magen aus –»

«Auspumpen, ja. Eine äußerst unangenehme Prozedur, Edward. Du siehst also, was ich deinetwegen alles durchgemacht habe. Die reinsten Torturen waren das. Ich hatte Angst, daß mir die Perücke bei der Prozedur verrutschen würde; aber diese neuartigen Dinger sind mit Harz behandelt, ganz außergewöhnlich. Man soll sie sogar beim Schwimmen oder unter der Dusche aufbehalten können.» Er rieb mit dem Finger an einer der künstlichen Augenbrauen. «Siehst du, wie fest die sitzen? Und echt sehen sie aus, findest du nicht?»

Edward sagte kein Wort.

«Was du so alles angestellt hast, Edward. Komisch, daß du dich gar nicht mehr dran erinnern kannst. Weißt du noch, daß du diese Schrotflinte gekauft hast, Edward?»

«Ich –»

«Ja, wirklich. Vor einer knappen Stunde bist du in einem Laden gewesen und hast diese Schrotflinte gekauft und eine Schachtel Munition. Mußtest unterschreiben. Mußtest auch deinen Führerschein vorzeigen.»

«Wie bist du an meinen Führerschein gekommen?»

«Gar nicht. Ich hab' mir einen gemacht.» Der Mann lachte in sich hinein. «Man könnte keinen Polizisten damit 'reinlegen, aber das war auch nicht nötig. Der Verkäufer hat ihn bestimmt für echt gehalten. Er hat sich sorgfältig die Nummer notiert. Du mußt dir also diese Schrotflinte gekauft haben, Edward.»

Der Mann fuhr sich mit den Fingern durch sein Perückenhaar. «Erstaunlich echt», sagte er wieder. «Wenn ich mal eine Glatze kriege, muß ich mir so ein Ding anschaffen.» Er lachte. «Nicht der Typ des Selbstmörders? Edward, die letzte Woche bist du der heißeste Selbstmörder in der ganzen Stadt gewesen. Denk nur an die vielen Leute, die das beschwören werden.»

«Und meine Freunde? Meine Kollegen im Büro?»

«Die stehen alle auf meiner Seite. Immer, wenn ein Mann Selbstmord begeht, fällt seinen Freunden plötzlich ein, daß er in letzter Zeit besonders schwermütig gewesen ist. Du weißt doch, wie gern sich die Leute wichtig tun. Und bestimmt bist du auch deprimiert und bekümmert gewesen über ihren Tod. Die Rolle mußtest du ja spielen, oder? Nein, du hättest sie nicht umbringen sollen, Edward. Ich habe sie geliebt, auch wenn du es nicht getan hast. Du hättest sie gehen lassen sollen, Edward.»

Wright schwitzte. «Du hast gesagt, du wolltest mich nicht umbringen. Du wolltest mich mit der Schrotflinte allein lassen, hast du gesagt –»

«Man muß nicht alles glauben, was man hört», sagte der Mann und stieß sehr schnell und sehr geschickt die Mündung der Waffe in Wrights Mund und drückte ab. Danach arrangierte er alles mit Überlegung. Er zog Wright einen Schuh aus und rückte seinen Fuß zurecht, bis es aussah, als hätte er die Schrotflinte mit dem großen Zeh abgedrückt. Dann wischte er seine Fingerabdrücke von der Waffe und drückte Wrights Hände auf alle möglichen Stellen an Lauf und Kolben. Den Abschiedsbrief ließ er auf dem Tisch liegen; die Karte des Psychiaters steckte er in Wrights Brieftasche; die Rechnung für die Flinte in Wrights Jackentasche.

«Du hättest sie nicht umbringen sollen», sagte er zu dem Toten. Dann schlüpfte er in sich hineinlächelnd zur Hintertür hinaus und verschwand in der Nacht.

Eine Woche des Todes

Der Mann im Cadillac

Ross Macdonald

Es war Freitag abend. Ich fuhr mit meinem hellblauen Kabriolett in schwärzester Laune von der mexikanischen Grenze zurück. Ich hatte einen Mann von Fresno nach San Diego verfolgt und ihn dort im Straßenlabyrinth der Altstadt verloren. Als ich seine Spur endlich wiederfand, hatte er sich über die Grenze abgesetzt. Da meine Instruktionen nicht über das Gebiet der Vereinigten Staaten hinausgingen, kehrte ich nach Hause zurück.

Auf halbem Weg, gerade oberhalb der Emerald-Bucht, holte ich den miserabelsten Autofahrer ein, der mir bis dahin begegnet war. Er steuerte seinen schwarzen Cadillac wie eine Segeljolle gegen den Wind, wobei er im Zick-Zack-Kurs über zwei, manchmal auch über drei der vier Fahrbahnen hin und her kreuzte. Mitternacht war schon vorbei, und ich mußte mich beeilen, wenn ich bis zum Morgengrauen noch ein Auge zutun wollte. Ich setzte rechts zum Überholen an, als der Cadillac wieder einmal gerade auf der doppelten Linie in der Straßenmitte fuhr. In diesem Augenblick trudelte er wie ein verirrtes Geschoß auf mich zu, so daß ich nur knapp mit kreischenden Bremsen einem Zusammenstoß ausweichen konnte.

Jetzt versuchte ich es von links. Gleichzeitig beschleunigte auch der Cadillac sein Tempo. Da mein Wagen nichts mehr hergab, rasten wir Nase an Nase in der Straßenmitte weiter. Ich fragte mich, ob ich es mit einem Verrückten oder Betrunkenen zu tun hätte oder ob der Fahrer vor mir auf der Flucht war. Die Schnellstrecke endete, und ich fuhr mit hundertdreißig auf der falschen Fahrbahn einer zweispurigen Überlandstraße, als ein Lastzug hinter der Kuppe einer Bodenwelle auftauchte und wie ein fauchender Komet näher kam. Ich trat das Gaspedal durch und zog meinen Wagen knapp vor dem Kotflügel des Cadillac nach rechts. Im Scheinwerferlicht des entgegenkommenden Lasters sah ich einen Augenblick lang das Gesicht des Fahrers: Es war kreidebleich mit tiefliegenden, schwarzen Augenhöhlen. Sein Oberkörper war nackt.

Erst in letzter Sekunde verringerte er seine Geschwindigkeit so weit, daß ich mich ohne Gefahr vor ihn setzen konnte. Der Laster fuhr ärgerlich hupend an uns vorbei. Ich bremste allmählich ab in der Absicht, den Cadillac zum Stehen zu bringen, aber er überholte mich in einem wahnsinnigen Bogen mit quietschenden Reifen und verschwand vor mir in der Dunkelheit.

Als mein Wagen schließlich stand, mußte ich die Finger mit Gewalt vom Lenkrad lösen. Über meinen Rücken lief kalter Schweiß, meine Knie zitterten. Ich rauchte eine Zigarette an und wendete vorsichtig, um zur Emerald-Bucht zurückzufahren. Meine stürmischen Jugendjahre lagen weit hinter mir, ich sehnte mich nach Ruhe.

Das erste Motel, auf das ich stieß, hieß Siesta, und ein Schild zeigte an, daß noch Zimmer frei waren. Die Neonreklame stellte einen schlafenden Mexikaner in schreienden Farben dar. Ich beschloß, seinem Vorbild zu folgen, und parkte auf dem Kiesplatz vor dem Empfangsbüro. Drinnen war noch Licht. Die Glastür stand offen, und ich trat ein. Die kleine Halle war hübsch mit hellem Holz und Chintz ausgestattet. Ich läutete einige Male mit der Tischklingel; da niemand kam, setzte ich mich und zündete mir eine Zigarette an. Die elektrische Uhr zeigte Viertel vor eins.

Ich muß eingenickt sein, denn ich erinnere mich, daß ich träumte. Hinter dem Steuer eines schwarzen Cadillacs, der mit Blumen vollgeladen war, saß eine grinsende Totenmaske. Als die glühende Asche meiner Zigarette mir die Fingerspitzen verbrannte, erwachte ich. Vor mir stand ein schlanker Mann in grauem Flanellhemd und leichten Hosen und sah mich argwöhnisch an.

Er hatte eine große Nase und ein spitzes Kinn. Schon auf den zweiten Blick verwischte sich der Eindruck der Jugendlichkeit, den seine Erscheinung hervorrief: Seine Zähne waren schlecht, und das schüttere blonde Haar ließ hohe Ecken an der Stirn frei.

Er gehörte zu jenem Typ ältlicher Jungen, die sich ihren Unterhalt durch Katzbuckeln in Hotels und Motels verdienen und sich verzweifelt an andere Menschen klammern.

«Was wünschen Sie?» fragte er. «Wer sind Sie? Was wollen Sie hier?» Seine Stimme schwankte unsicher wie bei einem Jungen im Stimmbruch.

«Ein Zimmer.»

«Weiter nichts?»

Es klang fast wie eine Anklage, aber ich ging nicht darauf ein. «Warum? Was haben Sie sonst noch anzubieten? Bauchtänzerinnen oder Gratisessen?»

Der Mann versuchte zu lächeln, ohne seine schlechten Zähne zu entblößen. Sein Lächeln wirkte genauso gezwungen wie mein Witz. «Tut mir leid», gab er zurück. «Sie haben mich aufgeweckt. Wenn ich aus dem Schlaf gerissen werde, komme ich nur langsam wieder zu mir.»

«Hatten Sie vielleicht einen Alptraum?»

Er riß erstaunt seine wäßrigen blauen Augen auf. «Warum fragen Sie das?»

«Ich hatte vorhin nämlich einen. Aber lassen wir das. Haben Sie nun ein Zimmer oder nicht?»

«Ja. Aber natürlich.» Er schluckte erleichtert und bemühte sich, möglichst unbefangen zu erscheinen: «Haben Sie Gepäck?»

«Nein.»

Lautlos, wie ein Schatten seiner einstigen Knabengestalt, glitt der Mann auf seinen Tennisschuhen hinter die Hoteltheke, notierte meinen Namen, meine Adresse und mein Autokennzeichen und verlangte fünf Dollar, für die er mir einen Schlüssel mit der Nummer vierzehn aushändigte. Mit einer Handbewegung wies er mir höflich den Weg, offensichtlich besorgt wegen des späteren Trinkgeldes.

Das Zimmer Nummer vierzehn sah aus wie viele Hotelzimmer in dieser Gegend. Es war im kalifornisch-spanischen Stil eingerichtet und bot mit den künstlich-rauhen Kalkwänden, den weinroten Vorhängen und den Lampenschirmen aus imitiertem Pergament auf schmiedeeisernen Ständern eine gewisse Behaglichkeit. Über dem Bett hing das Bild eines schlafenden Mexikaners. Ich folgte seinem Beispiel und träumte bis zum Morgen von Bauchtänzerinnen.

Plötzlich begann eine von ihnen aus voller Lunge zu schreien. Bei dem Versuch, sie zu beruhigen, erwachte ich und setzte mich im Bett auf. Auf meiner Armbanduhr war es fast neun. Das Schreien hörte auf und fing kurz darauf wie eine Alarmsirene wieder an. Ich zog meine Hose über die Unterwäsche, in der ich geschlafen hatte, und ging hinaus.

Auf dem Korridor stand eine junge Frau vor der Tür des Nachbarzimmers. In einer Hand hielt sie einen Schlüssel, die andere, die sie weit von sich streckte, war voller Blut. Sie trug einen bunten, weiten Rock und eine Bluse im Zigeuner-Look. Sie hatte dunkles Haar und ein zartes Gesicht, das mir weitaus besser gefallen hätte, wenn sie den weit geöffneten Mund zugemacht und mit dem Geschrei aufgehört hätte. Ich war böse wegen der Störung meines kostbaren Morgenschlafes.

Ich packte sie bei den Schultern und rüttelte sie. «Hören Sie doch auf!»

Sie verstummte. Verstört schaute sie auf das Blut an ihrer Hand, das dunkel und zähflüssig wie Schmieröl daran klebte.

«Wo haben Sie das her?»

«Ich bin ausgerutscht und hineingefallen. Ich habe es gar nicht gesehen.»

Sie ließ den Schlüssel fallen und zog mit der sauberen Hand ihren Rock nach vorn. Der Saum über ihren bloßen braunen Beinen war hinten auch mit Blut beschmiert.

«Wo? In dem Zimmer hier?»

«Ja», erwiderte sie zögernd.

Inzwischen hatte sich eine Anzahl von Türen geöffnet, und etwa ein halbes Dutzend Leute kam auf uns zu. Ein kleiner Mann mit brauner Gesichtsfarbe, er war sicher nicht größer als ein Meter vierzig, kam hüpfend aus dem Büro gelaufen. Seine winzigen Schuhe tanzten wie Spielzeuge über die Fliesen.

«Kommen Sie herein, und zeigen Sie es mir», forderte ich das Mädchen auf.

«Nein, ich kann nicht. Ich will nicht.» Ihre dunklen Augen hoben sich scharf von ihrem schreckensblassen Gesicht ab.

Mittlerweile hatte sich der kleine Mann zwischen uns gedrängt und das Mädchen am Oberarm gepackt. «Was ist los, Ella? Bist du verrückt, die Gäste so aufzuscheuchen?»

«Blut», murmelte sie und lehnte sich mit geschlossenen Augen an mich.

Sein scharfer Blick erfaßte die Situation. «Sei still», zischte er und wandte sich an die anderen Gäste, die sich in einem Halbkreis um uns drängten.

«Es ist weiter nichts. Entschuldigen Sie, meine Damen und Herren, meine Tochter hat sich nur ein wenig geschnitten. Es ist wirklich alles in bester Ordnung.»

Er legte seinen langen, behaarten Arm um die Taille seiner Tochter und zog sie durch die offene Tür in das Zimmer. Mit einer kräftigen Bewegung versuchte er, die Tür hinter sich zuzuwerfen. Ich fing sie mit dem Fuß auf und folgte ihnen.

Das Zimmer war genauso eingerichtet wie meines, einschließlich der Reproduktion über dem zerwühlten Bett, nur daß alles wie in einem Spiegel seitenverkehrt erschien. Das Mädchen ging mit ein paar unsicheren Schritten zum Bett und setzte sich auf die Kante. Als sie jedoch das blutbefleckte Laken erblickte, sprang sie auf und öffnete ihren Mund so weit, daß ein Zahnarzt seine helle Freude daran gehabt hätte.

«Bitte nicht», beeilte ich mich zu sagen, «wir wissen ja schon, daß Sie eine prima Lunge haben.»

Der kleine Mann fuhr zu mir herum. «Was haben denn Sie hier zu suchen?»

«Ich heiße Archer und habe das Zimmer vierzehn nebenan.»

«Bitte, gehen Sie hinaus.»

«Fällt mir nicht ein. Was ist hier los?»

Er senkte seinen Kopf, als ob er ihn mir in den Magen rammen wollte. Unter seiner Kunstlederjacke ragte ein Buckel spitz wie ein dritter Ellbogen auf. Dann schien er sich den Rammstoß doch zu überlegen und versuchte es mit diplomatischem Geschick:

«Sie ziehen ganz falsche Schlüsse, Mister. Es ist wirklich nicht so schlimm, wie es aussieht. Wir hatten hier in der Nacht einen kleinen Unfall.»

«Ich weiß. Ihre Tochter hat sich geschnitten. Es scheint ja wieder völlig verheilt zu sein?»

«Nein, natürlich nicht.» Er winkte ab. «Ich habe den Leuten da draußen erzählt, was mir gerade einfiel. Es war eine Rauferei, bei der einer der Gäste Nasenbluten kriegte.»

Das Mädchen ging wie eine Schlafwandlerin zur Badezimmertür und knipste das Licht an. Auf dem schwarzweißen Würfelmuster der Kunststoffliesen war eine schon halb eingetrocknete Blutlache, die durch ihr Ausrutschen nach einer Seite hin verschmiert war.

«Soso, Nasenbluten», sagte ich spöttisch zu dem Kleinen. «Probieren Sie es jetzt auf die Tour?»

«Ich bin der Eigentümer des Siesta-Motels und heiße Salanda.» Er versuchte, sich so hoch wie möglich aufzurichten. «Einer der Herren berichtete mir selbst, er habe Nasenbluten bekommen.»

«Und wo ist dieser Herr jetzt?»

«Heute morgen ist er abgefahren.»

«Gesund?»

«So gesund, wie er gestern ankam.»

Ich schaute mich im Zimmer um. Außer den Blutflecken in dem ungemachten Bett konnte ich keine Anzeichen, daß ein Kampf stattgefunden hatte, entdecken. Irgend jemand hatte einen halben Liter Blut abgelassen und war danach verschwunden.

Der Bucklige öffnete die Tür und forderte mich mit einer Handbewegung zum Gehen auf. «Wollen Sie mich jetzt bitte entschuldigen, Sir, aber ich möchte dies hier so bald wie möglich in Ordnung bringen lassen. Ella, sag Lorraine, sie soll im Zimmer Ordnung machen, aber ein bißchen dalli. Und du legst dich noch ein bißchen hin.»

«Es geht schon wieder, Vater. Mach dir keine Sorgen um mich.»

Als ich wenig später hinüberkam, saß sie völlig gefaßt, wenn auch noch ein wenig bleich, hinter dem Schreibtisch in der Empfangshalle. Ich legte meinen Schlüssel auf die Tischplatte.

«Geht es Ihnen jetzt wieder besser, Ella?»

«Oh, angezogen habe ich Sie gar nicht erkannt.»

«Schade, daß ich das von Ihnen nicht auch sagen kann.»

Sie schlug die Augen nieder und errötete. «Sie lachen mich aus. Ich weiß, daß ich mich heute morgen albern benommen habe.»

«Na, da bin ich nicht so sicher. Was dachten Sie denn, was heute nacht geschehen ist?»

«Mein Vater hat es Ihnen doch schon erklärt, nicht?»

«Genaugenommen waren es zwei Erklärungen, aber ich bezweifle, daß sie die endgültige Fassung des Dramas darstellen.»

Ihre Hand legte sich auf das Grübchen im Ausschnitt der Zigeunerbluse. Ihre Arme und Schultern waren schlank und braungebrannt, die Fingernägel leuchteten karminrot. «Was für ein Drama?»

«Ich meinte das nur im übertragenen Sinn», erklärte ich. «Aber vielleicht hat sich in Zimmer dreizehn wirklich ein Drama abgespielt. Was meinen Sie?»

Sie biß sich mit ihren großen Vorderzähnen auf die Unterlippe, wodurch sie wie ein hübsches Kaninchen aussah. Ich unterdrückte meinen Impuls, ihr über das glänzende, glatte braune Haar zu streichen.

«Aber das ist ja lächerlich. Wir sind ein renommiertes Haus. Übrigens hat Vater mir verboten, mit Fremden über die Sache zu sprechen.»

«Warum denn das nun wieder?»

«Das Motel ist sein ein und alles, und er will keinen Skandal. Wenn wir unseren guten Ruf verlieren, bricht es ihm das Herz.»

«Na, so sentimental sah er grade nicht aus.»

Sie stand auf und strich ihren Rock glatt. Ich bemerkte, daß sie einen anderen angezogen hatte. «Lassen Sie meinen Vater in Ruhe. Er ist ein lieber kleiner Mann. Warum wollen Sie ihm denn für nichts und wieder nichts Schwierigkeiten machen?»

Ich gab mich vor ihrer berechtigten Entrüstung geschlagen – die Entrüstung einer Frau ist immer berechtigt – und ging hinaus zu meinem Wagen. Die Frühlingssonne blendete mich. Hinter der Straße und den welligen Sanddünen glänzte die Bucht in tiefem Preußischblau. Ich fuhr ab. Am Fuße einer Halbinsel führte die Autostraße landeinwärts und um ein Städtchen herum und nach einigen Meilen wieder zur Küste zurück. Auf der anderen Straßenseite schob sich ein großer überdachter Parkplatz vor den weißen Sand und die glitzernde Brandung. Schilder an beiden Einfahrten verkündeten weithin: County Park, offenes Feuer verboten.

Strand und Parkplatz waren leer bis auf einen Wagen, der verloren am äußersten Ende der Parkfläche stand und seinen Kühlergrill in den Drahtzaun bohrte. Es war ein schwarzer Cadillac. Noch heute weiß ich nicht, was mich dazu bewog, von der Straße ab und auf den Parkplatz einzubiegen. Ein Mann hing über dem Steuerrad und sah in die endlose blaue See hinaus. Er drehte sich auch nicht um, als ich mit meinem Wagen neben ihm hielt.

Ich stieg aus und öffnete die Tür seines Cadillacs. Sein Gesicht war totenbleich, die dunkelbraunen Augen starrten blicklos auf die Bucht. Der dichtbehaarte Oberkörper war unbekleidet bis auf einen dicken Verband um die Taille, der aus blutigen Handtüchern bestand und von irgendeinem Nylongewebe zusammengehalten wurde. Erst bei näherem Zusehen bemerkte ich, daß es der Unterrock einer Frau war. Auf der linken Brustseite des Wäschestückes war ein purpurrotes Herz gestickt, das den in Schreibschrift gestickten Namen «Fern» umrahmte. Ich überlegte, wer diese Fern wohl sein könnte.

Der Mann, den ihr purpurnes Herz nun schmückte, hatte dunkles, lockiges Haar und ebenso dunkle, buschige Augenbrauen. Auf Kinn und Wangen sproß ein dichter Stoppelbart. Trotz seines Blutverlustes und einigen Lippenstiftspuren auf seinem Mund machte er einen grobschlächtigen Eindruck.

Das Seitenfach war leer, nur im Handschuhfach fand ich eine halbvolle Packung 38er Automatik-Patronen. Die Zündung war noch eingeschaltet, aber die Lichter brannten nur noch trüb. Die Benzinuhr zeigte einen leeren Tank an. Anscheinend war der

Krauskopf kurz nachdem er mich überholt hatte, auf diesen Platz gefahren und hatte den Rest der Nacht mit laufendem Motor an Ort und Stelle verbracht.

Ich wickelte den Unterrock, der nicht aussah, als könnte er Fingerabdrücke annehmen, von der Taille des Toten und sah nach dem Wäscheetikett. Gretchen, Palm Springs stand darauf. Mir fiel ein, daß Samstag vormittag war und ich in diesem Winter noch kein Wochenende an der Küste verbracht hatte. Vorsichtig band ich den Unterrock wieder um den Wickel und fuhr zum Siesta-Motel zurück.

Ellas Stimmungsbarometer fiel rapide, als sie mich erblickte. Sie schob ihre hübsche Kaninchennase in die Luft und sagte spitz: «Du lieber Schreck. Und ich dachte schon, wir wären Sie endlich los!»

«Dachte ich auch. Aber wie Sie sehen, kann ich mich einfach nicht von hier losreißen.»

Sie warf mir einen eigenartigen, mit Spott und Widerwillen gemischten Blick zu. Sie strich eine Haarsträhne zurück und langte dann nach einer Anmeldekarte.

«Ein Zimmer können Sie haben. Aber denken Sie bloß nicht, daß Sie bei mir Eindruck schinden können. Sie sind mir völlig egal, mein Herr.»

«Archer heiße ich, Lew Archer. Bemühen Sie sich nicht mit der Karte, ich möchte nur telefonieren.»

«Anderswo gibt es auch Telefone.» Aber sie stieß mir doch den Apparat über den Tisch zu. «Meinetwegen, wenn es kein Ferngespräch ist.»

«Ich muß die Verkehrspolizei anrufen. Wissen Sie zufällig die Nummer?»

«Keine Ahnung.» Sie reichte mir das Telefonverzeichnis.

«Es ist nämlich ein Unfall passiert», sagte ich obenhin, als ich die Nummer wählte.

«Ein Unfall? Auf der Straße? Wo denn?»

«Nicht auf der Straße, meine Liebe, sondern hier, auf Zimmer dreizehn.»

Aber das berichtete ich natürlich nicht der Polizei. Ich gab lediglich an, in einem Wagen auf dem Parkplatz oberhalb des Strandes einen Toten gefunden zu haben. Das Mädchen hörte mir mit offenen Augen und offenem Mund zu. Noch bevor ich auflegte, fuhr sie aufgeregt von ihrem Stuhl hoch und lief durch die Hintertür hinaus. Nach einigen Augenblicken kam sie mit ihrem Vater zurück, dessen Augen genau so funkelten wie die Nieten an seiner Lederjacke. Tänzelnd kam er auf mich zu. «Was hat das zu bedeuten?»

«Ein Stück weiter auf der Straße habe ich einen Toten gefunden.»

«Und warum sind Sie zum Telefonieren hierher zurückgekommen?» Sein Kopf senkte sich wieder zu seiner Rammstoß-Haltung, aber ich sah, wie er sich mit den Händen an der Schreibtischkante festklammerte. «Was geht das uns an?»

«Immerhin trug er ein paar von Ihren Handtüchern um den Bauch.»

«Was?»

«Und er blutete sehr stark, bevor er starb. Wahrscheinlich hat ihm jemand in den Magen geschossen. Vielleicht Sie?»

«Sie sind verrückt», erwiderte er, aber es klang nicht sehr überzeugend. «Für diese wahnsinnige Beschuldigung werden Sie mir noch büßen. Was sind Sie überhaupt?»

«Privatdetektiv.»

«Und Sie haben ihn verfolgt? Sie wollten ihn verhaften, und er erschoß sich auf der Flucht vor Ihnen?»

«Beides falsch geraten», sagte ich mit Nachdruck. «Erstens wollte ich mich hier nur ausschlafen. Und zweitens schießt sich kein Mensch selber in den Bauch. Viel zu unsicher und langsam. Schließlich will niemand an Bauchfellentzündung krepieren.»

«Und was wollen Sie jetzt tun? Etwa meinen Betrieb hier in einen Skandal hineinziehen?»

«Wenn Sie hier einen Mordfall zu vertuschen suchen . . .»

«Er muß sich selbst erschossen haben.» Der Kleine war nicht davon abzubringen.

«Wie können Sie das überhaupt wissen?»

«Von Donny. Ich habe vorhin mit ihm gesprochen.»

«Und woher weiß es dieser Donny?»

«Der Mann hat es ihm gesagt.»

«Ist Donny Ihr Nachtportier?»

«Er war es bisher. Ich glaube, ich muß ihn endlich wegen seinen Dummheiten hinausfeuern. Er hat mir nicht einmal Bescheid sagen wollen. Ich mußte jedes Wort aus ihm herausquetschen.»

«Donny meint es nur gut», wandte das Mädchen ein. «Wahrscheinlich hat er gar nicht mitgekriegt, was eigentlich passiert ist.»

«Das hat keiner von uns, wie ich annehme. Ich möchte diesen Donny sprechen. Aber zuerst», wandte ich mich wieder dem Buckligen zu, «zuerst geben Sie mir einmal das Hotelregister her.»

Er griff nach einem Formularpäckchen und suchte das Gewünschte heraus. Seine viel zu großen behaarten Hände, mit denen er schließlich eine Karte hervorzog, waren ruhig und zuverlässig wie Haustiere, die ihr eigenes Leben unabhängig von ihrem Eigentümer führen. Auf der Karte stand in Blockschrift: Richard Rowe, Detroit, Michigan.

«Und was ist mit der Frau?» erkundigte ich mich.

Die beiden sahen sich betroffen an. «Er war allein», gab der Mann schließlich zur Antwort.

«Dann war er ein Transvestit.»

Er schaute mich verdutzt an und schwieg. Nach einer Weile fragte er: «Sie haben doch die Polizei angerufen. Haben Sie ihnen alles mitgeteilt?»

«Bis jetzt noch nicht. Aber sie werden ohnehin Ihre Handtücher finden. Er hat sie als Verband um den Bauch gebunden.»

«Ach so, natürlich.» Er klopfte sich mit der geballten Faust an die Schläfe. Es klang, als ob er auf einen Kürbis schlüge. «Sie sind Privatdetektiv, sagten Sie. Wenn Sie nun der Polente erzählten, daß er vor Ihnen auf der Flucht war? Ein Verbrecher auf der Flucht, he? Und er schoß sich in den Magen, weil er nicht in den Knast wollte? Fünfhundert Dollar?»

«So privat bin ich auch wieder nicht», winkte ich ab. «Ich habe schließlich meine Berufsehre. Aber davon mal ganz abgesehen, hätten mich die Polizisten nach ein paar Ermittlungen bald am Wickel.»

«Nicht unbedingt. Wie Sie wissen, war er ja tatsächlich auf der Flucht vor dem Gesetz.»

«Das höre ich zum erstenmal.»

«Wenn Sie mir ein bißchen Zeit lassen, schaffe ich Ihnen sogar seine Akte herbei.»

Seine Tochter starrte ihn mit traurigen, völlig illusionslosen Augen an. «Daddy», sagte sie schwach.

Er kümmerte sich nicht darum. Gespannt lauerte er auf meine Reaktion: «Siebenhundert Dollar?»

«Nichts da. Je höher Sie gehen, desto verdächtiger kommen Sie mir vor. Wo waren Sie gestern abend?»

«Sie sind nicht bei Trost. Gestern abend war ich mit meiner Frau in Los Angeles, im Ballett, wenn Sie es genau wissen wollen.» Sozusagen als Beweis summte er ein paar Takte von Tschaikowski. «Und vor zwei Uhr nachts waren wir nicht zurück.»

«Auch Alibis können gefälscht werden.»

«Von Verbrechern, ja», nickte er. «Aber ich bin kein Verbrecher.»

Das Mädchen legte die Hand auf seine Schulter. Er wandte sich mit wutverzerrtem Gesicht von ihr ab.

«Daddy», fragte sie leise, «glaubst du wirklich, daß er ermordet wurde?»

«Wie soll ich denn das wissen?» Seine Stimme schnappte über, als hätte sie ihn an seinem wunden Punkt berührt. «Ich war ja gar nicht da, ich weiß nur, was Donny mir erzählt hat.»

Das Mädchen beobachtete mich mit zusammengekniffenen Lidern wie eine unbekannte Tiergattung, von der sie nicht wußte, ob sie gefährlich oder harmlos war.

«Der Gentleman hier ist Detektiv», sagte sie nachdenklich, «oder behauptet es jedenfalls!»

Wortlos zog ich meinen Ausweis heraus und legte ihn auf den Tisch. Der Kleine griff danach und verglich mein Gesicht mit dem Foto. «Wollen Sie einen Auftrag für mich übernehmen?»

«Warum nicht? Aber damit Sie es gleich wissen, von hübschen kleinen Lügen kann nicht die Rede sein.»

Bevor er etwas erwidern konnte, fiel seine Tochter ein: «Sehen Sie zu, was Sie über diesen – über diesen Todesfall herausbringen können. Ehrenwort, Vater hat wirklich nichts damit zu tun.»

Ich entschied mich impulsiv, wie man es später meist zu bereuen pflegt, und sagte: «Gut. Ich nehme fünfzig Dollar Vorschuß, was zu den fünfhundert von vorhin immerhin ein kleiner Unterschied ist. Und als erstes gebe ich Ihnen den Rat, der Polizei alles zu erzählen, was Sie wissen. Vorausgesetzt natürlich, daß Sie tatsächlich unschuldig sind.»

«Sie beleidigen mich», antwortete er würdevoll.

Er nahm einen Fünfzigdollarschein aus der Geldschublade und drückte ihn mir wie ein Liebespfand leidenschaftlich in die Hand. Irgendwie hatte ich das ungute Gefühl, mich gewaltig in die Nesseln zu setzen, was sich noch verstärkte, als er weiterhin alle Auskünfte verweigerte. Sogar Donnys Adresse konnte ich nur unter Aufbietung aller meiner Überredungskünste von ihm erfahren.

Der Portier wohnte in einer Hütte, die auf einer Düne stand und ursprünglich wohl als Wochenendhaus gedient hatte, bevor der Wind den Treibsand wie Schneeverwehungen an Wänden und vorspringenden Ecken abgelagert hatte. Winterstürme hatten die Ziegel zerbrochen und die Betonfundamente gelockert. Auf der ehemaligen Terrasse, mit Blick auf die See, lagen große Zementbrocken herum.

Donny lag wie eine große bleiche Eidechse auf den zerbrochenen Platten und sonnte sich. Als der Landwind das Geräusch meines Motors zu ihm hintrug, setzte er sich blinzelnd auf. Er erkannte mich, als ich ausstieg, und rannte ins Haus.

Ich ging über die Fliesentreppe zur Tür und klopfte an das verzogene Holz. «Machen Sie auf, Donny!»

«Gehen Sie weg», schrie er heiser. Seine Augen glommen wie die einer Schlange durch einen Spalt.

«Ich komme im Auftrag von Mr. Salanda. Er will, daß Sie mit mir sprechen.»

«Sie können mir alle beide den Buckel runterrutschen.»

«Machen Sie auf, oder ich breche die Bude auf!»

Ich wartete ein wenig. Endlich schob er den Riegel zurück, knarrend ging langsam die Tür auf. Er lehnte sich an den Pfosten und sah mir mißtrauisch ins Gesicht. Sein unbehaarter nackter Oberkörper zitterte vor Kälte oder Aufregung. Ich schob ihn zur Seite und trat in eine Kochnische, in der abgestandene und verdorbene Speisereste die Luft mit Gestank erfüllten. Barfuß folgte er mir in einen größeren Raum, dessen gesprungene Dielenbretter sich unter meinen Füßen wölbten. Die große Fensterscheibe, die den Blick auf das Meer freigab, war an mehreren Stellen zerbrochen und notdürftig mit Klebstreifen und Pappe repariert. Im Kamin stapelte sich Abfall. Als einziges Möbelstück stand ein Feldbett in einer Ecke, das offenbar als Donnys Schlaf- und Ruheplatz diente.

«Hübsch gemütlich hier. Man sieht doch gleich, wenn ein Haus bewohnt ist.»

Donny schien das Kompliment ernst zu nehmen, was in mir den Verdacht aufkommen ließ, daß ich es mit einem Schwachsinnigen zu tun hatte. «Für mich langt es. Ich habe nie viel auf eine behagliche Wohnung gegeben, aber ich mag es, nachts den Ozean zu hören.»

«Und was machen Sie sonst noch nachts, Donny?»

Entweder verstand er mich wirklich nicht, oder er verstellte sich. «Alles mögliche. Viele Leute stört es, aber ich mag auch die schweren Laster auf der Autobahn. Alles, was nachts zu hören ist. Jetzt werde ich wohl fortmüssen. Das Haus gehört Mr. Salanda, und er hat es mir umsonst überlassen. Wahrscheinlich wird er mich jetzt rausschmeißen.»

«Wegen dem, was gestern nacht passiert ist?»

«Hm.» Er setzte sich auf das Feldbett und stützte sein trauriges Gesicht in die Hände.

Ich stellte mich dicht vor ihn. «Was ist überhaupt passiert, Donny?»

«Eine böse Sache», murmelte er. «Der Kerl kam so um zehn Uhr hereingeschneit . . .»

«Der Mann mit dem schwarzen Haar?»

«Genau. Er kam also um zehn, und ich gab ihm das Zimmer dreizehn. Um Mitternacht hörte ich irgendwo einen Schuß. Zuerst wußte ich nicht, was ich tun sollte, aber dann schaute ich doch nach. Da kam der Kerl auch schon aus seinem Zimmer, nackt, nur mit einem Verband um den Bauch. Irgendwie sah er wie ein verrückter Indianer aus. Er hatte ein Schießeisen in der Hand und taumelte. Ich sah, daß er blutete. Er kam auf mich zu und setzte mir die Pistole auf die Brust. Er sagte, er würde mich abknallen, wenn ich meinen Mund nicht hielte. Er sagte, ich dürfe niemand etwas davon erzählen, weder jetzt noch später, er würde sonst zurückkommen und mich erledigen. Aber jetzt ist er selber tot, nicht wahr?»

Ich nickte. Irgendwie konnte ich Donnys Angst spüren. Für Angst habe ich eine Art sechsten Sinn, meine Haare sträubten sich im Nacken, und ich überlegte, ob Donnys Angst der Vergangenheit oder der Zukunft galt. Die roten Pickel in seinem sonst kalkigen Gesicht bildeten ein eigenartiges Muster.

«Wahrscheinlich wurde er sogar ermordet, Donny. Sie wissen wohl selbst, daß Sie jetzt lügen?»

«Ich? Ich soll lügen?» Er reagierte zu langsam und unsicher.

«Der Mann war nicht allein. Er kam in Begleitung einer Frau.»

«Was für einer Frau?» stieß er überrascht aus.

«Das frage ich Sie. Sie heißt Fern. Vermutlich hat sie geschossen, und Sie haben sie dabei ertappt. Der verwundete Mann floh aus dem Zimmer und fuhr mit seinem Wagen davon. Die Frau blieb bei Ihnen, um Sie zu überreden. Was haben Sie dafür gekriegt, daß Sie seine Sachen fortgeschafft und die Karte gefälscht haben? Aber die Blutlache im Badezimmer habt ihr beide übersehen, was?»

«Sie irren sich, Mister, so war es gar nicht, es war alles ganz anders. Sind Sie ein Polizist?»

«Nein, Privatdetektiv. Sie stecken tief in der Patsche, Donny.

Sie sollten lieber alles erzählen, bevor die Polizisten Sie in die Mangel nehmen.»

«Ich habe nichts getan.» Seine Stimme brach wie die eines Knaben, was in kuriosem Gegensatz zu den grauen Strähnen in seinem Haar stand.

«Schon die Registerfälschung ist belastend genug, ganz zu schweigen davon, daß Sie natürlich auch wegen des Mordes verdächtigt werden können.»

Er protestierte in zusammenhangslosen Sätzen, während er gleichzeitig mit der Hand unter dem schmutziggrauen Laken herumsuchte. Schließlich fischte er unter dem Kopfkissen eine zusammengeknüllte Karte hervor, steckte sie in den Mund und versuchte sie hinunterzuwürgen. Gerade noch rechtzeitig konnte ich sie ihm aus den gelben Zähnen reißen.

Es war eine Registrierkarte des Motels, auf der in kindlicher Schrift die Eintragung «Mr. und Mrs. Richard Rowe, Detroit, Michigan» gekritzelt war.

Donny zitterte so heftig, daß seine knochigen Knie unter den billigen Baumwollshorts wie die Zinken einer Stimmgabel vibrierten. «Ich kann nichts dafür», jammerte er. «Sie hielt mir die Pistole vor.»

«Und was haben Sie mit den Kleidern gemacht?»

«Nichts. Sie ließ mich gar nicht in das Zimmer hinein. Sie machte ein Bündel draus und nahm es mit.»

«Wohin?»

«Fort, auf die Straße zur Stadt. Sie lief neben der Straße auf dem Bankett. Das war das letzte, was ich von ihr gesehen habe.»

«Was hat sie Ihnen gezahlt, Donny?»

«Nicht einen Cent. Ich sagte doch schon, daß sie mir ihre Knarre unter die Nase hielt.»

«Ach, und davor hatten Sie solche Angst, daß Sie sich nicht einmal heute morgen etwas zu sagen getrauten?»

«Ja. Ich hatte Angst. Wer hätte da keine Angst gehabt?»

«Aber jetzt ist sie fort, und Sie können mir eine Beschreibung von ihr geben», forderte ich ihn auf.

«Tja.» Er machte sichtlich Anstrengungen, seine verworrenen

Gedankengänge zu ordnen. Eines seiner Augen schielte manchmal, was sein Gesicht nicht eben anziehender erscheinen ließ. «Sie war eine große, vollschlanke Frau mit blondem Haar.»

«Gefärbt?»

«Wahrscheinlich, ich weiß nicht. Sie hatte es in einem Nest oben auf dem Kopf zusammengesteckt. Sie war ziemlich dick, eine Figur wie eine Ringkämpferin, mit solchen Wassermelonen von Brüsten. Und große Füße.»

«Was hatte sie an?»

«Ich hab' nicht drauf geachtet. Ich hatte solche Angst. Irgendeinen roten Mantel mit einem schwarzen Pelzkragen. Viel Ringe an den Fingern, und so Klunkerzeugs hatte sie auch.»

«Wie alt war sie?»

«Ziemlich alt, würde ich sagen. Älter als ich, und ich werde bald neununddreißig.»

«Hat sie den Schuß abgegeben?»

«Ich glaube schon. Sie sagte mir wenigstens, wenn ich gefragt würde, sollte ich sagen, Mr. Rowe habe sich selbst erschossen.»

«Sie sind leicht herumzukriegen, nicht, Donny? Das ist ganz schön gefährlich an einem Ort, wo die Leute nur so herumgestoßen werden.»

«Das habe ich nicht verstanden, Mister. Was meinen Sie damit?» Er heftete seine wasserblauen Augen auf mein Gesicht und sah mich erwartungsvoll lächelnd an.

«Nichts Besonderes», sagte ich und ließ ihn stehen.

Einige hundert Meter weiter auf der Autostraße begegnete mir ein Polizeiwagen mit zwei uniformierten Polizisten. Nach ihren Mienen zu schließen, würde Donny in nächster Zeit nichts zu lachen haben. Ich ließ den Gedanken an ihn fallen und machte mich auf den Weg nach Palm Springs.

Palm Springs ist ein langweiliges Nest, in dem allerdings goldene Eier versteckt sind. Auch die Mädchen sind meist goldig. Die Hauptstraße ist eine Kreuzung zwischen Hollywood und einer Westernstadt, die ein Wirbelwind durcheinandergemischt und über die Wüste hinweg hierher versetzt hat. Die Cowboykostüme befremdeten niemand, am allerwenigsten mich.

Das Wäschegeschäft «Gretchen» lag unter vornehm wirkenden Arkaden, die einen imitierten mexikanischen Patio umschlossen. In der Mitte des Hofes sprudelte ein kleiner Springbrunnen, der Wasserstrahlen in die Hitze schleuderte. Es war schon Ende März, und die eigentliche Saison war vorüber. In den meisten Geschäften lungerten lediglich die Verkäufer herum.

So auch in dem kleinen, kühlen Laden, den ich jetzt betrat. Hunderte von Damen und Dämchen hatten hier einen Hauch ihres Parfüms zurückgelassen. Strümpfe, Nachthemden und andere Wäschestücke lagen hinter den Glastheken zur Schau oder schlängelten sich wie glänzende Reptile auf den verschiedenen Ständern an den Wänden. Eine hennarote Dame erhob sich raschelnd aus einem Winkel im Hintergrund und stöckelte auf mich zu.

«Sucht der Herr vielleicht nach einem Geschenk?» rief sie mit übertriebener Freundlichkeit. Das Gesicht hinter ihrer gemalten Maske war müde und schlaff. Es war Samstag mittag, und die Glücklicheren tummelten sich jetzt in ihren nierenförmigen Schwimmbecken hinter Mauern, die sie niemals im Leben übersteigen würde.

«Nein, eigentlich nicht.» Ich schaute mich suchend um. «Ich komme wegen etwas anderem. Mir ist vorige Nacht etwas Sonderbares passiert, aber es ist so schwer zu erklären.»

Sie musterte mich prüfend und stellte dabei offenbar fest, daß ich ebenfalls für mein tägliches Brot zu arbeiten hatte. Das falsche Lächeln machte einem anderen Platz, das mir gleich besser gefiel. «Sie scheinen mir heute nacht nicht viel geschlafen zu haben. Und eine Rasur würde Ihnen auch guttun.»

«Ich habe nämlich eine Dame kennengelernt», fuhr ich fort, «das heißt, eigentlich war es schon eine ältere Frau, eine stattliche Blondine, wie man so sagt. Ich hab' sie am Strand hinter der Lagune aufgegabelt, wenn ich ganz ehrlich sein soll.»

«Was ist das nun wieder für eine neue Masche, Junge?»

«Warten Sie doch, Sie bringen mich ganz durcheinander. Irgendwas hat mich an dem Abend mit der untergehenden Sonne und der warmen, sommerlichen See berührt.»

«Sie ist immer verdammt kalt, wenn ich mal hineinkomme.»

«Gestern war das Wasser warm. Wir schwammen im Mondlicht und hatten unseren Spaß. Kurzum, nachher ging sie fort, und ich merkte erst viel zu spät, daß ich weder ihren Nachnamen noch ihre Telefonnummer wußte.»

«Verheiratete Frau, was? Ja, glauben Sie denn, ich unterhalte hier einen Club für einsame Herzen?» Obwohl sie mir nicht recht traute, war sie doch neugierig geworden. «Und sie hat von mir erzählt? Wie hieß sie denn mit Vornamen?»

«Fern.»

«Ziemlich seltener Name. Und wie sagten Sie, groß und blond?»

«Mit üppigen Formen. Wenn ich eine klassische Bildung genossen hätte, würde ich sie junonisch nennen.»

«Sie, jetzt halten Sie mich aber zum Narren!»

«Ein bißchen.»

«Dachte ich mir gleich. An sich habe ich ja nichts dagegen, wenn Sie Spaß machen. Was hat sie von mir gesagt?»

«Das kam so. Ich machte ihr Komplimente über ihre . . . eh . . . Wäsche.»

«Aha.» Die Verkäuferin hatte das Erröten längst verlernt. «Wir hatten mal eine Kundin, die hieß Fern. Fern Dee. Wenn ich mich richtig erinnere, war sie im Joshua Club angestellt. Aber die Beschreibung paßt überhaupt nicht auf sie. Die ich kenne, ist brünett, mittelgroß und noch ziemlich jung. Ich kann mich nur deshalb an sie erinnern, weil sie ihren Namen in alle Wäschestücke sticken ließ, die sie kaufte. Ich finde das zwar ziemlich albern, aber schließlich geht es mich nichts an.»

«Wohnt sie hier in der Stadt?»

«Ich habe sie schon Monate nicht mehr gesehen. Aber sie kann gar nicht die Frau gewesen sein, die Sie suchen.»

«Wann war sie das letztemal hier?»

Sie überlegte. «So zu Beginn der Saison. Sie kam nur ein einziges Mal, kaufte aber gleich eine ganze Ausstattung, Strümpfe, Nachthemden und Unterwäsche. Ich dachte mir noch, die Kleine scheint sich ja plötzlich ganz schön zu mausern.»

«Vielleicht hat sie seither zugenommen und ihr Haar färben lassen? Frauen können sich im Handumdrehen verändern.»

«Da haben Sie recht. Wie alt war eigentlich Ihre – Freundin?»

«So um die Vierzig.»

«Das kann sie nicht gewesen sein. Das Mädchen, das die Wäsche kaufte, war höchstens fünfundzwanzig, und ich habe gelernt, das Alter von Frauen zu schätzen. Ich habe zu viele von ihnen gesehen, von den Elfchen angefangen bis zu den Hexen. Und ich meine damit wirkliche alte Hexen.»

«Kann ich mir denken.»

Sie schaute mich mit ihren schwarzumränderten Augenlidern an und erkundigte sich: «Sind Sie ein Polizist?»

«Ich war mal einer.»

«Wollen Sie mir nicht verraten, was dahintersteckt?»

«Ein andermal. Wo liegt der Joshua Club?»

«Um die Zeit ist er noch zu.»

«Macht nichts. Ich will es trotzdem versuchen.»

Sie zuckte die Achseln und beschrieb mir den Weg. Ich bedankte mich und verließ den Laden.

Der Joshua Club befand sich einen halben Block weiter in einem einstöckigen Gebäude an der Hauptstraße. Eine gepolsterte Ledertür schwang nach innen, als ich ihr einen Stoß versetzte. Ich ging durch einen mit einer Markise überdachten Vorplatz, in dem ein Dschungel kleiner Bananenstauden wucherte, nach hinten ins eigentliche Lokal. Große kolorierte Wandfotos sollten eine abendliche Strandatmosphäre hervorrufen. Unter dem Fischernetz, das als Baldachin die Bar überspannte, trocknete ein dunkelhäutiger Mittelamerikaner in weißer Jacke Schnapsgläser mit einem schmuddeligen Tuch ab. Sein Gesicht sah nicht eben vertrauenerweckend aus.

Auf dem Orchesterpodium hinter Stapeln aufeinandergesetzter Stühle spielte ein junger Mann in Hemdsärmeln Jazzmelodien auf dem Klavier. Seine Finger hüpften zunächst immer wie kleine Hunde um den Ton herum, bevor er ihn durch kräftiges Anschlagen hervorhob. Ich schaute ihm eine Weile über die Schultern zu, bis er sich endlich umdrehte und mich mit sanftem, etwas abwesendem Blick ansah. Seine Nase glänzte rötlich über dem gespitzten Mund.

«Ein hübsches Klavier haben Sie», sprach ich ihn an.

«Kann man wohl sagen.»

«Zweiundfünfzigste Straße?»

«Aus der Straße, die ich hasse, wegen ihrer Kontrabasse.»

Er begleitete seinen Singsang mit drei Baßakkorden und ließ dann die Hände von den Tasten fallen. «Suchen Sie jemand bestimmten?»

«Fern Dee. Sie hat mich irgendwann einmal eingeladen, hier vorbeizukommen.»

«Schlecht. Reinste Zeitverschwendung. Letztes Jahr ging sie fort, weit nach einem andern Ort. Sie sang nicht einmal schlecht, mir war's recht. Aber eine richtige Sängerin war sie nicht, die Süße, ich lasse sie grüßen und leg mich ihr zu Füßen. Wenn sie sang zum Orchesterklang, war der Abend nicht so lang . . .»

«Und wo ist das Täubchen hin, wer sah sie von dannen ziehn?» gab ich in gleicher Münze zurück.

Er grinste wie ein Totenschädel auf einer Giftflasche. «Angeblich soll sie der Boss privat beschäftigen, in seiner Wohnung, verstehen Sie? Aber da ich gesellschaftlich nicht mit dem großen Boss verkehre, kann ich nichts Genaues sagen. Macht es Ihnen etwas aus?»

«Na ja. Schließlich ist sie über einundzwanzig.»

«Nur ein paar Jährchen. Sah immer aus wie ein Märchen.» Seine Augen verschleierten sich wieder. «Die kleine Fern, ich mochte sie gern.»

Ich unterbrach ihn in seiner sinnlosen Reimerei. «Und wer ist der Boss, bei dem sie jetzt wohnt?»

«Angel natürlich. Wer denn sonst?»

«Und wo kann ich ihn treffen?»

«Mann, Sie scheinen hier ja ganz neu zu sein. Sie . . .» Er verstummte. Sein Blick schweifte ab und konzentrierte sich auf eine Stelle oberhalb meiner Schulter.

Er wollte noch etwas sagen, überlegte es sich jedoch und schloß wieder den Mund.

Dafür ertönte eine schnarrende Tenorstimme hinter meinem Ohr: «Vielleicht kann ich dem Herrn Auskunft geben?»

Der Pianist wandte sich seinem Instrument zu, als hätte der häßliche Tenor meine Existenz für ihn ausgelöscht. Hinter mir in einer schmalen Seitentür stand ein etwa dreißigjähriger Mann mit dichtem, schwarzem Kraushaar und einem breiten Kinn, auf dem sich trotz sorgfältiger Rasur bläulich-schwarze Schatten ausbreiteten. Seine Ähnlichkeit mit dem Toten im Cadillac brachte mich auf einen Gedanken, die Pistole in seiner Hand auf einen anderen.

Er wich den Trommeln aus, als er auf mich zukam und sich breitschultrig in seinem flauschigen Jackett vor mir aufbaute, die Pistole unablässig auf mich gerichtet. Der Pianist mißhandelte den Trauermarsch aus *Aida*, was anscheinend als Witz gedacht war.

Der Doppelgänger des Toten wiegte sich samt seinem Schießeisen hin und her. «Ihren Ausweis, wenn Sie Polizist sind. Wenn nicht, dann kommen Sie da herein.»

«Ich bin nur privat hier.»

«Also rein.»

Die Mündung der Pistole näherte sich meiner Magengrube wie ein ausgestreckter Zeigefinger. Ich gehorchte der Aufforderung und bahnte mir durch Stühle und Notenständer den Weg zur Tür. Immer den Eisenfinger im Rücken gelangte ich durch einen unbeleuchteten Gang in ein kleines quadratisches Büro, dessen Einrichtung aus einem Schreibtisch, einem Geldschrank und einem Aktenschrank bestand. Er hatte keine Fenster und wurde durch Leuchtröhren erhellt, in deren weißem Licht die Ähnlichkeit noch frappanter wirkte. Ich fragte mich im Ernst, ob ich mich getäuscht hatte oder ob die Hitze meinem Gehirn nicht bekommen war.

«Also was wollen Sie? Ich bin der Chef!» Er kam so dicht an mich heran, daß ich die Brillantine auf seinem Kraushaar riechen konnte. «Was wollen Sie von meinen Angestellten wissen?»

«Ich heiße Archer und bin Detektiv», stellte ich mich vor. «Privatdetektiv.»

«Und Sie arbeiten für . . .?»

«Das dürfte Sie kaum interessieren.»

«O doch, sogar sehr.» Die Pistole zielte wieder genau auf meinen Magen. «Für wen also?»

Ich würgte Ärger und Brechreiz hinunter und rechnete mir aus, welche Chancen ich hatte, die Pistole zur Seite zu schlagen und ihn mit bloßer Faust zu überwältigen. Nicht viel, wie ich mir offen eingestand. Der Mann war größer und schwerer als ich und schien sich in Raufereien auszukennen. Du warst eben zu oft im Kino, sagte ich mir und antwortete laut: «Den Eigentümer eines Strandmotels. Einer seiner Gäste wurde vorige Nacht bei ihm erschossen, und da ich zufällig ein paar Minuten später hereinschneite, trug mir der Alte auf, etwas über die Schießerei herauszukriegen.»

«Was war das für ein Kerl, der abtanzen mußte?»

«Er sieht Ihnen ähnlich», stellte ich fest. «Haben Sie einen Bruder?»

Er erbleichte und vergaß für einen Moment sein Schießeisen, als er mich lauernd betrachtete. Mit einem harten Schwinger schlug ich es ihm von links aus der Hand. Der losgehende Schuß versengte meine Wange und bohrte ein Loch in die Wand. Als meine Rechte in sein Genick fiel, ließ er die Waffe los.

Er ging zu Boden, verlor aber nicht das Bewußtsein und tappte mit gespreizten Fingern nach der Pistole. Ich trat nach seinem Handgelenk, aber er kriegte das Ding zu fassen und hielt es auch dann fest, als ich mit den Fäusten einen Trommelwirbel auf seinem Schädel landete. Wie ein Bulle wuchtete er sich langsam wieder empor.

«Hände hoch», sagte er leise. Er gehörte zu jenen Männern, die in Mordstimmung ganz weich und ruhig sprechen. Seine undurchdringlichen Augen zeigten jedoch genau an, was die Uhr geschlagen hatte. «Ist Bart tot?»

«Wenn er es war, ja. Bauchschuß.»

«Wer hat ihn erschossen?»

«Das möchten wir gerade herausfinden.»

«Wer hat ihn erschossen?» wiederholte er in kalter Wut, während mich der Pistolenlauf wie ein leeres Auge anstarrte. «Sprich, Bürschchen, oder ich knalle dich hier auf der Stelle ab.»

«Eine Frau war bei ihm. Sie zog aber Leine, als es passiert war.»

«Was für einen Namen hast du zu Alfie gesagt? Fern?»

«Möglich, daß sie es war.»

«Was meinst du damit?»

«Jedenfalls war sie im Zimmer, als der Schuß fiel. Können Sie mir sagen, wie sie aussieht?»

Sein harter Blick schweifte über die Wand hinter mir. «Dort hinten hängt ein Foto von ihr. Dreh dich um, aber laß die Hände oben.»

Schwerfällig wandte ich mich um. Die Wand war leer. Ich hörte einen tiefen Atemzug und dann ein Sausen in der Luft. Ich versuchte dem Schlag auszuweichen, aber es gelang mir nicht mehr, der Kolben krachte auf meinen Hinterkopf. Ich taumelte gegen die weiße Wand und sank an ihr nieder in ein tiefes, dreidimensionales Nichts.

Das Nichts verdichtete sich zu farbigen Schatten, die eine halb tierische, halb menschliche Gestalt annahmen. Sie lösten sich auf und formten sich wieder neu und tanzten nach einer schauerlichen Beatmusik durch die Windungen meines Gehirns. Ein toter Mann mit behaarter Brust kroch aus einem Loch und verdoppelte sich mehrfach, als ich vor ihm davonrannte und in einer Echokammer Schutz suchte. Das Dröhnen der Geistermusik wurde von einer heiseren Tenorstimme begleitet:

«So wird es gewesen sein. Vario hatte recht. Bart traf sie in Acapulco und war mit ihr auf dem Weg zurück. Sie muß ihn in dieses verdammte Motel gelockt haben. Bart hatte schon immer ein Auge auf sie.»

«Das wußte ich gar nicht», antwortete eine trockene alte Männerstimme. «Das ist ja eine interessante Neuigkeit über Bart und Fern. Wenn ich das geahnt hätte, hätte ich natürlich jemand anders hinter Fern hergeschickt, und die ganze Sache wäre nicht passiert. Meinst du nicht auch, Gino?»

Ich wanderte weiter in den unterirdischen Echohöhlen herum und konnte weder die Stimmen erkennen, noch verstehen, worüber sie sprachen. Meine Geistesgegenwart reichte gerade aus, um die Augen geschlossen zu halten und weiter zu lauschen. Allmählich kam ich zu mir und fühlte, daß ich auf dem Rücken auf einer harten Unterlage lag. Die Stimmen klangen von oben zu mir herab.

«Bart können Sie keine Schuld geben. Diese hinterlistige kleine Bestie hat ihn herumgekriegt.»

«Beruhige dich, Gino. Niemand hat schuld. Aber jetzt müssen wir sie um jeden Preis zurückhaben.»

«Ich bringe sie um», sagte der Jüngere leise, aber entschieden.

«Vielleicht. Vielleicht ist es jetzt nicht mehr nötig. Ich mag kein überflüssiges Blutvergießen . . .»

«Seit wann denn?»

«Laß mich ausreden. Ich habe gelernt, eins nach dem andern zu erledigen. Und was ist jetzt das wichtigste? Warum müssen wir das Mädchen unbedingt erwischen? Um ihr den Mund zu stopfen, nicht wahr? Seit die Steuerbehörde Wind davon bekommen hat, daß wir uns verkracht haben, will sie Fern über meine Einkünfte ausquetschen. Wir wollten sie deshalb vorher ins Gebet nehmen und zum Schweigen veranlassen.»

«Ich weiß, wie ich sie zum Schweigen bringe», sagte der junge Mann fast beiläufig.

«Zuerst versuchen wir es mal auf meine Tour. Wenn du so alt bist wie ich, wirst du auch lernen, alles Brauchbare zu verwenden und nichts zu vergeuden, nicht einmal das Blut eines anderen. Sie hat deinen Bruder erschossen? Grund genug für sie, ihren Mund von nun an zu halten. Auch wenn sie mit Totschlag durchkommen sollte, bedeutet das fünf bis zehn Jahre Tehachapi. Wir brauchen nichts weiter zu tun, als ihr dies schön deutlich zu machen. Aber zuerst müssen wir sie finden.»

«Ich werde sie schon finden. Bart hat sie schließlich auch gefunden.»

«Weil Vario ihm den Tip gab. Aber du bleibst hier bei mir, Gino. Ihr beide seid mir zu heißblütig, du und dein Bruder. Ich will sie lebendig wiederhaben, verstehst du? Dann sehen wir weiter.»

«Sie werden ja weich auf Ihre alten Tage, Angel.»

«Ach nein?» Ein klatschendes Geräusch wurde hörbar, wie ein Schlag auf eine Wange. «Ich habe eine ganze Reihe von Leuten umgelegt, aber nur, wenn es nicht anders ging. Nimm das zurück.»

«Also gut, entschuldigen Sie.»

«Und rede mich gefälligst mit Mr. Funk an. Wenn du mich für so alt hältst, dann benimm dich wenigstens respektvoll.»

«Ja, Mr. Funk.»

«Schön. Und dein Freund hier, weiß er, wo Fern steckt?»

«Ich glaube kaum.»

«Mr. Funk.»

«Kaum, Mr. Funk.» Ginos Stimme klang gepreßt.

«Er scheint aufzuwachen. Seine Augen zucken schon.»

Eine Schuhspitze stieß mich unsanft in die Rippen, dann schlug mir jemand mehrmals ins Gesicht. Ich öffnete die Augen und setzte mich auf. Mein Hinterkopf pochte wie eine alte Dampfmaschine. Gino richtete sich aus der Hocke auf und sah zu mir herab.

«Aufstehen.»

Taumelnd kam ich auf die Füße. Ich befand mich in einem großen Zimmer mit Steinwänden und einer hohen Balkendecke. Die alten Eichenmöbel, aus denen die kärgliche Einrichtung bestand, schienen für Riesen gebaut worden zu sein.

Der Mann hinter Gino war alt und klein und sah sehr müde aus. Man hätte ihn für einen erfolglosen Lebensmittelkaufmann oder einen überalterten Barmann halten können, der seiner Gesundheit wegen nach Kalifornien gekommen war. Denn mit seiner Gesundheit schien es schlecht zu stehen. Trotz der drückenden Hitze sah er blaß und verfroren aus. Um seinen abgemagerten Oberkörper schlotterte ein dicker blauer Rollkragenpullover, die Beine steckten in zerdrückten, an den Knien ausgebeutelten Hosen. Sein mindestens zwei Tage alter Bart stand wie mottenzerfressener grauer Plüsch um sein Gesicht.

«Gino erzählte mir gerade, daß Sie sich für die Schießerei interessieren.» In seiner Stimme klang kaum wahrnehmbar ein mitteleuropäischer Akzent durch. «Wo ist sie übrigens passiert?»

«Das können Sie heute abend in der Zeitung lesen, wenn Sie wollen», gab ich patzig zur Antwort.

«Ich möchte aber nicht so lange warten, ich bin etwas ungeduldig. Wissen Sie, wo Fern zur Zeit ist?»

«Wenn ich das wüßte, wäre ich jetzt nicht hier.»

«Aber Sie wissen, wo sie gestern nacht gewesen ist.»

«Ich bin mir nicht sicher.»

«Dann erzählen Sie uns jetzt mal schön der Reihe nach, was Sie alles wissen.»

«Fällt mir nicht ein.»

«Es fällt ihm nicht ein», wiederholte der Alte zu Gino.

«Lassen Sie mich da raus. Freiheitsberaubung ist ein Kapitalverbrechen, falls Sie es nicht wissen sollten.»

Er lächelte mir mehr belustigt als verärgert zu. Seine blutunterlaufenen Augen sahen mich fast nachsichtig an. Ohne jede Eile schlurfte er zu einem Mahagoni-Tisch und drückte mit seinem Filzpantoffel auf eine bestimmte Stelle unter dem Teppich. Zwei Männer in blauen Leinenanzügen traten unmittelbar darauf ein und stellten sich neben mich. Sie gehörten zu den Riesen, für die das Zimmer gedacht war.

Gino versuchte mich von hinten an den Armen festzuhalten. Ich drehte mich auf dem Absatz herum, schwang einen kurzen Haken und mußte dafür einen sehr harten Tiefschlag unter dem Gürtel einstecken. Jemand hinter mir hieb mir mit einer Art Wagenheber auf die Nieren. Ich sackte langsam in die Knie, erwischte aber noch irgendein Kinn mit meiner Faust. Ein schwerer Gegenstand, vielleicht ein Balken von der Decke, fiel auf meinen Kopf. Es klang wie ein Gong. Unter einem Nachhall vernahm ich Angels freundliche Stimme: «Wo war Fern vergangene Nacht?»

Ich schwieg.

Die Männer mit den blauen Anzügen hielten mich aufrecht, während Gino meinen Kopf als Boxbirne benutzte. So gut es ging, rollte ich mich im Takt der Schläge nach links und rechts, aber sein Elan nahm zu, meiner dagegen ließ merklich nach. Zwischendurch fragte mich Angel höflich, ob ich nun zu einer Antwort bereit wäre. Ich wußte selbst nicht mehr, warum ich mich eigentlich noch weigerte, wahrscheinlich aus Stolz. Irgendwie schien es mir sehr wichtig, mich nicht durch rohe Gewalt überrollen zu lassen, obwohl mein Bewußtsein allmählich ebenso verschwommen wurde wie das Gesicht Ginos vor mir.

Ich bemühte mich, es zu hassen: dieses viereckige Bulldoggengesicht mit den zusammengewachsenen Brauen und den engstehenden braunen Augen. Ginos Fäuste nahmen nach und nach den Rhythmus der Geisterkapelle von vorhin an.

Endlich legte Angel seine klauenartige Hand auf seine Schulter und nickte seinen beiden Schlägern zu. Sie setzten mich in einen Sessel, der wie ein Kettenkarussell im Kreise zu schwingen schien. Die Kreise wurden immer größer und sanken tief in einen dunklen Keller hinab.

Schüttelnd kam ich wieder zu mir. Gino hatte ein leeres Wasserglas in der Hand, dessen Inhalt von meinem Gesicht herabtroff. Angel, der hinter ihm stand, fragte ein wenig verwundert:

«Sie sind ganz schön hart im Nehmen. Aber warum machen Sie uns solche Schwierigkeiten? Das ist ja völlig unnötig. Ich möchte bloß eine kleine Auskunft von Ihnen, weiter nichts. Meine kleine Freundin ist davongelaufen, und ich möchte sie wiederhaben.»

«Auf diese Weise kriegen Sie nichts aus mir raus.»

Gino beugte sich vor und lachte roh. Er zerbrach das Wasserglas an der Armlehne meines Stuhls und hielt einen spitzen Scherben vor meine Augen. Mich überlief es kalt und heiß zugleich. Meine Augen sind mein Betriebskapital; blind wäre ich völlig untauglich. Ich schloß die Lider, um das grausame Instrument in Ginos Hand nicht sehen zu müssen.

«Quatsch, Gino», wehrte der Alte ab. «Ich weiß etwas viel Besseres. Wie du weißt, ist die Sache ziemlich heiß.»

Sie verzogen sich in eine entfernte Zimmerecke und unterhielten sich flüsternd. Darauf verließ der Junge das Zimmer, und der

Alte kehrte zu mir zurück. Seine Schläger standen immer noch neben mir und sahen uns gleichmütig zu.

«Wie heißen Sie, junger Freund?»

Ich sagte ihm lispelnd meinen Namen. Meine verquollene Zunge rührte das Blut in meinem Mund herum.

«Ich schätze harte Burschen, Mr. Archer. Wie ich höre, sind Sie Detektiv. Sie kriegen also Geld dafür, Leute aufzustöbern, die sich verkrümelt haben?»

«Ich habe schon einen Klienten», erwiderte ich.

«Dann haben Sie jetzt eben einen anderen. Ich zahle Ihnen das Fünfzigfache, glauben Sie mir.» Er rieb seine knochigen Finger. Es klang wie das Knacken trockener Äste.

«Rauschgift?» fragte ich lakonisch. «Oder sind Sie ein Devisenschieber?»

Sein Blick wurde wach wie der eines Raubvogels. «Hören Sie mit dem dämlichen Gefrage auf, wenn ich den Respekt vor Ihnen nicht verlieren soll», fauchte er mich an.

«Ein schrecklicher Verlust», höhnte ich.

«Ruhig jetzt.» Er fingerte eine altmodische Börse aus seiner Gesäßtasche, zog eine zerknitterte Banknote heraus und strich sie auf meinem Knie glatt. Es war ein Fünfhundertdollarschein.

«Versuchen Sie das Mädchen für mich zu finden. Sie ist noch jung und leichtsinnig. Und ich bin alt und leichtsinnig, weil ich so dumm war, ihr zu vertrauen. Lassen wir das. Wenn Sie mir die Kleine herbringen, bekommen Sie die zweiten fünfhundert. Nehmen Sie schon.»

«Nehmen Sie schon», wiederholte einer meiner Wächter. «Mr. Funk sagt, Sie sollen das Geld nehmen.»

Ich steckte es ein. «Ich fürchte, Sie verschwenden Ihr Geld. Ich weiß nichts von ihr, nicht einmal, wie sie aussieht.»

«Gino holt ein Foto von ihr. Er hat sie vorige Saison mit Alfie in den Aufnahmestudios von Hollywood aufgegabelt und sie für den Club engagiert. Daran war natürlich mehr ihr Aussehen als ihre Stimme schuld. Mit ihrer Gesangskunst war nicht viel los. Aber sie ist ein hübsches Ding mit guter Figur, dunklem Haar und großen braunen Augen. Ich konnte sie gut brauchen.» Mit einem mokanten Lächeln deutete er an, auf welche Weise.

«Sie scheinen alles brauchen zu können», sagte ich.

«Man muß wirtschaftlich denken. Ich hätte das alles niemals erreicht, wenn ich nicht einen Sinn für Rentabilität gehabt hätte. Man darf nichts umkommen lassen.» Er machte eine Pause und kehrte dann wieder zu seinem ursprünglichen Thema zurück: «Sie war ein paar Monate hier und lief mir dann davon. Das Dummchen. Vorige Woche hörte ich, daß sie in Acapulco aufgetaucht sei. Angeblich interessierte sich die Steuerbehörde ebenfalls für sie. Und ich habe Schwierigkeiten mit der Steuer, Mr. Archer, mein ganzes Leben lang. Leider ließ ich Fern ein wenig in der Buchhaltung helfen. Sie könnte mich ziemlich in Verlegenheit bringen, wenn sie wollte. Und so schickte ich Bart nach Mexiko, um sie zurückzuholen. Aber ich wollte ihr nichts tun, ich will ihr heute noch nichts Böses tun. Eine kleine Unterredung mit meiner Fern, um sie auf gewisse Tatsachen hinzuweisen, mehr braucht es nicht. So hat die Erschießung von Bart sogar einen bestimmten Nutzen. Übrigens, wo ist es denn passiert?»

Die Frage flog durch die Luft wie ein Angelhaken an der Schnur.

«In San Diego», log ich, «im Mission-Motel am Flughafen.»

Er lächelte mir väterlich zu. «Jetzt werden Sie endlich vernünftig.»

Gino kam mit einer Fotografie in Silberrahmen zurück. Er gab sie Angel, der sie mir weiterreichte. Es war eine Studioaufnahme von der Art, mit der angehende Sternchen die Aufmerksamkeit auf sich zu lenken versuchen. Auf einem schwarzen Samtdiwan vor einem künstlichen Nachthimmel saß ein junges Mädchen in durchsichtigem Negligé. Der lange Beinschlitz gab ein gebeugtes Bein bis oben frei. Dunkle Schatten deuteten die Konturen des schlanken Körpers an. Unter der dicken Schminke erkannte ich den lächelnden Mund und die dunkelumrahmten Augen Ella Salandas. In der rechten unteren Ecke stand in Weiß die Widmung: «Meinem Angel in Liebe, Fern.»

Der Schlag traf mich härter als Ginos Fäuste.

«Fern Dee ist natürlich ein Bühnenname», erklärte Angel. «Weiß der Teufel, wie sie wirklich heißt. Spielt auch keine Rolle. Sie erzählte mir mal, daß ihre Familie vor Scham umkäme, wenn sie ihren wirklichen Beruf erführe.» Er räusperte sich. «Sie wird ihnen auch nicht erzählen wollen, daß sie einen umgebracht hat.»

Ich kam erst wieder zu mir, als meine Wächter mich hinausbegleiteten. Gino wollte mir ebenfalls folgen, aber der Alte hielt ihn zurück.

«Und warten Sie nicht, bis ich von mir hören lasse», bemerkte Angel mit einem drohenden Unterton. «Ich erwarte, bald Nachricht von Ihnen zu bekommen.»

Ich verließ das Haus und trat in eine stille Nebenstraße, die parallel zur Hauptstraße verlief. Anscheinend hatte man mich durch einen Innenhof in Angels Haus hinübergetragen. Ich ging um den Block herum und bestieg meinen Wagen. Die tiefstehende Sonne warf rote Lichter auf die weißgekalkten Hauswände. Da ich vorgegeben hatte, zuerst nach Hause zu fahren, wandte ich mich nordwärts. Ein schwarzer Cadillac folgte mir aus Palm Springs, bis es mir gelang, ihn in einem Vorort von Pasadena abzuschütteln. Zur Sicherheit wartete ich auf einem Parkplatz, bis es ganz dunkel wurde, und kehrte dann nach der Emerald-Bucht zurück.

Der Neon-Mexikaner schlief friedlich unter dem Sternenhimmel. Ein Schild zu seinen Füßen gab kund, daß kein Zimmer mehr frei war. Die Fenster des langgestreckten Gebäudes waren hell erleuchtet, und die offenstehende Eingangstür zeichnete ein helles Viereck auf den Kiesweg. Ich trat ein und erstarrte.

Hinter dem Schreibtisch im Empfangsraum saß eine Frau und las eine Illustrierte. Ihre Schultern und ihr Busen waren mehr als vollschlank, das blonde Haar hatte sie zu einem Diadem aus Flechten aufgesteckt. Die Finger trugen eine ganze Serie von Ringen, und um ihren Hals wand sich eine dreifache Perlenkette. Kurzum, das war die Frau, die Donny mir beschrieben hatte.

Ich stieß die Tür auf und fragte grob: «Wer sind Sie?»

Sie blickte auf und verzog ihren Mund zu einer verächtlichen Grimasse. «Vielleicht könnten Sie das etwas anständiger fragen?»

«Entschuldigung. Aber ich glaube, ich habe Sie schon irgendwo getroffen.»

«Möglich.» Sie schaute mich von oben bis unten an. «Was ist eigentlich mit Ihrem Gesicht passiert?»

«So 'ne Art kosmetischer Operation. Der Chirurg war allerdings ein Amateur, verstehen Sie?»

Sie schnalzte mißbilligend. «Falls Sie ein Zimmer möchten, es ist alles besetzt. Aber ich würde Ihnen auch sonst kein Zimmer geben. Schauen Sie bloß Ihre Sachen an.»

«Tja. Wo ist Mr. Salanda?»

«Das geht Sie nichts an.»

«Ich erledige nämlich einen Auftrag für ihn.»

«Was für einen Auftrag?»

«Das geht Sie nichts an», äffte ich sie nach. Ich war mir nicht sicher. Unter dem Fleischgebirge steckte eine harte, unnachgiebige Seele.

«Werden Sie mir bloß nicht frech, mein Junge», sagte sie und erhob sich zu ihrer vollen Größe. Ihr Schatten bedeckte die ganze Rückwand. «Ich bin Mrs. Salanda. Sind Sie ein Vertreter?»

«So ähnlich», räumte ich ein. «Ich mache Geschäfte auf dem Sektor der moralischen Müllverwertung. Sieht aus, als könnten Sie mich brauchen?»

Sie nahm es für bare Münze. «Da irren Sie sich. Und ich glaube nicht, daß mein Mann Ihnen einen Auftrag gegeben hat. Wir führen ein anständiges Haus!»

«Das habe ich schon mal gehört. Sind Sie Ellas Mutter?»

«Gott sei Dank, nein.»

«Also die Stiefmutter?»

«Denken Sie, was Sie wollen! Verduften Sie lieber. Die Polizei hält ein Auge auf uns heute nacht, falls Sie hier ein Ding drehen wollen.»

«Wo ist Ella?»

«Was weiß ich. Ich kümmere mich nicht um sie. Wahrscheinlich treibt sie sich wieder irgendwo herum, das ist alles, was sie kann. In sechs Monaten keinen Tag zu Hause, ich frage Sie, ist das eine Art für ein junges Mädchen?» Ihr dickes Gesicht verzerrte sich vor Ärger über ihre Stieftochter. Sie fuhr fort zu sprechen, als ob sie mich ganz vergessen hätte: «Ich sagte ihrem Vater, er sei ein Narr, sie wieder aufzunehmen. Weiß er denn, wo sie das letzte halbe Jahr gewesen ist? Ich sagte, er solle das undankbare Weibsbild vor die Tür setzen und ihr eigenes Brot verdienen lassen.»

«Meinst du das im Ernst, Mabel?» Salanda hatte unterdessen die Tür hinter ihr geöffnet und kam herein. Neben ihrer massigen Blondheit wirkte er noch zwergenhafter. «Denk dran, meine Liebe, Ella hat nur deinetwegen den erstbesten Job angenommen, um von hier wegzukommen.»

Grollend wandte sie sich zu ihm um. Er reckte sich, so weit er konnte, und schnipste mit den Fingern unter ihrer Nase.

«Geh rein, Mabel. Du bist als Mutter ebenso ein Versager wie als Frau.»

«Gott sei Dank bin ich nicht ihre Mutter.»

«Gott sei Dank», wiederholte er und drohte mit der Faust. Wie ein Schoner unter vollen Segeln rauschte sie davon. Als sie die Tür hinter sich zugezogen hatte, wandte sich Salanda zu mir.

«Tut mir leid, Mr. Archer. Ich muß leider sagen, daß es Schwierigkeiten in meiner Ehe gibt, große Schwierigkeiten sogar. Ich war so dumm, noch einmal zu heiraten. Ich bekam einen gefühllosen Fleischkloß und verlor dafür meine Tochter. Mein Gott, was war ich für ein Trottel.» Traurig wiegte er den großen Kopf hin und her. «Das liegt in unserer Familie. Wir fliegen alle auf große Blondinen, und wenn sie dumm wie Bohnenstroh sind.» Er breitete die Arme aus, um seine Hilflosigkeit anzudeuten.

«Aber nun zu Ihnen, Mr. Archer! Wie ich sehe, sind Sie verwundet. Ihr Mund ist verquollen, und Ihr Kinn hat geblutet.»

«Ich habe bei einer Rauferei mitgemacht.»

«Meinetwegen?»

«Nicht ganz. Aber es wäre an der Zeit, daß Sie mir endlich die Wahrheit sagten.»

«Die Wahrheit?»

«Genau das. Sie wußten, wer heute nacht erschossen wurde und von wem und warum.»

Beschwichtigend legte er die Hand auf meinen Arm. «Mr. Archer, ich habe nur eine Tochter, nur das eine Kind. Es war meine Pflicht, ihr so gut zu helfen, wie ich konnte.»

«Helfen? Gegen wen?»

«Sie zu schützen vor der Schande, vor der Polizei und vor dem Gefängnis. Ich bin ein Mann von Ehre, Mr. Archer. Aber meine private Ehre gilt mir mehr als die öffentliche. Der Mann wollte meine Tochter entführen. Sie lockte ihn hierher, um sich vor ihm zu retten. Es war ihre letzte Hoffnung.»

«Das dürfte ungefähr stimmen. Aber Sie hätten mir das früher sagen müssen.»

«Ich war aufgeregt, ich hatte Angst, ja, auch vor Ihnen. Und jeden Augenblick konnte die Polizei eintreffen.»

«Aber es war Ihr gutes Recht, ihn abzuknallen. Er war der Verbrecher, nicht Sie.»

«Das wußte ich nicht. Erst allmählich kam ich dahinter, was gespielt wurde.» Er sah mir in die Augen und fuhr fort: «Übrigens habe ich den Kerl gar nicht erschossen. Ich war nicht einmal zu Hause. Das habe ich Ihnen schon heute morgen gesagt.»

«Und Ihre Frau? War sie hier?»

«Nein, warum?»

«Die Beschreibung, die mir Donny von der Begleiterin des Toten gab, paßte genau auf Ihre Frau.»

«Er schwindelte. Ich sagte ihm, er solle irgendwelche falschen Angaben machen, aber seine Phantasie reichte anscheinend nicht aus, um selber etwas zu erfinden.»

«Können Sie nachweisen, daß Sie beide nicht zu Hause waren?»

«Natürlich. Wir waren im Theater, und die Leute um uns herum können bezeugen, daß wir dort waren. Übrigens sind meine Frau und ich als Paar wohl kaum zu übersehen.» Er lächelte spöttisch.

«Daraus folgt, daß Ella ihn umgebracht haben muß.»

Er stimmte nicht zu, leugnete es aber auch nicht. «Ich hoffte, daß Sie mir und Ella helfen würden. Sind Sie auf unserer Seite?»

«Bevor ich mir darüber klarwerde, muß ich Ihre Tochter sprechen. Wo ist sie jetzt?»

«Ich weiß es nicht, Mr. Archer. Als die Polizisten sie nachmittags verhört hatten, ging sie fort. Die Burschen hatten übrigens Verdacht geschöpft, aber wir kriegten sie herum. Natürlich sagten wir keinen Ton, daß Ella die letzten Monate woanders gewesen war; das heißt, meine Frau versuchte schon, es ihnen zu stecken, aber ich konnte sie immer davon ablenken.» Er knirschte mit den Zähnen.

«Und was geschah mit Donny?»

«Sie brachten ihn zum Verhör auf die Wache, aber er hielt dicht. Wissen Sie, Donny kann sich ausgezeichnet dumm stellen, wenn er will. Man hält ihn dann leicht für einen Idioten, der er gar nicht ist. Donny ist schon seit Jahren bei uns und verehrt meine Tochter sehr. Für heute nacht hatte ich ihm frei gegeben.»

«Trotzdem hätten Sie meinen Rat befolgen sollen», wandte ich ein, «und hätten der Polizei die Wahrheit sagen sollen. Der Tote war nämlich ein Gangster und drauf und dran, Ihre Tochter zu entführen. Ella sollte als Belastungszeuge gegen seinen Chef auftreten.»

«Ja, das erzählte sie mir. Ich bin froh, daß es stimmt, denn Ella sagt mir durchaus nicht immer die Wahrheit. Sie war immer ein schwieriges Kind, vielleicht weil sie ohne Mutter aufgewachsen ist. Wissen Sie, Mr. Archer, wo sie in diesen letzten sechs Monaten war?»

«Sängerin in einem Nachtclub von Palm Springs. Ihr Chef ist vermutlich ein Rauschgifthändler.»

«Ein Rauschgifthändler?» Salanda rümpfte verächtlich die Nase.

«Das ist jetzt nicht so wichtig. Aber ich muß wissen, wo sie ist. Der Chef ist noch immer hinter ihr her. Er hat mich auch beauftragt, sie zu suchen.»

Der Bucklige musterte mich ängstlich und ungläubig. «Und Sie haben den Auftrag angenommen?»

«Es war die einzige Möglichkeit, lebend aus seiner Bude rauszukommen. Ausführen werde ich ihn natürlich nicht.»

«Das soll ich Ihnen glauben?»

«Glauben Sie, was Sie wollen. Mann, verstehen Sie denn nicht? Ella ist in Gefahr! Und wir nicht weniger!» Ich erzählte ihm von dem zweiten schwarzen Cadillac, in dem Gino zur Stunde durch die nächtlichen Straßen fuhr, die schußbereite Pistole im Schulterhalfter. Er würde nicht aufgeben, bis er seinen Bruder gerächt hätte.

«Meine Tochter weiß, daß sie in Gefahr ist», erwiderte Salanda. «Sie hat mich gewarnt.»

«Dann hat sie Ihnen auch gesagt, wo sie hingegangen ist.»

«Das nicht, aber sie dürfte im Strandhaus sein. Sie wissen, wo Donny wohnt. Ich komme mit.»

«Nein, Sie bleiben hier und schließen alles zu. Wenn sich irgendein Fremder hier herumtreiben sollte, rufen Sie sofort die Polizei.»

Er verriegelte die Tür hinter mir, als ich hinaustrat. Die Scheinwerfer der vorbeifahrenden Autos zogen ein langes gelbes Lichterband nach Norden und Süden. Westlich davon lag die See wie ein großer, schwarzer Krater unter den Sternen, an dessen hellem Rand ein kleiner Lichtfleck die Lage der Strandhütte anzeigte.

Zum zweitenmal an diesem Tag klopfte ich an die alte Holztür. Durch die Ritzen sah ich einen Schatten auftauchen.

«Wer ist da?» fragte Donny. Es klang undeutlich, als ob er eine Murmel im Mund hätte.

«Sie kennen mich, Donny, ich war heute morgen hier.»

Mit kreischenden Angeln öffnete sich die Tür. Donny forderte mich mit einer Handbewegung auf hereinzukommen. Als er sich umdrehte und das Licht aus dem Zimmer auf sein Gesicht fiel, sah ich, daß er geweint hatte. Mehr denn je erinnerte er an einen greisenhaften Knaben, dessen Gefühle niemals erwachsen wurden.

«Ist jemand hier?» erkundigte ich mich.

Geräusche aus dem Wohnzimmer beantworteten meine Frage.

Ich schob ihn zur Seite und ging hinein. Ella beugte sich über einen offenen Koffer auf dem Feldbett. Als sie sich aufrichtete, glänzte eine 38er in ihrer Hand. Das Licht der nackten Glühbirne fiel auf ihr entschlossenes Gesicht mit den weitgeöffneten dunklen Augen und dem zusammengekniffenen Mund.

«Ich will fort», sagte sie. «Auch Sie werden mich nicht daran hindern.»

«Vielleicht will ich Sie gar nicht zurückhalten. Wo wollen Sie hin, Fern?»

Donny, der hinter mir stand, antwortete mit erstickter Stimme: «Sie will fort von mir. Sie hat versprochen, daß sie bleibt, wenn ich ihr den Gefallen tu. Sie hat versprochen, daß sie mein Mädchen wird . . .», er schluchzte.

«Halt's Maul, du Esel.» Ihre harte Stimme traf ihn wie ein Peitschenhieb. Er duckte sich zusammen.

«Was hat sie versprochen, Donny? Was sollten Sie tun?»

«Als sie heut nacht mit dem Kerl ankam, gab sie mir ein Zeichen, ich sollte tun, als ob sie fremd wäre. Später schrieb sie mir auf einem Papierhandtuch, mit ihrem Lippenstift. Ich hab's noch, draußen in der Küche.»

«Und was schrieb sie Ihnen?»

Mehr aus Angst vor ihrem Zorn als vor der 38er versteckte er sich hinter mir.

«Spiel nicht verrückt, Donny», warnte Ella, «er weiß nichts, er kann uns nichts tun.»

«Mir ist alles egal – ob etwas passiert oder nicht», sagte er mit gequälter Stimme hinter meinem Rücken. «Du hast mich betrogen, du hast dein Versprechen gebrochen. Ich hab' mir schon gedacht, das kann nicht wahr sein. Jetzt ist mir alles gleich.»

«Mir nicht», erwiderte sie. «Mir ist es nicht egal, was mit mir passiert.» Ihre nußbraunen Augen sahen mich genau so kalt an wie die Mündung ihrer Pistole. «Ich will nicht hierbleiben. Und wenn ich Sie deshalb erschießen müßte.»

«Nicht nötig, Fern, tun Sie das Schießeisen weg. Das ist Barts Pistole, nicht wahr? Ich habe die Patronen in seinem Wagen gefunden.»

«Woher wissen Sie ...?»

«Von Angel.»

«Ist er hier?»

Aus ihrer Stimme klang panische Angst.

«Nein, ich bin allein.»

«Dann hauen Sie ab, solange Sie es noch freiwillig tun können.»

«Fällt mir nicht ein. Hören Sie, Sie brauchen Schutz, ob es Ihnen nun paßt oder nicht. Und ich will endlich wissen, woran ich bin. Donny, bringen Sie mir den Zettel aus der Küche.»

«Tu's nicht, Donny, ich warne dich!»

Er stapfte in seinen Tennisschuhen unsicher hin und her. Ich wandte mich wieder an das Mädchen und sagte mit völlig ruhiger Stimme:

«Ja, Sie haben einen Mann zum Totschlag angestiftet, aber Sie brauchen keine Angst zu haben, es war schließlich reine Notwehr. Wenn Sie die ganze Geschichte der Polizei erzählen, wird Ihnen kein Haar gekrümmt. Menschenskind, Sie können sogar berühmt werden. Die Steuerbehörde sucht Sie als Zeugin.»

«Mich? Als Zeugin?»

«In einer Strafsache gegen Angel. Steuervergehen ist das einzige, was sie ihm anhängen können. Sie können ihn für den Rest seines Lebens hinter Gitter bringen. Wie Capone. Sie werden als Heldin gefeiert werden, Fern.»

«Sagen Sie nicht immer Fern. Ich hasse den Namen; den Namen und alles, was damit zusammenhängt. Ich hasse mich selber.» In ihren Augen standen plötzlich Tränen.

«Sie werden sich noch viel mehr hassen, wenn Sie die Kanone nicht bald aus der Hand legen. Wenn Sie mich umlegen, fängt das Schlamassel für Sie erst richtig an. Dann ist nicht nur Angel mit seinen Schlägern hinter Ihnen her, sondern auch die Polizei. Kommt drauf an, wer Sie früher erwischt: entweder Kittchen, oder Sie werden kaltgemacht.»

Sie hielt die Waffe weiterhin auf mich gerichtet, sah aber durch mich hindurch.

«Es könnte ein Wendepunkt in Ihrem Leben sein», fuhr ich

behutsam fort. «Sie haben schon einen Haufen Dummheiten gemacht und sich dabei fast ruiniert. Sie spielen Hasard mit Burschen der übelsten Sorte. Natürlich können Sie so weitermachen, wenn Sie wollen, bis Sie in der Kühlkammer der Anatomie enden. Oder Sie kommen wieder zurück in ein anständiges Leben.»

«In ein anständiges Leben? Wo mein Vater diese Mabel geheiratet hat?»

«Ich glaube nicht, daß Mabel in Zukunft viel zu sagen hat. Aber ich bin nicht Mabel, ich rate Ihnen nur gut zu.»

Ella faßte ihren Entschluß. Ich wußte, daß es so kommen würde. Sie warf die Pistole auf das Feldbett und schlug die Hände vors Gesicht.

Ich fischte die Waffe vorsichtig aus dem Bettzeug und sagte zu Donny:

«Zeigen Sie mir jetzt den Zettel.»

Mit hängendem Kopf stakste er zur Küchentür.

«Was blieb mir andres übrig?» begann das Mädchen wieder. «Entweder Bart oder ich. Den ganzen Weg von Acapulco dachte ich nach, wie ich ihn loswerden könnte. An der Grenze, wenn wir tankten oder in einem Drive-in etwas aßen, immer hielt er mir die Pistole in die Seite. Es ging nicht anders, er mußte sterben. Das Motel meines Vaters war meine einzige Chance. Ich überredete Bart, mit mir dort abzusteigen. Es war nicht schwer, denn er war schon immer hinter mir her gewesen. Natürlich hatte er keine Ahnung, wem das Motel gehörte. Ich hatte auch keinen Plan, ich überließ alles dem Augenblick. Etwas mußte geschehen, und zwar bald. Denn zurück zu Angel – etwas Schlimmeres konnte ich mir nicht vorstellen. Auch wenn er mich nicht getötet hätte, ich konnte nicht mehr mit ihm zusammen leben. Deshalb schrieb ich die Botschaft auf ein Handtuch und warf sie durchs Badezimmerfenster hinaus. Donny hatte mich schon früher immer angehimmelt.»

Ihr entspanntes Gesicht sah unglaublich jung und mädchenhaft aus. Tränen liefen über ihre Wangen.

«Donny erschoß Bart mit seiner eigenen Pistole. Er war stärker als ich. Ich verlor völlig die Nerven, als ich heute morgen ins Zimmer zurückging. Von der Blutlache im Bad wußte ich nichts, es war sozusagen der letzte Tropfen.»

Sie irrte sich. In der Küche krachte es, ein kühler Luftzug strich durch das Zimmer. Zwei Schüsse knallten. Donny torkelte zwei Schritte rückwärts durch die Tür und fiel dann hin. Seine Hand umschloß ein gelbliches Papier, über seine Schulter floß das Blut wie eine rote Schärpe.

Ich griff nach Ella und riß sie mit mir hinter dem Feldbett zu Boden. Gino kam herein. Ohne jede Hemmung trat er Donny auf die keuchende Brust. Ich schoß ihm die Waffe aus der Hand. Er griff nach dem Handgelenk und lehnte sich an die Wand.

Ich wartete, bis der schwarze Balken seiner Augenbrauen im Visier meiner 38er erschien und drückte ab. Das kleine Loch war nicht einmal zu sehen. Gino sackte locker zusammen und fiel auf den Bauch, einen Schritt von seinem Opfer entfernt.

Ella sprang auf und lief zu Donny hin. Sie kniete nieder und bettete seinen Kopf in ihren Schoß. Zu unserem Erstaunen sagte er mit kräftiger Stimme: «Aber jetzt bleibst du hier, Ella, nicht wahr? Ich habe alles getan, was du wolltest. Du hast es mir versprochen.»

«Ja, Donny, ich bleibe bei dir. Du dummer Junge!»

«Magst du mich jetzt?»

«Natürlich, Donny. Ich mag dich sehr. Du bist der tapferste Mann, den ich kenne.»

Ganz sanft wiegte sie das arme häßliche Gesicht in ihren Armen hin und her.

Mit einem tiefen Seufzer brach hellrotes Blut aus seinem Mund, Donny hatte es überstanden.

Seine Hand entspannte sich. Ich las die Botschaft, die Ella ihm tags zuvor mit Lippenstift geschrieben hatte:

Donny, dieser Mann wird mich töten, wenn Du ihm nicht zuvorkommst. Seine Pistole steckt in den Kleidern auf dem Stuhl neben seinem Bett. Komm um Mitternacht herein und erschieße ihn, aber triff ihn gut. Wenn Du mir hilfst, werde ich Dich so lieben, wie Du Dir es immer gewünscht hast. In Liebe Deine Ella.

Ich schaute auf das Paar zu meinen Füßen. Sie umarmte noch immer Donnys leblosen Körper. Gino, der ein wenig weiter neben ihnen lag, sah sehr klein und verlassen aus. Um seine buschigen Brauen breitete sich langsam ein dunkler Fleck aus.

Donnys Wunsch hatte sich erfüllt. Meiner ebenfalls. Wie es mit Ellas Wünschen aussah, habe ich nicht erfahren.

Wahrheit à la Française

Lawrence Treat

Vom Gipfel des Hügels, auf dem er entlangschlenderte, sah Paul Slater, während er hinunterblickte in das malerische bretonische Tal, wie der Mord geschah.

Zuerst begriff er nicht, daß ein Mord passieren und er dabei eine Rolle spielen würde. Er sah nur, wie der Mann und die Frau, die beide schwarz angezogen waren, wie alle Bauern der Gegend, durch das Tal gingen und den Pfad einschlugen, der zur Klippe hinaufführte. Er sah sie, ohne ihnen viel Aufmerksamkeit zu schenken.

Seit beinahe einer Woche war Slater unterwegs und zeichnete. Er war sehr fleißig gewesen. Morgen würde er Bettina wiedersehen, seine hübsche, französische Frau, und sie würde zugeben müssen, daß er sehr gut zurechtgekommen war, auch ohne ein Wort Französisch zu sprechen. Und sein Sieg würde sehr süß sein.

«Wie willst du dir was zu essen bestellen?» hatte sie ihn gefragt, als er ihr seine Reisepläne eröffnete.

«Ganz einfach. Wenn ich ein Huhn will, werde ich mit den Flügeln schlagen. So.» Er winkelte seine langen Arme an und wackelte mit den Ellbogen.

«Da wirst du ein Omelett kriegen», sagte sie lachend.

«Wenn ich ein Omelett will», meint er und stellte wieder einmal fest, daß seine Frau noch hübscher war, wenn sie lachte, «dann tue ich, als wäre ich eins.»

Sie betrachtete ihn mit sanften dunklen Augen. «Für mich siehst du eher wie eine Bohnenstange aus», sagte sie.

Beim Abschied küßte sie ihn leidenschaftlich, als ob sie Angst hätte, daß sie ihn nie wiedersehen würde. «Vielleicht sollte ich doch mitfahren», sagte sie.

Er schüttelte den Kopf. «Du bist wunderschön, aber du bleibst da. Außerdem will dich deine Familie diese Woche haben.»

«Ich mach' mir solche Sorgen», meinte sie zärtlich. «Denk doch nur, Paul, was alles passieren kann, und du sprichst kein Wort Französisch!»

«Hör, Liebling, ich male nicht auf französisch. Wir treffen uns in der Bretagne, wie ausgemacht, und dann verbringen wir herrliche Tage zusammen.»

«Das klingt großartig», gab sie zu, «unser Wiedersehen in der Bretagne, meine ich.»

So war er fröhlich abgereist. Nach der Schinderei als Werbegrafiker in einer New-Yorker Werbeagentur sehnte er sich danach, einen Sommer lang wieder ernsthaft zu malen, und da war er jetzt. In einem winzigen gelben Auto fuhr er über Frankreichs Straßen, über das Steuerrad gekrümmt wie eine Sardelle um die Kaper, und war guter Dinge. Oft ließ er das Auto einfach stehen und ging zu Fuß. Immer mit dem Skizzenblock unter dem Arm. Durch die Felder zwischen den hohen Erdwällen lief er ins Hinterland. Wie jetzt.

Er betrachtete das einsame Tal, das ausgebreitet zu seinen Füßen lag. Der Fluß rauschte lärmend in seinem steinigen Bett dahin, an scharfen Klippen vorbei, und schlängelte sich dann durch flacheres Land. Seine Augen nahmen die unterschiedlichen Grüntöne und das Spiel von Licht und Schatten in sich auf. Dann blickte er wieder zu den beiden Gestalten hin und erkannte zu seinem Schrecken, daß etwas nicht stimmte.

Der grobe, kräftige Mann beugte sich über die Frau, die ängstlich zurückwich. Sie redete auf ihn ein und hob abwehrend die Arme. Jedesmal, wenn er einen Schritt auf sie zutrat, sprang sie zurück. Plötzlich überwältigte er sie und packte sie. Sie fiel auf die Knie, und er begann, sie am Arm fortzuzerren.

Für Slater war die Lage klar. Der Mann wollte die Frau zur Klippe ziehen und hinunterstoßen. Als er begriff, was geschah, und seine Machtlosigkeit, es zu verhindern, erkannte, packte ihn blankes Entsetzen.

Vielleicht waren der Mann und die Frau zu sehr mit sich selbst beschäftigt. Vielleicht schluckte das Rauschen des Flusses alle anderen Laute. Jedenfalls hatten Slaters Schreie keine Wirkung. Der große Bauer hatte die Frau hochgehoben und trug sie. Sie wehrte sich verzweifelt, kratzte und schlug um sich. Ihr Holzschuh traf den Mann in den Bauch. Er ließ sie abrupt fallen. Als sie versuchte davonzulaufen, zog er etwas aus seinem Gürtel und schlug ihr damit brutal auf den Kopf. Sie sackte zusammen und lag still.

Paul Slater spürte, wie sich seine Muskeln zusammenzogen und verkrampften. Ihm wurde übel. Mit dem Gefühl, als erlebe er einen Alptraum, beobachtete er wie gelähmt, wie der Bauer sich das Blut vom Gesicht wischte, die Frau aufhob und schwerfällig auf die Klippe zuging.

Er wirft sie über die Klippe, dachte Slater. Er wird behaupten, sie sei gestolpert. Wie kann er wissen, daß ich alles gesehen habe?

Aber der Bauer ging nur ein paar Schritte weit. Er blieb stehen, hob den Kopf und betrachtete prüfend die Gegend. Plötzlich entdeckte er Slater. Er ließ die Frau zu Boden gleiten und starrte ihn an.

Der Bauer war groß und bewaffnet, aber er stand gut hundert Meter unter Slater und trug plumpe Holzpantinen. Trotzdem würde er wahrscheinlich schneller als Slater bei dem Hügel sein, wo das kleine gelbe Auto stand, weil seine Strecke weniger felsig war. Deshalb beschloß Slater, nicht dorthin zu laufen.

Slater konnte den Gesichtsausdruck des Bauern nicht sehen, und für den Bauern war es unmöglich, mehr als Slaters Umrisse zu erkennen. Für ihn war er nichts weiter als ein großer, hagerer Mann mit hellem Haar und städtischer Kleidung.

Ich muß Hilfe holen und die Polizei verständigen, dachte Slater. Und er wird versuchen mich umzubringen, bevor mir das gelingt. Er ist gerissen und mit der Gegend vertraut, während ich ... vielleicht hatte Bettina recht. Ein fremdes Land, fremde Leute, eine fremde Sprache. Es war wie in einem Vakuum.

Die beiden Männer drehten sich zur gleichen Zeit um und begannen zu laufen. Slater wußte, daß er von seinem Auto abgeschnitten war. Wenn er hinliefe, müßte er sich gegen diesen Riesen wehren, dem er körperlich nicht gewachsen war. Und der Bauer wußte natürlich, daß er sofort handeln mußte. Aber er hatte keine Ahnung von seinem enormen Vorteil, daß Slater nämlich kein Wort Französisch sprach.

Bei der Straße rannte Slater hügelabwärts. Er würde in das nächste Haus stürzen, an dem er vorbeikam. Dort wäre er sicher und würde bestimmt jemand finden, der Englisch sprach. Ihm von den Ereignissen zu berichten, würde wahrscheinlich ein langwieriges und schwieriges Unternehmen sein, aber er wäre wenigstens außer Gefahr.

Er rannte, so schnell er konnte, und seufzte erleichtert, als er das Haus sah.

Es war ein zweistöckiges Steinhaus mit Fensterbänken aus Ziegeln. Das Haus eines wohlhabenden Bauern, der sich für etwas Besseres hielt als seine Nachbarn. Slater stieß die Gartentür auf. Dahinter lag ein sauberer, bunter Blumengarten, durch den ein Lehmpfad führte. Slater lief den Pfad entlang und drehte sich dabei kurz um. Mit Entsetzen sah er, daß das kleine gelbe Auto den Hügel heruntergerast kam.

Er rannte zur Haustür. Sie war nicht verschlossen. Er öffnete sie und schlug sie hinter sich zu. Als er im oberen Stockwerk ein Baby schreien hörte, ließ seine Aufregung nach.

«Hallo?» rief er. Niemand antwortete.

In einem Zimmer standen eine geschnitzte Bauerntruhe und ein massiver Eichentisch. Er lief zum Fenster und spähte durch die Vorhänge. Der Bauer hatte gehalten und stieg aus. Slater verließ das Zimmer und rannte durch die Küche zur Hintertür. Sie war verschlossen. Er machte auf den Fersen kehrt und lief in ein Zimmer im ersten Stock. Vom Fenster aus sah er, daß der Bauer im Garten saß, als ob er hier zu Hause wäre. Offenbar hatte er keine Ahnung, daß Slater im Haus war und in der Falle saß.

Das Baby schrie wieder. Es lag in einer Wiege neben dem Bett. Es ist ein französisches Baby, überlegte Slater, also rede nicht englisch mit ihm. Außerdem, wenn du den Mund aufmachst, wird dich der Mörder hören, raufkommen und dir den Schädel einschlagen. Also sei still.

Das Baby war offensichtlich über die Notwendigkeit, leise zu sein, anderer Meinung. Es begann zu schreien. Wenn das so weitergeht, überlegte Slater, wird der Bauer sicher raufkommen. Da sah Slater den Haufen frischer Windeln. Er beugte sich über die Wiege und befühlte das Baby.

Er hatte seine kleine Nichte oft trockengelegt und wußte, was zu tun war. Er faltete die Windel, wie er es bei seiner Schwester gelernt hatte, entfernte die schmutzige Windel und wickelte das Baby in eine neue. Ein großer, gesunder Junge, stellte Slater fest, steckte die Windel fachmännisch fest und legte ihn wieder in die Wiege. Das Kind hörte auf zu schreien, und Slater trat stolz einen Schritt zurück. Als er sich umdrehte, stand der Bauer im Türrahmen. Er hatte seine Holzpantinen ausgezogen und trug Schuhe.

Slater blieb bewegungslos stehen und starrte in das runde, rote Gesicht. Der Kratzer auf seiner Backe war mit Dreck verschmiert, und seine dunklen, verschlagenen Bauernaugen glitzerten triumphierend. Der Bauer ist immer der schlauere, schienen sie zu sagen.

Slater hatte das Gefühl, als könne er in den Gedanken des Bauern lesen. Er hielt Slater für einen Dummkopf. Natürlich gehörte das zunächst stehende Haus dem Bauern selbst, natürlich gehörte das schreiende Baby ihm und seiner Frau. Jetzt mußte er sich nur noch um Slater kümmern, was verhältnismäßig einfach war.

Das Baby bewegte sich, hustete einmal und schlief ein. Slater sah die schmutzige Windel; er sah das Kleid, das auf dem Bett ausgebreitet lag. Offensichtlich hatte sich die Frau gerade umziehen wollen, als der Mann ihr befahl, mit aufs Feld zu kommen.

Slater überlegte, warum der Bauer wie angewurzelt mit ausdruckslosem Gesicht in der Tür stand. Er schob sich auf das Fenster zu. Sofort machte der Bauer genauso viele Schritte in die gleiche Richtung. Als Slater nach dem Fenstergriff langte, knurrte der Bauer und machte eine drohende Bewegung. Slater zog seine Hand zurück.

Schweiß trat ihm auf die Stirn, seine Knie wurden weich. Er dachte an Bettina, an die tote Frau im Tal. Langsam und gleichmäßig tickte eine Uhr. Die Zeit schleppte sich dahin.

Draußen fuhr ein Auto vorbei. Jemand schrie von der Straße herauf; eine Fahrradklingel klingelte, ein Motorrad knatterte vorbei. Zitternd und steifbeinig ging Slater langsam vom Fenster weg und durch das Zimmer. Da gab der Bauer die Tür frei.

Warum, überlegte Slater. Warum? Weil ich einen Fehler machen soll, weil ich in eine Falle gehen soll. Aber nichts kann schlimmer sein, als diesem riesigen, grobschlächtigen Kerl in die Finger zu geraten.

Vorsichtig glitt er an der Wand entlang, der Bauer wich zurück. Als Slater halb um den Raum herumgegangen war, war der Bauer im selben Bogen zurückgewichen, so daß die Männer beide gleich weit von der Tür entfernt waren. Unglaublich, dachte Slater. Er läßt mich 'raus. Aber warum?

Seine Augen fest auf den Bauern gerichtet, machte er einen vorsichtigen Schritt vorwärts, gespannt, wie der Bauer reagieren würde. Der Bauer stieß einen Fluch aus und sprang auf ihn los. Slater versuchte, dem Schlag auszuweichen. Aber der riesige Arm des Bauern traf ihn mit voller Wucht. Er verlor das Gleichgewicht und stürzte krachend gegen den Türrahmen. Taumelnd stand er auf und torkelte in den Flur. Er rannte über die Treppe nach unten.

Das kleine gelbe Auto stand immer noch vor dem Tor. Slater rannte hin und stieg keuchend ein. Während er den Zündschlüssel umdrehte und den Motor anließ, wunderte er sich, warum er nicht verfolgt wurde. Er fuhr mit einem Ruck an, immer noch erstaunt, daß der Bauer ihn so einfach entkommen ließ. Nach einem halben Kilometer bremste er, drehte sich um und blickte auf die Rücksitze, weil ihm der Gedanke gekommen war, daß der Bauer ihn hatte gehen lassen, weil er die tote Frau ins Auto gelegt hatte, um Slater mit dem Mord in Zusammenhang zu bringen. Auf dem Boden hinter seinem Sitz lag ein blutiger Schraubenschlüssel.

Slater betrachtete die Waffe, ohne sie zu berühren. Jetzt war ihm der Plan des Bauern klar, es war ein sehr geschickter Plan: Ein Fremder hält vor einem Haus, in dem eine Frau mit ihrem Kind allein ist. Sehr wahrscheinlich wird sich jemand an das Auto erinnern. Der Fremde gibt zu, daß er das Haus betreten hat und in das Tal gegangen ist, wo man die Leiche der Frau findet. Er hat die Mordwaffe. Man kommt zu dem logischen Schluß, daß er die Frau überfallen hat, daß sie entfloh und in das Tal lief, wo er sie einholte und umbrachte, damit sie ihn nicht anzeigt.

Dagegen würde nur Slaters Aussage stehen. Und seine Geschichte wäre unglaubwürdig, ganz gleich, wie überzeugend er sie darstellte. Dazu kamen die Sprachschwierigkeiten und das Mißtrauen der Einheimischen gegen Fremde. Welche Chancen hatte er? Morgen würde er im Gefängnis sitzen, an dem Tag, an dem Bettina um vier Uhr dreizehn mit dem Zug ankam. Wenn er sie nicht abholte, würde sie sich entsetzliche Sorgen machen und wäre vielleicht die Hauptleidtragende bei der ganzen Geschichte. Wenn sie das aushielt.

Er wiederholte die Worte. Wenn sie das aushielt. Da wurde ihm die volle Tragweite seiner Lage mit einem Schlag klar. Kein Alibi. Seit dem Frühstück hatte er mit niemandem gesprochen. Er war ein Niemand, um so mehr, als er die Sprache des Landes nicht sprach. Auf die Polizei zu gehen, käme einem Selbstmord gleich.

Und die Alternative? Slater runzelte die Stirn. Erraten, was der Bauer als nächstes tun würde, seinem Gedankengang zu folgen versuchen und warten, daß er einen Fehler machte; seine ganze Intelligenz aufbieten gegen einen Mann, der sich auf vertrautem Gelände bewegte und alle Vorteile auf seiner Seite hatte.

Wenn man es so betrachtete, war die Alternative tollkühn. Trotzdem, Slater hatte keine Wahl. Außerdem mußte er Bettina beweisen, daß er – Französisch hin und her – allein fertig werden konnte. Er hatte oft genug damit geprahlt, nun mußte er es beweisen.

Er schlug nachdenklich aufs Steuerrad. Welche Anhaltspunkte habe ich, überlegte er. Ein Vieh von einem Bauern, der in einem Gutshaus wohnt und nicht in einer der üblichen Steinhütten, halb Haus, halb Scheune, mit einem Misthaufen vor der Tür. Wahrscheinlich hat er eine reiche Frau geheiratet, die er loswerden wollte. Weil er für ein Baby sorgen muß, hat er vermutlich schon eine andere, die er aber in der nächsten Zeit wie die Pest meiden wird. Da ist also nichts zu holen.

Was ich brauche, ist Zeit und einen Freund, der mir hilft. Denn der Mörder nimmt bestimmt an, daß ich mit meiner Geschichte zur Polizei laufe und verhaftet werde, bevor ich begreife, was los ist.

Slater ließ den Motor an und fuhr in Richtung Lannion, wo er Bettina treffen wollte. Am Stadtrand lagen Felder, von mit Büschen bestandenen hohen Erdwällen umgeben. Er versteckte das Auto hinter den Büschen, nahm sein Nachtzeug aus seinem Koffer und ging langsam in die Stadt.

Um vier Uhr war er am Bahnhof und wartete auf den Zug, der um vier Uhr dreizehn aus Paris eintreffen sollte. Dann ging er, als ob er mit diesem Zug angekommen wäre, in ein kleines Hotel und nahm sich ein Zimmer.

Dem Besitzer, der ein paar Worte Englisch konnte, erklärte Slater, daß er für einen oder zwei Tage einen Dolmetscher brauchte. Eine halbe Stunde später kam ein schwächlicher junger Mann mit einem kleinen, ängstlichen Gesicht und stellte sich als Monsieur Bayon vor. Er war Lehrer.

Slater gab ihm formell die Hand. «Ich brauche Gesellschaft», sagte er, «und ich möchte gern etwas über das Leben in einer französischen Kleinstadt wissen. Erzählen Sie mir den neuesten Klatsch, und seien Sie für einen Tag mein Freund. Da gerade Ferien sind, haben Sie doch Zeit?»

«Ja, Monsieur, ich kann es einrichten.»

«Schön. Darf ich Sie zum Essen einladen? Und sagen Sie mir noch, was ich Ihnen zu zahlen habe.»

Nach anfänglicher Zurückhaltung taute Bayon auf und schüttete sein Herz aus. Er war verlobt, aber eine Ehe war eine kostspielige Sache. Er und Katrine sparten eifrig. In fünf Jahren würde das große Ereignis vielleicht stattfinden.

«Heiraten Sie gleich», sagte Slater liebenswürdig. «Liebe kann nicht warten.»

«Aber Katrines Eltern sind nicht einverstanden.»

«Heiraten Sie Katrine oder ihre Eltern?»

Bayon sah überrascht auf. «Ihr Vater», sagte er voll Ehrfurcht und Respekt, «ist eine Autoritätsperson. Er ist der Richter.»

Als sie bei Käse und Obst angelangt waren, entstand plötzlich Unruhe im Lokal. Bayon stand auf und ging zu einem Tisch hinüber, an dem heftig geredet wurde. Er kam mit einer Neuigkeit zurück.

«Es ist ein Mord passiert», sagte er aufgeregt. «Die Frau von Claude Ferrou. Er hat sie auf dem Feld gefunden. Man hat ihr den Kopf eingeschlagen. Puff. Ein Mann mit einem kleinen gelben Auto ist gesehen worden.»

«Dieser Ferrou», fragte Slater, «was ist das für ein Mann?»

«Ein Stier von einem Mann. Er hat eine reiche Großbauerntochter geheiratet. Sie ist ein bißchen häßlich, aber sehr reich. Ich treffe ihn öfter im Café, wenn er in die Stadt kommt, um Kühe zu verkaufen. Sie haben ein Baby.»

«Und das gelbe Auto?»

«Ein paar Leute haben sich die Autonummer gemerkt, fünfundsiebzig am Ende, eine Pariser Nummer. Ein kleines, gelbes Auto aus Paris, das ist ein Kinderspiel für die Polizei, sie sind gut organisiert. Sie werden es finden.»

Das werden sie nicht, dachte Slater, nicht bevor ich soweit bin. Laut sagte er: «Und Ferrou – heiratet er wieder?»

«Das wird man sehen.»

Slater bestellte noch eine Flasche Wein. «Was wird aus dem Baby?» fragte er.

«Ferrous Familie sind Bauern, sie wohnen hier in der Nähe. Es ist immer jemand da, der auf das Baby aufpaßt.»

Slater schenkte die Gläser voll. «Finden Sie soviel wie möglich darüber heraus», sagte er, «und erzählen Sie mir morgen mehr. Die Sache interessiert mich.»

Am nächsten Morgen kam Bayon und erzählte die letzten Neuigkeiten. Die Polizei hatte Ferrou lange verhört und alles genau nachgeprüft. Gestern nachmittag war Ferrou in der Nähe des Tales auf dem Feld gewesen. Er hatte mit einem jungen Stier Schwierigkeiten gehabt, der ihn an der Wange verletzte. Als er nach Hause kam, war seine Frau nicht da, und er hatte sie gesucht. Er war beinahe über die Leiche gestolpert.

Das Haus erzählte seine eigene Geschichte. Im Garten wurden Fußspuren von einem Fremden gefunden, was einwandfrei daran zu erkennen war, daß es Abdrücke von Schuhen waren und nicht von Holzpantinen. Der Mann mußte Madame Ferrou allein angetroffen haben. Die umgestürzten Möbel und eine zerbrochene Flasche Wein bewiesen, daß ein Kampf stattgefunden hatte. Vermutlich hatte der Fremde versucht, sie zu vergewaltigen, sie hatte sich gewehrt und war ins Tal geflohen. Er hatte sie eingeholt, denn der Boden zeigte Spuren eines zweiten verzweifelten Kampfes. Dort hatte ihr der Fremde mit einem Gegenstand – vermutlich einem eisernen – den Schädel eingeschlagen.

Bis jetzt hatte man weder den Fremden noch die Waffe gefunden. Von dem gelben Auto fehlte auch jede Spur, aber ein paar Leute hatten es vor Ferrous Haus stehen sehen. Ein Nachbar hatte, als er das Auto sah, gerufen, aber im Haus war alles still geblieben, ein Beweis, daß zu dem Zeitpunkt niemand da gewesen war. Was Ferrou betraf – er war freigelassen worden.

«Die Polizei», bemerkte Slater, «kann Fehler machen, und oft macht sie auch welche. Und schließlich hat Ferrou sie ja nur wegen ihrem Geld geheiratet.»

«Und warum nicht?» fragte Bayon. «Viele haben es versucht, und er hat es geschafft. Ist es denn etwas Schlimmes, wenn man Geld heiratet?»

«Lassen wir das», meinte Slater. «Aber er gehört zu der Sorte von Menschen, die töten würde.»

«Ferrou? Ausgeschlossen. Er ist hier geboren und aufgewachsen. Jeder kennt ihn», sagte Bayon fast ärgerlich. «Der Fremde ist der Mörder!»

«Wo ist Ferrou jetzt?»

Bayon antwortete kühl. «Im Café de la Place. Mit Freunden. Er wird ein oder zwei Gläser Wein trinken und dann nach Hause gehen.»

«Gut. Wir werden auf der Straße auf ihn warten. Irgendwo zwischen dem Café und seinem Haus.»

«Auf welcher Straße?» fragte Bayon, der plötzlich auf der Hut war.

«Zeigen Sie sie mir. Sie wissen, wo er wohnt.»

«In dieser Richtung!» sagte Bayon und deutete nach Norden.

Slater schüttelte den Kopf. «Ich glaube, es ist genau entgegengesetzt.» Er zeigte nach Süden, von wo er gestern gekommen war. «Jedenfalls gehen wir in die Richtung. – Sie machen sich Gedanken über mich. Habe ich recht?»

«Ich kann schlecht laufen», sagte Bayon, ohne auf die Frage einzugehen. «Ich habe einen wehen Fuß.»

Slater nahm ihn am Arm. «Kommen Sie», sagte er ernst. «Keine Angst, wir sind Freunde.»

Bayon zögerte und sah hilfesuchend die Straße entlang. Dann zuckte er resigniert mit den Schultern.

Schweigend gingen sie los. Es war wenig Verkehr, einige Autos und Lastwagen, ein paar Motorroller und Fahrräder, ein zweirädriger Karren, der von zwei hintereinandergespannten Pferden gezogen wurde. Bei dem Feld, wo er das gelbe Auto versteckt hatte, blieb Slater stehen.

«Setzen wir uns hin und warten wir», sagte er. «Ich war wegen Ferrou zu neugierig, nicht wahr?»

Bayon schluckte unbehaglich. «Das ist doch ganz natürlich.»

«Nein», sagte Slater. «Ich glaube, Sie haben die Wahrheit erraten. Deshalb will ich Ihnen erzählen, was passiert ist. Ich sah, wie Ferrou seine Frau umbrachte, aber ich muß es beweisen. Und der einzige, der mir dabei helfen kann, ist Ferrou selbst.»

«Sie sind verrückt.»

Slater schüttelte den Kopf. «Verbrecher verraten sich meistens irgendwie. Ferrou wird sich auch verraten. Ich habe einen Plan.»

«Monsieur», sagte Bayon ängstlich, «am besten stellen Sie sich der Polizei. Ich begleite Sie, damit Katrines Vater erfährt, wie tapfer ich bin.»

«Scheren Sie sich zum Teufel», schrie Slater. «Kümmern Sie sich um Ihre Angelegenheiten, ich kümmere mich um meine!»

«Ja, Monsieur», sagte Bayon eingeschüchtert.

Sie warteten, bis der schwarze Citroën die Straße entlangkam. Ferrou saß am Steuer und hielt an, als er Slater sah. Er brummte etwas auf Französisch, und Bayon antwortete hastig und nervös. Daraufhin stieg der Bauer aus und kam drohend näher.

Slater rührte sich nicht und deutete nur in Richtung auf die Stadt. Bayon redete beschwörend auf Ferrou ein, aber der Bauer beachtete ihn nicht. Er ging zu Slater und packte ihn am Kragen. Slater riß sich frei und schrie: «Bayon! Holen Sie Hilfe! Holen Sie die Polizei!»

Dann warf sich Ferrou auf ihn, und Slater ging unter dem Aufprall des massigen Körpers zu Boden. Er gab Ferrou einen Kinnhaken, aber Ferrou packte nur noch fester zu. Seine Hände schlossen sich um Slaters Kehle. Keuchend zerrte Slater an Ferrous Fingern. Er bog einen nach hinten, und Ferrou lockerte seinen Griff und rollte vor Schmerz schreiend zur Seite, ohne aber Slater loszulassen. Slater schlug auf Ferrou ein. Dann hielt ein Lastwagen, zwei Männer sprangen heraus und packten ihn. Slater nickte dankbar.

Das Verhör fand in einem großen schmutzigen Raum mit ein paar hölzernen Tischen und Stühlen statt. Ein halbes Dutzend bewaffneter Polizisten hielt Wache, der Polizeichef, ein Mann mit einer langen Nase, einem schwarzen Schnurrbart und schnellen, bestimmten Gesten, saß in der Mitte des Raums. Der Blick seiner scharfen Augen schien Slater schon zu verurteilen, bevor das Verhör begonnen hatte. Bayon saß neben Slater und dolmetschte. Ferrou saß ihnen gegenüber und lehnte sich über den Tisch, der im Vergleich zu ihm winzig wirkte.

Slater erzählte seine Geschichte bis in alle Einzelheiten, wo er sein Auto versteckt hatte und warum, und er erklärte, daß sich die Mordwaffe zwar in seinem Auto befände, daß aber der zum Auto gehörige Schraubenschlüssel unbenutzt im Kofferraum läge.

«Sagen Sie dem Chef», sagte Slater zu Bayon, «daß unter ihren Fingernägeln Blut sein muß. Und Ferrous Gesicht ist zerkratzt, nicht meins.»

Bayon übersetzte leise und ohne Überzeugung und lauschte respektvoll auf die Antwort des Polizeichefs. Dann sagte er: «Sie hat sich in der Erde festgekrallt. Unter ihren Fingernägeln ist Erde. Wenn Blut drunter gewesen ist, ist es jetzt weg.»

«Sagen Sie, er soll es nachprüfen», sagte Slater gereizt. «Mit einem Mikroskop!»

Bayon preßte seine Lippen aufeinander. Er schien nur daran zu denken, wie er sich bei dem Polizeichef beliebt machen konnte, damit Katrines Vater ein Lob über ihn hörte. Das ist also mein Freund, dachte Slater grimmig. Ich bin selbst schuld, daß ich mich mit ihm eingelassen habe.

Ferrou, der begriff, welche Wendung das Verhör nahm, lehnte sich selbstgefällig zurück. Der Polizeichef betrachtete Slater mit eisigem Mißtrauen. Er redete hastig auf französisch auf Bayon ein und sah dann wieder Slater prüfend an.

«*Monsieur le Chef*», übersetzte Bayon unterwürfig, «fragt, was Sie oben bei dem Baby gemacht haben.»

«Ich habe es neu gewickelt», sagte Slater. «Es hatte es nötig.»

«Gewickelt?»

«Die Windel war naß.»

«Aha», sagte Bayon. Er erzählte es dem Polizeichef, der breit grinste, sich umdrehte und einen Befehl brüllte. Ein paar Minuten kümmerte sich niemand um Slater.

«Erzählen Sie ihm», sagte Slater, «daß Ferrou die Geschichte mit dem Stier erfunden hat, daß er selbst seine Möbel umgeworfen hat, um mich zu belasten, und mit meinem Auto gefahren ist. Seine Fingerabdrücke müssen da irgendwo sein. Sagen Sie dem Chef, daß er lieber Beweise suchen soll als mich beschuldigen.»

Bayon schwieg.

«Sagen Sie ihm», verlangte Slater wütend, «daß der Arzt Ferrou und mich nach einen Tag alten Schrammen und Kratzern untersuchen soll.»

Bayon leckte sich mit der Zunge über die Lippen. Die Tür ging auf, und eine Frau mit einem Baby kam herein. «*Monsieur le Chef*», sagte Bayon, «möchte, daß Sie das Baby wickeln.»

«Endlich», sagte Slater. Offensichtlich wollte der Polizeichef sehen, ob Slater das konnte, was die Glaubwürdigkeit seiner Behauptung untermauern würde. Slater stand eifrig auf, faltete die Windel mit geübtem Griff und wechselte sie. Das Baby gurrte. Der Polizeichef sah interessiert aus, die Mutter schüttelte den Kopf und protestierte. Als Slater fertig war, nahm sie das Kind und riß die Windel herunter, als ob sie giftig sei. Mit einem wütenden Wortschwall faltete sie die Windel, wie sie es gewohnt war, und steckte sie fest.

Der Polizeichef und seine Leute redeten heftig aufeinander ein, aber Slater begriff, daß er einen wesentlichen Punkt zu seinen Gunsten buchen konnte. Sie hatten gemerkt, daß er ein Baby anders wickelte, als es hier in der Gegend üblich war, und das bewies, daß er das Baby von Ferrou gestern nachmittag trockengelegt hatte. Bayon brauchte das gar nicht erst zu übersetzen.

«Gut», sagte Slater, «ich glaube, der Chef merkt, daß ich die Wahrheit sage. Er ist schließlich nicht dumm.»

«Er sagt», berichtete Bayon, «daß Verbrecher oft seltsame Sachen machen, aber Sie sind der erste, der ein Kind trockenlegt, bevor er über die Mutter herfällt.»

«Unsinn!» brüllte Slater wütend. «Er ist verrückt! Er weiß nicht, wovon er redet! Sagen Sie ihm, daß es höchste Zeit wird, daß ich meine Frau vom Bahnhof abhole. Aber vorher muß ich ihm noch etwas Wichtiges sagen.»

Slater beugte sich vor. Bisher hatte er geduldig mitgespielt und sein Möglichstes getan, alle Argumente gegen ihn zu entkräften. Jetzt – bevor Bettina eintraf – war es höchste Zeit, Ferrou die eine Frage zu stellen, die er nicht beantworten konnte.

«Hören Sie gut zu, Bayon», begann Slater. «Ferrou behauptet, daß er einen Stier einfing, während seine Frau umgebracht wurde. Ferrou behauptet, daß er an dem Nachmittag ganz woanders war. Das stimmt doch, nicht wahr?»

Bayon übersetzte. Der Polizeichef nickte aufmerksam, und Slater sagte: «Schön. Jetzt beweise ich Ihnen, daß Ferrou sich selbst verraten hat. Fragen Sie ihn, wieso er mich auf der Straße erkannte, obwohl er mich noch nie gesehen hatte.» Slater lehnte sich triumphierend zurück. «Ich nahm Sie mit, Bayon, damit Sie bezeugen würden, daß es so gewesen ist.»

Bayon leckte sich über die Lippen. «Er erkannte Sie, weil ich ihm gesagt habe, wer Sie sind. Es ist wirklich sehr dumm, Monsieur, daß Sie kein Französisch verstehen.»

«Oh . . .», sagte Slater nur. Bayon, dieser Esel, hatte alles verpatzt. Jetzt würde auch Bettina nicht mehr helfen können.

«Würden Sie bitte jemand zum Bahnhof schicken, um meine Frau abzuholen?» sagte Slater eisig.

«Aber natürlich», meinte Bayon, «beschreiben Sie sie bitte.»

Slater knirschte mit den Zähnen. «Sie ist die schönste Frau, die aus dem Zug steigt. Sie soll sofort herkommen.»

Bayon übersetzte, der Polizeichef gab einem Polizisten einen Befehl. Der Polizist ging hinaus. Die nächsten fünf Minuten saß Slater mürrisch und schweigsam da, während er sich im Geist gegen Bettina verteidigte. Dann öffnete sich die Tür, Bettina fegte herein.

Slater sprang auf. Sie warf sich ihm in die Arme.

«Was ist passiert?» fragte sie. «Oh, mein Liebling, was ist passiert?»

Er hielt ihre Hand und grinste. «Betts», sagte er, «sag diesen Dummköpfen, daß ich niemand umgebracht habe, ja?»

Er spürte, wie sie ihre Hand ballte. Dann drückte sie seine Hand und redete fünf Minuten lang auf den Polizeichef ein. Der Polizeichef stand auf und verbeugte sich. Er sagte etwas, und Bettina lächelte und sah glücklich zu Paul auf.

«Er sagt, daß du deine Aussage unterschreiben mußt und noch einige Formalitäten zu erledigen sind, aber dann bist du frei.»

Er sah sie an wie betäubt. «Betts, was für einen Zauber hast du benutzt? Ich habe ihm alles so logisch wie möglich zu erklären versucht, aber er wollte mir nicht glauben. Und da kommst du, und in ein paar Minuten ist alles vorbei. Was hast du ihm gesagt?»

«Nichts, wirklich nichts», meinte sie. «Ich habe ihm nur von uns erzählt. Und er fand, daß ich jung und schön und in dich verliebt bin und daß du dich da nicht an einer so häßlichen Frau wie Madame Ferrou vergreifen würdest. Er meint, das spricht für sich selbst.»

Slater grinste. «Französisch», sagte er. «Warum soll man Französisch lernen, wenn man nur eines braucht – die richtige Frau.»

Der weiße Hut

Sax Rohmer

«He, Innes!» sagte Paul Harley, als seine Sekretärin eintrat. «Wer macht denn draußen solchen Krach?»

«Dieser Herr hier, Mr. Harley», antwortete Innes und gab meinem Freund eine Visitenkarte.

Harley las laut vor: «Major J. E. P. Ragstaff, Cavalry Club.»

Inzwischen brüllte im Flur die Stimme in einer Lautstärke weiter, die selbst einen tosenden Sturm übertönt hätte.

«Blödsinn!» hörte ich den Major schimpfen. «Quatsch! Da wird man ja beim Premierminister eher vorgelassen als hier. Lächerlich!»

Innes' Lächeln wurde zu einem Lachen, in das Harley einfiel. Dann sagte er: «Führen Sie den Major herein.»

Harley und ich hatten im Büro gesessen und geraucht. In diesen Frieden platzte jetzt der wütende Major. Er trug karierte Reithosen und weiße Gamaschen. Seine Krawatte erinnerte an einen Stehkragen. In der Hand hielt er einen Rohrstock und einen großen, hellgrauen Hut, der beinahe weiß aussah. Er war klein, schlank und drahtig. Gang, Beine und Körperbau verrieten den Reiter. Sein Gesicht war dunkelrot angelaufen. Die breiten weißen Zähne unter dem struppigen grauen Schnurrbart ließen ihn noch grimmiger erscheinen. Er stand in der offenen Tür und brüllte:

«Mr. Paul Harley?»

Offenbar war das eine Frage, aber sie klang wie ein Vorwurf.

Mein Freund nickte. «Ich bin Paul Harley», sagte er. «Wollen Sie sich nicht setzen?»

Major Ragstaff sah Innes empört nach, während sie hinausging. Dann schleuderte er Stock und Handschuhe auf einen Tisch, zog sich einen Stuhl heran und ließ sich kerzengerade darauf nieder wie auf einen Sattel. Er musterte Harley kritisch und sagte: «Ich habe Sie mir ganz anders vorgestellt, Sir. Lassen Sie Ihre Besucher immer so lange warten und in ihrem eigenen Saft schmoren?»

Harley unterdrückte ein Lächeln.

«Natürlich freue ich mich, wenn ein Klient kommt, Major Ragstaff», sagte er. «Aber gewisse Formalitäten sind auch im Zivilleben unvermeidlich. Sie haben Ihren Besuch nicht angekündigt, und im allgemeinen bin ich nach fünf Uhr beruflich nicht mehr zu sprechen.»

Während Harley sprach, starrte der Major ihn unentwegt an. Dann brüllte er: «Sie kenne ich doch! Verdammt! Von Indien her! Sie sind doch der Harley, der für die Regierung –»

«Stimmt.»

«Dann bin ich an der falschen Adresse.»

«Das muß sich erst herausstellen, Major!»

«Aber man hat mir gesagt, Sie seien Privatdetektiv.»

«Das bin ich auch», erwiderte Harley ruhig. «Damals war das Auswärtige Amt mein Klient. Jetzt stehen meine Dienste jedem zur Verfügung, der sie in Anspruch nehmen möchte.»

«Donnerwetter!» sagte der Major.

Daß sich ein ehemaliger Beauftragter der britischen Regierung so weit vergessen konnte, als Privatdetektiv im Leben seiner Mitmenschen herumzuschnüffeln, raubte ihm die Sprache. Nachdenklich sah er sich im Zimmer um. Dann zog er ein großes seidenes Taschentuch hervor und putzte sich geräuschvoll die Nase. Erst als er das Taschentuch wieder einsteckte, fiel sein prüfender Blick auf mich.

«Das ist mein Freund, Mr. Knox», sagte Harley. «Sie können ganz offen sprechen, es sei denn –»

Ich stand auf, um zu gehen.

«Setzen Sie sich, Mr. Knox! Setzen Sie sich!» rief der Major. «Ich habe keine schmutzige Wäsche zu waschen und auch keine Familiengeheimnisse. Ich möchte mir nur etwas erklären lassen, das mir einfach nicht in den Kopf will.»

Er setzte sich wieder, zog seine Brieftasche hervor und nahm einen kleinen Zeitungsausschnitt hervor, den er Harley zuschob.

«Lesen Sie das, Mr. Harley», befahl er. «Und zwar laut.»

Harley las folgendes vor: «Am Mittwoch abend überfiel der Angestellte John Edward Bampton in der Bond Street einen Unbekannten. Wie der Polizist, der Bampton verhaftete, aussagte, handelte es sich nicht um einen Raubüberfall. Bampton erklärte, daß er keinen Grund gehabt habe, gegen den Mann tätlich zu werden, und er ihn gar nicht kenne. Er entschuldigte sein Verhalten mit Trunkenheit. Der Polizeiarzt stellte fest, daß der Täter zwar stark nach Alkohol roch, aber nicht betrunken war. Da keine Anzeige erstattet wurde, kam der Mann mit einer Verwarnung davon.»

Harley sah den Major verständnislos an. «Damit kann ich nichts anfangen», meinte er.

«Was Sie nicht sagen», antwortete Major Ragstaff. «Vielleicht hätten Sie die Güte, auch *das* noch zu lesen.»

Damit zog er einen zweiten Zeitungsausschnitt aus seiner Brieftasche. Harley griff danach und las vor: «Der bekannte Börsenmakler Mr. De Lana, der vor kurzem das Opfer eines schweren Unfalls wurde, schwebt noch immer in Lebensgefahr.»

Harleys Miene wurde noch ratloser. Der Major beobachtete ihn mit grimmigem Vergnügen.

«Jetzt halten Sie mich für einen verdammten alten Idioten, wie?» brüllte er plötzlich.

«Selbstverständlich nicht», widersprach Harley mit höflichem Lächeln. «Allerdings verstehe ich nicht, was an den beiden Notizen so ungewöhnlich sein soll. Dieser Bampton scheint kein besonders interessanter Mann zu sein, und da er keinen großen Schaden angerichtet hat, weiß ich nicht, weshalb ich mich mit der sinnlosen Anpöbelei eines Betrunkenen befassen sollte. Und der Börsenmakler De Lana ist mir nicht bekannt; es sei denn, Sie meinen den Gesellschafter der Firma De Lana und Day.»

«Er ist es nicht mehr, Sir», schrie der Major aufgeregt. «Aber er *war* es – bis heute abend um sechs.»

«Würden Sie mir das genauer erklären?» bat Harley. Seinem

Ton war zu entnehmen, daß er allmählich am gesunden Menschenverstand oder der Nüchternheit des Majors zu zweifeln begann.

«Er ist tot», sagte der Major. «Er starb um sechs Uhr. Ich habe eben mit seiner Witwe telefoniert.»

Vermutlich habe ich den Sprecher ratlos angestarrt. Harley tat es jedenfalls, denn der Major heftete seinen ergrimmten Blick plötzlich auf mich und brüllte: «Sie verstehen offenbar kein Wort, Sir, und Ihr Freund auch nicht.»

«Da haben Sie recht», antwortete Harley ruhig. «Und weil meine Zeit kostbar ist, möchte ich Sie in aller Höflichkeit bitten, uns zu erklären, welcher Zusammenhang zwischen Ihnen, dem betrunkenen Bampton und dem Börsenmakler Mr. De Lana besteht.»

«Deshalb bin ich ja hier!» rief Major Ragstaff. «Erstens bin ich derjenige, den der verrückte Betrunkene angegriffen hat, wenn ich auch dafür gesorgt habe, daß mein Name nicht in die Zeitungen kam.»

Harley sah den Sprecher verblüfft an.

«Verstehen Sie?» fuhr der Major fort. «Ich selbst bin der Mann! Ich war von meiner Wohnung in der Maddox Street unterwegs zum Klub, um dort zu essen, wie ich das jeden Abend tue. Da stürzte sich dieser Verrückte auf mich, riß mir den Hut vom Kopf», er deutete auf seinen weißen Hut, um seine Worte zu illustrieren, «nicht diesen hier, aber einen ähnlichen, warf ihn auf die Straße und trampelte darauf herum.»

«Unerhört», sagte Harley. «Und was taten Sie?»

«Was ich tat?» schrie der Major. «Ich verprügelte ihn mit meinem Spazierstock und belegte ihn mit Schimpfnamen, die ich in keinem Gerichtssaal wiederholen würde. Aber der Hut war rettungslos verdorben. Die Leute liefen zusammen, weil sie mich fluchen und schreien hörten. Die Polizei erschien und nahm die Personalien auf und so weiter. Der Mann wurde aufs Revier gebracht, und ich kam ohne Hut in den Klub. Eine verdammt lächerliche Schlägerei – bei meinem Alter.»

«Natürlich», sagte Harley beschwichtigend. «Ich kann Ihnen

Ihre Empörung nachfühlen, bloß verstehe ich nicht, was das alles mit dem Börsenmakler Mr. De Lana zu tun hat.»

«Er fiel aus dem Fenster!» rief der Major.

«Wie bitte?»

«Aus einem Fenster im zweiten Stockwerk, etwa zehn Meter weiter weg. Schädelbruch. Ein Wunder, daß er nicht auf der Stelle tot war!»

Nun erwachte Harleys Interesse.

«Wenn ich Sie also richtig verstanden habe, fiel Mr. De Lana während Ihres Handgemenges mit dem Betrunkenen aus einem benachbarten Fenster auf die Straße?»

«Jawohl!» schrie der Major. «Richtig!»

«Kennen Sie Mr. De Lana?»

«Habe bis zu dem Unfall nie von ihm gehört. Der arme Teufel scheint sich aus dem Fenster gebeugt zu haben, um das Spektakel genauer zu sehen. Dabei muß er das Übergewicht bekommen haben. Nur natürlich, daß ich mich verantwortlich fühlte und Erkundigungen anstellte. Er ist heute abend um sechs gestorben.»

«Hm», meinte Harley nachdenklich. «Trotzdem begreife ich noch immer nicht, was Sie von mir wollen. Aus welchem Fenster fiel er denn?»

«Aus einem Fenster über einer Art Teestube, die sich Café Dame nennt. Aufreizend blöder Name. Eckladen.»

«Hm. Sie glauben nicht, daß ihn jemand gestoßen haben könnte?»

«Bestimmt nicht!» schrie der Major. «Er fiel einfach 'raus. Jedenfalls ist er tot.»

«Das bestreite ich ja nicht», sagte Harley geduldig. «Aber was wollen Sie nun von mir?»

«Das weiß ich eben nicht!» schrie der Major und begann, wütend im Zimmer auf und ab zu rennen. «Aber mir gefällt die Sache nicht. Sie beunruhigt mich. Ich wache nachts auf und höre den armen Teufel wieder schreien. So was kenne ich sonst gar nicht. Ich habe viele Todesschreie gehört, aber», er griff nach seinem Spazierstock und hieb damit laut auf den Tisch, «deshalb bin ich noch nie aus dem Schlaf hochgeschreckt, und die Schreie haben mich nie bis in meine Träume verfolgt.»

«Mit anderen Worten, Sie vermuten ein Verbrechen?»

«Ich vermute gar nichts!» rief der Major aufgebracht, «aber irgendwer im Klub erwähnte Ihren Namen und sagte, Sie könnten Wunder wirken. Und da bin ich! Etwas stinkt an der Geschichte. Und zwar ganz gewaltig. Klären Sie die Sache auf und schicken Sie mir die Rechnung. Vielleicht kann ich dann wieder ungestört schlafen.»

Er griff nach seinem großen seidenen Taschentuch und schneuzte sich geräuschvoll. Harley warf mir einen vielsagenden Blick zu.

«Von einer Rechnung kann vorläufig noch keine Rede sein, Major Ragstaff», sagte er. «Falls sich aber irgendein Anhaltspunkt ergibt, will ich der Sache nachgehen und Ihnen das Ergebnis mitteilen.»

«Was hältst du davon, Harley?» fragte ich. Paul Harley stellte das Nachschlagewerk zurück aufs Regal und starrte geistesabwesend vor sich hin.

«Der Lebenslauf unseres Besuchers hilft uns nicht weiter», erklärte er. «Die übliche ehrenvolle Militärlaufbahn mit allem Drum und Dran. Seine einzige Tochter Sybil Margaret ist mit dem fünften Marquis von Ireton verheiratet. Durch die Heirat wurde sie zur Marquise von Ireton. Außerdem ist sie eine bekannte Schönheit. Sagt dir das irgend etwas?»

«Nicht das geringste», gestand ich.

«Mir auch nicht», murmelte Harley.

Das Telefon läutete.

«Hallo!» meldete sich Harley. «Ja. Bist du das, Wessex? Hast du die Adresse? Gut! Vielen Dank. Wiedersehen.»

Er wandte sich zu mir.

«Ich schlage vor, daß wir jetzt unseren Besuch erledigen und dann essen gehen», sagte er.

Das von uns gesuchte Haus lag in der Nähe des Kensington Parks. Harley ließ den Taxifahrer warten. Ein schmaler, gepflasterter Weg führte zu einer Treppe und einer altmodischen Tür mit einem Fenster, das schwach beleuchtet war.

Es dauerte ziemlich lange, ehe die Tür auf unser Klingeln geöffnet wurde. Vor uns stand ein unglaublich schmutziges Mädchen. Sie hielt die Tür einen Spaltbreit offen, glotzte uns an und schob sich dabei die Haarsträhnen aus den Augen.

«Ist Mr. Bampton zu Hause?» fragte Harley.

«Ja. Kommen Sie 'rein. Ich mache ihm gerade das Abendessen.»

«Bestellen Sie ihm, daß ihn zwei Bekannte in einer dringenden Angelegenheit sprechen möchten.»

Das Mädchen sah uns stumpfsinnig an und ließ uns auf den Stufen stehen. Ohne die Gabel aus der Hand zu legen, schlurfte sie durch den Korridor und ging die Treppe hinauf. Der unmißverständliche Geruch nach Bratwürstchen stieg mir in die Nase.

Harley sah mich fragend an, sagte aber nichts, bis das Mädchen wieder auftauchte.

«Gehen Sie nur 'rauf. Zweiten Stock. Nach vorn hinaus!»

Damit verschwand sie. Harley und ich schlossen die Tür und gingen hinauf. Die Treppe war schlecht beleuchtet, aber schließlich fanden wir das armselige Zimmer doch, in dem ein kleiner Tisch für das Abendessen gedeckt war. Ein stämmiger junger Mann mit rötlichem Haar saß daneben in einem mit Chintz bezogenen Lehnstuhl. Er rauchte eine Zigarette. Auf seinen Knien lag der Daily Telegraph.

Er war der Typ des kleinen Angestellten, ohne besondere Merkmale. Nur sein eckiges Kinn verriet eine gewisse Eigensinnigkeit.

«Guten Abend, Mr. Bampton», sagte Harley liebenswürdig. «Sie suchen eine neue Stellung?» Damit deutete er auf die Zeitung.

Bampton sah ihn feindselig an. Aber unter dem amüsierten Blick meines Freundes verzog sich dann sein Mund zu einem freundlichen Grinsen. Plötzlich sah er beinahe wie ein Schuljunge aus.

«Ich habe zwar keine Ahnung, wer Sie sind», sagte er. «Aber dafür wissen Sie offenbar, wer ich bin und was passiert ist.»

«Rausgeflogen?» erkundigte sich Harley verständnisinnig.

Bampton schleuderte den Zigarettenstummel in den Kamin und nickte nachdrücklich.

«Auch wenn ich Ihren Namen nicht kenne, kann ich doch Ihren Beruf erraten», sagte er. Sein Lächeln erlosch. «Aber ein für allemal: Ich will keinen Presserummel. Wenn Sie glauben, mich für Ihre komische Zeitung mißbrauchen zu können, irren Sie sich! Ich habe jetzt schon keine Aussichten mehr, in London wieder eine Anstellung zu finden. Aber wenn Sie noch mehr Lärm schlagen, finde ich in ganz England keine.»

«Lieber Freund», besänftigte ihn Harley und hielt ihm gleichzeitig sein Zigarettenetui hin, «Sie verstehen den Grund meines Besuches völlig falsch. Ich bin kein Reporter.»

«Nanu?» sagte Bampton und vergaß, nach der angebotenen Zigarette zu greifen. «Wer sind Sie denn?»

«Ich heiße Paul Harley und bin Detektiv», antwortete er, ohne den anderen aus den Augen zu lassen. Aber obwohl Bampton deutlich überrascht war, lag in seinem offenen Blick nicht die leiseste Andeutung eines Schrecks. Er nahm eine Zigarette aus dem Etui und sagte: «Danke, Mr. Harley. Ich weiß wirklich nicht, was Sie von mir wollen.»

«Ich möchte Ihnen zwei Fragen stellen. Erstens: Wer hat Sie dafür bezahlt, daß Sie auf Major Ragstaffs weißem Hut herumtrampelten? Zweitens: Wieviel hat er Ihnen dafür bezahlt?»

Ich war über diese Frage sehr erstaunt, und auch Bampton war verblüfft. Er hatte sich eben seine Zigarette anzünden wollen. Vor Verblüffung ließ er das Streichholz bis dicht an seine Fingerspitzen herunterbrennen. Dann warf er es mit einem leisen Fluch ins Feuer.

«Ich weiß nicht, wie Sie das herausbekommen haben», antwortete er schließlich. «Aber wenn Sie mir versprechen, die Geschichte nicht für Ihre Zeitung zu verwenden, will ich Ihnen sagen, was ich weiß.»

Harley legte seine Visitenkarte auf den Tisch und erwiderte: «Ich gebe Ihnen mein Wort, daß ich nichts weitersagen werde, es sei denn, es ist etwas Ungesetzliches. Vor meinem Freund,

Mr. Knox, können Sie offen sprechen. Erzählen Sie, wie es zu Ihrer Verhaftung kam.»

«Einverstanden», sagte Bampton. Nachdenklich kniff er die Augen zusammen. «Vergangenen Montag saß ich nachmittags gegen vier im Lyon's, wo ich immer meinen Tee trinke. Da setzte sich ein Mann an meinen Tisch und verwickelte mich in ein Gespräch.»

«Beschreiben Sie den Mann!»

«Sehr groß, ungefähr von meiner Statur, dunkel, angegraut. Er trug einen gepflegten Schnurrbart und sah aus, als sei er weit in der Welt herumgekommen. Sein Gesicht war braungebrannt, beinahe so wie Ihres, Mr. Harley. Er war keiner der üblichen Gäste, die dieses Lokal besuchen. Nach einer Weile machte er mir einen erstaunlichen Vorschlag. Zuerst hielt ich die Sache für einen Witz, bis mir allmählich klarwurde, daß er es ernst meinte. Da dachte ich, der Mann wäre verrückt. Er fragte mich nach meinem Einkommen. ‹Ich zahle Ihnen ein volles Jahresgehalt, wenn Sie einem Mann den Hut vom Kopf schlagen›, sagte er dann.»

Bampton zwinkerte uns zu, als er uns von dem Angebot erzählte. Ich selbst fand es einfach komisch, aber Harley war sehr ernst geworden.

«Natürlich habe ich gelacht», fuhr Bampton fort. «Da zog der Mann eine dicke Brieftasche hervor und zählte einen Haufen Fünf-Pfund-Noten auf den Tisch. Jetzt nahm ich seinen Vorschlag schon bedeutend ernster. Selbst wenn ich es mit einem Verrückten zu tun hatte, war es doch leicht verdientes Geld.

‹Sie werden natürlich Ihre Stellung verlieren und vielleicht sogar verhaftet werden›, sagte der Mann, ‹aber Sie behaupten einfach, daß Sie mit ein paar Freunden gefeiert haben und leicht gereizt waren und Ihnen weiße Hüte schon immer verhaßt waren. Wenn Sie bei dieser Aussage bleiben, erhalten Sie am nächsten Tag die restliche Summe.›

Ich fragte ihn nach Einzelheiten und warum er ausgerechnet mich für diese Aufgabe ausgesucht hätte. Er wäre schon seit einiger Zeit auf der Suche nach dem passenden Mann, antwortete er. Es müßte ein kräftiger Mann sein und –», wieder blinzelte Bampton uns zu, «und etwas von einem Draufgänger haben. Gleichzeitig aber müßte er sich darauf verlassen können, daß dieser Mann bei der vereinbarten Aussage bleibe und nicht aus der Schule plauderte.

Der Mann mit dem weißen Hut wurde mir beschrieben, ebenso die genaue Zeit und der Ort des Zusammentreffens. Ich hatte nichts weiter zu tun, als seinen weißen Hut zu packen, zu zertrampeln und für die Folgen einzustehen. Damit erklärte ich mich einverstanden. Ich gebe zu, daß ich mich vorher mit ein paar Schnäpsen stärkte, aber der Gedanke an das viele Geld, das hier in meinem Zimmer auf mich wartete, stärkte meine Kampfmoral. Ich konnte mein Opfer gar nicht verfehlen. Der Mann kam direkt auf mich zu, als ich vor einem kleinen Restaurant wartete, das Café Dame heißt. Wie vereinbart rempelte ich ihn an, packte seinen Hut und trampelte darauf herum.»

Er schwieg einen Augenblick und strich sich nachdenklich über die Stirn.

«Der Eigentümer des Hutes war wütend und tobte wie verrückt», fuhr er fort. «Er hatte einen unerschöpflichen Vorrat an Schimpfworten, und wie er mich mit seinem Stock verprügelte, werde ich so schnell nicht vergessen. Natürlich gab es sofort einen Menschenauflauf, und natürlich wurde ich festgenommen. Das war nicht weiter schlimm, die Polizei ließ mich gleich wieder laufen. Aus meiner Stellung bin ich zwar 'rausgeflogen, aber hier in meinem Koffer liegt ein Haufen knisternder Fünfer!»

Hier fiel Harley ihm ins Wort. «Würden Sie mir den Briefumschlag zeigen, in dem das Geld ankam?» fragte er.

«Bedaure, aber den habe ich verbrannt. Ich nahm an, das wäre ich meinem Auftraggeber schuldig. Es war ein ganz gewöhnliches Kuvert. Die Adresse war mit Maschine geschrieben. Sonst lag nichts dabei.»

«Kam das Geld eingeschrieben?»

«Nein.»

Bampton sah uns mit sichtlich zwiespältigen Gefühlen an.

«Einen Punkt gibt es allerdings, in dem ich mich schuldig

fühle», sagte er plötzlich. «Sie haben von dem armen Teufel gehört, der aus dem Fenster stürzte. Dazu wäre es niemals gekommen, wenn ich nicht diesen Fremden auf der Straße angestänkert hätte. Bestimmt hat sich der Verunglückte aus dem Fenster gebeugt, um zu sehen, was da unten eigentlich los war. Und dabei ist es passiert.»

«Sahen Sie, wie er aus dem Fenster fiel?» fragte Harley.

«Nein. Das Fenster lag mehrere Meter hinter mir in der Seitenstraße. Aber ich hörte ihn aufschreien, und als mich die Polizisten abführten, hörte ich die Sirene des Krankenwagens, der ihn abholte.»

Wieder legte er eine Pause ein und rieb sich verlegen den Kopf.

«Hm», sagte Harley. «Ist Ihnen an diesem Mann im Lyon's irgend etwas Besonderes aufgefallen?»

Bampton überlegte.

«Nicht viel», sagte er. «Ein Mann in blauem Mantel und dunklem Tweedanzug. Er dürfte eine Regimentskrawatte getragen haben, nur habe ich nicht viel von den Farben gesehen. Daß er dunkelbraun war, sagte ich schon. Sogar seine Handrücken waren braun. Doch, ja, da ist noch etwas: Er hatte eine Goldkrone.»

«Wo?»

«Daran erinnere ich mich nicht mehr, links, glaube ich. Sooft er lächelte, wurde sie sichtbar.»

«Hat er irgendeinen Ring oder eine Krawattennadel getragen, die Sie wiedererkennen würden?»

«Nein.»

«War seine Sprache oder seine Stimme irgendwie ungewöhnlich?»

«Nein. Er sprach gedehnt und langsam, wie tausend andere kultivierte Engländer. Augenblick! Doch, da war noch etwas. Jetzt, wo ich wieder an ihn denke, fällt mir ein, daß seine Augen leicht schräg standen.»

Harley sah ihn gespannt an.

«Wie bei einem Chinesen?»

«Bei weitem nicht so ausgeprägt, aber der asiatische Einschlag war vorhanden.»

Harley nickte und knöpfte seinen Mantel zu.

«Vielen Dank, Mr. Bampton», sagte er. «Jetzt halten wir Sie nicht länger auf!»

Draußen auf der Treppe roch es angebrannt. Vermutlich kam es von den Bratwürstchen.

«Anfangs hielt ich Major Ragstaffs Geschichte für ziemlich verrückt», sagte Harley. «Jetzt glaube ich allmählich, daß er uns auf die Spur eines ganz außergewöhnlichen Verbrechens gebracht hat. Tut mir leid, das Abendessen muß noch warten, Knox. Ich möchte vorher ins Café Dame.»

Wir betraten den Hausflur des Café Dame und standen in einem schmalen Korridor. Vor uns lag eine mit einem Läufer bedeckte Treppe. Rechts führte eine Glastür in einen gedämpft beleuchteten kleinen Speisesaal, der gut besucht war. Harley stieß die Tür auf und winkte einem Kellner.

«Ich möchte den Besitzer sprechen», sagte er.

«Mr. Kovacz hat im Augenblick zu tun, Sir.»

«Wo ist er?»

«Oben, im Büro, Sir. Er wird gleich hier sein.»

Der Kellner verschwand. Unentschlossen betrachtete Harley die Treppe.

«Ich kann mir nicht vorstellen, daß sich ein solches Lokal rentiert», murmelte er. «In dieser Gegend müssen die Mieten gigantisch sein.»

Er hatte noch nicht ausgesprochen, da hörte ich aus einem Zimmer im ersten Stockwerk einen heftigen Wortwechsel.

«Das ist ein Skandal!» sagte eine schrille Frauenstimme. «Sie haben kein Recht, sie zu behalten! Sie gehört nicht Ihnen, und ich verlange, daß Sie sie mir zurückgeben.»

Eine Männerstimme antwortete in gebrochenem Englisch, aber ich verstand nur einzelne Worte. Ich warf Harley einen fragenden Blick zu, er hielt warnend den Finger an die Lippen.

«Also darauf wollen Sie hinaus?» fuhr die weibliche Stimme fort. «Sind Sie sich klar, daß das Erpressung ist?»

Eine Sturzflut unverständlicher Worte war die Antwort.

«Ich werde mit einem Begleiter wiederkommen, der Sie zwingen wird, sie herauszugeben!» rief die Frau.

«Knox, wenn die Frau 'runterkommt, gehst du ihr nach», flüsterte Harley. «Wahrscheinlich wirst du dich ziemlich dumm anstellen, und ich würde dich gar nicht darum bitten, wenn nicht soviel auf dem Spiel stünde. Ich warte hier auf dich.»

Ich muß gestehen, daß mich seine unerwartete Bitte überraschte. Ehe ich aber noch Zeit hatte zu antworten, knallte oben eine Tür zu, und eine solid aussehende Frau eilte die Treppe herunter. Auf den ersten Blick konnte man sie für eine Wirtschafterin oder Hausdame halten. Sie war sehr empört und lief an uns vorbei, ohne uns zu bemerken.

«Los, Knox!» sagte Harley.

Ich lief aus dem Hause. Etwa fünf bis sechs Meter vor mir sah ich die Frau. Es fiel mir nicht schwer, ihr zu folgen, weil sie offensichtlich keinerlei Verdacht geschöpft hatte. Nach wenigen Schritten bestieg sie einen nach Westen fahrenden Bus. Ich sprang rasch auf. Während sie ins Wageninnere ging, stieg ich zum Oberdeck und wählte meinen Platz so, daß ich jeden sehen konnte, der ausstieg.

Hätte ich Paul Harley nicht so gut gekannt, ich hätte die ganze Angelegenheit einfach lächerlich gefunden. So aber war mir klar, daß diese scheinbar unbedeutenden und zusammenhanglosen Episoden einen ernsten Hintergrund haben mußten. Ich zündete mir also eine Zigarette an und wappnete mich mit Geduld.

Am Hyde Park Corner stieg die Frau aus. Ich folgte ihr in angemessenem Abstand. Vor der Tür einer eleganten Villa blieb sie stehen und läutete. Ein Butler öffnete, und die Frau trat rasch ein. Offenbar gehörte sie zum Haus. Ich prägte mir die Hausnummer ein. Damit, so fand ich, hatte ich meinen Auftrag erfüllt. Ich winkte einem Taxi und fuhr wieder ins Café Dame.

Bei demselben Kellner, mit dem Harley vorher gesprochen hatte, erkundigte ich mich nach meinem Freund.

«Ich glaube, es ist ein Herr zu Mr. Kovacz hinaufgegangen», antwortete der Kellner.

«In sein Büro?»

«Ja, Sir.»

Also ging ich auch hinauf. Vor einer halboffenen Tür blieb ich stehen. Da ich Harley im Raum dahinter sprechen hörte, klopfte ich an und trat ein. Harley stand neben einem modernen Schreibtisch, der zusammen mit einem Drehstuhl beinahe die gesamte Einrichtung des winzigen Büros ausmachte. Auf dem Stuhl saß ein Mann im Frack, der ihm nicht stand. Der Mann hatte ein störrisches, südländisch wirkendes Gesicht.

«Hallo, Knox!» sagte Harley, mit einem Blick über die Schulter. «Erfolg gehabt?»

«Ja.»

Harley nickte kurz und wandte sich wieder dem Mann im Drehstuhl zu.

«Tut mir leid, wenn ich Ihnen soviel Mühe mache, Mr. Kovacz, aber ich möchte, daß mein Freund das Zimmer oben sieht.»

Erst jetzt entdeckte ich das merkwürdige Ding, das in einem Wust von Rechnungen auf dem Schreibtisch lag. Es war eine rostige, rund achtzig Zentimeter lange Eisenstange, die einmal grün angestrichen gewesen war.

Harley hob die Stange hoch. «Hier haben wir die Ursache für den tragischen Unfall», erklärte er. «Auf dieser Seite war das Eisen brüchig», er zeigte auf ein Ende, «und das andere Ende saß offenbar zu locker in seiner Halterung.»

«Aber ich verstehe nicht –»

«Die gerichtliche Untersuchung wird den Tatbestand zweifellos klären. Äußerst unangenehm für Sie, Mr. Kovacz!»

«Äußerst unangenehm», wiederholte der Restaurantbesitzer. «Katastrophal fürs Geschäft.»

«Wir gehen jetzt nach oben», sagte Harley. «Sie werden die Freundlichkeit haben, uns zu führen, Mr. Kovacz. Du wirst die Zusammenhänge dann sofort verstehen, Knox.»

Mr. Kovacz verließ sein Büro und ging uns voran die Treppe hinauf. Harley flüsterte mir ins Ohr:

«Wohin ist sie gegangen?»

Ich nannte die Adresse.

«Mein Gott!» murmelte mein Freund und packte mich so fest am Arm, daß ich vor Schmerz eine Grimasse schnitt. «Eine Meisterleistung, Knox! Dieses Verbrechen ist das Werk eines Genies!»

Mr. Kovacz stieß im zweiten Stock eine Tür auf und führte uns in ein kleines Zimmer. Das Mobiliar bestand aus einem runden Eßtisch, mehreren Stühlen und einer Couch. Das war beinahe alles. Trotzdem fiel mir sofort auf, daß die Möbel und der Teppich eleganter waren als die Einrichtung unten im Speisesaal. Ein Fenster zur Straße stand offen. Die zurückgezogenen Samtvorhänge bauschten sich leise in der Zugluft.

«Das Fenster der Tragödie, Knox», erklärte Harley.

Er durchquerte das Zimmer.

«Komm her, dann siehst du die Lücke im Geländer. Hier ist der Eisenstab herausgebrochen, der jetzt auf Mr. Kovacz' Schreibtisch liegt. Auf der Straße unten, ein paar Meter weiter links, ereignete sich die Schlägerei, von der wir gehört haben. Der arme Mr. De Lana, der hier *allein* aß – eine etwas schrullige Angewohnheit –, lief natürlich zum Fenster, als er den Lärm hörte, beugte sich hinaus und stützte sich dabei auf das Geländer. Das Geländer gab nach – den Rest kennen wir.»

«Ich bin ruiniert», ächzte Kovacz. «Mein Lokal wird in Verruf kommen.»

«Das fürchte ich auch», bestätigte Harley mitfühlend. «Es sei denn, wir könnten das eine oder andere kleine Problem aufklären, das mir aufgefallen ist.» Er tippte Kovacz vertraulich auf die Schulter. «Haben Sie vielleicht zufällig eine Ahnung, wer die Dame ist, die am Mittwoch abend mit Mr. De Lana hier gegessen hat?»

Diese einfache Frage hatte eine seltsame Wirkung. Kovacz' feistes, gelbes Gesicht wurde aschfahl, und seine vorstehenden Augen quollen beinahe aus ihren Höhlen. Er fuhr sich mit der Zunge über die Lippen.

«Ich – ich sagte Ihnen doch schon», murmelte er. «Mr. De Lana mietete dieses Zimmer jeden Mittwoch und manchmal auch am Freitag. Und er ißt immer allein.»

«Und ich sage Ihnen, daß Sie ein unglaublicher Lügner sind», antwortete Harley freundlich. «Sie haben die Dame nach dem Unfall durch den Hintereingang aus dem Haus geschmuggelt.»

«Hintereingang?» schnaufte Kovacz. «Hintereingang?»

«Jawohl! Und noch etwas interessiert mich. Wer hatte dieses Zimmer am Dienstag gemietet, dem Abend vor dem Unfall?»

Verständnislos antwortete Kovacz: «Ein Herr. Ich hatte ihn noch nie gesehen.»

«Auch einer, der allein aß?»

«Ja, er war den ganzen Abend allein. Er wartete auf einen Freund, der nicht kam.»

«Aha», überlegte Harley, «er war also den ganzen Abend allein. Und sein Freund ließ ihn sitzen. War der Herr zufällig dunkelhaarig und auffallend braungebrannt? Und seine Augen standen leicht schräg?»

«Ja! Ja!» rief Kovacz erstaunt. «Ein Bekannter von Ihnen?»

«Allerdings», sagte Harley. «Wann ging er?»

«Er wartete bis nach elf Uhr. Das Essen war verdorben. Er bezahlte, aber er beklagte sich nicht.»

«Nein», meinte Harley gedehnt. «Dazu hatte er auch keinen Grund. Noch eine Frage: Die Dame, die am Mittwoch abend so eilig verschwand – was hat sie vergessen, und welchen Preis versuchen Sie von ihr für die Rückgabe dieses Gegenstandes zu bekommen?»

Jetzt brach der Mann vollends zusammen.

«O Gott!» rief er und hob die Hand an die Stirn. «Sie ruinieren mich! Ich führe ein ehrliches Geschäft –»

«Und eines, das seit der Antike zu den einträglichsten der Welt zählt», ergänzte Harley. «Selbst bei den Wuchermieten hier müssen Sie an solch verschwiegenen Liebesnestern noch viel verdienen.»

«Ach!» stöhnte Kovacz. «Ich bin ruiniert. Jetzt ist schon alles egal. Ich erzähle Ihnen alles. Ich kenne Mr. De Lana, der mein Zimmer regelmäßig mietet, aber ich kenne die Dame nicht, die er hier trifft. Nein! Das schwöre ich! Aber es ist immer die gleiche Dame. Als er stürzte, war ich unten in meinem Büro und hörte ihn aufschreien. Die Dame kam aus dem Zimmer gelaufen und flehte mich an, sie wegzubringen, ohne daß man sie sähe, und kein Wort zu verraten.»

«Wieviel hat sie Ihnen dafür bezahlt?» fragte Harley.

«Bezahlt?» murmelte Kovacz, plötzlich aus dem Konzept gebracht.

«Sie haben ganz richtig gehört: bezahlt!»

Der Mann stieß ein kehliges Röcheln aus und sagte schließlich heiser: «Einhundert Pfund hat sie mir versprochen.»

«Aber Sie haben sich doch sicher nicht mit einem Versprechen abspeisen lassen? Raus mit der Sprache! Was hat sie Ihnen gegeben?»

«Einen Ring.»

«Soso, einen Ring! Den nehme ich an mich, wenn Sie gestatten. Und jetzt sagen Sie mir noch, was sie hier liegen ließ.»

«Ach Gott!» stöhnte der Mann. Er sank auf einen Stuhl und legte beide Arme auf den Tisch. «Es war eine solche Aufregung, verstehen Sie? Sie vergaß ihre Handtasche.»

«Aha.»

«Dann räumte ich das Essen weg, damit ich sagen konnte, Mr. De Lana wäre allein gewesen. Das war auch in meinem Interesse.»

«Das verstehe ich vollkommen. Ich will Sie nicht länger quälen, Mr. Kovacz. Ich begleite Sie nur noch in Ihr Büro und befreie Sie von den belastenden Beweisstücken: der Handtasche und dem Ring.»

«Begreifst du jetzt, Knox?» fragte Harley, als wir im Taxi saßen.

«Ganz im Gegenteil. Ich tappe völlig im dunkel.»

Über der ganzen Aufregung hatte ich meinen Hunger vollkommen vergessen. Wenn ich auch die Zusammenhänge nicht begriff, so war mir doch klar, daß Bampton, der bärtige Fremde mit den schrägstehenden Augen, der Major, der tote Börsenmakler und die geheimnisvolle Dame irgend etwas miteinander zu tun haben mußten. Ich war überzeugt, daß mein Freund zumindest einen Teil der Wahrheit entdeckt hatte.

«Ich möchte dich über ein oder zwei Punkte aufklären, die dir unverständlich erscheinen mögen, um dich auf das bevorstehende Gespräch vorzubereiten», sagte Harley. «Erstens wird dir aufgefallen sein, daß sich jeder, der sich aus dem bewußten Fenster lehnt, ganz automatisch mit dem vollen Gewicht auf das eiserne Geländer stützt, das ungewöhnlich niedrig ist.»

«Ja», antwortete ich. «Und wenn dieses Geländer dann nachgibt, muß derjenige auf die Straße hinunterstürzen.»

«Richtig.»

«Aber wieso hätte man einen solchen Unfall vorhersehen können?»

«Es war kein Unfall. Das eine Stangenende ist durchgesägt worden, der Täter hat die Spuren sorgfältig mit Rost und Schmutz verwischt. Das andere Ende wurde aus dem Sockel gerissen und wieder lose hineingesteckt, so daß es unter jeder Belastung nachgeben mußte.»

«Mein Gott! Du glaubst, daß –»

«Ich glaube, daß der Mann, der das Zimmer am Vorabend der Tragödie gemietet hatte – der braungebrannte Mann mit dem Bart und den leicht schrägstehenden Augen –, den Eisenstab durchsägte. Mit anderen Worten, er hat die Todesfalle gestellt.»

Ich war wie vom Donner gerührt.

«Aber Harley, selbst wenn er wußte, daß sein Opfer der nächste Besucher sein würde, wie konnte er ahnen –»

Ich brach ab. Es war, als ob jemand einen Vorhang weggezogen hätte. Plötzlich begriff ich die Zusammenhänge.

«Nach seinen eigenen Worten kam Major Ragstaff mit militärischer Pünktlichkeit jeden Abend zur gleichen Zeit durch diese Straße», erklärte Harley. «Darüber wußte der Mörder genau Bescheid. Außerdem können wir voraussetzen, daß der Mörder von den verschwiegenen Diners zu zweit wußte, die jeden Mittwoch und manchmal auch freitags in dem kleinen Salon über dem Café Dame stattfanden. Rund um das Auftauchen des in seinen

Gewohnheiten festgefahrenen Majors – dessen ins Auge stechender weißer Hut eine Art Brennpunkt bildete – wurde einer der raffiniertesten Meuchelmorde geplant, die mir jemals untergekommen sind. Das Opfer hatte die Freundlichkeit, seinen Tod selbst herbeizuführen.»

«Aber, Harley, das Opfer hätte den Lärm auf der Straße doch gar nicht zu beachten brauchen.»

«An diesem Punkt wurde mir zum ersten Mal klar, wie genial der Plan war, Knox: Das Opfer erkannte nämlich die Stimme eines der beiden Streitenden – oder seine Begleiterin erkannte sie. Das ist des Rätsels Lösung.»

Das Taxi hielt. Wir stiegen aus, und Harley läutete. Der gleiche Butler, der vor kurzem die Frau eingelassen hatte, öffnete.

«Ist Lady Ireton da?» fragte Harley.

Als ich den Namen hörte, stockte mir der Atem. Wir befanden uns im Hause von Major Ragstaffs Tochter, der Marquise von Ireton. Sie war die Frau eines Adligen, der als Sportler, Soldat und Gelehrter größtes Ansehen genoß.

«Ich glaube, Lady Ireton speist heute zu Hause, Sir», antwortete der Butler. «Soll ich nachsehen?»

«Tun Sie das bitte», sagte Harley und gab ihm seine Karte. «Melden Sie ihr, daß ich eine Handtasche zurückbringe, die sie vor wenigen Tagen verloren hat.»

Der Mann führte uns in ein Zimmer, das an die hohe und ziemlich düstere Diele grenzte, und schloß die Tür.

«Harley», flüsterte ich, «heißt das –»

«Hast du noch die geringsten Zweifel?» antwortete Harley und lächelte grimmig.

Kurz darauf wurden wir in ein freundliches kleines Zimmer geführt, wo Lady Ireton uns erwartete. Sie war eine auffallend schöne Frau mit dunklem Haar. Nur ihr Gesicht war sehr blaß. Vor dem gehetzten Blick in ihren dunklen Augen hätte ich mich am liebsten irgendwohin verkrochen. Ohne uns zu begrüßen, stand sie auf und fragte Harley:

«Ich verstehe den Sinn Ihrer Nachricht nicht. Sie sagen, Sie hätten eine Handtasche gefunden, die ich verloren habe?»

Harley verbeugte sich und holte eine silberne Handtasche aus seinem Mantel.

«Die Tasche, die Sie im Café Dame vergessen haben, Lady Ireton», erwiderte er. «Und hier habe ich noch etwas, das Ihnen dieser Kovacz genommen hat.» Mit diesen Worten zog er einen Brillantring aus der Tasche.

Ohne ihr Eigentum zu berühren, sank Lady Ireton auf den Stuhl, von dem sie gerade aufgestanden war. Ihr Blick hing wie gebannt an Harley.

«Mein Freund, Mr. Knox, kennt die Zusammenhänge», erklärte Harley, «und ihm liegt genausoviel daran wie mir, dieses peinliche Gespräch zu beenden. Wenn ich mich nicht irre, hat sich Mittwoch abend folgendes abgespielt: Während Sie mit Mr. De Lana aßen, hörten Sie unten auf der Straße, wie sich zwei Männer stritten. Ich nehme an, daß Sie die eine Stimme erkannten?»

Lady Ireton starrte Harley immer noch aus weit aufgerissenen Augen an. Sie nickte.

«Es war die Stimme meines Vaters», sagte sie heiser.

«Ja. Ich weiß, daß Major Ragstaff Ihr Vater ist.» Er wandte sich an mich: «Genial, nicht wahr?» Dann fuhr er fort: «Natürlich baten Sie Ihren Begleiter, aus dem Fenster zu sehen, um die Ursache des Streits festzustellen. Als er sich dann aus dem Fenster beugte, stürzte er auf die Straße. Nicht wahr?»

Ein Schauer überlief Lady Ireton.

«Das ist die Strafe», flüsterte sie. «Ich habe das Unheil heraufbeschworen. Aber er darf nichts –»

Sie schwieg.

«Sprechen Sie von Ihrem Mann, Lord Ireton?» fragte Harley.

Lady Ireton nickte.

«Es hätte unsere letzte Begegnung sein sollen», sagte sie.

Sie fröstelte. Aber plötzlich blitzte es in ihren Augen leidenschaftlich auf.

«Ich bin gern bereit zu sterben, wenn ich dadurch verhindern kann, daß mein Mann davon erfährt», sagte sie tonlos. «Dreimal habe ich mein Mädchen wegen der Tasche zu Kovacz geschickt, aber er verlangte einen Preis, den selbst *ich* nicht bezahlen kann. Jetzt wird Harry alles erfahren.»

«Das ist leider unvermeidlich», sagte Harley. «Darf ich fragen, wo sich Lord Ireton im Augenblick aufhält?»

«Er ist auf Großwildjagd in Afrika.»

«Hm», meinte Harley. «In Afrika! Einen Trost kann ich Ihnen bieten, Lady Ireton: In seinem eigenen Interesse wird Kovacz an seiner Behauptung festhalten, Mr. De Lana sei allein gewesen.»

Sie sah ihn ungläubig an.

«Sie – Sie kommen nicht im Auftrag von ...»

«Nein», antwortete Harley kurz. «Und auf meine Verschwiegenheit und die meines Freundes können Sie sich verlassen.»

«Warum soll er dann überhaupt davon erfahren?» sagte sie stockend.

«Ganz recht, warum?» meinte Harley. «Da er doch in Afrika ist?»

Als wir die Treppe zur Diele hinuntergingen, blieb mein Freund kurz stehen und deutete auf ein großes Ölgemälde. Es stellte einen Mann in Uniform dar. Er war dunkelhaarig, hatte ein braungebranntes Gesicht und angegraute Schläfen.

«Da Lord Ireton hier keinen Grund hatte sich zu maskieren, trägt er auf dem Bild keinen Bart. Und seine Goldkrone ist nicht zu sehen. Allerdings hat der Maler die leicht schräge Augenstellung eher noch betont. Der vierte Marquis – der Vater des jetzigen Lord Ireton – heiratete die Tochter eines chinesischen Mandarins und einer Irin. Daher die leichten Schlitzaugen. Und daher auch –»

«Aber Harley – es war doch Mord!»

«Nicht nach den Buchstaben des Gesetzes, Knox. Es war ein Rückfall in chinesischen Humor! Offiziell ist Lord Ireton in Afrika – und er befand sich ja tatsächlich auf ‹Großwildjagd›! Der Richter muß erst noch geboren werden, der hier eine Verurteilung erreichen könnte. – Es ist zwar schon etwas spät, aber um so leichter werden wir einen freien Tisch bei Wheeler's bekommen.»

Vertreter gehen auf die Reise

Craig Rice

«Malone», sagte eine Stimme, «Sie müssen mir helfen.»

Der kleine Anwalt winkte Joe the Angel und blieb ruhig sitzen, während der Barkeeper einen weiteren doppelten Whisky ausschenkte. Malone kippte den Whisky und überlegte, warum Kunden immer dann auftauchen, wenn man sie am wenigsten brauchte. «Ich *muß* Ihnen nicht helfen», sagte er, ohne sich umzudrehen. «Meine Büromiete ist einen Monat im voraus bezahlt. Meine Sekretärin eine Woche, und meine Drinks hier sind auch bezahlt. Also gehen Sie!»

«Geld», sagte die Stimme hinter ihm, «spielt keine Rolle.»

«Das habe ich ja gerade gesagt», erklärte Malone. «Warum kommen Sie übrigens nicht in mein Büro, wenn Sie mich brauchen?»

«Das habe ich versucht», entgegnete die Stimme. «Ich sprach mit einem Mädchen namens Maggie. Sie sagte, *hier* sei Ihr Büro.»

Malone drehte sich um, fest entschlossen, Maggie nie wieder im voraus zu bezahlen. Vor ihm stand ein riesiger Mann mit eisgrauem Haar, blauen Augen und wuchtigem Kinn. Der Mann sah so kerngesund aus, daß Malone sich am liebsten wieder umgedreht hätte. «Los», sagte er, «reden Sie schon!»

«Können wir nicht an einen privateren Ort gehen?»

«Hier ist mein Büro», erinnerte ihn Malone. «Das ist privat genug.»

Der Mann blickte sich unsicher um, dann wandte er sich wieder Malone zu. «Mein Name ist Gunderson. Frank Gunderson. Sagt Ihnen das etwas?»

«Nicht, daß ich wüßte.»

«Ich verkaufe Abonnements für Zeitschriften», erklärte Gunderson.

«Fein», antwortete Malone freundlich, «Sie laufen sich wohl dabei die Hacken krumm?»

Gunderson sah jetzt sehr unglücklich aus. «Ich verkaufe nicht selbst», erklärte er. «Ich habe Vertreter. Gunderson Sales – Direktverkauf führender Zeitschriften. Ein Kunde kauft ein oder zwei Zeitschriften und bekommt eine gratis dazu. Ein attraktives Angebot.»

«Sicher», stimmte der Anwalt zu. «Aber ich kann nicht lesen. Also vergeuden Sie Ihre Zeit.»

«Sie verstehen mich nicht», sagte Gunderson. «Es geht um folgendes: Jemand bringt meine Vertreter um. Einer nach dem anderen werden sie ermordet.»

«Von unzufriedenen Kunden?»

«Von einem Teufel», sagte Gunderson. «Zuerst Joe Tallmer: brutal totgefahren von einem Unbekannten, der Fahrerflucht beging. Das war vor einer Woche. Zwei Tage später wurde Leon Prince in einen Aufzugsschacht gestoßen. Am nächsten Tag fiel Howie Kirschmeyer vom Bahnsteig direkt vor einen einfahrenden Zug und wurde zermalmt. Und . . .»

Malone hub seine Hand, um Gunderson zum Schweigen zu bringen und Joe the Angel zu winken. Er trank den doppelten Whisky, den Joe ihm einschenkte, und starrte Gunderson mit traurigen Augen an.

«Unfälle», sagte er trocken, «passieren.»

«Aber Malone . . .»

«Drei Unfälle», fuhr Malone fort: «Einer wurde von einem Auto überfahren. Einer war zu dumm, auf den Lift zu warten. Einer wollte über die Schienen laufen. Alles paßt zusammen. Jemand, der so dumm ist, sich mit Zeitschriftenverkauf seinen Lebensunterhalt zu verdienen . . .»

«Sie verstehen mich nicht», unterbrach ihn Gunderson. «Es gibt noch einen vierten. Erst heute morgen.»

«Was ist mit ihm?»

«Mit einem 45er in den Kopf geschossen», antwortete Gunderson. «Er ist tot», fügte er unnötigerweise hinzu.

John J. Malone fühlte sich plötzlich sehr müde. «Klingt nach

Mord», gab er zu. «Aber ich bin überzeugt, die Polizei wird ihn aufklären.»

«Ich wüßte nicht, wie», sagte Gunderson. «Sein Name war Henry Littleton. Er saß beim Frühstück, seine Frau machte oben die Betten. Jemand kam herein, erschoß ihn und verschwand.»

«Die Waffe?»

«Lag auf dem Tisch. Keine Fingerabdrücke. Keine Nummer.»

«Hm.»

«Sie sehen», fuhr Gunderson fort, «die Polizei ist machtlos. Littleton wurde nicht von jemandem ermordet, der ihn kannte. Er wurde aus demselben Grund getötet, wie Tallmer, Prince und Kirschmeyer.»

«Und warum wurden *die* ermordet?»

«Wenn ich das nur wüßte!» sagte Gunderson. «Wenn ich das nur wüßte!»

Malone steckte sich eine Zigarette an. «Schießen Sie schon los», sagte er sanft. «Sie müssen einen Verdacht haben, sonst wären Sie nicht hier und würden mich belästigen.»

Gunderson zögerte. «Malone», sagte er. «Ich möchte nicht, daß Sie mich für verrückt halten, aber ich glaube, jemand will mich ruinieren. Bringt meine Männer der Reihe nach um. Ruiniert mein Geschäft. Zwei meiner Leute haben heute gekündigt, Malone. Ließen mich einfach sitzen. Sagten, sie könnten das Risiko, bei mir zu arbeiten, nicht länger eingehen. Einer sagte, er hätte Frau und Kind. Verdammt noch mal, ich habe auch Frau und Kind. Genau gesagt, zwei Kinder. Und . . .»

«Halten Sie einen Augenblick den Mund», sagte der Anwalt nachdenklich. «Wer könnte daran interessiert sein, Ihnen Ihr Geschäft zu ruinieren? Haben Sie irgendwelche Konkurrenz bei diesem Schwindelunternehmen?»

Gunderson wurde rot. «Es ist kein Schwindelunternehmen. Ja, ich habe einen Konkurrenten.»

«Hat er auch einen Namen?»

«Tru-Val Subscriptions», sagte Gunderson.

Malone seufzte. «Ein komischer Name für einen Mann», bemerkte er.

«Es ist der Firmenname, Malone. Der Mann selbst heißt Harold Cowperthwaite.»

Malone starrte ausdruckslos vor sich hin. Er konnte Mord an Vertretern verstehen, besonders, wenn diese Morde von unzufriedenen Kunden begangen wurden. Aber er wollte es nicht verstehen, nicht jetzt. Er wollte den Fall überhaupt nicht.

«Malone? Hier ist ein Scheck über zweitausendfünfhundert Dollar. Und noch einmal zweitausendfünfhundert, wenn Sie den Fall klären. Plus Spesen, selbstverständlich. Reicht das?»

Malone nahm den Scheck und verstaute ihn in seiner Brieftasche. Er nickte Gunderson freundlich zu und sah ihm nach, wie er mit festen Schritten und schwingenden Armen die City Hall Bar verließ. Dann blickte er sich nach Joe the Angel um und deutete auf sein leeres Glas. Er beschloß, mit den Spesen für Gunderson anzufangen.

Harold Cowperthwaite brachte ihn nicht weiter. Im Gegensatz zu Gunderson sah er ziemlich kränklich aus, und auch die Unterhaltung mit ihm machte keinen Spaß. Malone stellte fest, daß er beide nicht mochte.

«... unglaubliche Beschuldigungen!» brüllte Cowperthwaite. «Ein paar von seinen Klinkenputzern segnen das Zeitliche, und er will mich dafür verantwortlich machen! Will mich für alles verantwortlich machen! Man sollte ihn verklagen! Er würde es verdienen!»

Malone seufzte und wünschte zugleich, der kleine Mann würde nicht immer in Ausrufezeichen reden. «Dann haben Sie sie also nicht umgebracht?» stellte er fest.

«Umgebracht!» tönte Cowperthwaite. «Natürlich habe ich sie nicht umgebracht! Ich wünschte, ich hätte es getan, besonders Gunderson! Wissen Sie, was ich glaube, Malone?»

Auf das Fragezeichen war Malone vollkommen unvorbereitet. «Hm», sagte er, «was glauben Sie denn?»

«Ich glaube, er hat sie selbst umgelegt!» brüllte Cowperthwaite. «Um mich zu verdächtigen! Mir Schwierigkeiten zu machen! Alle Leute versuchen, mir das Leben schwerzumachen!»

«Oh», sagte Malone. «Nein, das kann er nicht getan haben.»

«Nein?»

«Bestimmt nicht», sagte Malone. «Er ist mein Klient.»

Cowperthwaites Worte folgten ihm noch nach bis vor die Tür, auf der Tru-Val Subscriptions stand. Malone schaffte es, die Tür hinter sich zu schließen, bevor der Mann das Ausrufezeichen erreicht hatte. Es war ein Tag der geringen Erfolge.

«Wie ich das so sehe», sagte Flanagan, «können wir nur warten, bis noch einer umgelegt wird. Vielleicht hinterläßt er dann eine Spur.»

«Er?» fragte Malone. «Wer *er*?»

«Der Mörder», sagte der Polizist. «Der Mann, der Littleton und die anderen umlegte, ohne uns den kleinsten Hinweis zu geben. Bald wird er einen neuen Zeitschriftenvertreter finden und ihn umbringen. Vielleicht haben wir Glück und fassen ihn auf frischer Tat. Das wäre nicht schlecht.»

«Für uns ja, aber für den Vertreter?» meinte Malone. «Sie scheinen nicht viel Interesse an dem Fall zu haben. Ist irgend etwas faul dran?»

«Eine Menge», entgegnete Flanagan. «Erstens ist der Fall unlösbar, und zweitens will ich ihn nicht lösen.»

«Warum nicht?»

Flanagan schüttelte bedächtig sein Haupt. «Malone», sagte er, «hatten Sie jemals das Vergnügen mit einem Zeitschriftenvertreter? Hat schon einmal einer dieser Gauner seinen Fuß zwischen Ihre Tür und Schwelle geklemmt und versucht, Ihnen einzureden, wie dringend Sie seine miesen Zeitschriften brauchen?»

Malone nickte.

«Jeden einzelnen von ihnen sollte man killen», sagte Flanagan. «Jeder, der einen Zeitschriftenvertreter umlegt, verdient einen Orden.»

Malone seufzte. «Der Fall», erinnerte er Flanagan. «Wir wollen über den letzten Fall reden. Erzählen Sie mir alles darüber.»

«Da gibt es nicht viel zu erzählen», sagte Flanagan und setzte sich breit in den Sessel. «Dieser Littleton ist dreiunddreißig Jahre alt, hat eine Frau und zwei Kinder. Einen Jungen und –»

«– ein Mädchen», vermutete Malone.

«Sie kennen die Geschichte. Warum belästigen Sie mich dann?»

«Entschuldigen Sie», sagte Malone. «Erzählen Sie bitte weiter.»

«Er war ein Roboter», erklärte Flanagan. «Hatte zwei Jobs gleichzeitig. Abends verkaufte er Zeitschriften für diesen Gunderson, und von neun bis siebzehn Uhr arbeitete er in einer Garage. Hatte trotzdem nie Geld. In letzter Zeit ging es ihm sogar ziemlich dreckig. Arztrechnungen für seine Kinder. Aber er hatte keine Schulden. Ein fleißiger, ehrlicher Typ. Ein Typ, den man gern haben könnte, hätte er nicht Zeitschriften verkauft.»

«Das Verbrechen», mahnte Malone sanft.

«Mord», stellte Flanagan fest. «Aber nicht seine Frau. Ich dachte zuerst daran, obwohl ich nicht wollte, weil sie eine so nette kleine Frau ist. Aber zur Tatzeit war sie mit den Kindern oben. Die Kinder haben es bestätigt. Sie sind zu jung, um zu lügen.»

Malone zündete sich eine Zigarette an. «Er wurde in der Wohnung erschossen?»

Flanagan nickte. «Aus kurzer Entfernung», sagte er. «Es sieht so aus, als wollte er einen Selbstmord vortäuschen. Aber er war nicht sorgfältig genug. Erstens keine Pulverspuren, zweitens lag der Revolver neben Littletons linker Hand. Und er war Rechtshänder. Wir haben es überprüft.»

«Sehr schlau. Also war es Mord, und seine Frau war es nicht. Wie steht es mit den anderen? Tallmer, Prince und Kirkenberger?»

«Kirschmeyer», korrigierte Flanagan. «Das ist ja das Komische an der Sache. Tallmer war ein typischer Fall von Fahrerflucht. Prince und Kirschmeyer sehen mehr nach Unfall aus als die meisten Unfälle. Aber, wenn man alle zusammenzählt . . .»

«Ich weiß», sagte Malone düster. «War Littleton versichert?»

«Versichert?» Flanagan sah verwirrt aus. «Ach so, Littleton!

Ja. Eine riesige Summe. Aber das kommt nicht in Betracht, Malone. Seine Frau kriegt das ganze Geld, und sie scheidet aus.»

«So wie ich», sagte Malone.

«Was heißt das?» fragte Flanagan.

«Ich verschwinde. Einen trinken.»

Nach zwei doppelten Whisky und einigen Gläsern Bier fühlte Malone sich in der Lage zu telefonieren. Er rief Charlie Stein an, einen nützlichen kleinen Mann, der als Geldgeber für Spieler und andere unsichere Elemente arbeitete.

«Laß dir ruhig Zeit damit», sagte er zu Stein. «Es eilt nicht. Ich möchte nur was über einen Mann namens Henry Littleton herausfinden. Wahrscheinlich», fügte er hinzu, «gibt es da aber nicht viel.»

«Falsch», sagte Stein. «Es gibt etwas.»

Malone wurde hellhörig. «Los», sagte er. «Rede schon.»

«Henry Littleton schuldet Max Hook fünfundsiebzig Mille. Ist das alles, was du wissen willst?»

«Unglaublich», sagte Malone. «Ich meine . . .»

«Unglaublich, aber wahr.»

«Oh», sagte Malone. «Du kannst ihn abschreiben, Charlie. Jemand schoß ihn in den Kopf.»

Malone hängte schnell ein. Dann wählte er Max Hooks Nummer. Der Spieler hob fast im selben Moment ab. «Hier Malone. Max, du hast nicht zufällig einen Killer für Henry Littleton bestellt, oder?»

«Littleton? Das ist der Vogel, der mir fünfundsiebzig große Scheine schuldet, fünfundsiebzig! Und ein paar lausige Kröten zahlt er alle heiligen Zeiten. Dieser Gauner!» Dann, nach einer Pause, als hätte er erst jetzt voll begriffen, was Malone gesagt hatte. «Du sagst, jemand hat ihn umgelegt?»

«Heute morgen. Du warst es nicht?»

«Natürlich nicht», sagte Hook. «Warum sollte ich jemanden umlegen, der mir Geld schuldet? Wäre nicht sehr sinnvoll, Malone.»

«Dachte ich auch», sagte Malone. «War nur 'ne Frage Max.» Er legte den Hörer auf und begab sich wieder an die Bar.

«Du siehst nicht gerade frisch aus», sagte Joe the Angel. «Soll ich gleich die Flasche hierlassen?»

Malone seufzte. «Sei nicht komisch», sagte er. «Dann hätte ich niemanden, mit dem ich mich unterhalten könnte.» Er schloß die Augen und dachte nach. Dieser Littleton war ein fleißiger, ehrlicher Mann – und hatte fünfundsiebzigtausend Dollar Schulden. Hook hatte ihn nicht umgebracht, Cowperthwaite nicht, seine Frau nicht, und er selbst war es auch nicht. Die ganze Sache war verwirrend.

«Gut, daß ich Sie treffe», sagte Flanagan. «Sie sind betrunken, aber trotzdem freue ich mich, Sie zu sehen. Ich wollte Ihnen nur sagen, daß Sie Ihre Zeit verschwenden. Auch wir dachten, es gäbe eine Verbindung zwischen den Morden. Aber es gibt keine.»

«Falsch», entgegnete Malone überlegen. «Aber sprechen Sie weiter!»

«Nummer eins, Tallmer», sagte Flanagan, ohne auf Malones Unterbrechung zu achten. «Ein Mann kam heute ins Polizeirevier und erklärte, er sei der Fahrerflüchtige. Er konnte sein schlechtes Gewissen nicht mehr ertragen. Und sonst gab es keine Verbindung zwischen ihm und den anderen Unfällen, wie wir zuerst dachten.»

«Leider falsch», sagte Malone. «Vollkommen falsch.»

«Was?»

«Ich will es Ihnen erklären», sagte Malone. «Auch ich dachte, darauf würde es hinauslaufen.» Er seufzte. «Tallmer war ein typischer Unfall. Soweit haben Sie recht.»

«Davon redete ich ja gerade.»

Malone nickte. «Prince und Kirschenblum . . .»

«Kirschmeyer.»

«Verdammt», sagte Malone. «Wie auch immer, die beiden anderen wurden ermordet. Von ein und demselben Mann, der auch Littleton ermordete.»

«Wenn Sie schon so schlau sind», sagte Flanagan, «dann können Sie mir vielleicht verraten, wer dieser Mann ist, der alle zusammen umgelegt hat.»

«Ganz einfach», sagte Malone. «Littleton.»

Er fuhr fort, während Flanagan nach Luft schnappte. «Littleton hatte Schulden; fünfundsiebzigtausend Dollar. Ohne einen Ausweg. Dann wurde Tallmer von einem Auto niedergefahren.»

«Genau», warf Flanagan ein.

«Und Littleton hatte eine Idee. Er wollte sich selbst umbringen, und er wollte, daß seine Frau die Versicherungsprämie erhält. Also brachte er sich um und ließ es wie Mord aussehen.»

Malone steckte sich eine neue Zigarette an. «Er machte eine Serie daraus», fuhr er fort. «Warf Prince in den Aufzugsschacht und stieß Kirschengruber vor den Zug.»

«Kirschmeyer.»

«Sie wissen, wen ich meine. Es war also Littleton, und er machte eine feine Serie daraus. Dann erschoß er sich selbst.»

«Mit der linken Hand? Aus *der* Entfernung?»

«Selbstverständlich», sagte Malone. «Er wollte ja, daß es wie Mord aussah. Oder würden Sie in dem Fall die Rechte benützen und den Revolver in den Mund stecken?»

Flanagan dachte darüber nach. «Also Selbstmord», stellte er fest. «Und wir legen es ab unter ‹Mord› mit ‹Selbstmord›. Mit Littleton als Mörder. Okay?»

«Falsch», sagte Malone. «Sie legen Prince und Kicklebutton unter ‹Unfälle› ab und Littleton unter ‹Mord – Täter unbekannt›. Wenn er sich schon soviel Mühe gegeben hat, dann wäre es unfair, seine Frau und seine Kinder um die Versicherungssumme zu bringen. Außerdem würden Sie nie eine amtliche Selbstmordbestätigung bekommen. Nur, wenn ich den Gerichtsmediziner überzeuge. Aber ich werde mich hüten.»

Flanagan schluckte. «Wie wollen Sie dann an Ihr Geld kommen?»

«Ich werde Gunderson sagen, daß seine Männer ungefährdet sind», sagte Malone. «Ich werde ihm die Rückzahlung des gesamten Betrages anbieten, falls noch einer seiner Männer umgebracht werden sollte. Und genügt ihm das nicht, so kann er die restlichen zweitausendfünfhundert behalten, die er mir noch schuldet. Erinnern Sie sich! Ich wollte den Fall von Anfang an nicht.»

Abenteuer im Zwielicht

Melville Davisson Post

Wir näherten uns einer seltsamen Szene. Vor einem Kreuzweg, der in einen Buchenwald führte, wartete ein Mann auf einem Pferd, das Gewehr quer vor sich über dem Sattel. Er schwieg, bis wir ihn erreicht hatten, und sagte dann drohend:

«Reitet weiter!»

Aber mein Onkel Abner ritt nicht weiter. Er zügelte seinen großen Braunen und blickte den Mann ruhig an.

«Du redest, als hättest du hier zu befehlen», sagte er.

Der Mann antwortete mit einem Fluch.

«Reitet weiter, oder ihr kriegt Schwierigkeiten!»

«Schwierigkeiten bin ich gewöhnt», erwiderte mein Onkel völlig gelassen. «Da mußt du dir schon was Besseres einfallen lassen.»

«Ich werde dir die Hölle heiß machen!» knurrte der Mann. «Reitet weiter!»

Abner musterte den Mann in aller Ruhe.

«Dazu hast du kein Recht», sagte er, «obwohl du früher oder später mal in der Hölle landen wirst. Herrscht auf den Straßen Virginias nur noch das Gesetz des Stärkeren?»

«Hier jedenfalls», erwiderte der Mann.

«Das glaube ich nicht», sagte mein Onkel Abner, gab seinem Pferd die Sporen und lenkte es auf den Querweg.

Der Mann hob seine Waffe, und ich hörte den Hammer unter seinem Daumen klicken. Abner mußte das Geräusch auch gehört haben, wandte sich aber nicht um. Er rief mir nur gelassen zu:

«Du reitest weiter, Martin. Ich hole dich schon wieder ein.»

Der Mann hob sein Gewehr, aber er schoß nicht. Er gehörte zu den Menschen, die bedingungslosen Gehorsam verlangen, ohne sich vorher zu überlegen, was sie tun sollen, wenn ihre Befehle nicht befolgt werden. Er zögerte und fluchte leise.

Ich wäre weitergeritten, wie es mir mein Onkel gesagt hatte, wenn der Mann nicht schnell einen Entschluß gefaßt hätte.

«Nein!» schrie er. «Wenn *er* da 'reinreitet, kommst du auch mit!»

Er packte meine Zügel, lenkte mein Pferd in den Seitenweg und ritt hinter mir her.

In jenen Hügeln hält sich ein langes Zwielicht. Die Sonne geht unter, doch der Tag bleibt. Ein unheimlicher, düsterer Tag, der mit dem Sonnenuntergang aufdämmert und die Welt umhüllt. Das Land liegt im Licht, aber es ist nicht das Licht einer Sonne am Himmel. Es ist ein Licht, das sich überall gleichmäßig verteilt, als versuche die Erde, sich selbst zu erhellen.

Wir kamen auf einen alten Fahrweg, zwischen dessen Radspuren das Gras hochwucherte. Die Pferde traten geräuschlos auf, bis wir einen alten Buchenhain erreichten; hier knisterten und raschelten die toten Blätter unter den Hufen. Abner blickte sich nicht um und wußte deshalb nicht, daß ich hinter ihm ritt. Er wußte zwar, daß er verfolgt wurde, aber bestimmt dachte er dabei an den Wächter von der Straße. Ich sagte kein Wort.

Der Mann ritt mit erhobenem Gewehr grimmig hinter mir. Ich hatte keine Ahnung, wohin wir ritten und was mit uns geschehen würde. Es konnte durchaus sein, daß wir gleich aus dem Hinterhalt abgeknallt wurden. In unserem Land wurde kein so großes Aufheben um Kleinigkeiten gemacht. Ich wußte, daß sich Abner auf etwas einließ, dem andere Männer – Männer ohne Mut – mit Freuden aus dem Weg gegangen wären.

Gleich darauf hörte ich ein Geräusch – eher eine Folge von Geräuschen, als ob jemand Erde ausheben würde. Der Lärm war zuerst noch ganz leise und klang aus ziemlicher Entfernung durch die Buchen herüber; mit der Zeit wurde er aber immer lauter, und ich konnte bald die Schläge der Hacke, das Zustoßen der Schaufel und das Poltern der Erde auf trockene Blätter unterscheiden.

Schließlich sah ich zwischen den grauen Buchenstämmen zwei

Männer, die eine Grube aushoben. Neben ihnen lag ein großer Haufen zur Seite geräumter Blätter und schwere Erdbrocken, die von ihren Hacken herausgehauen worden waren. Die Grube lag rechtwinklig zur Straße, und die Männer hatten uns den Rücken zugekehrt. Sie trugen nur Hemd und Hose, und die unruhigen Schatten der Buchenbäume zuckten wie Vogelschwänze über ihre Schultern und ihre Rücken. Die Erde war klamm und hart, und die Hacken klangen bei jedem Schlag hell auf. Über dem Lärm hörten sie uns nicht.

Ich bemerkte, wie Abner den Kopf zur Seite wandte und die beiden Männer betrachtete, aber wir ritten weiter. Der Weg machte eine Biegung, ich hörte Pferde stampfen, und im nächsten Augenblick stießen wir auf ein Dutzend Männer.

Ich werde diese Szene so schnell nicht vergessen. An dieser Stelle waren die Buchen von einem Siedler abgetötet worden, der sie ringförmig eingekerbt hatte, sie ragten kahl und düster in die Höhe, und ihre wenigen letzten Blätter ließen das unheimliche Zwielicht durch. Die Männer standen herum, hockten auf umgestürzten Baumstämmen oder saßen im Sattel. Alle hatten etwas Gespanntes an sich, als warteten sie darauf, daß etwas passierte.

Ein alter Mann mit dichtem, grauem Bart rauchte eine Pfeife und stieß energisch eine große Rauchwolke nach der anderen aus; ein anderer Mann schnitzte liebevoll an einem Stock herum, der einen Bullen mit Hörnern ergeben sollte.

Etwas entfernter stand eine große kahle Buche mit einem grauen abgespreizten Ast, unter dem zwei Männer auf ihren Pferden saßen. Man hatte ihnen die Arme an den Leib gebunden und sie mit Satteltüchern geknebelt. Hinter ihnen saß ein Mann im Sattel und hantierte an einem Pferdehalfter herum; er versuchte das Kopfgeschirr aufzuknoten, um das Seil länger zu machen.

So sah ich die Szene im ersten Augenblick. Aber Sekunden später, als mein Onkel mitten hineinritt, erwachte die Gruppe zu wildem Leben. Männer sprangen auf, fielen ihm in die Zügel und richteten ihre Waffen auf ihn. Jemand brüllte nach dem

Wächter, der hinter mir ritt, und er galoppierte nach vorn. Einen Augenblick lang herrschte großes Durcheinander. Dann erhob sich der Mann, der so heftig an seiner Pfeife gesogen hatte, und rief meinen Onkel beim Namen. Auch die anderen erkannten ihn, und die Panik war vorüber. Aber der Kreis düsterer, verbissen aussehender Männer blieb, und obwohl die Aufregung nachließ, verloren ihre Gesichter nichts von ihrer wilden Entschlossenheit.

Mein Onkel sah sich um.

«Lemuel Arnold», sagte er. «Nicholas Vance, Hiram Ward – ihr seid das!»

Als mein Onkel die Männer anredete, erkannte ich sie auch. Sie waren Viehzüchter. Ward war der große Mann mit der Pfeife. Die anderen waren seine Pächter und Treiber.

Ihr Land lag dicht bei den Bergen. Die geographische Lage hatte eine gewisse feudale Einstellung und Handlungsfreiheit zur Folge gehabt. Es bildete die Grenze, so sagten sie immer wieder, und sie mußten es schützen.

Ihre Väter hatten die Grenzen des Gebietes vorgeschoben und das Land gehalten. Sie hatten verzweifelt und mit unzulänglichen Mitteln gegen die Wilden gekämpft und sie mit ihren eigenen Methoden und Waffen geschlagen. Erbarmungslos, Auge um Auge und Zahn um Zahn – so hatten sie jeden Angriff erwidert.

Sie holten die Miliz von Virginia nicht zu Hilfe, wenn die Wilden kamen; sie bekämpften sie vom eigenen Grund und Boden aus und verfolgten sie durch die Wälder und nahmen Verluste in Kauf. Sie waren kühner und kämpften härter als ihre Gegner, und ihre Hände waren mit mehr Blut bedeckt als die ihren, bis schließlich die alten Männer der Stämme des Ohio-Tals die Überfälle untersagten, weil sie zu viele Opfer kosteten, und ihre Kriegertrupps in den Süden nach Kentucky schickten.

«Abner», sagte Ward, «laß mich offen sprechen. Wir haben mit ein paar Viehdieben eine Rechnung zu begleichen und werden uns dabei nicht stören lassen. Die Viehdiebstähle und Morde in unseren Hügeln müssen aufhören. Wir haben genug mitgemacht.»

«Nun», erwiderte mein Onkel, «ich bin der letzte Mann in Virginia, der etwas dagegen hat. Wir haben alle die Nase voll und sind uns einig, daß das aufhören muß. Aber wie willst du der ganzen Sache ein Ende machen?»

«Mit einem Seil.»

«Das ist eine gute Methode», erwiderte Abner, «wenn sie richtig angewandt wird.»

«Was meinst du mit richtig?»

«Ich meine», erwiderte mein Onkel, «daß wir uns alle auf eine Methode geeinigt haben und uns an diese Vereinbarung halten sollten. Natürlich möchte ich euch helfen, mit den Viehdieben und Mördern aufzuräumen, aber ich möchte andererseits auch mein Wort halten.»

«Und was hast du versprochen?» fragte Ward.

«Das gleiche wie du», sagte Abner, «und wie alle hier. Unsere Väter erkannten, daß sie mit den Mördern und Dieben nicht fertig würden, solange jeder nach eigenem Gutdünken handelte. Also kamen sie zusammen und einigten sich auf eine bestimmte Methode, solche Dinge zu erledigen. Wir haben nun diese Vereinbarung anerkannt und versprochen, sie zu halten, und ich für mein Teil würde das gern tun.»

Das Gesicht des großen Mannes, das zuerst Ratlosigkeit widergespiegelt hatte, erhellte sich.

«Verdammt!» sagte er. «Du meinst das Gesetz!»

«Du kannst es nennen, wie du willst», erwiderte Abner. «Es ist im Grunde das Einverständnis aller Leute, gewisse Dinge auf eine bestimmte Art zu erledigen.»

Der Mann machte eine entschlossene Kopfbewegung.

«Nun», sagte er, «diese Angelegenheit werden wir jedenfalls auf *unsere* Art erledigen.»

Mein Onkel sah ihn nachdenklich an.

«Damit», sagte er, «wirst du aber unschuldigen Leuten schaden.»

«Meinst du diese beiden Kerle?» Ward deutete mit dem Daumen auf die Gefangenen.

Mein Onkel hob den Kopf und sah, als habe er sie eben erst

entdeckt, zu den beiden Männern hinüber, die unter der großen Buche warteten.

«Ich habe an sie gedacht», erwiderte er. «Ich habe mir aber auch gedacht, wenn Männer wie du und Lemuel Arnold und Nicholas Vance das Gesetz brechen, werden andere Männer eurem Beispiel folgen, und so, wie du dein Vorgehen als Akt der Notwehr begründest, werden sie ihren Racheanspruch oder Raub rechtfertigen. Und damit geht das Gesetz in Stücke, und viele schwache und unschuldige Menschen, deren Sicherheit davon abhängt, werden allen Schutz verlieren.»

An diese Worte habe ich seitdem immer wieder denken müssen, weil sie mir die Gefährlichkeit der Lynchjustiz in einem ganz neuen Licht erscheinen ließen. Aber ich erkannte damals sofort, daß diese Männer mit ihrer Entschlossenheit nicht schwankend würden. Ihre Wut war entfacht, und sie hörten sich Onkel Abners Worte ungerührt an.

«Abner», sagte Ward, «wir werden über diese Angelegenheit nicht mit dir streiten. Es gibt Augenblicke, wo man das Gesetz in die eigenen Hände nehmen muß. Wir leben hier am Fuße der Berge. Unser Vieh wird gestohlen und über die Grenze nach Maryland getrieben. Das haben wir satt und wollen, daß es aufhört. Unser Leben und unser Eigentum wird von einer Bande rücksichtsloser Kerle bedroht, die wir erbarmungslos jagen und am erstbesten Baum aufknüpfen werden. Wir haben dich nicht eingeladen. Du hast dich unaufgefordert eingemischt, und wenn du jetzt Angst hast, das Gesetz zu brechen, kannst du gern weiterreiten. Wir werden es auf jeden Fall brechen, wenn man das Hängen von zwei Mördern überhaupt so nennen kann.»

Zu meinem Erstaunen sagte mein Onkel: «Also, wenn das Gesetz schon gebrochen werden muß, dann bleib ich und helfe euch dabei.»

«Gut, gut», sagte Ward, «aber mach dir keine falschen Hoffnungen, Abner. Wenn du dich zum Bleiben entschließt, stellst du dich mit uns auf eine Stufe.»

«Und das ist genau das, was ich will», entgegnete Abner. «Allerdings sind die andern mir gegenüber im Vorteil.»

«Wieso im Vorteil, Abner?» fragte Ward.

«Na ja, sie kennen die Beweise, die du gegen deine Gefangenen hast, und sind von ihrer Schuld überzeugt.»

«Wenn das alles ist, Abner», erwiderte Ward, «werde ich dir die Sache gern berichten. In letzter Zeit haben die Viehdiebstähle in der Gegend so stark zugenommen, daß unsere Leute hier an der Grenze vereinbart haben, jeden Viehtrieb anzuhalten, wenn ihn nicht zuverlässige Leute begleiten. Heute nachmittag meldete mir einer meiner Leute eine kleine Herde von etwa hundert Tieren. Diese beiden Männer trieben das Vieh. Ich fragte sie, ob ihnen das Vieh gehörte, und sie erklärten, daß sie nicht die Eigentümer wären, sondern die Herde im Auftrag des Besitzers nach Maryland trieben. Ich kannte die Männer nicht, und als sie meine Fragen mit Flüchen und gemeinen Bemerkungen erwiderten, wurde ich mißtrauisch. Ich wollte den Namen des Mannes wissen, der sie eingestellt hatte. Sie sagten, das ginge mich verdammt nichts an, und ritten weiter. Daraufhin rief ich die Leute zusammen. Wir überholten die beiden, trieben das Vieh in ein Feld und brachten sie hierher, um festzustellen, wem die Herde gehört. Unterwegs trafen wir Bowers.»

Er wandte sich um und deutete auf den Mann, der an dem Halfter hantierte.

Ich kannte den Mann. Er war ein Viehhändler, der sehr stark verschuldet war, sich aber irgendwie doch über Wasser hielt.

«Er berichtete uns die Wahrheit. Gestern abend ist er zur Stone-Coal-Ranch geritten, um sich Daniel Coopmans Vieh anzusehen. Er hatte von irgendeinem Händler aus deiner Gegend gehört, Abner, der die Herde kaufen wollte. Da er dem Mann zuvorkommen wollte, zog er noch gegen Abend los und erreichte Coopmans Ranch bei Sonnenuntergang. Er nahm eine Abkürzung zu Fuß über den Hügel, und als er die Hügelkuppe erreichte, sah er einen Mann wegreiten – drüben am gegenüberliegenden Hang bei der Straße. Der Mann hatte offenbar auf seinem Pferd gesessen und in das kleine Tal hinabgeschaut, in dem Coopmans Haus steht. Bowers ging zum Haus hinunter, aber Coopman war nicht da. Die Tür stand offen, und wie Bowers sagt, wirkte das Haus, als wäre Coopman eben erst weggegangen und würde jeden Augenblick zurückkommen. Es war niemand sonst zu sehen, weil Coopmans Frau gerade bei ihrer Tochter zu Besuch war – auf der anderen Seite der Berge. Der alte Mann war also allein gewesen.

Bowers dachte, Coopman wäre draußen und hätte sein Vieh dem Mann gezeigt, der gerade weggeritten war. Also ging er zur Weide hinaus, um ihn zu suchen. Er fand aber weder den Mann noch das Vieh. Also kehrte er zum Haus zurück, um Coopmans Rückkehr abzuwarten. Er setzte sich auf die Veranda. Dabei bemerkte er, daß die Veranda geschrubbt und noch immer naß war. Er sah sich die Sache näher an und stellte fest, daß der Boden nur an der Stelle vor der Tür gesäubert worden war. Das kam ihm seltsam vor, und er überlegte, warum Coopman seine Veranda nur an einer Stelle saubergemacht hatte. Er stand auf, und als er auf die Tür zuging, sah er, daß auf halber Höhe ein Stück Türpfosten abgesplittert war. Er betrachtete die Stelle und begriff, daß es ein Einschußloch war.

Das beunruhigte ihn natürlich, und er ging in den Hof hinaus. Dort entdeckte er eine Wagenspur, die vom Haus zur Straße führte. Im Gras daneben fand er Coopmans Uhr. Er hob sie auf und steckte sie ein. Es war eine große silberne Uhr, in die Coopmans Name eingraviert war, und sie hing an einer Lederschnur. Er folgte der Spur zum Tor, wo sie auf die Straße einschwenkte. Er stellte auch fest, daß das Vieh ebenfalls durch das Tor getrieben worden war. Inzwischen war es Nacht geworden. Bowers ging zurück, holte sich Coopmans Pferd aus dem Stall, ritt nach Hause und folgte heute morgen der Viehspur. Aber er hat die Herde nicht gefunden, und unterwegs begegneten wir ihm.»

«Was haben Shifflet und Twiggs zu dieser Geschichte gesagt?» fragte Abner.

«Sie haben sie gar nicht gehört», entgegnete Ward. «Bowers hat sie uns allein erzählt. Als wir ihn trafen, ritt er mit uns zur Seite.»

«Haben Shifflet und Twiggs Bowers gekannt?»

«Ich weiß es nicht», erwiderte Ward. «Als wir die Herde anhielten, redeten sie so gemeines Zeug, daß wir sie knebeln mußten.»

«Ist das alles?» fragte Abner.

Ward fluchte.

«Nein!» sagte er. «Glaubst du, daß wir deswegen zwei Männer hängen würden? Nach Bowers Bericht nahmen wir an, daß Shifflet und Twiggs Daniel Coopman getötet und sein Vieh weggetrieben hatten. Aber um ganz sicherzugehen, wollten wir feststellen, was sie mit Coopmans Leiche und dem Wagen gemacht hatten. Wir folgten der Spur der Herde zum Valley River hinab. Dort hatte kein Wagen übergesetzt, aber auf der anderen Seite konnte man erkennen, daß ein Wagen und eine Viehherde die Straße verlassen hatten und dem Fluß etwa eine Meile durch den Wald gefolgt waren. Und in der Flußkurve fanden wir die Stelle, wo die Kerle gelagert hatten.

Dicht beim Wasser hatte ein großes Holzfeuer gebrannt, von dem aber keine Asche übriggeblieben war. An der runden verbrannten Stelle, etwa vier Meter im Durchmesser, war die Asche weggeschaufelt worden; die Schaufelspuren waren noch deutlich zu erkennen. Hier am Lagerplatz war der Fluß ziemlich tief, und wir bauten aus Baumstämmen ein kleines Floß, schnitten uns ein Stämmchen mit einer Gabelung am Ende zurecht und kämmten den Fluß durch. Dabei fanden wir die Wagenbeschläge, die überall brandgeschwärzt waren. Schließlich befestigten wir noch einen Blecheimer an der Stange und fischten weiter. Wir holten verkohlte Holzbrocken und Knochenstücke herauf.»

Ward hielt inne.

«Damit war die Sache natürlich klar, und wir sind hierher zurückgekommen, um die Teufel aufzuhängen.»

Mein Onkel hatte aufmerksam zugehört und sagte jetzt:

«Was hat der Mann Twiggs und Shifflet bezahlt? Haben sie dir das erzählt, als ihr die Herde anhieltet?»

«Das», erwiderte Ward, «ist noch ein erdrückender Beweis. Als wir die Männer durchsuchten, fanden wir bei Shifflet ein Büchlein mit hundertundfünfzehn Dollar und ein paar Cent. Das Buch gehörte Daniel Coopman, weil wir eine alte Steuerquittung fanden, die zwischen Leder und Einband gerutscht war. Wir fragten Shifflet, woher er das Buch hätte, und er sagte, daß die fünfzehn Dollar und das Kleingeld ihm gehörten und die hundert von dem Mann stammten, der sie zum Viehtreiben eingestellt hätte. Er erklärte den Besitz des Buches damit, daß der Mann das Geld darin gehabt und gesagt hätte, sie sollten gleich das ganze Buch nehmen, als er sie bezahlte.»

«Wer war dieser Mann?» fragte Abner.

«Das wollen sie uns nicht verraten.»

«Warum nicht?»

«Ganz einfach, Abner», sagte Ward. «Weil es den Mann nie gegeben hat! Die Geschichte ist von Anfang bis Ende erlogen. Die beiden Kerle sind so schuldig, wie man nur schuldig sein kann. Alle Beweise sprechen gegen sie.»

«Nun», sagte mein Onkel, «was Indizienbeweise aussagen, hängt doch sehr davon ab, wie man die Sache ansieht. Dieser Weg der Wahrheitsfindung ist recht gefährlich, weil alle Wegweiser die seltsame Angewohnheit haben, genau in die Richtung zu zeigen, in der man gerade marschiert. Man erkennt das natürlich erst, wenn man umkehrt und zurückgeht und erstaunt feststellen muß, daß sich die Wegweiser ebenfalls gewendet haben. Aber solange jemand auf eine Richtung eingeschworen ist, wird er dir nicht zuhören, und wenn er dich in die andere Richtung gehen sieht, nennt er dich bestimmt einen Dummkopf.»

«In diesem Fall gibt es nur einen Weg!» sagte Ward.

«Jedes Ding hat zwei Seiten», erwiderte Abner. «Entweder ist der Verdächtige schuldig oder unschuldig. Du bist von der Theorie ausgegangen, daß Shifflet und Twiggs schuldig sind. Wenn du nun andersherum begonnen hättest – was dann?»

«Na», sagte Ward, «was dann?»

«Also», fuhr Abner fort, «du entdeckst Shifflet und Twiggs mit Daniel Coopmans Vieh, und sie erzählen dir, daß ein Mann sie beauftragt hat, seine Herde nach Maryland zu treiben. Du glaubst das und machst dich daran, den Mann zu finden. Dabei findest du Bowers!»

Bowers wurde totenblaß.

«Um Gottes willen, Abner!» sagte er.

Aber mein Onkel fuhr unerbittlich fort. «Was dann?»

Niemand antwortete, aber die Gesichter der Männer, die meinen Onkel umringten, wandten sich dem Mann zu, dessen zitternde Hände das Seil hielten, das für einen anderen Mann bestimmt war.

«Aber die Dinge, die wir gefunden haben, Abner!» sagte Ward.

«Was beweisen sie schon», fuhr mein Onkel fort, «nachdem sich die Wegweiser plötzlich umgedreht haben? Daß jemand Daniel Coopman umgebracht und sein Vieh fortgetrieben hat und hinterher seine Leiche und der Wagen vernichtet wurden ... Aber wer hat das getan? Die Männer, die Daniel Coopmans Vieh getrieben haben, oder der Mann, der Daniel Coopmans Pferd ritt und seine Uhr in der Tasche hatte?»

Wards Gesicht war eine Studie.

«Aha!» rief Abner. «Denk daran, daß sich die Wegweiser gewendet haben! Und wohin zeigen sie auf dem neuen Weg? Der Mann, der Coopman umbrachte, wollte nicht mit dem Vieh zusammen entdeckt werden. Also stellte er Shifflet und Twiggs ein, die die Herde für ihn nach Maryland treiben sollten. Unterdessen folgte er ihnen auf einer anderen Straße.»

«Aber seine Aussage, Abner?» fragte Ward.

«Was ist die wert?» erwiderte mein Onkel. «Er wird angehalten und muß erklären, wie er zu dem Pferd kommt, auf dem er sitzt, und zu der Uhr, die er in der Tasche hat, und er muß die Täter nennen. Er erzählt dir also eine Geschichte, die zu den Tatsachen paßt, die du findest, wenn du danach suchst, und er liefert dir Shifflet und Twiggs an den Strick.»

Ich habe niemals einen entsetzteren Mann gesehen als Jacob Bowers. Er saß in seinem Sattel wie ein Mann, der die Welt nicht mehr versteht.

«Mein Gott!» sagte er wieder und immer wieder.

Und er hatte wirklich allen Grund, Angst zu haben. Mein Onkel war unerbittlich. Das Pendel war nach der anderen Seite ausgeschwungen, und das Ungeheuer der Gesetzlosigkeit, das

Bowers mit heraufbeschworen hatte, wandte sich jetzt gegen ihn selbst. Er erkannte das und wurde schlaff vor Angst.

Eine Stimme drang aus dem Kreis der Männer und gab der geänderten Meinung Ausdruck.

«Jetzt haben wir den richtigen Mann!»

Jemand riß Bowers das Seil aus der Hand.

Aber mein Onkel trat dazwischen.

«Seid ihr euch auch sicher?» fragte er.

«Aber natürlich!» sagte jemand. «Du hast es uns doch selbst bewiesen, Abner!»

«Nein», antwortete mein Onkel. «Gar nichts habe ich bewiesen! Ich habe nur bewiesen, wohin uns Indizienbeweise führen, wenn wir eine Theorie verfolgen, ohne zu überlegen. Bowers sagt, da wäre ein Mann auf dem Hügel über Daniel Coopmans Haus gewesen. Und dieser Mann müßte natürlich wissen, daß er Daniel Coopman nicht umgebracht hat und seine Aussage stimmt.»

Sie lachten meinem Onkel ins Gesicht.

«Glaubst du wirklich, daß es den Mann gibt?»

Mein Onkel schien im Sattel zu wachsen, und seine Stimme übertönte alle.

«Ich weiß es», sagte er, «weil *ich* dieser Mann bin.»

Und damit hatten sie ihre Lektion weg, und wir ritten los, um Shifflet und Twiggs der Gerechtigkeit zu übergeben.

Flirt mit einer Leiche

Harold Q. Masur

Ich hatte das schöne Gewebe von Mia Farrows Millionen-Dollar-Haut ganz dicht vor Augen. Sie sah mir ins Gesicht. Aber sie sprach nicht mit mir.

Da oben auf der großen Leinwand hielt Paul Newman sie in einem Clinch, bei dem die Zensoren geschlafen haben mußten.

Neben mir stieß jemand einen Seufzer aus. Ich warf einen Blick auf das Mädchen im Nebensitz. Ein attraktiver Typ mit einer kräftigen kleinen Figur und braunem Lockenhaar, das ihr bis in den Nacken fiel. Sie hatte volle rote Lippen und bearbeitete einen Kaugummi. Sie schien hingerissen; ihre Augen waren auf die Leinwand fixiert, als sei sie in Trance.

Ich sah sie an und grinste. «Eine irre Szene, was?»

Sie warf mir einen versteinerten Blick zu, aber der schmolz wie Käse im Grill; schließlich lächelte sie. Ich bin kein Beau, aber ich sehe auch nicht gerade aus wie Frankenstein. Von meinen zwei Jahren Militärdienst im Fernen Osten – man hatte mich wegen Unfähigkeit entlassen – war ich noch braungebrannt. Ich trug einen weißen Leinenanzug und eine pastellblaue Krawatte.

«Newman ist phantastisch, nicht?» sagte sie.

«Mia auch.»

Nach diesem geistreichen Geplänkel kommentierten wir immer wieder, was sich auf der Leinwand abspielte. Bald berührten sich unsere Schultern. Meine Laune wurde besser. Das hier, dachte ich, wird einfacher, als ich mir vorgestellt hatte. Es war früher Nachmittag, und wir saßen fast allein in dem riesigen Zuschauerraum. Ich sah auf meine Armbanduhr. Ich hatte noch einen Anruf zu erledigen, deponierte also meinen Hut in ihrem Schoß und wanderte nach hinten ins Foyer.

Sie kennen sicher Keeler's Cathay, diesen phantastischen Riesenbau dicht neben der Hauptstraße; grotesk und gewaltig wie ein Maharadschapalast. Für drei Dollar Eintritt darf man über die üppigen Teppiche spazieren und es sich in einem Stuhl bequem machen, der so komfortabel ist wie der Sitz in einem Luxusauto. Überall im Land hatte Roscoe Keeler diese Monster gebaut.

Als ich zurückkam, lief gerade die Wochenschau. Das Mädchen saß tief in ihrem Sitz. Ich ließ mich in den Stuhl neben sie fallen und nahm ihren Arm. Sie wurde zugänglich und lehnte ihren Kopf an meine Schulter und stubste mit ihrer Stirn an meinen Hals. Die Wochenschau war zu Ende.

«Laß uns verschwinden», sagte ich. «Draußen wartet jede Menge kühles Bier auf uns.»

Sie rührte sich nicht. Ich sah zu ihr hinunter. Ihre Augen standen offen, und auch ihr Mund war nicht ganz zu.

«Die haben hier eine erstklassige Klimaanlage», sagte ich. «Aber draußen ist ja auch nicht gerade Winter. Laß uns gehen.»

Sie reagierte überhaupt nicht und nahm ihren Kopf nicht von meiner Schulter. Ich rutschte ein bißchen zur Seite, und da kippte sie mir in den Schoß. Ihr Kopf plumpste nach vorn, als hätte sie gar keine Muskeln im Hals. Ein Schauer lief mir über den Rükken. Ich saß ganz still. Plötzlich gingen die Lichter an, und ich starrte auf das hellbraune Haar, auf die Locken in ihrem Nacken.

Ein Platzanweiser kam den Gang herunter, sah uns und blieb wie versteinert stehen. Er bekam große Augen. Seine Kiefer fingen an zu mahlen, und dann stieß er einen animalischen Schrei aus wie ein Pferd in einem brennenden Stall. Er war noch ein halbes Kind.

Ich kam von ihrem Haar nicht los. Es war voller Blut. Gutes rotes Blut sickerte durch ihr Haar, und etwas davon floß auf meine rechte Hand, zwischen meine Finger und auf die Handfläche. Vielleicht hätte ich auch geschrien, aber meine Kehle war wie zugeschnürt. Oh, Bruder, dachte ich, was hat das zu bedeuten? In was bist du da hineingeraten?

Ich packte sie am Handgelenk und fühlte ihren Puls. Nichts, absolut nichts; kein Pulsschlag. Ich hob ihr Kinn. Ihre Augen standen offen. Aber sie hatten keinen Blick mehr. Und ihre hellrot geschminkten Lippen waren zu einem dünnen Lächeln verzogen; aber das war kein Lächeln mehr.

Sie war tot, entsetzlich tot.

Plötzlich wurde mir übel. Der Brechreiz war überwältigend. Das Blut auf meiner Hand widerte mich an, und ich stand schnell auf. Sie rutschte zur Seite und prallte sanft gegen den Sitz.

Was in der Stunde danach passierte, möchte ich nie wieder erleben. Ich habe die Vorgänge aus meinem Gedächtnis gelöscht und erinnere mich nur noch undeutlich daran. Ich weiß noch, daß ich im Büro des Geschäftsführers gesessen und unentwegt auf das Mädchen gestarrt habe. Man hatte die Leiche hierhergeschafft und auf eine Couch gelegt.

Sieh sie dir an, mußte ich immer wieder denken, vor einer Stunde hat sie noch gelebt, und jetzt ist sie tot.

Ich weiß auch noch, daß viele Männer im Zimmer waren. Ich erinnere mich, daß mir ein Mann Fragen stellte, die ich mechanisch beantwortete. Allmählich drängte sich dieser Mann in mein Bewußtsein. Er hieß Alec Hynd und hatte ein schmales ernstes Gesicht mit tiefen Falten; seine Augen sahen hart und leer aus; ein langweiliger Typ von fünfundvierzig Jahren. Die andern Leute von der Mordkommission standen nur da und sahen ihm zu. Es war sein Auftritt; er arbeitete für alle.

«Wo haben Sie das Messer versteckt, Crown?» sagte er.

Es war ein Messer? dachte ich. Man hat sie mit einem Messer getötet? Langsam bekam ich einen klaren Kopf. Ich wußte, daß er meinen Namen von anderen Gelegenheiten her kennen konnte. Peter Crown. Betriebsprüfer und Rationalisierungsfachmann. Oh, Bruder, war das peinlich! Ein Rationalisierungsfachmann, der sich noch nicht mal selbst aus der Klemme helfen konnte.

«Ich habe nie ein Messer besessen», sagte ich.

Von hinten stieß mir einer seinen Daumen in den Hals. Ich spürte einen schmerzhaften Stich im Kopf, und ein roter Schleier trat vor meine Augen.

Hynds Gelächter gefiel mir gar nicht. «Sie haben gesagt, Sie wollten telefonieren gehen. Sie waren also im Foyer und haben das Messer versteckt. Und zwar wo?»

Ich schüttelte hartnäckig den Kopf. «Nein. In dem Moment muß es passiert sein. Jemand hat sich von hinten an sie herangeschlichen, hat ihr das Messer in den Rücken gestoßen und sie aufrecht in den Sitz gesetzt. Als ich zurückkam und mich wieder hinsetzte, fiel ihr Kopf gegen meine Schulter. Ich – ich dachte, sie fände mich sympathisch; dabei war sie längst tot.»

Hynd schob die Unterlippe vor. «Wo haben Sie das Messer versteckt? Sie spielen uns hier ein Riesentheater vor, Crown. Sie könnten uns wirklich eine Menge Ärger ersparen.»

«Klar», sagte ich böse. «Ich mache ein Geständnis. Schreiben Sie: Ihr Parfüm hat mich gestört. Ich konnte es nicht ausstehen. Hinterher habe ich das Messer verschluckt und bin sitzen geblieben und habe darauf gewartet, daß ich geschnappt würde.»

«Sie hatten sie noch nie gesehen?»

«Noch nie.»

Hynds Lippen strafften sich. Er lachte; er lachte einmal kurz auf. «Sie hatten sie also noch nie gesehen. Wir können Ihnen allerdings beweisen, daß Sie ihr hierher gefolgt sind. Der Kartenabreißer hat Sie gesehen und erinnert sich, weil er das Mädchen kannte. Ein Platzanweiser hat Sie gesehen. Und ein Juwelier, der vor seinem Geschäft stand, hat Sie gesehen.»

Mein Gesicht fühlte sich an wie Pergamentpapier. «Stimmt», gab ich zu. «Ich bin ihr also hierher gefolgt.»

«Und Sie kannten sie auch. Sie wußten, daß sie Helen Craig hieß.»

«Ja, ich wußte, wie sie hieß.» Es hatte keinen Zweck zu leugnen.

Hynd straffte sich, und seine Augen hatten jetzt eine trübe dunkle Farbe.

«Was hatten Sie vor, Crown? Was wollten Sie von diesem Mädchen?»

«Ich hatte einen Auftrag und mußte deshalb mit ihr reden.

Wo ist Mr. Bolton? Wo ist der Geschäftsführer?» Ich sah mich nervös im Zimmer um. «Sagen Sie's ihm, Bolton.»

Er trat vor; ein makelloser kleiner Mann mit bleichem Gesicht und blassen Augen. Er wirkte beunruhigt. Sein magerer Körper steckte in einem Flanellanzug, den ein Könner geschneidert haben mußte. Sauber und glatt sah er aus wie eine Ladung Fünfzig-Millimeter-Granaten.

«Das hat schon seine Richtigkeit, Mr. Hynd. Crown arbeitet hier seit zwei Tagen.»

«So? Was macht er denn?»

«Er ist Betriebsprüfer. Mr. Keeler hat ihn eingestellt. Die Geschäfte gehen nicht mehr so gut. Es sieht ziemlich ernst aus. Nicht nur für dieses Theater; auch für unsere anderen, im ganzen Land. Wir dachten, ein Rationalisierungsfachmann kann uns vielleicht sagen, woran das liegt.»

Hynd sah mich finster an. «Was sagen Sie dazu?»

«Das stimmt», sagte ich. «Bis vor zwei Wochen hat Helen Craig hier als Kassiererin gearbeitet. Sie bekam fünfundneunzig Dollar in der Woche. Aber auf einem Bankkonto in Brooklyn hatte sie zehntausend; das Geld ist in den letzten sechs Monaten eingezahlt worden. Woher hatte sie das? Ich dachte mir, wenn ich sie kennenlerne, mich mit ihr anfreunde, verrät sie's mir vielleicht, ohne daß ich ihr meine wirklichen Absichten auf die Nase binden muß; möglicherweise würde sich eine Verbindung herausstellen zwischen dem Geld und diesem Theater.»

Alec Hynd gefiel das nicht. Er war der Typ, der sich nur ungern einen Irrtum eingestand. Er blieb noch eine Weile und bearbeitete mich mit Fragen. Wie lange ich schon hinter dem Mädchen hergewesen sei; warum ich sie nicht rundheraus beschuldigt hätte; lauter solches Zeug – er wollte mich in einen Wirbel von Widersprüchen ziehen, bis ich ihm sagte, wohin er sich verdrücken sollte. Ich hielt jedenfalls meine Klappe; und nur mit einer Brechstange hätte er noch was aus mir herausbekommen.

Jetzt waren wir beide allein. Bolton, der Geschäftsführer, und ich. Hynd war gegangen und die andern Bullen auch. Helen

Craigs Leiche hatte man zur Leichenhalle geschafft. Dicker Qualm hing grau und schwer wie Londoner Smog im Zimmer. Bolton holte eine Flasche Scotch und zwei Gläser.

«Das können wir jetzt beide brauchen. Der wird uns guttun.»

Ich leerte mein Glas und trank gleich danach noch ein zweites. Der Whisky war gut. Ich fühlte mich besser. Ich ging zum Fenster und ließ mein verschwitztes Gesicht in dem leichten Luftzug trocknen.

«Keine gute Reklame», klagte Bolton. «Gar nicht gut für uns.»

«Vielleicht doch», sagte ich. «Die Leute sind scharf auf Sensationen. Vielleicht kommen sie jetzt erst recht.»

Laß uns ins Cathay gehen, Liebling. Da haben sie mitten am Tage ein Mädchen umgebracht.

«Das hoffe ich», sagte Bolton. «Wenn es noch schlimmer wird, kann ich mich nach einem neuen Job umsehen.»

Ich drehte mein leeres Glas zwischen den Fingern. «Was wissen Sie über dieses Mädchen, Helen Craig?»

«Nicht viel. Sie hat ungefähr ein Jahr hier gearbeitet und dann plötzlich gekündigt. Sie machte einen zuverlässigen Eindruck. Ich mochte sie. Übrigens hat sie mit einer der andern Angestellten zusammen eine Wohnung gehabt. Sie können sich nachher noch mit ihr unterhalten.»

Filmmusik drang sanft und gedämpft durch die geschlossene Tür. «Wie ging das Geschäft gestern abend?»

«Nicht besonders. Vielleicht liegt es an der Zeit», fuhr Bolton fort. «Vielleicht sind auch die Filme zu schlecht. Vielleicht wollen die Leute nicht ins Kino gehen und sich amüsieren.»

«Unsinn», sagte ich. «Jede Kneipe, jeder Nachtclub, jedes Kino im Land macht glänzende Geschäfte. Die Leute haben zwar angeknackste Nerven; aber gerade darum brauchen sie die Erholung. Und dafür reißen sie sich Arme und Beine aus. Jeder hat eine Menge Geld und will es auch unter die Leute bringen. Fürs Vergnügen wird doch jeder Preis gezahlt. Zum Teufel, Sie könnten den Eintritt erhöhen und müßten trotzdem noch mehr Karten verkaufen.»

Bolton spreizte resigniert seine sorgfältig manikürten Finger.

«Ich geb's auf. Ich verstehe das nicht mehr. Als in unserm Theater in Chikago das Geschäft rückläufig wurde, war ich froh, daß man mich nach dem Osten versetzte. Jetzt ist es hier genauso.»

Ich seufzte; er tat mir leid. Ich dachte gerade an seine Flasche Scotch, als die Tür aufging und ein großer Mann hereinkam. Er hatte welliges rotes Haar, einen krausen roten Schnurrbart, und auch seine Augen sahen rötlich aus.

«Der Kartenautomat ist fast leer, Mr. Bolton», sagte er. «Kann ich eine neue Rolle haben?»

«Ich kümmere mich schon drum, Vic.» Und zu mir sagte Bolton: «Das ist Vic Schramm, unser zweiter Geschäftsführer.»

Ich nickte und bewunderte seine nachtblaue Smokingjacke und die Hose, mit deren Bügelfalte man sich hätte rasieren können.

Bolton ging an den Safe, drehte an der Ziffernscheibe und sagte, ohne sich umzuwenden: «Kümmere dich um Mr. Crown, Vic. Falls er irgendwelche Wünsche hat.»

Schramm verzog seinen Mund zu einem weichlichen Grinsen. Ich folgte ihm ins Zwischengeschoß. In dem üppigen Teppich versank man fast knöcheltief.

«Eine dumme Geschichte mit dem Mädchen», sagte Schramm. «Ich dachte schon, die Bullen würden den Laden erst mal ein oder zwei Tage zumachen.»

«Sie haben sie gekannt?»

Er lächelte traurig und zeigte sein Gebiß. «Nicht sehr gut. Wissen Sie, in meiner Position ist es keine besonders gute Personalpolitik, wenn man sich mit kleineren Angestellten einläßt.»

«Mm.» Ich nickte. «Was ist denn Ihre Position?»

«Wieso? Zweiter Geschäftsführer natürlich.»

«Klar. Aber was haben Sie für Aufgaben?»

«Ach so!» Er zuckte die Achseln. «Ich habe wenig Verantwortung. Ich kümmere mich um die Dienstkräfte und achte darauf, daß die Platzanweiser höflich und immer anständig angezogen sind. Ich muß feststellen, wann Vorstellungen ausverkauft sind – falls das mal vorkommt. Und darauf achten, daß die Kopien rechtzeitig geliefert werden. Lauter solche Sachen.»

«Wer kauft die Filme ein?»

«Mr. Bolton kauft den größten Teil. Er schließt immer Verträge für ein Jahr ab.» Er hob resigniert die Schultern. «Ich bin nicht immer mit seiner Auswahl einverstanden, aber . . .»

Er sprach nicht aus, was er dachte. Daß er Bolton für einen Stümper ersten Ranges hielt. Ich ging nicht darauf ein. Aber er machte noch einen Versuch. «Wird man Leute entlassen und neue einstellen?»

«Das kommt drauf an», sagte ich unverbindlich.

«Worauf?»

«Auf die Einnahmen. Es sieht schlimm aus.»

Diesmal sagte er es offen heraus. «Der Laden braucht neue Leute.»

Ich sah ihn an. Um seine Stellung machte er sich offenbar keine Sorgen. «Vielleicht», sagte ich. «Wenn es tatsächlich an der Geschäftsleitung liegt.»

«Ehrlich gesagt», meinte er, «ich glaube, das Cathay könnte besser dastehen.»

«Genau darum geht es ja.» Ich rieb meinen rechten Daumen und Zeigefinger aneinander. «Ums Geld. Wie schwer ist das kleine Lederbeutelchen am Ende des Tages? Ob Sie dies Theater nehmen oder das Sansibar in Chikago, die Pyramide in Minneapolis, das Rio in Philadelphia; alle haben sie weniger Einnahmen als im letzten Jahr.»

Er wollte etwas sagen, aber ein schrilles Pfeifkonzert von den Rängen ließ ihn nicht zu Wort kommen. Die Leute im Parkett fielen ein; alles fing an zu zischen. Innerhalb von drei Minuten trampelten alle Zuschauer mit den Füßen und klatschten in die Hände. Vic Schramm fluchte.

Wir drückten uns in einen leeren Gang und sahen auf die Leinwand. Mia redete. Jedenfalls bewegten sich ihre Lippen; aber aus den Lautsprechern kam nicht mal ein Flüstern.

«Die Tonspur verwechselt!» zischte Schramm. «Entschuldigen Sie mich, Crown. Bis nachher.» Er lief zum Vorführraum.

Es vergingen fünf Minuten, dann dröhnten wieder Worte aus den Verstärkern. Der Vorführer stellte die Lautstärke ein, und die Zuschauer beruhigten sich. Ich blieb noch eine Minute stehen und ging dann nach draußen ins Foyer. Ich folgte einem instinktiven Einfall.

Als ich Helen Craig nachgegangen war, hatte ich mir eine Eintrittskarte gekauft. Ich tat das, weil ich nicht sicher war, ob der Kartenabreißer mich erkennen oder nach einer Karte fragen würde; und ich wollte doch das Mädchen nicht aus den Augen verlieren. Ich hatte es zwar eilig gehabt, konnte mich aber noch an das Mädchen an der Kasse erinnern. Sie hatte so attraktiv ausgesehen, daß man sie nicht einfach unbehelligt lassen durfte.

Sie saß auch noch an ihrem Platz; aber diesmal war sie nicht allein. Bolton stand neben ihr und fummelte an dem Kartenautomat herum. Er sah verstört aus und ließ jetzt den Messingdeckel zuschnappen.

«Sie sehen selbst, womit ich mich abgeben muß, Crown. Die Eintrittskarten gehen aus, und kein Mensch sagt mir was davon. Der Verleih liefert schlechte Kopien, und die Zuschauer randalieren wie in irgendeinem billigen Schuppen. Wo ist Schramm?» Er lief ins Haus zurück.

Ich blieb vor der Scheibe des Kartenschalters stehen und grinste die Kassiererin an. Sie war klein und gedrungen und hatte einen Busen wie ein Fotomodell und das Lächeln einer Filmschauspielerin. Es war ein professionelles Lächeln, mit dem man für Zahnpasta hätte werben können. Ich sagte kein Wort, und ihr Lächeln sank in sich zusammen wie der Mut einer Braut vor der Hochzeitsnacht.

«Wieviel Karten wünschen Sie?»

Wie soll ich ihre Stimme beschreiben? Man hat noch kein Instrument erfunden, das hübschere Töne von sich gibt.

«Wenn Sie eine Hostess in einem Tanzclub wären», sagte ich, «würde ich sie alle kaufen.»

Ihre Augen waren kobaltfarben und wurden jetzt groß wie Untertassen. Sie machte den Mund auf, sagte aber kein Wort.

«Ich will eigentlich gar keine Karte», sagte ich.

Plötzlich lächelte sie wieder; strahlend und unecht. «Ich weiß», sagte sie. «Sie arbeiten hier an irgendwas. Mr. Schramm hat mir's erzählt.»

«Was hat er Ihnen sonst noch erzählt?»

«Daß ich vorsichtig sein soll. Daß Sie ein gefährlicher Typ wären.»

«Hat er Ihnen auch gesagt, daß Sie nicht mit mir essen gehen sollen?»

«Also . . .» Sie holte tief Luft. «Also . . .»

«Wann machen Sie hier Schluß?»

«Ich möchte nicht –» begann sie. «Um halb zehn.»

«Ich warte unter der Balustrade auf Sie.»

Sie saß nur da, starrte mich durch ihre dichten Wimpern hindurch an, und mein Herz fing wild an zu klopfen.

«Und lassen Sie mich nicht warten», sagte ich noch. «Ich halte nämlich solange die Luft an.»

Es war Sommer in New York. Abends, wenn es dunkel wird und die Hitze aus dem Asphalt aufsteigt, spürt man, wie die Stadt zum Leben erwacht. Millionen Neonlichter tauchen den Broadway in weißes glitzerndes Licht. Ein Schauspiel, das man sich von Zeit zu Zeit gern ansieht. Lange Schlangen von Autos kriechen durch die Straßenschluchten. Hupen und quietschende Bremsen sind die monotone Begleitmusik. Immer mehr Menschen strömen aus jedem U-Bahn-Ausgang auf die Bürgersteige, drängen sich in die Nebenstraßen und bilden lange Schlangen vor den Kartenschaltern der Kinos und Theater.

Es war Sommer; die Leute hatten Geld und wollten es auch ausgeben.

Ich bog um die nächste Straßenecke und kam auf das Cathay zu. Vic Schramm ging an einer Menge wartender Menschen entlang und versuchte, Ordnung zu schaffen. Es lag etwas in der Luft; die Leute murrten; sie hatten keine Lust, sich hintereinander anzustellen. Kleine Gruppen lösten sich aus der Schlange und gingen weg. Schramm entdeckte mich.

«Ich gäbe was drum, wenn wir heute abend tausend Plätze mehr hätten, Mr. Crown.» Er ging nach drinnen.

Es war kurz vor halb zehn. Ich ging in das hintere Foyer. Die Blondine kam mir entgegen. Sie sah hübsch aus. Sie lächelte. Ich sah, wie sie lächelte, und ganz plötzlich sah ich sie nicht mehr. Ich sah überhaupt nichts mehr. Es war stockdunkel im Cathay.

In dem Kino brannte keine einzige Birne mehr.

Der abrupte Wechsel von gleißendem Licht zu dem undurchdringlichen Nichts wirkte wie ein Schock. Eine Frau schrie. Die Menge drängte nervös nach hinten. Hier und dort blinkten hilflos kleine Taschenlampen auf.

«Da ist nur eine Sicherung durchgebrannt», rief ich. «Bleiben Sie stehen, wo Sie sind! Alles stehenbleiben!»

Aber ich wußte, daß es mehr war als eine durchgebrannte Sicherung und auch mehr als zehn durchgebrannte Sicherungen. Es war einfach unglaublich, daß so etwas in einem Kino wie dem Cathay passieren konnte. Ziemlich bald gingen die Lichter wieder an.

Ich bahnte mir einen Weg durch die Menge und traf im Keller den Elektriker. Selten habe ich einen Mann so fluchen hören. Ich sprach eine Weile mit ihm und ging dann wieder ins Foyer.

Unterwegs fiel mir auf, daß ein paar Birnen immer noch nicht brannten. Ich bat den Kartenabreißer, dem Elektriker Bescheid zu sagen. Die Blondine machte ihm klar, daß er sich ohne weiteres solange von mir vertreten lassen konnte.

Vor dem Schalter war es jetzt ruhiger geworden, weil viele Leute beim Stromausfall gegangen waren. Während ich den Kartenabreißer vertrat, rannte Bolton an mir vorbei. Er sah bleich und verstört aus und auch nicht mehr so ordentlich. Seine Lippen waren verzerrt, und er schwitzte.

Der Kartenabreißer kam zurück. Ich konnte gehen. Als ich die Blondine einhakte, merkte ich, daß ich noch zwei Kontrollabschnitte von Eintrittskarten in der Hand hatte. Ich hatte vergessen, sie in den Reißwolf zu werfen. Ich steckte sie in die Tasche und steuerte mit dem Mädchen auf die Straße.

Wir gingen zu Luigi und bestellten etwas zu essen. Als sie mir sagte, wie sie hieß, dachte ich erst, sie wollte mich auf den Arm nehmen. Sie hieß Melodie.

«Wer hat Ihnen das denn angetan?»

Es stellte sich heraus, daß ihr Vater, ein Musiklehrer, Sinn für Humor gehabt hatte. Sie bekam kleine Fältchen um die Augen, als sie mir ihren vollen Namen nannte. Melodie Krauss. Und in Wirklichkeit war sie auch gar keine Kartenverkäuferin im Cathay. Sie betätigte sich dort als Organistin zwischen den Filmen. Es war sehenswert, wie sie an der Hunderttausend-Dollar-Hammondorgel spielte.

Ich fragte sie, was sie in dem Kartenschalter machte.

«Als Helen . . .» Sie wollte mir alles erzählen; aber weiter kam sie nicht. Sie quetschte ihre zitternde Unterlippe zwischen die Zähne.

Ich sah sie besorgt an.

Sie beherrschte sich nur mühsam. «Ich habe mit Helen zusammen in einer Wohnung gewohnt.»

Ich sagte kein Wort. Was soll man auch zu einem Mädchen sagen, deren Freundin gerade umgebracht worden ist?

«Sie halten mich vielleicht für ziemlich kaltschnäuzig», sagte sie. «Daß ich einfach so mit Ihnen ausgehe. Aber mir war heute abend wirklich nicht danach zumute, allein zu sein . . . Ich war früher auch Kassiererin. Dann erfuhr Mr. Bolton, daß ich Orgel spielen konnte, und er ließ mich vorspielen. Helen wohnte damals schon mit mir zusammen. Wir blieben auch zusammen, als ich Organistin geworden war.»

Bolton hatte für Helen keinen Ersatz finden können und Melodie gebeten einzuspringen. Sie fragte mich, was es mit dem Stromausfall im Cathay auf sich gehabt hatte.

«Da muß wohl einer am Hauptschalter gewesen sein und hat mit Absicht ein paar Sicherungen durchbrennen lassen.»

«Aber das ist doch Sabotage! Wer könnte denn so was getan haben?»

«Eben», sagte ich. «Wer?»

«Irgendwas ist in letzter Zeit immer schiefgegangen», sagte sie.

Ich beugte mich vor. «Zum Beispiel?»

Sie hob die Schultern. «Ich weiß nicht – man spürt einfach, wenn mit einem Laden etwas nicht stimmt.»

Wir hatten zu Ende gegessen. «Wie wär's, wenn Sie mich Helens persönliche Sachen durchsehen ließen? Vielleicht findet sich da irgendein Hinweis.»

Sie nickte, und wir nahmen ein Taxi.

Wir hielten vor einem gemütlichen kleinen Haus in den East Nineties. Sie fummelte in ihrer Handtasche und gab mir ihren Schlüssel.

«Gehen Sie schon nach oben», sagte sie. «Apartment 3-B. Ich will noch etwas zu trinken besorgen.»

Ich erhob Einspruch. Aber sie ließ sich nicht umstimmen. Und so stieg ich drei Treppen hoch, fand die Wohnungstür und schloß auf. Im Wohnzimmer brannte eine Leselampe. Sie warf gelbes Licht auf den Mann, der auf der mohairbezogenen Bettcouch saß und seine langen Beine übereinandergeschlagen hatte. Es war Alec Hynd, der Bulle von der Mordkommission.

Er starrte mich ausdruckslos an. «Ach, Sie sind das also.»

Ich warf meinen Hut in die Ecke. «Was zum Teufel soll das bedeuten?»

«Ich dachte, Sie hätten die kleine Craig gar nicht gekannt?» sagte er.

«Das stimmt auch. Ich kannte sie nicht.»

«Aber Sie haben einen Schlüssel und spazieren herein, als ob Sie das jeden Tag täten.»

Ich lachte ihm ins Gesicht. «Sie sind clever», sagte ich. «Sie sind genial. Genau wie ein Bulle. Wenn man ihm Papier und Bleistift aus der Hand nimmt, kann er nicht mehr denken. Passen Sie auf, ich will's Ihnen nicht schwermachen. Die kleine Craig wohnt noch mit einem andern Mädchen zusammen. Die hat mich raufgeschickt. Sie muß jeden Augenblick hier sein.»

Hynd stieß einen eigenartigen Seufzer aus. «Ich bin nun seit fast zwanzig Jahren in dieser Branche, Crown. Und jedesmal, wenn ein Neuling seinen Riecher in die Angelegenheiten der Polizei steckt, bekommt er eins drauf – und zwar nicht zu knapp. Das ist immer dasselbe. Ich wette fünf Cent gegen einen Dollar, daß man Ihnen bald ein Plätzchen in der Leichenhalle reservieren wird. Und wenn dann –»

Melodie klingelte, und ich ließ sie in die Wohnung. Sie sah Hynd bestürzt an.

«Nur eine Routineuntersuchung», sagte er. «Die Polizei ist berechtigt, das Eigentum eines ermordeten Mädchens zu überprüfen. Ich muß Ihnen auch noch ein paar Fragen stellen; aber das hat Zeit bis morgen.»

Er ging hinaus.

Melodie mixte uns ein paar schwache Drinks, die nicht mal ein Schulmädchen umgeworfen hätten. Als ich mein Glas ausgetrunken hatte, führte sie mich in Helen Craigs Zimmer. Ich durchsuchte es gründlich, fand aber nichts Interessantes; ein paar laue Briefe von einem Jungen in Übersee, Modeschmuck, Fotos; nur den üblichen Kram, den ein Mädchen eben so aufhebt.

Dann fiel Melodie noch ein Koffer in einem von ihren Schränken ein, in dem Helen Sachen aufbewahrt hatte. Darin fanden wir allerhand modische Unterwäsche und ein paar Briefumschläge. In einem davon steckten zwei Kontrollabschnitte von Eintrittskarten aus dem Cathay; in dem andern war ein Brief von Vic Schramm. Nachmittags hatte er behauptet, sie nicht besonders gut gekannt zu haben. Er hatte also gelogen.

Melodie sah mir über die Schulter. Es war nur ein kurzer Brief. Aber ich glaube, er hätte Asbest zum Schmelzen bringen können. Er könnte nicht schlafen, schrieb er. Er könnte nicht essen. Er wußte, daß sie ihn betrog. Wenn er sie je mit einem andern Mann erwischen würde, wollte er sie beide umbringen. Ich sah Melodie an.

Ihre Augen waren geweitet. «Schramm wollte Helen heiraten», sagte sie. «Er schwor ihr, daß er eine Menge Geld hätte und bald im Cathay Geschäftsführer würde.»

Es dauerte einen Moment, bis ich begriffen hatte; dann faßte ich Melodie bei den Schultern.

«Schramm hat also geglaubt, er würde Boltons Job bekommen?»

Sie nickte. «Ja. Er hat ihr gesagt, Boltons Stuhl würde wackeln.»

«Klar», sagte ich. «Und ich weiß auch, wer an ihm sägt.»

Mir fielen jetzt eine Fülle von Einzelheiten ein; lauter Kleinigkeiten, die jetzt einen Zusammenhang ergaben. «Bis nachher», sagte ich und lief nach draußen.

Ein Taxi fuhr über die Straße, und ich rannte hinterher. Ich erwischte das Taxi nicht mehr; und das war verdammt gut für mich. Auf der Straße wurden Gullys ausgebessert. Einen Deckel hatte man nicht richtig eingesetzt. Zu meinem Glück; denn sonst hätte es mich Kopf und Kragen gekostet. Ich blieb mit der Schuhspitze an einem Vorsprung hängen, landete der Länge nach auf der Straße und streckte alle viere von mir.

Genau in diesem Augenblick pfiff eine Kugel Zentimeter über meinen Kopf hinweg, und das Krachen des Schusses brach sich an den Wänden der Häuser. Ich lag ganz still, hielt den Atem an und hörte, wie jemand wegrannte.

Ganz langsam stand ich auf und sah meine Hand an. Ich konnte sie nicht still halten, weil ich am ganzen Körper zitterte. Ich stand da und fühlte mich wie ausgebrannt. Dann packte mich plötzlich wilder Haß, der mich innerlich zum Kochen brachte.

Ich machte mich auf den Weg. Es war gegen ein Uhr morgens. Ich hatte den Zettel mit der Adresse in meiner Tasche. Vic Schramm wohnte gleich hinter dem Park; zu Fuß waren das dreißig Minuten. Ich brauchte diese zusätzliche Zeit, um meine Gedanken zu ordnen.

Das Haus war ein renovierter Altbau. Vic Schramm war noch nicht in seiner Wohnung. Ich wartete auf der gegenüberliegenden Straßenseite, bis ich ihn die Treppe hinaufsteigen sah. Dann machte ich in der Nähe eine Drogerie ausfindig und rief Bolton in seinem Hotel an.

«Kommen Sie zu mir», sagte ich. «Ich warte vor Schramms Wohnung. Ich lasse die Bombe hochgehen.»

Eine Viertelstunde später stieg Bolton an der nächsten Ecke aus einem Taxi. Sein Flanellanzug war ein bißchen zerknittert. Er schwitzte und wischte sich mit einem sorgfältig gefalteten Taschentuch über die Stirn. Ich winkte ihm.

Vic Schramm machte auf, als wir klopften. Sein Oberkörper war nackt. Auf seiner hohlen Brust sproß dasselbe rote Haar wie auf seinem Kopf und über seinen Lippen. Er zog die Augenbrauen hoch, sah von einem zum andern und trat dann zur Seite. Bolton schloß die Tür.

«Setzen Sie sich, Schramm», sagte ich.

Er starrte uns an. «Was hat das zu bedeuten – feiern wir eine Party?»

«Stimmt», sagte ich. «Eine Abschiedsparty. Hinsetzen.»

Er wollte ins Schlafzimmer. «Sie haben doch nichts dagegen, wenn ich mir was überziehe?»

«Ich habe allerhand dagegen», sagte ich. «Sie haben große Taschen, und ich kann nicht sehen, ob da was drinsteckt.»

«Zum Beispiel?» Seine Augen wurden schmal.

«Ein Revolver», sagte ich. «Einmal die Nacht reicht mir.»

Seine Augenbrauen verzogen sich wie zerknautschter Karton. Er stellte sich vor Bolton. «Wovon zum Teufel redet der eigentlich?»

Bolton hob die Schultern. «Ich weiß es nicht, Vic. Das hier ist Crowns Auftritt.»

«Sie haben Angst, Schramm, stimmt's?» sagte ich. «Ich mache Ihnen keinen Vorwurf. Sie haben solche Angst, daß Sie mir heute nacht eine Kugel verpassen wollten.»

Er schüttelte den Kopf wie ein Boxer nach einer harten Geraden. Dann schluckte er zweimal. «Eine Kugel? Warum sollte ich das tun?»

«Das will ich Ihnen sagen», meinte ich. «Sie wußten, daß ich Ihnen auf die Schliche gekommen bin. Sie wollten die kleine Craig haben; aber die sah Sie lieber von hinten als von vorn. Also wollten Sie ihr zeigen, was für ein Kerl Sie sind. Sie wollten ihr beweisen, daß Sie der Chef sein könnten, Geschäftsführer vom Cathay. Darum wollten Sie Bolton rausdrängen. Und darum haben Sie auch das Kino immer mehr in Verruf gebracht. Sie waren doch für die Filmkopien verantwortlich. Sie haben die Tonspur mit Absicht zerstört.»

«Das müssen Sie beweisen», rief Schramm. Die Muskeln an seinem Hals verzogen sich zu harten Klumpen.

«Heute», sagte ich, «sind Sie am Hauptschalter gewesen und

haben den ganzen Laden verdunkelt und den Film angehalten. Kein Mensch kommt sonst an den Hauptschalter. Wir werden Ihre Fingerabdrücke feststellen. Vielleicht finden wir hier in dieser Wohnung ein paar von den Sicherungen, die Sie kaputtgemacht haben.»

Schramm gefiel das nicht. Seine Mundwinkel fingen plötzlich an zu zucken.

«Heute abend stand eine Schlange von Leuten vor dem Kartenschalter», sagte ich. «Aber nachdem Sie mit ihnen geredet hatten, sind viele gegangen. Ich weiß auch, was Sie ihnen gesagt haben: Es gäbe keine Karten mehr. Sie haben die Leute entmutigt. Sie wollten die Geschäftslage noch weiter verschlimmern; in der Hoffnung, man würde den Geschäftsführer feuern und Sie an seine Stelle setzen. Sie haben der kleinen Craig auch gesagt, daß Boltons Stuhl schon wackeln würde.»

«Na und?» knurrte er. Er stand vorgebeugt da und hielt mir sein finsteres Gesicht entgegen.

«Vielleicht hat Helen Craig Wind von der Sache bekommen und gedroht, Sie bloßzustellen. Oder», sagte ich langsam, «sie hat einen Daddy mit einem Sack voll Geld kennengelernt; einen, der ihr zehn große Scheine gegeben hat. Sie wollte Sie abschieben. Sie waren verrückt vor Eifersucht. Wenn Sie das Mädchen nicht kriegen konnten, dann sollte sie auch kein anderer haben. Und so haben Sie ihr den Hals aufgeritzt, als sie im Kino saß. Sie haben sie getötet; und nun kann sie nicht mehr reden.»

Schramms Gesicht war grau geworden. Er leckte sich über die Lippen. Seine Nasenflügel bebten.

«Ich soll sie umgebracht haben?» Seine Stimme war belegt. «Das hätte ich nie gekonnt. Ich war ja ganz verrückt nach ihr.»

«Hier ist ein Brief, den Sie ihr geschrieben haben», sagte ich und holte ihn aus meiner Tasche. «Darin drohen Sie ihr, sie umzubringen, wenn sie sich jemals von Ihnen trennen würde. Sie glauben doch nicht, daß es auf dieser Welt auch nur einen Geschworenen gäbe, der so dumm wäre, sich darauf keinen Reim zu machen!»

Ich faltete den Brief auseinander, und dabei fielen mir ein paar Kontrollabschnitte und Eintrittskarten aus dem Cathay in die Hände: die beiden, die ich als Kartenabreißer eingesteckt hatte; und die Karte, die ich selbst heute mittag gekauft hatte, als ich hinter Helen Craig her war.

Sie lagen in meiner Hand, und ich sah sie mir an. Ich wollte sie gerade wieder einstecken, als mir etwas auffiel. Ich starrte auf die Seriennummern. Und die Nummern starrten mich an wie riesengroße Schlagzeilen.

Die Nummer der Karte, die ich gekauft hatte, war viel höher als die der beiden andern. Trotzdem hatte ich sie doch früher und am selben Tage gekauft. Verstehen Sie, was das bedeutete? Eintrittskarten werden fortlaufend verkauft. Die Verkaufsnummer besagt, wieviel Geld am Ende eines Tages in der Kasse sein muß. Soundso viel Geld für soundso viel Karten.

Ich sah nicht auf. Ich hatte Angst, daß man mir alles ansehen würde. Mein Adamsapfel schien kaum noch in meine Kehle zu passen. Er tat mir weh.

«Sie sagen, man hätte auf Sie geschossen?» krächzte Schramm. «Wann war das? Um welche Uhrzeit?»

«Gegen eins.»

Seine Hand krallte sich in meinen Arm. «Aber um eins war ich noch im Kino. Der Pförtner hat mich gesehen. Er kann beschwören, daß ich dort war.»

Ich gab ihm keine Antwort und öffnete den Umschlag mit den beiden Kontrollabschnitten, die Helen Craig aufgehoben hatte. Ich sah mir die Seriennummern an. Die beiden Nummern waren gleich.

Es traf mich wie ein Faustschlag. Ich sah jetzt alles deutlich vor mir. Natürlich hatte nicht Schramm auf mich geschossen.

Ich sah Bolton an. «Sie haben doch nie jemand anders an die Eintrittskarten gelassen, oder?»

Sein Gesicht sah plötzlich grau, müde und verfallen aus.

«Kontrollabschnitte mit denselben Nummern», sagte ich, «eine Kassiererin, die dahinterkam und ihren Anteil verlangte –»

«Karten mit denselben Nummern!» rief Schramm. «Er war es;

Bolton war es. Er hat die Karten gefälscht, verkauft und das Geld eingesteckt.»

Bolton stand jetzt an der Wand, in der Hand einen Revolver. Die Mündung zeigte auf Schramms Magen. Boltons Mundwinkel waren hochgezogen, als hinge er an einem Angelhaken.

Schramms Augen waren auf die Revolvermündung gerichtet. Sie faszinierte ihn. Er stand da, als hätte man ihn in den Fußboden gerammt. Angst und Schrecken verzerrten sein Gesicht; es war alles andere als ein schöner Anblick.

Boltons Stimme triefte vor Spott. «Jawohl», sagte er. «Ich habe jeden Tag zwischen zwei- und fünfhundert falsche Eintrittskarten eingeschmuggelt. Das hat das Geschäft kaputtgemacht. Und du denkst, es wären deine dämlichen Tricks gewesen, die uns fast bankrott gemacht hätten?» Seine Faust spannte sich um den Revolvergriff, und seine Knöchel wurden weiß.

Schramms Stimme war nur noch ein heiseres Flüstern. «Nein, nein, Bolton! Nicht –» Sein Atem wurde schwer wie der Atem eines Mannes, der kurz vorm Ersticken ist. Er bekam kaum noch Luft.

Bolton drückte dreimal ab.

Der Anprall der Kugeln warf Schramm zurück. Er starrte mich an. Ich sah, daß er nicht glauben wollte, was passiert war. Seine Knie versagten. Er streckte seine Hand aus wie ein Bettler, dann brach er zusammen. Er kippte langsam vornüber und fiel auf den Rücken, mit dem Gesicht nach oben. Seine Augen waren angeschwollen und standen immer noch offen. Er war entsetzlich tot. Seine Lippen hatten sich nach hinten gezogen und gaben die Zähne frei und nacktes Zahnfleisch.

Die Revolvermündung beschrieb einen engen kleinen Bogen und wies dann auf meine Brust. «Keine schlechte Idee, was?» sagte Bolton.

«Fünfhundert Karten täglich, und das für einen allein ist ein ganzer Haufen Geld», gab ich zu. «Als Sie mich ins Kino kommen sahen und merkten, daß ich hinter Helen Craig her war, haben Sie Angst bekommen, sie könnte vielleicht etwas ausplaudern.»

Er nickte. «Sie hätte sowieso dran glauben müssen. Sie hat mich erpreßt. Als Sie ins Foyer gingen, habe ich sie fertiggemacht. Ich hatte Sie keinen Augenblick aus den Augen gelassen.» Seine Augen glänzten unnatürlich.

«Als ich sah, wie Sie heute abend den Kartenabreißer vertraten, und später dahinterkam, daß Sie ihr Apartment durchsuchten, wurde mir klar, daß Sie auch dran glauben mußten.» Er hob die Schultern. «Ich konnte ja nicht wissen, ob sie vielleicht Sachen aufbewahrte, die mich belastet hätten.»

Der Schweiß auf meinem Gesicht war klebrig wie ein Ölfilm.

«Es war idiotisch von mir, die Karten auszutauschen, während Sie Ihre Untersuchungen machten», sagte Bolton gelangweilt. «Aber ich war auf das Geld angewiesen.»

Ich staunte. «Sie brauchten Geld, obwohl Sie jede Woche ein oder zwei Tausender gemacht haben?»

Er schnitt eine Grimasse. «Ich bekam ja nicht alles. Wir Geschäftsführer sind in einem Syndikat organisiert. Unser Anteil ist nur ein bestimmter Prozentsatz.»

«Und so ist das in allen Kinos von Keeler?» fragte ich.

Da waren wieder seine Augen. Die machten mir Angst. Er sah aus, als würde er jeden Moment abdrücken. Es kam mir vor, als sträubten sich meine Nackenhaare. «Wir haben schon genug gequatscht», sagte er. Seine Muskeln spannten sich, bereiteten sich vor auf den zu erwartenden Rückstoß des Revolvers. Er bewegte sich steif und mechanisch.

Eine furchtbare Explosion zerriß die Luft. Ich bekam heftiges Herzklopfen. Mir wurden die Knie weich. Dann stürzte plötzlich die Tür neben Bolton unter dem Gewicht eines Mannes ins Zimmer. Ich sah, daß der Schuß von draußen abgefeuert worden war und das Türschloß zerschlagen hatte.

Bolton schwankte. Seine Augen bekamen einen wilden Ausdruck, und sein Mund klappte auf wie das Maul eines toten Fisches. Er wirbelte herum. Der Mann in der offenen Tür war Alec Hynd. Er handelte blitzschnell und wirkungsvoll. Alles an ihm war schnell; nur der Rauch aus der Mündung seiner Polizeipistole schlängelte sich träge aufwärts. Er schlug Bolton den Lauf ins Gesicht. Bolton fiel zu Boden.

Hynd sah ihn an. Dann sah er zu Schramm. Schließlich wandte er sich mir zu.

«So blöde sind die Bullen nicht, Crown. Ich habe auch festgestellt, daß Schramm mit dem toten Mädchen in Verbindung stand, und kam her, weil ich mit ihm sprechen wollte. Ich habe einen Teil von dem mitgekriegt, was er gesagt hat.»

Ich atmete tief durch. Ich kam mir vor wie ein Ertrinkender, den man im letzten Moment aus einem Strudel gezogen hat. «Danke», sagte ich. Mehr fiel mir nicht ein.

Hynd langte nach dem Telefonhörer und sah dabei zu mir herüber. «Das Leben geht weiter, Crown. Verschwinden Sie! Die Blondine macht sich Sorgen um Sie.»

Das rechteckige Zimmer

Edward D. Hoch

Eigentlich war es Fletchers Fall, aber Captain Leopold fuhr mit ihm mit, als der Anruf kam. Die Sache schien völlig klar; den einzigen Verdächtigen fand man buchstäblich über seinem Opfer stehend; und an einem so langweiligen Tag versprach sich Leopold von einer Fahrt hinaus zur Universität eine angenehme Abwechslung.

Hier draußen am Fluß hatten sich die Blätter schon herbstlich gefärbt, und über der Straße im Park lag stellenweise der leichte Rauchschleier von brennendem Laub. Es war ein warmer Herbsttag, ein sonniger Tag. Kein Tag für Mord.

«Die Universität hat sich nicht viel verändert», bemerkte Leopold, als sie in den schmalen Weg einbogen, der an den Häusern der Studentenverbindungen vorbei zum Bibliotheksturm führte. «Ein paar neue Wohnheime und ein neues Stadion. Das ist auch schon alles.»

«Seit dem Bombenanschlag vor vier oder fünf Jahren haben wir hier draußen nichts mehr zu tun gehabt», sagte Fletcher. «Dieser Fall scheint uns weniger Schwierigkeiten zu machen. Sie haben den Burschen schon. Ersticht seinen Stubenkameraden und weicht dem Toten nicht von der Seite.»

Leopold schwieg. Der Wagen hielt vor einem der neuen Wohnheime, die wie eine Wohnsiedlung für mittlere Einkommen aussahen, riesige Kästen aus Backstein und Beton und im Augenblick von einem bunten Studentengewimmel umgeben. Leopold steckte sich seine Dienstmarke an und ging voraus.

Das Zimmer lag im dritten Stock mit Blick auf den Fluß. Es schien mit allen anderen identisch zu sein – ein tristes Rechteck mit Wandbetten, zwei Schreibtischen, Kleiderschränken und einem großen Panoramafenster genau gegenüber der Tür. Der

Gerichtsmediziner war bereits da. Er schaute auf, als Leopold und Fletcher eintraten. «Wir sind soweit fertig. Er kann abtransportiert werden. Einverstanden, Captain?»

«Wenn die Jungs ihre Fotos gemacht haben, von mir aus. Fletcher, sehen Sie zu, was Sie herausfinden können!» Dann fragte er den Arzt: «Todesursache?»

«Zwei Stichwunden. Ich mache eine Autopsie, aber es besteht kaum Zweifel.»

«Wie lange ist er tot?»

«Einen Tag oder so.»

«Einen Tag!»

Fletcher hatte sich die Aussagen der anderen notiert. «Die Leute vom zuständigen Revier haben gute Vorarbeit geleistet, Captain. Der Tote ist Ralph Rollings, Student im zweiten Jahr. Sein Stubenkamerad gibt zu, daß er sich mit der Leiche hier im Zimmer seit zwanzig Stunden aufgehalten hat, ehe sie entdeckt wurden. Sein Name ist Tom McBern. Sie sind mit ihm drüben im Nachbarzimmer.»

Leopold nickte und ging durch die Verbindungstür. Tom McBern war groß und schlank, ein gutaussehender, dunkler Collegetyp. «Haben Sie ihn über seine Rechte informiert?» fragte Leopold einen Streifenpolizisten.

«Jawohl, Sir.»

«Gut.» Leopold setzte sich McBern gegenüber auf das Bett. «Was haben Sie zu sagen, mein Sohn?»

McBern hob den Kopf und sah Leopold mit seinen dunkelbraunen Augen an. «Nichts, Sir. Ich möchte einen Anwalt.»

«Das ist natürlich Ihr gutes Recht. Sie wollen uns also nicht sagen, wie Ihr Stubenkamerad starb oder warum Sie so lange bei ihm im Zimmer geblieben sind, ohne es zu melden?»

«Nein, Sir.» McBern wandte sich ab und starrte zum Fenster hinaus.

«Es ist Ihnen doch klar, daß wir Sie unter Mordverdacht festnehmen müssen.»

Der Junge sagte nichts mehr, und nach einer Weile ließ Leopold ihn mit dem Uniformierten allein. Er ging zu Fletcher zurück und sah zu, wie sie die Leiche zudeckten und forttrugen. «Er will nicht reden. Möchte einen Anwalt. Wie weit sind wir?»

Sergeant Fletcher zuckte die Achseln. «Uns fehlt nur noch das Motiv. Wahrscheinlich hatten sie dasselbe Mädchen oder so was.»

«Prüfen Sie das nach!»

Sie gingen zu dem Jungen, der das Nachbarzimmer bewohnte und den Toten gefunden hatte. Er war ein strohblonder, hübscher Kerl mit dem Körperbau eines Athleten und hieß Bill Smith.

«Erzählen Sie, was los war, Bill», sagte Leopold.

«Da gibt's nicht viel zu erzählen. Ich kenne Ralph und Tom seit meinem ersten Studienjahr, aber ich bin nie richtig mit ihnen warm geworden. Die beiden hingen wie die Kletten aneinander. Dieses Jahr habe ich das Zimmer neben ihnen bekommen, aber die Verbindungstür war immer abgeschlossen. Na ja, und gestern haben sie sich beide nicht in der Vorlesung blicken lassen. Als ich gestern nachmittag zurückkam, hab' ich deshalb an ihre Tür geklopft und gefragt, ob was nicht in Ordnung wäre. Tom rief zurück, sie seien krank. Aufmachen wollte er nicht. Ich bin dann auf mein Zimmer gegangen und hab' mir weiter nichts gedacht. Heute morgen hab' ich dann wieder angeklopft; ich wollte doch sehen, wie es ihnen geht. Toms Stimme klang so – so seltsam.»

«Wo war denn Ihr Stubenkamerad die ganze Zeit?»

«Der ist nicht da. Sein Vater ist gestorben, und er mußte zur Beerdigung nach Hause.» Smiths Hände spielten nervös mit einem zerknüllten Papierfetzen. Leopold bot ihm eine Zigarette an, und er nahm sie. «Na ja, jedenfalls, als er die Tür nicht aufmachen wollte, da hab' ich mir doch ziemliche Sorgen gemacht und ihm gesagt, daß ich Hilfe hole. Und dann hat er aufgemacht – und da lag Ralph ausgestreckt auf dem Bett, blutverschmiert und – tot!»

Leopold nickte und stellte sich ans Fenster. Von hier oben sah man auf die Bäume am Fluß, das bunte Laub und das Wasser schimmerten in den Strahlen der Oktobersonne. «Hatten Sie am Vortag irgend etwas gehört? Einen Streit?»

«Nein, nichts. Gar nichts.»

«Hatten die beiden früher schon mal Meinungsverschiedenheiten?»

«Nicht daß ich wüßte. Wenn sie nicht miteinander ausgekommen wären, hätten sie sich kaum für ein weiteres Jahr um ein gemeinsames Zimmer bemüht.»

«War was mit Mädchen?» fragte Leopold.

«Ja, ich glaube schon. Beide hatten gelegentlich eine Verabredung.»

«Jemand Besonderes? Ich meine, eine, die sie beide mochten?»

Bill Smith schwieg um einen Sekundenbruchteil zu lange. «Nein.»

«Sind Sie sicher?»

«Ich sagte Ihnen doch, ich kannte sie nicht sehr gut.»

«Hier geht es um Mord, Bill! Nicht um einen Semesterball oder einen Budenzauber.»

«Tom hat ihn umgebracht. Was wollen Sie noch?»

«Wie heißt das Mädchen, Bill?»

Er drückte seine Zigarette aus und wandte den Kopf ab. Schließlich sagte er: «Stella Banting. Sie ist im dritten Studienjahr.»

«Mit welchem von beiden ist sie gegangen?»

«Ich weiß es nicht. Sie war mit beiden befreundet. Um Weihnachten herum ist sie ein paarmal mit Ralph ausgewesen, aber in letzter Zeit hab' ich sie mit Tom zusammen gesehen.»

«Sie ist älter als die beiden?»

«Nein, sie sind alle zwanzig. Sie ist nur ein Jahr früher dran.»

«Na schön», sagte Leopold. «Sergeant Fletcher wird noch mehr Fragen an Sie haben.»

Er verließ Smiths Zimmer und trat mit Fletcher auf den Flur hinaus. «Es ist Ihr Fall, Sergeant. Zeit, daß ich Sie 'ranlasse.»

«Danke für die Hilfe, Captain.»

«Er soll ruhig erst mit einem Anwalt sprechen, und dann hören Sie sich seine Geschichte an. Falls er dann immer noch keine Aussage machen will, nehmen Sie ihn auf Verdacht fest. Für eine Anklage wird es jedenfalls reichen.»

«Wollen Sie mit dem Mädchen sprechen?»

Leopold lächelte. «Vielleicht. Smith schien mir ein bißchen sehr zurückhaltend, was sie betraf. Möglicherweise liegt da das Motiv. Benachrichtigen Sie mich, sobald der Arzt wegen der Todeszeit etwas Genaueres festgestellt hat.»

«In Ordnung, Captain!»

Leopold ging nach unten; er mußte sich einen Weg durch die Studenten und Dozenten bahnen, die noch immer auf den Fluren und im Treppenhaus herumstanden. Draußen löste er die Dienstmarke von seinem Jackett und steckte sie ein. Die Luft war frisch und rein, als er über das Universitätsgelände zum Verwaltungsgebäude schlenderte.

Stella Banting wohnte im größten Studentinnenheim der Universität – ein großer, efeuumrankter Backsteinbau mit Säulenfassade. Aber als Captain Leopold sie endlich fand, kam sie gerade aus dem Drugstore mit einer Stange Zigaretten und einer Flasche Shampoo unter dem Arm. Stella war ein großes Mädchen mit festem, knochigem Körper und einem Gesicht, das schön sein mußte, wenn sie lächelte.

«Stella Banting?»

«Ja?»

«Ich bin Captain Leopold. Ich hätte gern mit Ihnen über das tragische Ereignis drüben im Studentenheim gesprochen. Sie haben doch bestimmt davon gehört?»

Sie kniff die Augen zusammen und sagte: «Ja, ich hab' davon gehört.»

«Könnten wir uns irgendwo in Ruhe unterhalten?»

«Ich bringe nur rasch die Sachen ins Haus, dann können wir einen Spaziergang machen. Drinnen möchte ich nicht gern reden.»

Sie trug verwaschene Bermuda-Shorts und ein weites Trikothemd, und Leopold kam sich wieder richtig jung vor, wie er so neben ihr herging. Wenn sie nur von Zeit zu Zeit einmal gelächelt hätte – aber vielleicht war es ja auch kein Tag zum

Lächeln. Sie verließen das Hauptgelände rund um die Universitätsgebäude in Richtung auf das still daliegende Oval des Sportstadions. «Sie sind nicht ins Heim herübergekommen», unterbrach er schließlich das Schweigen.

«Warum sollte ich?»

«Wie ich höre, waren Sie mit ihnen befreundet. Zu Weihnachten sollen Sie mit dem Toten ausgegangen sein und in letzter Zeit mit Tom McBern.»

«Nur ein paarmal. Ralph gehörte zu der Sorte, aus der man nicht so recht klug wird.»

«Und was war mit Tom?»

«Er war ein netter Kerl.»

«War?»

«Es ist schwer zu erklären. Ralph übte eine seltsame Wirkung aus auf alle, die mit ihm zusammenkamen. Und als ich das auch bei mir selbst spürte, da hab' ich Schluß gemacht.»

«Was für eine Wirkung?»

«Eine Ausstrahlung – eine Macht, wie man sie keinem Zwanzigjährigen zutrauen würde.»

«Das hört sich an, als hätten Sie schon eine Menge Bekanntschaften gehabt.»

«Na, und ob! Ich studiere im dritten Jahr an der Universität. In der Zeit bin ich viel erwachsener geworden. Glaube ich wenigstens.»

«Und wie war es mit Tom McBern?»

«Ich bin kürzlich ein paarmal mit ihm ausgegangen, nur um mit eigenen Augen zu sehen, wie schlimm es war. Er stand völlig unter Ralphs Einfluß. Er lebte nur noch für Ralph.»

«Homosexuell?» fragte Leopold.

«Nein, so kraß würde ich es nicht ausdrücken. Es war mehr ein Verhältnis wie zwischen Lehrer und Schüler, zwischen Führer und Gefolgsmann.»

«Herr und Sklave?»

Sie sah ihn an und lächelte. «Sie scheinen mir sehr auf Mitternachtsorgien versessen zu sein.»

«Nun, der Junge ist schließlich tot.»

«Ja. Ja, er ist tot.» Sie starrte zu Boden und scharrte mit den Füßen durch das Laub. «Aber Sie verstehen doch, was ich meine? Ralph war immer der Führer, der Lehrer – für Tom. Eine Art Messias.»

«Warum hätte er ihn dann töten sollen?» fragte Leopold.

«Das ist es ja gerade – er würde es nie getan haben! Was in dem Zimmer auch passiert ist, ich kann mir nicht vorstellen, was Tom McBern veranlaßt haben könnte, Ralph zu töten.»

«Es gibt eine Möglichkeit, Miss Banting. Könnte es sein, daß Ralph Rollings eine abfällige Bemerkung über Sie gemacht hat? Ich meine, etwas über seine Erlebnisse mit Ihnen?»

«Ich habe nie mit Ralph geschlafen, wenn Sie das damit andeuten wollen. Mit keinem von beiden übrigens.»

«So habe ich es auch nicht gemeint.»

«Es war genau, wie ich gesagt habe. Wenn ich überhaupt etwas für Ralph empfand, dann war es Angst. Ich wollte auf keinen Fall, daß er auch über mich Gewalt bekäme.»

Irgend etwas sagte ihm, daß damit ihr gemütlicher Spaziergang zu Ende war, obwohl sie erst ein kurzes Stück hinter dem Stadion, aber immer noch auf dem Universitätsgelände waren. «Ich danke Ihnen für Ihre Mithilfe, Miss Banting. Vielleicht muß ich noch einmal wiederkommen.»

Leopold ließ sie stehen und ging in Richtung auf das Studentenwohnheim davon; er wußte, daß sie ihm nachsah, bis er außer Sicht war.

Am nächsten Morgen war Leopold schon früh in seinem Büro. Er las gerade die Berichte über die Vorfälle der vergangenen Nacht durch, als Sergeant Fletcher hereinkam. «Sie schlafen wohl nie, Captain?» sagte er und zog sich den durchgesessenen Lederstuhl, der für die seltenen Besucher bereitstand, heran.

«Ich habe genug Zeit zum Schlafen, wenn ich tot bin. Was gibt's Neues über McBern?»

«Sein Anwalt sagt, er verweigert die Aussage, aber so wie ich die Sache sehe, wollen sie auf unzurechnungsfähig und nicht schuldig plädieren.»

«Was sagt der Gerichtsmediziner?»

Fletcher las von einem maschinenbeschriebenen Bogen ab: «Zwei Stichwunden, beide in der Herzgegend. Allem Anschein nach lag er zur Tatzeit ausgestreckt auf dem Bett.»

«Wie lange hat es gedauert, bis sie ihn fanden?»

«Er hatte ungefähr eine Stunde vor seinem Tod gefrühstückt. Nach unseren Ermittlungen kommt deshalb zehn Uhr als Tatzeit in Frage. Bill Smith war am nächsten Morgen um acht an der Tür und überredete McBern aufzumachen. Da wir wissen, daß McBern am Abend vorher im Zimmer war, als Smith durch die Tür mit ihm sprach, können wir annehmen, daß er annähernd zweiundzwanzig Stunden mit dem Toten allein war.»

Leopold sah durchs Fenster und verglich im Geiste die herbstliche Trostlosigkeit in der Stadt mit den Farben, die er am Vortag draußen auf dem Land gesehen hatte. Alles stirbt, nur in der Stadt stirbt alles ein wenig früher und eintöniger. «Was sonst noch?» fragte er Fletcher, der offensichtlich noch etwas wußte.

«Das war in einer Schreibtischschublade», sagte Fletcher und zog einen kleinen Umschlag aus der Tasche. «Sechs Zuckerwürfel mit LSD.»

«Na gut», sagte Leopold. «Aber das ist heutzutage in Studentenkreisen wohl nichts Ungewöhnliches. Ob das mit dem Mord zusammenhängt?»

«Ich werde es nachprüfen, Captain.»

«Und noch eins! Bringen Sie mir diesen Smith her. Ich muß noch mal mit ihm reden.»

Als er in seinem Büro allein war, spürte Leopold, wie deprimiert er war. Der Fall ließ ihm keine Ruhe. McBern war zweiundzwanzig Stunden lang bei Rollings' Leiche geblieben. Ein Mensch, der so etwas aushielt, mußte verrückt sein. Er war verrückt, und er war ein Mörder. Was sollte sonst noch sein?

Als Fletcher Smith eine Stunde später in das Büro führte, stand Leopold am Fenster und starrte hinaus. Er drehte sich um und bot dem jungen Mann einen Stuhl an. «Ich habe noch ein paar Fragen, Bill.»

«Ja?»

«Erzählen Sie mir von dem LSD.»

«Was?»

Leopold ging zum Schreibtisch und setzte sich auf den Rand der Platte. «Tun Sie nicht so, als ob Sie nichts davon wüßten. Rollings und McBern hatten das Zeug in ihrem Zimmer.»

Bill Smith wandte den Kopf ab. «Das wußte ich nicht. Natürlich gab's Gerüchte.»

«Sonst nichts? Kein Lärm durch die Verbindungstür?»

«Na ja, manchmal war es . . .»

Leopold wartete vergeblich darauf, daß Smith weitersprach; dann sagte er: «Wir bemühen uns, einen Mord aufzuklären, Bill.»

«Rollings – Rollings hat's nicht besser verdient. Das wollte ich sagen. So was von durch und durch schlecht hab' ich noch nie erlebt. Was der alles mit dem armen Tom gemacht hat . . .»

«Stella Banting sagte, Tom hätte ihn fast vergöttert.»

«Ja, so war's. Und das machte alles nur noch schlimmer.»

Leopold lehnte sich zurück und zündete sich eine Zigarette an. «Wenn sie beide auf einem LSD-Trip waren, dann hätte praktisch jeder das Zimmer betreten und Ralph Rollings erstechen können.»

Aber Bill Smith schüttelte den Kopf. «Das bezweifle ich. Solange sie high waren, hätten sie nie gewagt, die Tür aufzuschließen. Außerdem würde ihn Tom unter Einsatz seines Lebens gedeckt haben.»

«Und trotzdem sollen wir glauben, daß Tom ihn getötet hat? Daß er ihn erstach und einen Tag und eine Nacht lang bei der Leiche blieb? Wozu, Bill? Wozu?»

«Ich weiß es nicht.»

«Halten Sie Tom McBern für verrückt?»

«Nein, zumindest nicht im Sinne des Gesetzes.» Er sah weg. «Aber was Rollings betraf, war er auf dem besten Weg dazu. Einmal, als wir noch freundschaftlich miteinander verkehrten, erzählte mir Tom, er würde für Rollings alles tun; er würde ihm sogar sein Leben anvertrauen. Und einmal hat er das sogar gemacht. Das war an einem Wochenende im Frühjahr, wir hatten alle ziemlich viel getrunken. Tom hing kopfüber aus dem Fenster, und Ralph Rollings hielt ihn an den Füßen fest. So sehr hat er sich auf ihn verlassen.»

«Ich glaube, ich muß noch einmal mit Tom McBern sprechen», sagte Leopold. «Und zwar am Tatort.»

Fletcher brachte Tom McBern in Handschellen zur Universität hinaus, und Leopold wartete in dem rechteckigen Zimmer im dritten Stock auf sie. «Gut, Fletcher», sagte Leopold, «am besten lassen Sie uns allein!»

McBern hatte einen großen Teil seines ursprünglichen Gleichmuts verloren. Er hatte rotgeränderte Augen, und seine Unterlippe zitterte. «Was – was wollen Sie von mir wissen?» fragte er.

«Eine ganze Menge, mein Sohn!» Leopold seufzte und bot dem Jungen eine Zigarette an. «Du und Rollings, ihr habt LSD genommen, nicht wahr?»

«Ja, das stimmt.»

«Warum? Zum Spaß?»

«Nicht zum Spaß. Da kennen Sie Ralph schlecht!»

«Ich weiß nur, daß du ihn umgebracht hast! Wieviel Verständnis verlangst du von mir? Du hast ihn erstochen, da drüben auf dem Bett.»

Tom McBern tat einen tiefen Atemzug. «Wir haben LSD nicht zum Spaß genommen», wiederholte er. «Es war mehr, um die Sinne zu schärfen für religiöse Erlebnisse – eine Art mystischer Kontakt, ohne den das ganze Leben nichts bedeutet.»

Leopold sah stirnrunzelnd auf den Jungen hinab. «Ich bin nur ein Detektiv, mein Sohn. Du und Rollings, ihr wart mir bis gestern völlig fremd, und er wird mir wohl auch für immer fremd bleiben. Das ist ja gerade das Dumme an meinem Beruf: Ich lerne die Menschen erst kennen, wenn es zu spät ist, wenn der Schaden –», er deutete auf das leere Bett, «bereits angerichtet ist. Aber ich will wissen, was zwischen euch beiden in diesem Zimmer vorgegangen ist. Und komm mir nicht mit Dingen wie Mystik und religiöse Erlebnisse. Ich will von dir hören, was passiert ist. Warum du ihn getötet hast, und warum du zweiundzwanzig Stunden lang hier bei der Leiche gesessen hast.»

Tom McBern starrte die Wand an, als sähe er sie zum ersten und tausendsten Mal. «Ist Ihnen an diesem Zimmer nichts aufgefallen? Ich meine – an der Form? Ralph sagte immer, es erinnert ihn an eine Geschichte von Edgar Allan Poe: *Die rechteckige Kiste.* Kennen Sie die? Die Kiste befand sich an Bord eines Schiffes, und natürlich war eine Leiche darin. Wie Queequegs Sarg, der aus dem Meer aufstieg, um Ismael zu retten.»

«Und dieses Zimmer war Ralphs Sarg?» fragte Leopold leise.

«Ja.» McBern starrte auf seine gefesselten Hände. «Sein Grab.»

«Du hast ihn getötet, nicht wahr?»

«Ja.»

Leopold wandte den Blick ab. «Möchtest du deinen Anwalt sprechen?»

«Nein. Nichts.»

«Mein Gott! Zweiundzwanzig Stunden!»

«Ich habe . . .»

«Ich weiß, was du getan hast. Aber ich glaube nicht, daß du das vor Gericht erzählen wirst.»

«Ich erzähle es Ihnen, weil Sie mich vielleicht verstehen werden.» Und er begann, langsam und ruhig zu erzählen, und Leopold hörte ihm zu; denn das war sein Beruf.

Gegen Abend, als Tom McBern wieder in seine Zelle zurückgeführt worden war und Fletcher mit Leopold allein zusammensaß, sagte er: «Ich habe den Staatsanwalt angerufen, Captain. Was werden Sie ihm berichten?»

«Die Tatsachen. McBern wird ein Geständnis unterschreiben. Wie das alles passiert ist. Der Rest liegt nicht in unserer Macht.»

«Wollen Sie nicht mit mir darüber reden, Captain?»

«Wollen? Ich will mit keinem Menschen darüber reden. Aber ich werde es wohl müssen. Das ganze Gerede von religiösen Erlebnissen und Särgen, die aus dem Meer aufsteigen, hat mich schließlich auf die Lösung gebracht. Rollings stellte sich das Zimmer als eine Art Grab vor.»

«Und das war's ja auch für ihn.»

«Ich wünsche, ich hätte ihn gekannt, Fletcher. Hätte ich ihn doch nur rechtzeitig kennengelernt!»

«Was hätten Sie dann gemacht?»

«Vielleicht hätte ich ihm nur zugehört und versucht, ihn zu verstehen.»

«McBern hat gestanden, daß er ihn getötet hat?»

Leopold nickte. «Es scheint, daß Rollings ihn dazu aufgefordert hat. Und Tom McBern vertraute ihm blind, auch über den Tod hinaus.»

«Rollings wollte also, daß er ihn ins Herz sticht?»

«Ja.»

«Warum ist McBern dann so lange bei der Leiche geblieben? Einen ganzen Tag und eine ganze Nacht?»

«Er hat gewartet», sagte Leopold leise, den Blick ins Leere gerichtet. «Er wartete darauf, daß Ralph Rollings von den Toten auferstehen würde.»

Eine Woche des Schreckens

Ein Humanist

Romain Gary

Zur Zeit der Machtübernahme Hitlers lebte in München ein Hersteller von Kinderspielzeug, Karl Loewy, ein optimistischer Bonvivant, großer Freund und Verfechter der Menschenwürde, von erlesenen Zigarren, guten Büchern und der Demokratie. Obwohl einiges nicht arisch an ihm war, lehnte es Herr Karl ab, des neuen Kanzlers antisemitische Parolen allzu ernst zu nehmen. Er war der Überzeugung, daß Vernunft, Mäßigung und ein angeborener Gerechtigkeitssinn tiefer im menschlichen Wesen verankert seien und darum bald über die häßlichen, aber vorübergehenden Entgleisungen triumphieren würden.

Zwar fehlte es nicht an Warnungen, mit denen ihn seine jüdischen Freunde überschütteten, wenn sie ihre Koffer packten und ihn ebenfalls zur Flucht überreden wollten. Aber Herr Loewy antwortete darauf nur mit einem breiten Lachen, während er, in seinen bequemen Sessel geklemmt, eine Zigarre genießerisch zwischen den Lippen hielt. Und laut erinnerte er sich dann jener unverbrüchlichen Freundschaften, die er während des 14–18-Krieges im Schützengraben mit Männern geschlossen hatte, die heute gehobene Stellungen hatten und sich bestimmt für ihn einsetzen würden, falls es je notwendig sein sollte. Seinen verängstigten Gästen bot er ein Gläschen Schnaps an und stieß auf die Menschlichkeit an, in die er sein ganzes Vertrauen gesetzt hatte, ob sie sich nun unter der Uniform eines Nazis oder Preußen versteckte, einen Tirolerhut trug oder unter einer Arbeitermütze steckte.

Und tatsächlich waren die ersten Jahre des neuen Regimes für Freund Karl weder besonders gefährlich noch irgendwie beschwerlich. Natürlich gab es gewisse Schikanen, einige besonders rüde Praktiken, aber entweder hatten die Schützengraben-

Freundschaften sich tatsächlich heimlich zu seinen Gunsten ausgewirkt, oder es wurden – dank seinem typisch deutschen Gehabe, seiner jovialen Selbstsicherheit – die Nachforschungen in seinem Fall für einige Zeit zurückgestellt. Unser Freund Karl jedenfalls lebte weiterhin ruhig inmitten seiner Spielzeugfabrik, seiner Bibliothek, seiner Zigarren und des guten Kellers – voll Optimismus und ungebrochenen Vertrauens in die menschliche Spezies.

Dann kam der Krieg und brachte eine rapide Verschlechterung mit sich. Eines schönen Tages wurde ihm der Zutritt zu seiner Fabrik brutal verweigert. Am nächsten Morgen stürzten sich ein paar junge Männer in Uniform auf ihn und schlugen ihn zusammen. Herr Karl wischte sich das Blut aus dem Gesicht und entschloß sich zu einigen Telefongesprächen, aber die Kameraden aus dem Schützengraben reagierten nicht mehr auf die Anrufe. Zum ersten Mal war er ein wenig beunruhigt. Er ging in seine Bibliothek, starrte lange auf die Regale an den Wänden und brütete über seinen Büchern. Diese angehäuften Schätze sprachen alle zugunsten des Menschen, verteidigten ihn, erhoben für ihn Anklage und baten schließlich Herrn Karl, den Mut nicht zu verlieren und nicht zu verzweifeln. Plato, Montaigne, Erasmus, Descartes, Heine ... Er mußte Vertrauen haben in diese wahren Verteidiger der Menschlichkeit. Er mußte nur Geduld haben, mußte einen Spielraum lassen, bis die ewigen menschlichen Werte, bis Güte, Toleranz und Vernunft sich wieder einmal ihren Weg durch das Chaos und die Verirrungen dieses Zeitalters gebahnt hatten. Die Franzosen hatten eine fabelhafte Bezeichnung dafür: Chassez le naturel, il revient au galop – Vertreib die Menschlichkeit, und sie kommt im Galopp zurück. Natürlich hatten sie recht, aber offensichtlich würde es eine Weile dauern, bis es soweit war. Er durfte jetzt nicht in Pessimismus und Mutlosigkeit verfallen. Trotzdem war es wohl keine schlechte Idee, einige Vorkehrungen zu treffen.

Herr Karl hatte unter seinen Angestellten ein waschechtes Münchner Ehepaar, das schon seit fünfzehn Jahren in seinen Diensten stand. Die Frau war Köchin und Haushälterin, ihr

Mann Chauffeur, Gärtner und Wärter. Herr Schütz hatte nur eine Leidenschaft: lesen. Wenn er seine Arbeit getan hatte und seine Frau strickte, saß er meist stundenlang über einem guten Buch, das ihm Herr Karl empfohlen hatte. Seine Lieblingsautoren waren Goethe, Schiller, Heine, Erasmus. Die schönsten und tiefsinnigsten Passagen las er seiner Frau laut vor. Sie wohnten in einem kleinen Häuschen am anderen Ende des Gartens. Ab und zu, wenn Herr Karl sich einsam fühlte, lud er seinen Freund Schütz in die Bibliothek ein. Dort konnten sie sich dann zigarrerauchend in lange Diskussionen verwickeln über die Unsterblichkeit der Seele, die Existenz Gottes, über Menschlichkeit, Freiheit, Fortschritt und alle jene großen Wahrheiten in den Büchern, die sie mit ihrer schützenden Gegenwart umgaben.

Daher wandte sich Herr Karl in der Stunde seiner Not an seinen Freund Schütz und dessen Frau. Er nahm eine Kiste Zigarren und eine Flasche Schnaps, ging in das Häuschen am anderen Ende des Gartens hinüber und unterbreitete den Freunden seinen Plan.

Am nächsten Tag schon machte sich das Paar an die Arbeit.

Der Teppich wurde zusammengerollt, ein Loch in den Boden gesägt und eine Leiter angelegt, die die Bibliothek mit dem Keller verband. Die ehemalige Kellertür wurde zugemauert. Ein guter Teil der Bibliothek wurde ins Versteck hinuntergebracht. Ebenso einige Kisten Zigarren. Weine und Schnäpse waren bereits unten. Frau Schütz richtete alles so bequem wie möglich ein, und nach wenigen Tagen war aus dem Keller dank jenem typisch deutschen Sinn für Gemütlichkeit ein behagliches kleines Zimmer geworden. Das Loch im Parkett wurde zugedeckt mit einem gut eingepaßten Brett und darüber ein Teppich gelegt. Dann ging Herr Karl in Begleitung von Herrn Schütz ein letztes Mal in die Stadt, um einen Schein-Verkauf zu tätigen, der eine Beschlagnahme von Fabrik und Haus ausschließen sollte. Herr Schütz bestand darauf, einen geheimen Gegenvertrag zu unterzeichnen, der es dem rechtmäßigen Besitzer ermöglichte, zu einem späteren Zeitpunkt wieder in den Besitz seines Eigentums zu gelangen. Dann kamen die beiden Geschäftspartner nach

Hause, gaben sich die Hand, und Herr Karl stieg mit einem leisen Lächeln in sein Versteck hinunter, um dort in Sicherheit und Bequemlichkeit bessere Zeiten abzuwarten.

Zweimal täglich, mittags und abends, zog Frau Schütz den Teppich weg, schlug den Deckel zurück und trug ein Tablett mit einer üppigen Mahlzeit in den Keller hinunter. Am Abend stieg Herr Schütz hinunter, um mit seinem Freund und Arbeitgeber bei einem Gläschen über unvergängliche Werte zu diskutieren – über Menschenrechte, Toleranz, Vernunft, das kommende Zeitalter der Erleuchtung und wie wichtig in diesem schwierigen Leben die Lektüre großer Klassiker war. Und die kleine Zelle schien zu glühen und zu leuchten im Glanz dieser weitblickenden Überzeugungen und des unerschütterlichen Vertrauens in die eigene Natur.

Erst ließ sich Herr Karl noch die Zeitungen bringen und hatte das Radio immer neben sich. Aber nach etwa sechs Monaten, als die Nachrichten immer entmutigender wurden und die Welt tatsächlich ihrem Verderben entgegenzurasen schien, ließ er das Radio mit einer Gebärde der Mutlosigkeit wegschaffen, so daß jetzt kein Echo der flüchtigen Realität mehr in die strenge Zucht seines Geistes eindringen konnte.

Mit verschränkten Armen hielt er tief unten in seinem Verlies lächelnd an seinen Überzeugungen fest und wies jeden Kontakt mit der nichtigen, gräßlichen Gegenwart zurück. Schließlich verzichtete er sogar auch auf die Zeitungen, die ihn viel zu sehr deprimierten. Er begnügte sich damit, die Meisterwerke seiner Bibliothek immer wieder zu lesen. Aus ihren Widerlegungen, in denen das Bleibende alles Vergängliche beschämte, schöpfte er die Kraft zum Festhalten an seinem humanistischen Glaubensbekenntnis.

Herr Schütz zog mit seiner Frau ins Hauptgebäude, das seltsamerweise von Bomben verschont blieb.

In der Fabrik gab es anfänglich einige Schwierigkeiten, aber Dokumente bewiesen, daß nach Herrn Karls Flucht ins Ausland Herr Schütz der legitime Besitzer des Betriebes geworden war.

Das Leben im künstlichen Licht und der Mangel an Frischluft und Bewegung förderten Herrn Karls Korpulenz. Mit den Jahren verloren seine Wangen ihren rosigen Schimmer. Sein Optimismus und sein Vertrauen in die Menschheit aber blieben intakt. Standhaft saß er in seinem Keller und wartete, bis «die Milch der frommen Denkungsart» wieder über die Erde floß. Obwohl die Nachrichten, die Freund Schütz von der Außenwelt brachte, äußerst schlimm waren, weigerte er sich, die Hoffnung aufzugeben.

Einige Jahre nach dem Sturz des Hitlerregimes kam ein jüdischer Freund von Herrn Karl aus dem Exil zurück und besuchte das Haus in der Schillerstraße.

Ein großer, grauhaariger, leicht gebeugter Mann mit aufmerksamem Gesicht öffnete die Tür. Er hielt sogar noch einen Goethe-Band in der Hand. Nein, Herr Loewy wohnte schon lange nicht mehr hier. Nein, er hatte keine Ahnung, was aus ihm geworden war. Er war spurlos verschwunden, und alle Nachforschungen nach dem Krieg blieben ergebnislos. Grüß Gott! Die Tür wurde geschlossen. Herr Schütz wandte sich der Bibliothek zu. Seine Frau hatte bereits das Tablett vorbereitet. Jetzt, da Dr. Adenauers Deutschland wieder einmal im Überfluß lebte, verwöhnte sie Herrn Karl, indem sie ihm die besten Gerichte kochte, die sie sich ausdenken konnte. Der Teppich wurde zurückgeschlagen und der Deckel im Fußboden aufgeklappt. Herr Schütz legte seinen Band Goethe weg und trug das Tablett die Stufen hinunter.

Herr Karl ist jetzt bereits sehr geschwächt und leidet an Venenentzündung. Außerdem wird sein Herz immer schwächer. Eigentlich braucht er einen Arzt, aber er kann die Schützens nicht einem solchen Risiko aussetzen. Es würde sie den Kragen kosten, wenn herauskäme, daß sie seit Jahren einen jüdischen Humanisten in ihrem Keller versteckt hielten. Sie müssen sich alle in Geduld fassen und sich gegen Zweifel wappnen. Gerechtigkeit, Vernunft und angeborene menschliche Güte werden bald wieder die Oberhand gewinnen. Vor allem dürfen sie sich nicht entmutigen lassen. Obwohl sich Herr Karl äußerlich ziemlich verändert hat im Vergleich zu früher, hat er sich seinen Optimismus bewahrt. Sein Glaube an die Menschheit ist unbeeinträchtigt.

Jeden Tag, wenn Herr Schütz schlechte Nachrichten in den Keller hinunterbringt – Hitlers Besetzung Englands war ein besonders harter Schlag gewesen –, muß ihn Herr Karl ermutigen und ihn mit ein paar klugen, witzigen Bemerkungen aufheitern. Er weist dann auf die Bücher an den Wänden und erinnert seinen guten Freund daran, daß am Ende immer das gute Herz siegt und daß gerade so die größten Meisterwerke in der Literatur zustande gekommen sind – sind sie doch aus diesem Vertrauen und Glauben geboren worden. Herr Schütz steigt immer wieder getröstet aus dem Keller empor.

Die Spielwarenfabrik floriert beachtlich. Neunzehnhundertfünfzig konnte Herr Schütz sie erweitern und die Verkaufsziffern steigern. Mit sicherer Hand führt er die Geschäfte. Jetzt fährt er einen Mercedes mit Chauffeur und spielt eine gewisse Rolle in der CSU.

Jeden Morgen trägt Frau Schütz einen Strauß frische Blumen hinunter und stellt ihn Herrn Karl neben das Bett. Dann schüttelt sie ihm die Kissen auf, hilft ihm, sich aufzurichten, und füttert ihn mit einem Löffel, weil er jetzt keine Kraft mehr hat. Er ist so schwach geworden, daß er kaum noch sprechen kann. Aber manchmal steigen Tränen in seine Augen, und sein dankbarer Blick hängt an den Gesichtern der guten Leute, die in so hohem Maße das Vertrauen in sie und die ganze Menschheit rechtfertigen. Ohne Zweifel wird Herr Karl als glücklicher Mensch sterben – Schiller, Goethe und Erasmus neben sich, seine treuen Freunde an seiner Seite – und mit der Genugtuung, recht behalten zu haben.

Liebe kalt wie Eis

M. S. Waddell

Ich war nicht allein.

Ich blieb stehen und drehte mich um. Ich wußte, da war jemand, jemand folgte mir, jemand, der nicht gesehen werden wollte, jemand schüchterner.

Na ja, ich drehte mich also um, und es war niemand da. Vielleicht hatte ich Halluzinationen – wieder einmal.

Ich zündete mir eine Zigarette an, blieb unter einer Straßenlampe stehen. Vielleicht waren es die Nerven, vielleicht hatte ich in der letzten Zeit zu viel gearbeitet, vielleicht war jetzt der günstige Zeitpunkt, eine Pause einzulegen. Ich war schließlich auch nicht aus Gußeisen. Höchste Zeit, einmal auszuspannen. Ich ging die Allee entlang, zählte ganz mechanisch meine Schritte, von Baum zu Baum.

Harcourt könnte mich vertreten ... Ja, das könnte gehen. Harcourt war tüchtig, und er kannte sich aus. Mit Harcourt als Vertretung konnte nicht viel schiefgehen. Und ich brauchte ja nicht wegzufahren. Ich konnte hierbleiben, zu Hause ... Wenn wirklich etwas passieren würde, könnte man mich verständigen; ich wäre jederzeit erreichbar.

Da war wieder das Gefühl, dieses merkwürdige Gefühl, als würde ich beobachtet! Ich hatte dagegen angekämpft, vergebens. Ich drehte mich um.

Nichts.

Eine stille Straße, Bäume, Gebüsch, und hier und da ein freundlicher Lichtschein, der über eine Hecke, einen Zaun blinzelte, nur ganz vereinzelt, im Gegensatz zu sonst, denn es war ja schon ziemlich spät, oder früh – es kam nur darauf an, wie man es betrachtete. Halb zwei Uhr morgens, kühl, aber nicht unangenehm. Ich liebte diese Tageszeit, die Kühle des Morgens ...

Man kann sich wunderbar entspannen, besser als wenn man im Bett liegt. Ich stehe gern auf und mache einen Spaziergang. Nicht weit, nur ein Stück die Straße entlang und wieder zurück. Die Gedanken bleiben stehen, die Dinge werden unwichtig, verlieren ihre Bedeutung. Am Tag stören mich die vielen Leute, viel zu viele Leute den ganzen Tag über ... Nachts sind sie weg – normalerweise.

Ich beschleunigte meine Schritte. Vielleicht war es besser, nach Hause zu gehen, ins Bett. Dieses Gefühl – scheußlich! Schritte; Füße auf dem Boden ... Menschen, die mit beiden Beinen fest auf der Erde stehen, haben keine Wahnvorstellungen, jedenfalls keine solchen – wie dieses Rascheln hinter mir.

Sollte ich mich umdrehen – wieder einmal? Na schön, sagte ich mir, dreh dich nicht um. Aber was raschelte da hinter mir auf der Straße? Ein Hund?

Jedenfalls, ich war froh, als ich zu Hause ankam. Ich sperrte das Gartentor auf, ging die Auffahrt hinauf bis zum Haus. Zehn Meter hinter mir Schritte auf dem Kies. Die Schlüssel ... Ich suchte in den Taschen nach den Schlüsseln, dann stocherte ich damit im Schloß herum.

Jemand stand am Gartentor, jemand oder etwas. Eine Gestalt, farblos, gesichtslos – dann war sie verschwunden, hatte sich in Nichts aufgelöst. War es Einbildung oder nicht? Ich ging noch einmal zum Gartentor. Nichts! Nichts, wie immer.

Oder war da doch etwas? Nichts, das man mit Händen greifen konnte – aber doch etwas, eine Vibration in der Luft, das Gefühl einer merkwürdigen Zärtlichkeit – ja, so kann man es am besten beschreiben. Die Dunkelheit hatte etwas Eigenes, Individuelles.

Dann nichts mehr von alledem. Nur dunkle Nacht, unpersönlich, ohne Charakter. Zeit, ins Haus zu gehen, einen Schluck zu trinken, ins Bett zu schlüpfen. Und morgen die Sache mit Harcourt festlegen, ausspannen ... Einmal wirklich ausspannen.

Und dann, zurück ins Haus, der Schlaftrunk ... Zur Beruhigung.

Ein Blick durch das Fenster: Nein, nichts ist draußen am Gartentor.

Nichts ist draußen am Gartentor.

Es ist etwas draußen am Gartentor ... Etwas, jemand. Irgend jemand wartet draußen am Gartentor! Gestern abend ... Ich weiß nicht, was gestern abend war. Vielleicht war es gestern abend wirklich nur Einbildung. Heute jedenfalls ist etwas – oder jemand – draußen am Gartentor. Merkwürdigerweise beunruhigt mich das nicht im mindesten. Nur neugierig macht es mich ... Das immerhin hat dieser eine Tag Ausspannen bewirkt.

Das Ding draußen am Gartentor – wenn ich direkt und absichtlich hinschaue, ist es noch immer nicht wirklich da. Nur wenn ich gelegentlich einen Blick durch die Vorhänge werfe, sehe ich es, nur ein schwaches Schimmern, wenn es das Licht der Straßenlampen reflektiert.

Heute abend kommt Harcourt vorbei. Das wird ein entscheidender Test für mich. Ich kann es jetzt nämlich klar und deutlich sehen – und zwar innerhalb des Tores! Nicht allzu nah, aber diesseits des Gartentors. Es steht am Ende des Gartens in der Dunkelheit.

Es ist nicht mehr so schüchtern ... Jetzt läßt es sich von mir betrachten. Ich habe keine Angst. Vielleicht ist es Einbildung, vielleicht auch nicht. Wenn es keine Einbildung wäre, müßte ich davor Angst haben. Aber ich habe keine Angst ... Ich bin sogar fast glücklich. Ich habe keine Angst – aber möglicherweise hat es Angst vor mir? Oder ist es nur Schüchternheit? Was sonst?

Harcourt hat es nicht gesehen. Es war ganz nah bei ihm, direkt neben ihm in der Dunkelheit, aber er merkte es nicht. Ich habe ihn nicht danach gefragt. Ich konnte ihn ja gar nicht fragen, sonst hätte er bestimmt gedacht ... Nun, man braucht nicht lange zu überlegen, was er sich gedacht hätte – jeder andere hätte das gleiche gedacht.

Man kann nicht mit einem Menschen wie Harcourt über so

etwas wie das – Ding reden. Oder sollte man sagen: die Person, das Wesen? Harcourt ist ein nüchterner Mensch. Man kann mit ihm über den Etat sprechen, über Tabellen und Arbeitsvorgänge. Genau der richtige Mann für mich, ein Mann, der so etwas wie Imagination nicht nötig hat.

Wir sprachen miteinander. Wir saßen am Fenster und unterhielten uns. Ich hatte die Vorhänge bewußt offengelassen. Ich wollte sehen, ob er es erkennen konnte. Aber insgeheim hoffte ich, er würde es nicht sehen. Wenn er es auch sehen konnte, dann war es kein «Es», dann war es etwas, das in seinem ordentlichen Gedächtnis in irgendeine Schublade paßte und dort verstaut wurde. Wenn er es dagegen nicht sah, dann blieb es ein Teil meiner Einbildung, oder auch nur eine Wahnvorstellung, hervorgerufen durch Überarbeitung oder verbrauchte Nerven.

Nun – er hat es nicht gesehen.

«Es» dagegen hat ihn sehr wohl gesehen.

Er hätte es sehen müssen, wenn es für ihn sichtbar gewesen wäre. Es trat heraus ins Licht, das hatte es noch nie getan, und zwar dicht vor dem Fenster, draußen im Garten.

Jetzt weiß ich auch schon mehr darüber. Es sieht aus wie eine Frau oder eher wie ein Mädchen. Zu schmächtig für eine Frau, zu weich und mädchenhaft in den Bewegungen. Es scheint sich überhaupt nicht zu bewegen. In einem Augenblick ist es hier, im anderen ein kleines Stück daneben. Aber es kommt dem Haus immer näher, das steht fest. Es ist weiß – oder eigentlich nicht weiß, nein, farblos, wie Wasser, das eine feste Gestalt angenommen hat. Wie Regen, der auf einer Glasscheibe in einer bestimmten Form zu Eis geworden ist.

«Sie wissen, wie Sie gehen müssen?» fragte ich Harcourt an der Tür.

«Einfach die Straße entlang bis zur Station – ja.»

Ich hielt ihm die Tür auf.

«Gute Nacht.»

«Gute Nacht.»

Er ging durch den Garten zum Tor.

Ich stand an der Haustür. Er dachte, daß ich seinetwegen

stehengeblieben war, und winkte mir vom Tor aus noch einmal zu.

Das Ding stand jetzt direkt am Zaun. Es hatte das wehmütigste, traurigste Gesichtchen, das ich je gesehen habe. Die ganze Erscheinung reichte mir etwa bis an die Schultern, stand ruhig da, nein, ruhig ist zu wenig gesagt, völlig bewegungslos stand es da. Mit klammen Fingern hielt es den Kragen seines Umhangs zusammen, das Gesicht ein wenig zur Seite gewandt, daß ich nicht direkt daraufschauen konnte. Es trug hohe, altmodische Schuhe, ein fußlanges, einfach geschnittenes Kleid, einen kurzen Umhang um die Schultern.

Ich blieb an der Tür stehen, wartete. Es bewegte sich nicht.

«Komm 'rein», sagte ich laut. «Komm doch 'rein!»

Ich machte einen Schritt darauf zu, und im selben Augenblick war es verschwunden.

«Du brauchst keine Angst zu haben vor mir», sagte ich, als ich draußen in der Dunkelheit des Gartens stand. Ich wollte Vertrauen erwecken. Es hatte Angst, es fror und fühlte sich einsam, wo auch immer es jetzt sein mochte, wer auch immer es war.

Ich wartete eine Minute lang, zwei Minuten, drei ... Dann sah ich ein, daß es keinen Sinn mehr hatte. Ich drehte mich um und ging zum Haus zurück. An der Tür blieb ich noch einmal stehen. «Du brauchst keine Angst zu haben vor mir», wiederholte ich mit ruhiger, weicher Stimme.

Ich ging wieder ins Wohnzimmer. Ich setzte mich in den Sessel am Fenster, in meinen Lieblingssessel, schaute hinaus. Dort saß ich immer, dort mußte es mich vermuten. Ich wartete. Dann legte ich mich schlafen.

Der Morgen – und eine Sonne, die durch die Fenster strahlte. Ich erwachte nach und nach, ließ mir Zeit, streckte mich behaglich wie eine Katze. Ich hatte viel, viel Zeit. Soviel, wie ich nur wollte.

Aber es, das Ding, das Wesen – es hatte nicht mehr viel Zeit. Es hatte sein Ziel noch nicht gefunden, es war noch auf der

Suche, hatte soviel Zeit, wie es nur wollte, und doch wurde ihm die Zeit knapp.

Auf die beschlagene Fensterscheibe hatte es mit dem Finger die Buchstaben LIEBE MICH LIEBE MICH LIEBE MICH gemalt.

Heute ist Harcourt durch es hindurchgegangen. Es stand an der Tür, als ich ihn einließ, und er ging einfach durch es hindurch. Einen Augenblick verschmolz sein Gesicht mit Harcourts gutgeschnittenem schwarzem Sakko, dann blickte ich es an, über Harcourts Schulter hinweg, und es erwiderte meinen Blick.

«Sie sehen bleich aus», sagte Harcourt, als ich die Tür geschlossen hatte. «Es war wirklich nötig, daß Sie einmal ein paar Tage ausspannen.»

«Ich weiß nicht», antwortete ich. «Ich frage mich, ob es tatsächlich eine gute Idee war . . .»

«Ach ja?»

Ich schaute ihm ins Gesicht. Nein, es war ihm in Wirklichkeit wohl ziemlich gleichgültig. Er interessierte sich nicht für mich. Das konnte man auch nicht von ihm verlangen. Für persönliches Interesse wurde er nicht bezahlt.

«Es ist ziemlich einsam hier draußen», sagte ich. «Sie wissen ja, wie das ist, wenn man den ganzen Tag über allein ist.»

«Aber warum fahren Sie nicht irgendwohin?» fragte er, nahm in dem Sessel neben dem Tischchen Platz und breitete die Akten aus seiner Mappe auf den Tisch. «Was hält Sie denn hier? Nichts, nehme ich an.»

«Sie haben recht», sagte ich. «Ich weiß nicht, was mich hier hält.»

Wir gingen zu anderen Dingen über, zu Harcourtschen Dingen . . . Aber ich mußte darüber nachdenken, was ich eben gesagt hatte. Nein, es stimmte nicht. Natürlich gab es etwas, das mich hier festhielt: zum Beispiel das Ding, das Wesen draußen im Garten.

Wie lange würde es wohl vor meiner Haustür haltmachen?

Nicht lange. Sie wartete in der Diele auf mich, als ich Harcourt an die Tür brachte. Dieselbe bewegungslose Haltung, wie eingefroren, dieselben zerbrechlichen Finger am Kragen des Umhangs.

Ich ließ Harcourt hinaus, verschloß die Tür und drehte mich um. Sie war immer noch da, stand an der Treppe. Ihre Augen waren auf mich gerichtet.

«Na, endlich bist du hereingekommen», sagte ich. «Was willst du?»

Selbst für ein Gespenst war sie nicht gerade aufgeschlossen. Nur ihre Augen, weiche, traurige Augen, versuchten etwas zu sagen. Ein kleines, zerbrechliches Wesen.

«Ich weiß nicht, wie ich mit dir in Verbindung treten soll», sagte ich. «Tut mir leid. Ich weiß nicht, was du von mir willst.»

Sie lächelte. Es war das erstemal, daß ich gesehen hatte, wie sich etwas an ihr bewegte. Es war ein wundervolles Lächeln, vielleicht ein bißchen schwermütig, aber wundervoll. Dann verschwand sie allmählich. In einem Augenblick stand sie noch am Treppengeländer, im nächsten war sie weg.

«Du brauchst keine Angst zu haben», sagte ich hoffnungsvoll.

Aber es hatte keinen Sinn, länger in der Diele zu bleiben und auf ein verschüchtertes Gespenst zu warten. Vielleicht konnte sie nie lange an einem Ort bleiben? Jedenfalls war sie jetzt weg.

An diesem Abend wartete ich eine Weile, wollte sehen, ob sie noch einmal erscheinen würde. Aber nichts geschah. Einmal oder zweimal ein Schatten, eine Bewegung im Licht des Kaminfeuers, aber sie ließ sich nicht mehr blicken.

So ging es auch die nächsten zwei Tage. Sie tauchte an allen möglichen Stellen im Haus und im Garten auf, stand nur da und lächelte. Einmal faßte sie nach mir, streckte ihre zierlichen Finger nach mir aus. Ich machte eine Bewegung auf sie zu – viel zu schnell –, sie löste sich auf. So war es die ganze Zeit: Sie wollte zu mir, begehrte mich, wollte mit mir körperlichen Kontakt gewinnen, mich in Versuchung führen – aber zugleich hatte sie Angst vor mir.

Harcourt kam jeden Abend vorbei. Sie beachtete ihn nicht weiter. Ein paarmal erschien sie im Wohnzimmer, wenn wir miteinander sprachen, stand einmal am Fenster und schaute uns mit finsteren Blicken zu, saß ein andermal in dem großen ledernen Klubsessel, die Hände keusch über dem Schoß gefaltet. Sie behielt mich die ganze Zeit über im Auge, ich konnte mich kaum darauf konzentrieren, was Harcourt sagte.

«So kann es nicht weitergehen», sagte ich an einem der Abende, nachdem Harcourt gegangen war. Sie saß noch immer im Klubsessel und lächelte. «Das führt zu nichts.»

Ich kam auf sie zu, diesmal aber langsam und vorsichtig, damit ich sie nicht wieder verscheuchte. Ich hatte herausgefunden, wie ich mich zu verhalten hatte. Dreißig Zentimeter vor dem Sessel blieb ich stehen. Ich streckte meine Hand aus.

«Ist doch gut», sagte ich. «Ist doch gut.»

Sie wich vor meiner Hand zurück, so daß ihr Körper einen Augenblick lang mit dem Sessel verschmolz ... Aber auch sie hatte gelernt, wie sie sich verhalten mußte. Diesmal löste sie sich nicht auf.

«Es ist doch gut. Du bist bei mir in Sicherheit», sagte ich immer wieder.

Dann streckte sie ihre Hand aus und griff nach meiner rechten Schulter. Ein eiskalter Schauder lief durch meinen Arm. Eine lähmende, schmerzhafte Sinnesempfindung. Unwillkürlich zuckten meine ausgestreckten Finger zurück. Sie löste sich auf. Ich blieb allein, griff mit der Linken nach meinem erstarrten rechten Arm.

Das war der Anfang, der Anfang vom Ende, glaube ich.

Zum erstenmal hatte ich wirklich Angst. Ich hatte Angst, weil ich in mir das Verlangen fühlte, sie zu berühren. Ich wollte ihr Gesicht streicheln, die kleine kalte Hand in der meinen halten. Ich wußte, daß sie mein Verlangen erriet ... Ich wußte, das war ihr Ziel ... Das andere, mein Reden, ihre Gesten als Antwort, ihr Suchen nach Kommunikationsmöglichkeiten, das gehörte bei ihr zum Vorspiel zweier Liebender. Jetzt wußte ich, warum sie zu mir gekommen war, jetzt verstand ich die Worte auf der Fensterscheibe. Liebe mich, liebe mich, liebe mich.

Es war eigentlich ganz einfach. Niemand konnte sich zwischen uns drängen und stören. Harcourt kam zwar immer noch vorbei, aber nur abends, und er blieb meistens nicht lange. Sie kam zu mir ... Sie kam zu ganz verschiedenen Zeiten, ohne Anlaß, so schien es, und in keinem wiederkehrenden Rhythmus. Sie kam, und dann saß sie lächelnd da, und ich wollte mich ihr nähern, nach ihr greifen, sie in meine Arme schließen und ihren zarten kleinen Körper, dieses Nichts von einem Körper an mich pressen, und wollte die Kälte, diese schmerzhafte Kälte fühlen.

«Sie sehen nicht gut aus», sagte Harcourt, als er die Akten wieder in seine Mappe packte. Zum erstenmal hatte ich den Eindruck, daß er sich tatsächlich Sorgen um mich machte.

«Ich fühle mich aber den Verhältnissen entsprechend ganz wohl.»

«Es ist noch die Reaktion auf den Unfall, nehme ich an.» Seine Stimme erstarb. Er schaute auf meinen Arm, auf die weißen Ränder der Bandage, die unter dem Kragen zum Vorschein kamen.

«Eine Verbrennung», sagte ich. «Leider schlimmer, als ich dachte.»

«Sie haben doch einen Arzt zugezogen?»

«Natürlich.»

Er glaubte mir. Er hatte schließlich Übung darin, mir zu glauben und nicht zu zweifeln. Dann ging er wieder. Ich kam zurück ins Zimmer. Sie stand am Fenster und schaute ihm nach. Dann drehte sie sich um, und ich trat behutsam neben sie. Ein blitzartiger kalter Schmerz fuhr über mein Gesicht, als sie mich mit ihren formlosen Fingern berührte.

Sie berührt mich, jetzt streichelt sie mich. Ich weiß, daß mein Fleisch dort, wo sie es streichelt, verwelkt und vom Knochen fällt, daß die Haut sich auflöst, das Blut eintrocknet. Sie streichelt mich jetzt. Ich kann mich nicht mehr von ihr lösen, denn ich liebe sie, aber bald – bald wird ohnehin alles vorbei sein.

Harcourt kam wieder, heute abend. Er ließ sich selbst ein. Ich hatte ihm den Schlüssel gegeben. Er kam in mein Schlafzimmer, und wir unterhielten uns. Ich habe die Lampen verdunkelt, damit er nicht sehen konnte – was es zu sehen gab. Ich sagte ihm, es seien meine Augen . . . Aber bald wird er es ohnehin wissen.

Sie schaute uns die ganze Zeit über zu. Sie saß am Fußende des Bettes und beobachtete ihn. Ein- oder zweimal bemerkte ich, wie seine Augen aufflackerten in der Richtung, wo sie saß, als sehe er etwas, nichts Bestimmtes, nur die Umrisse einer Gestalt im Halbdunkel. Aber dagegen hat er seinen Verstand und weiß ihn zu benützen.

Er verabschiedete sich und stand auf, um mich zu verlassen. Sie bewegte sich. Er ging hinaus. Sie stand jetzt am Fußende des Bettes. Sie lächelte mir zu, dann drehte sie sich weg und glitt aus dem Zimmer, und ich wußte, daß sie mich ebenfalls verließ.

Jetzt beobachte ich die beiden vom Fenster aus. Er marschiert die Straße entlang, sie gleitet unmerklich hinter ihm her. Plötzlich dreht er sich um, als fühle er, daß irgend etwas hinter ihm ist. Er bleibt stehen. Er zündet sich eine Zigarette an. Er schüttelt den Kopf und geht weiter.

Ein Fetzen verwelktes, verdorrtes Fleisch fällt von meinem Gesicht auf den Teppich, als ich mich umdrehe und mich zurück zum Bett taste.

Ich habe sie besessen, sie war mein . . .

Die Schlankheitskur

John Keefauver

Als das Haus von Yates, kurz nachdem das Päckchen von *schnell-schlank* für ihn gekommen war, zu schrumpfen begann, dachte ich zuerst, es müsse an meiner Einbildung oder an meinen Augen liegen. Aber dann, als ich Mühe hatte, die Rechnungen von derselben Firma in seinen Briefkasten zu bekommen, weil der immer kleiner wurde, wußte ich, daß es keineswegs an meiner Einbildung oder an meinen Augen lag. Sein Haus, der Briefkasten davor, der Schuppen daneben, sein Auto neben dem Schuppen, die Bäume im Hof, der Zaun um sein Grundstück – alles wurde mit einem Mal kleiner, nachdem ich ihm dieses Päckchen von *schnell-schlank* zugestellt hatte.

Ich erinnere mich genau an den Namen der Firma, weil es nämlich die einzige Post war, die er überhaupt erhielt. Jedenfalls war es die einzige Post, die ich ihm zustellte, seit ich diesen Bezirk übernommen hatte. Die erste Sendung für ihn war eben dieses Päckchen, schon in meiner ersten Woche. Das Päckchen war gar nicht sehr groß; es paßte leicht in seinen Briefkasten. Es wäre mir nicht einmal besonders aufgefallen, nur ... es war eben die erste Post, die ich ihm zustellen mußte, und außerdem trug es keinen Absender. Nur: *schnell-schlank* in großen Kleinbuchstaben und einen Poststempel von Chicago. Dann, ungefähr eine Woche später, war die zweite Sendung für ihn dabei, eine Rechnung von derselben Firma. An dem Tag schien mir der Briefkasten kleiner geworden zu sein. Er stand für sich allein – nicht mit anderen in einer Reihe –, darum war es anfangs schwer zu sagen. Auch das Haus selbst konnte man nicht mit anderen vergleichen. Es lag ebenfalls für sich allein, von den Nachbarn durch Baumgruppen getrennt. Von der Straße aus war es allerdings zu sehen. Ein kleiner Holzbungalow, eigentlich von Anfang an nicht sehr groß.

Als die zweite Rechnung kam, vielleicht zehn Tage später, war ich sicher, daß der Briefkasten kleiner war. Ich konnte kaum mit der Hand hineinlangen, und außerdem war er plötzlich niedriger als mein Wagenfenster. Ich dachte, daß er vielleicht einen neuen Briefkasten aufgestellt hätte – er war neu, genau wie der «andere» –, und ich war drauf und dran, kurz bei ihm anzuklopfen und ihm zu sagen, er könnte nicht einfach einen unvorschriftsmäßig kleinen Briefkasten hinstellen, da käme ich ja in Schwierigkeiten. Und wie ich so unentschlossen dasitze, die Augen auf seine Haustür gerichtet in der leisen Hoffnung, er könnte jeden Moment von selbst herauskommen, da schien das Haus vor meinen eigenen Augen kleiner zu werden. Nicht nur das Haus, auch der Schuppen und sein Wagen auch. Und die Eichen im Hof. Ich glaubte sogar, ein Geräusch zu hören, so ein splitterndes, reißendes Geräusch. Es machte mich nervös, und ich fuhr weiter.

Dann kam eine ganze Weile keine Post für Yates, und da er ganz am Ende einer Sackgasse wohnte, kriegte ich sein Haus eine Zeitlang nicht zu Gesicht. Nicht, daß ich es bedauert hätte. Sobald ich mit den Häusern in seiner Straße fertig war, machte ich kehrt, und dann nichts wie weg. Sein Haus lag hinter einer Biegung, und sein nächster Nachbar lag noch vor dieser Biegung; er war also der einzige, der Grund hatte, bis ans Ende der Straße zu fahren. Es war beinahe wie eine Privatstraße.

Nach ein paar Tagen kam dann die nächste Rechnung für ihn von *schnell-schlank*. Ohne Absender, wie üblich. Ich mußte mich aus meinem Wagenfenster hinauslehnen und hinunterlangen, um den Umschlag in den Briefkasten zu kriegen, und er paßte eben gerade hinein. Aber ich ahnte immer noch nichts Böses; ich hielt Yates wohl für so 'ne Art Witzbold, der andern Leuten gern Streiche spielt und jede Woche einen kleineren Briefkasten vor sein Haus setzt. Dann sah ich zu seinem Haus hinüber, was ich bis dahin vermieden hatte. Der Bungalow – und das Auto, die Bäume im Hof, der Schuppen und der Zaun um den Hof –, alles war kleiner, daran war nicht zu rütteln. Ich war mir absolut sicher. Meine Augen sind gut!

Ich bekam es mit der Angst und fuhr schleunigst weg. Selbst ein Witzbold würde nicht jede Woche sein Haus abreißen und ein kleineres bauen. Und selbst wenn, wie könnte es genau wie das größere aussehen, nur eben kleiner? Und ein kleineres Auto – wie sollte er das machen? Und kleinere Bäume?

Ich hatte keinem Menschen davon erzählt – aus gutem Grund. Ich wollte nicht, daß die Leute mich für verrückt hielten. Besonders, weil ich noch neu in meinem Job war. Und neu in der Stadt obendrein. Die Leute kannten mich kaum; sie hätten mir meine Geschichte doch nie abgekauft. Und verheiratet bin ich auch nicht, also konnte ich mit keiner Menschenseele darüber reden. Außerdem schien mir überhaupt etwas faul zu sein. Warum war der Mann, der vor mir den Zustellbezirk gehabt hatte, weggegangen? Und zwar so überstürzt, daß er keine Zeit mehr gehabt hatte, mich einzuarbeiten? Das hatte nämlich der Leiter des Postamtes persönlich machen müssen. Kein Mensch bei der Post, kein Mensch in der ganzen Stadt mochte darüber reden. Nicht einmal seinen Namen wollte man mir sagen. Ich nehme an, um ihn zu schützen – oder mich. Schließlich erfuhr ich dann aber doch, daß keiner bei der Post und keiner in der Stadt meinen Job hatte haben wollen, allerdings bekam ich nicht heraus, warum. Jedenfalls war das der Grund, warum man mich, einen Fremden, angestellt hatte – keiner hatte den Posten haben wollen.

Als dann für Yates die nächste Rechnung von *schnell-schlank* kam, war ich versucht, sie wegzuwerfen. Aber ich habe sie dann doch zugestellt – und leicht war es nicht. Ich mußte aus meinem Wagen aussteigen und mich bücken, um sie in den Briefkasten stecken zu können. Und den Umschlag mußte ich erst falten, sonst wäre er nicht hineingegangen. Das Haus – und der Schuppen, das Auto, die Bäume, der Zaun waren jetzt ungefähr halb so groß wie zu Anfang. Und genau wie sonst rührte sich nichts im Haus oder im Garten – kein Lebenszeichen. Man hätte glauben können, da wohnt keiner. Aber die Rechnungen waren jedesmal aus dem Briefkasten verschwunden. Vermutlich holte sie Yates doch heraus. Alle Sendungen trugen nur seine persönliche Anschrift – Mr. H. L. Yates. Andere Personen – etwa eine Mrs. Yates oder eine Miss Yates – erhielten keine Post. Ich erkundigte mich immer wieder im Postamt und in der Stadt über ihn – ganz beiläufig, versteht sich, unter dem Vorwand, daß sich bei ihm zu Hause nie jemand sehen ließe und ich mir Gedanken über ihn machte, weil er so ganz allein für sich lebte. Aber alle behaupteten, sie wüßten nichts über ihn. Sie waren keine geschickten Lügner.

Eins wußte ich: Ich würde nie zu diesem Haus gehen und auf eigene Faust Nachforschungen anstellen.

Ungefähr zehn Tage später kam wieder eine Rechnung von *schnell-schlank* für Yates. Der Briefkasten war jetzt vielleicht einen Fuß hoch über dem Boden, und ich mußte den Umschlag zusammenrollen, um ihn hineinzuzwängen. Das Haus und die anderen Dinge im Hof waren im Vergleich zum Briefkasten nicht viel größer. Es war, als ob man vor einem Puppenhaus stünde.

Während ich meine Runde zu Ende machte, überlegte ich, wie ich den Job loswerden könnte, ohne einen Grund nennen zu müssen.

Als die nächste Rechnung kam, machte ich kurz vor Yates' Haus halt und nahm einen kräftigen Schluck aus der Flasche. Das half. Besonders, weil ich zum Frühstücken viel zu nervös gewesen war; ich hatte mir nämlich schon gedacht, daß es allmählich wieder an der Zeit wäre für die nächste Rechnung. Als ich dann zu seinem Haus kam, oder besser zu dem, was davon übriggeblieben war, betete ich im stillen darum, daß die letzte Rechnung noch im Briefkasten steckte. Das wäre doch zumindest irgendwie normaler gewesen. Aber der Kasten war leer wie gewöhnlich und fast zu ebener Erde, vielleicht so groß wie eine Streichholzschachtel. Ich war so nervös, daß ich den Umschlag nicht falten konnte, und schob ihn einfach mit der Fingerspitze hinein. Und dann machte ich mich aus dem Staub. Nur nicht zum Haus hinsehen, dachte ich. Aber es ließ sich nicht verhindern. Das Haus war vielleicht zwei Fuß hoch, wenn nicht noch kleiner.

Was in der Woche, die nun folgte, los war, weiß ich nicht mehr genau. Ich fing an zu trinken; dabei habe ich Alkohol eigentlich nie leiden können. Kaum, daß ich mich zur Arbeit aufraffen konnte. Ich war so nervös und hatte vor einer neuen *schnell-schlank*-Rechnung solche Angst, daß ich nur wie durch ein Wunder die Post sortieren und zustellen konnte. Abends ging ich nach Hause und sofort ins Bett – mit der Flasche. Ich aß kaum, und dabei habe ich eigentlich nie recht was auf den Knochen gehabt.

Als die neue Rechnung für Yates kam, brach ich beinahe zusammen. Bevor ich mich auf die Runde machte, kaufte ich eine neue Flasche; die im Wagen war nur noch zu einem Drittel voll. Als ich vor seinem Haus anhielt, war ich ganz schön betrunken. So betrunken, daß ich zuerst glaubte, ich wäre gar nicht bei seinem Haus. Es war nämlich kein Haus mehr da. Auch kein Briefkasten mehr. Kein Auto im Hof, kein Zaun, kein Schuppen, keine Bäume. Nur ein leerer Platz an der Stelle, wo sein Haus gestanden hatte. Und wo *er* gewohnt hatte, wie ich annehmen mußte.

Ich fuhr direkt zur Post zurück – zum Teufel mit der ganzen Zustellung! –, gab dem Leiter die neueste *schnell-schlank*-Rechnung und erzählte ihm die ganze verdammte Geschichte. Ziemlich zusammenhangslos, nehme ich an, wegen des vielen Alkohols, den ich getrunken hatte, und die Geschichte war auch so schon reichlich verwegen. Offenbar glaubte er mir kein Wort. Ich war betrunken. Nicht nur betrunken im Dienst, sondern verrückt dazu, plemplem, wahnsinnig.

Aber eins weiß ich noch sehr genau: Offenbar glaubte er mich schon in einem Stadium, in dem man nichts mehr begreift; jedenfalls wandte er sich an seinen Stellvertreter und sagte: «Das ist dieselbe Geschichte, die Yates uns erzählt hat.»

«Yates!» brüllte ich. «Wer zum Teufel ist Yates?!»

«Der Mann, der vor Ihnen den Zustellbezirk hatte.»

«H. L. Yates?»

Der Leiter des Postamtes nickte. «Wir mußten ihn entlassen, als er uns von dem Haus in seinem Bezirk erzählte, das immer kleiner würde, bis es schließlich ganz verschwunden sei.»

«Sein *eigenes* Haus?»

«Nein. Irgendeins. In seinen ehemaligen – und Ihren jetzigen – Zustellbezirk ist er erst gezogen, nachdem wir ihn entlassen hatten. Er wollte aus der Stadt 'raus, sagte er.»

Nun, das erklärte wenigstens, warum sein Briefkasten neu war.

Der Leiter des Postamtes hüstelte. «Es tut mir sehr leid, Bill, aber wir können Sie leider auch nicht länger behalten . . .»

Ich hätte ihn küssen können.

Dann, etwa eine Woche später – ich wunderte mich schon, warum ich keine Post erhielt –, kam ein Päckchen: von *schnellschlank*. Es trug meine Adresse.

Ein Toter erzählt

Howard Rigsby

Zu Lebzeiten war ich nur ein besserer Zwerg, aber in ganz Florida hat's keinen zäheren Hund als mich gegeben, da können Sie fragen, wen Sie wollen. Schon als junger Kerl war ich ein harter Brocken für jeden, der auf Krawall aus war, und wer sich mit mir anlegte, der hat hinterher gemeint, das nächste Mal finge er lieber Krach mit 'nem Krokodil an, mit dem könnte man eher fertig werden als mit Joe Root – das bin ich. Oder sagen wir lieber, was von mir übriggeblieben ist, nachdem ich ein bißchen erschossen und ertränkt und begraben worden bin und so weiter.

Sechzig Jahre lang habe ich an der Westküste gewohnt, und zwanzig davon war ich Wildhüter, und ich kenne jedes Stück Sumpf und Wald und jeden Bach zwischen Port Saint Joe und Pensacola. Ich kann Ihnen auf die Minute genau sagen, wann die jungen Wachteln flügge werden, und wenn ich mir die Spur von einem Hirsch ansehe, weiß ich, wohin er will und was er sich dabei denkt. Ich habe mit Bär und Panther und Keiler gerauft und sie auch aufgegessen, und sie haben mit mir gerauft, und ein paar wollten mich ebenfalls auffressen. Ich kann rufen, daß jeder denkt, da schreit ein Vogel, und ich kenne sämtliche Blätter und Kräuter und Gräser, die für irgendein Wehwehchen gut sind. Klapperschlangen und Mokassinschlangen haben mich so oft gebissen, daß sie's schließlich aufgegeben haben, weil sie nämlich merkten, daß sie mir mit all ihrem Gift doch nichts tun konnten. Nein, meine Herren, kein böses Tier hat mich dahin gebracht, wo ich jetzt bin, nämlich unter die Erde; das war ein Mensch, und von allen Schuften und Schurken, die sich in Gottes weiter Welt herumtreiben, war er der allermiserabelste.

Es war im März, und ich kam abends von Panama City herauf, um die Inseln und Landzungen herum. Der Mond schien, und der Golf war ganz ruhig und wie ein Spiegel, und als ich den Motor von meinem Boot abstellte, da habe ich am Ufer die Katzen durchs Gebüsch schleichen gehört und die Hirsche unter den kleinen Palmen oben an den Quellen, die sind auf dem langen Stück Land, das in die Choctawhatchee Bay hineinragt. Alles war so still und friedlich, daß ich beinahe vergessen hätte, weswegen ich überhaupt gekommen war. Und dann habe ich im Unterholz das Gewehr gehört. Es fielen zwei Schüsse, und ich wußte auf der Stelle, daß sie aus einer Zwölfer gekommen waren. Das war sehr verdächtig, weil die Bauern hier keine solchen Büchsen haben, und außerdem wußte ich, daß seit zehn Jahren keiner mehr dort gewohnt hatte, wo jetzt die Schüsse fielen. Und ich wußte auch, daß sich Wilderer immer nur an den Quellen 'rumgetrieben hatten. Die hatten ein schnelles Boot, damit kamen sie bei Nacht und versteckten sich im Ufergebüsch und leuchteten mit Scheinwerfern, wenn die Hirsche trinken kamen.

Also, da saß ich nun, und die Wellen plätscherten an mein Boot, ich überlegte und lauschte, und dann nahm ich Kurs auf ein Flüßchen, auf dem ich dorthin gelangen konnte, wo es geknallt hatte.

Ich ruderte lautlos flußaufwärts, meine 30er Doppelflinte über den Knien, und es war pechfinster, weil die Zypressen über mir zusammengewachsen waren, und bemooste Zweige hingen 'runter und streiften mich immer mal. Ich hörte, wie die Krokodile vom Ufer ins Wasser glitten und schnauften, und die Augen glitzerten mich an. Ungefähr zwei Meilen weiter oben sah ich das Licht. Es brannte in der Hütte, wo keiner mehr wohnte, seit vor zehn Jahren der alte Jackson drin gestorben war. Ich dachte noch an ihn, wie ich mich an den Landesteg 'ranschaffte, der schon ziemlich verfallen war, und dann sah ich das Boot liegen, das mit einer Plane abgedeckt war. Ich ging längsseits, und es war ein hübsches Schiffchen, lauter Mahagoni und jede Menge Messing, und ich hätte gewettet, daß im ganzen Golf kein schnelleres Boot zu finden war. Das Ding war viel zu teuer für irgendwelche hergelaufenen Wilddiebe, und ich konnte mir erst gar nicht denken, was das hier zu suchen hatte. Aber es war ja meine Pflicht, mal nachzusehen, wer da geschossen hatte. Neben der Hütte war eine kleine Lichtung, und das war ein prima Platz für einen mit 'ner Zwölfer, um auf den Hirsch zu lauern, der vielleicht beim Mondschein herkam, um mal in dem früheren Garten im alten Kartoffeläckerchen zu wühlen oder im dichten Gras zu äsen, das hier wucherte.

Ich habe mein Boot an einen blitzenden Poller am Bug des feinen Schiffchens festgemacht, dann bin ich auf den Steg geklettert, und da hat ein morsches Brett gekracht wie ein Schuß, kaum daß ich draufgetreten war. Die Tür der Hütte flog auf, und da stand ein Mann und sah 'raus. In einer Hand hatte er ein Jagdmesser, die andere steckte in der Tasche.

«Wer ist denn da?» brüllte er, und ich merkte gleich, daß es ein Yankee war.

«Immer mit der Ruhe», sagte ich. «Kein Grund zur Aufregung.»

Da sah er mich, und das schien ihn zu besänftigen. «Was wollen Sie?»

Ich ging zur Hütte hinüber. Als ich vor ihm stand, sagte ich: «Ich will den Hirsch, den Sie da drin beim Abziehen gerade so zurichten.»

Er war ein großer Kerl, wie ein Bär, mit langen kräftigen Armen, auf denen schwarze Haare wucherten, auch wie bei 'nem Bären.

«Ist das vielleicht eine Art, etwas zu verlangen?» sagte er. «Und außerdem haben Sie spioniert. Woher wissen Sie denn, daß ich ihn nicht richtig abziehe?»

Dabei war das ganz einfach. Erstens konnte ich riechen, daß hier ein Hirsch geschossen worden war, und dabei riecht der Hirsch eben strenger als die Kuh. Und ich wußte auch, daß er nicht weidmännisch zu Werke ging, denn wenn er das Tier richtig ausbluten ließ, dann brauchte er keinen Tropfen Blut an die Finger zu kriegen – aber seine Hände waren über und über mit Blut beschmiert.

«Woher ich das weiß, spielt keine Rolle», sagte ich. «Ich bin hier Wildhüter, und Sie kommen mit, samt Hirsch.»

Er lachte. «Ach so, und ich dachte, Sie wollten bloß ein Stück davon abhaben. Kommen Sie 'rein, Wildhüter, und dann verraten Sie mir mal, was ich falsch gemacht habe.» Dann holte er eine Flasche und zwei Gläser und sagte, ich sollte mich hinsetzen und was trinken.

Ich hätte ein Gläschen brauchen können, sehr sogar, aber mit ihm trank ich keinen Schnaps. «Sie sollten lieber anfangen zu packen», sagte ich mit Nachdruck. «Ich werde Sie und den Hirsch da auf dem Tisch noch heute abend nach Panama City bringen.»

Er kippte einen. «Soll das heißen, daß man in Florida keinen Hirsch schießen darf?» sagte er und tat ganz höflich, aber innerlich war er hundsgemein und kochte vor Wut.

«Wir haben Schonzeiten», erklärte ich ihm gelassen, «wie überall und auch in dem Staat, aus dem Sie kommen, Mister, und wer in der Schonzeit jagt, zahlt hundert Dollar Strafe und wandert außerdem ins Kittchen.»

«Aber wir beide werden uns schon einig», sagte er. «Ich habe nicht gewußt, wie hier die Vorschriften sind, aber wenn ich etwas falsch gemacht habe, dann pflege ich auch dafür zu bezahlen.» Dann hat er ein Bündel Geld ausgepackt, und das war mehr Geld, als ich jemals zu sehen gekriegt hatte. Er zählte zwei Scheine ab. «Hier», sagte er, «das ist die Strafe und noch ein Hunderter für Sie.»

«Stecken Sie das Geld ruhig wieder weg.»

Er starrte mich weiter mit seinen kleinen Raubtieraugen an und zählte noch mehr Scheine vom Bündel ab. «Sie dürfen sagen, wann ich aufhören soll», meinte er.

Ich sagte: «Sie können gleich aufhören. Mit Ihrem Geld können Sie weder den Hirsch noch mich, noch die Gesetze von Florida kaufen. Und jetzt packen Sie Ihre Siebensachen, Mister, und dann kommen Sie mit.»

Er steckte das Geld ein und lachte, geradezu beleidigend. «Ich habe größere Männer als Sie gekauft – und mehr Gesetze, als ihr überhaupt habt.» Er packte urplötzlich zu – wie eine Klapperschlange, wenn sie zustößt – und ergriff den Lauf meiner 30er. «Und größere Kerle als Sie wollten mich schon mitnehmen», sagte er. «Bloß bin ich nie mitgegangen.»

Ich gebe ja zu, daß ich leichtsinnig war. Ich hätte bei ihm so wachsam sein sollen wie bei 'nem Bär, wenn er sich paaren will. Aber im allgemeinen fängt keiner ernsthaft Krach an, wenn man ihn erwischt, weil er einen Hirsch gewildert hat. Sie versuchen, einen zu bestechen, aber es gibt keine Schießerei.

«Da machen Sie aber einen Fehler», sagte ich.

«Ich laß mich doch von einem Zwerg von Wildhüter nicht festnehmen.»

Ich sagte: «Ich hab' auch Polizeigewalt. Und ich hab' schon größere Herren wie Sie festgesetzt. Ein paar davon bekamen dabei blutige Nasen, aber mitgegangen sind sie alle.»

Die Hand, die in der Tasche gesteckt hatte, kam zum Vorschein, mit einem tückischen kleinen Revolver. «Diesmal gibt's kein Blut – höchstens Ihres», sagte er. «Jetzt setzen Sie sich hin, und dann reden wir mal vernünftig über die ganze Sache!»

Er war im Vorteil, und in mir kochte es. Ich hatte einen Fehler gemacht, und ich hatte so ein Gefühl, als wäre das ein Fehler gewesen, wie ihn der Mensch bloß einmal im Leben begehen kann. Und als ich auf ihn zusprang und mir der tückische kleine Revolver in den Ohren dröhnte, da wußte ich es genau.

Er traf mich in den Bauch, und das war ziemlich böse, aber um Joe Root aufzuhalten, ist noch mehr nötig als so ein Spielzeugrevolver. Ich kämpfte mit ihm um mein Gewehr, dessen Lauf er immer noch mit einer Hand festhielt.

«Du bist aber ein zäher kleiner Kerl», murmelte er, und dabei grinste er giftig und mörderisch.

Der Revolver ging wieder los, und da wurde mir die ganze linke Seite lahm, weil es mich in der Schulter erwischt hatte. Ich gab das Gewehr auf und rammte ihn unvermittelt, was ihn aus dem Gleichgewicht brachte und den nächsten Schuß fehlgehen ließ, und dann ging ich auf ihn los und sah die Angst in seinen Augen.

Bis ich bei ihm war, hatte er mich allerdings endgültig erwischt, das merkte ich an der Kugel in meiner Brust, aber da hatte ich auch die Hände an seinem Hals, und er schrie und schlug mir den Griff auf den Kopf, und bei jedem Schlag schrie er: «Fall um! Fall um! Bist du denn kein Mensch? Fall endlich um! Du bist doch tot!»

Dann hat er mir noch zwei Kugeln verpaßt und mich weggestoßen, und nun war er wie ein Verrückter, als ich ihn noch mal zu würgen begann. Aber nun fing ich denn doch zu merken an, daß ich tot war, und die Hand, mit der ich ihn würgte, hatte keine Kraft mehr, und ich fiel ihm vor die Füße. Aber ich hatte die Augen noch offen, und ich starrte anklagend zu ihm auf, und mein Arm hatte sich fest um seine Knöchel geschlungen.

Er atmete schwer und stöhnte und glotzte mich an, und in seinen Augen stand die nackte Angst. Er wollte weggehen, aber mein Arm hielt seine Beine wie 'ne Eisenklammer, und er mußte sich schließlich bücken und mit seinem Revolver draufschlagen, um sich zu befreien. Dann kippte er einen Schnaps und riß sich halbwegs wieder zusammen.

«Du warst der zäheste Hund, den ich je umgebracht habe», sagte er. «Nicht mal Big Tony war auch nur halb so schwierig, von den anderen gar nicht zu reden ...» Er schwieg und trank noch einen Schnaps und sah 'runter, wo ich zu ihm hochstarrte und die blutigen Lippen grinsend auseinandergezogen hatte. Und er versuchte zu lachen, aber es war nicht echt, und es schüttelte ihn immer noch vor Furcht. «So ein dürrer alter Knabe wie du», fuhr er fort. «Und ich, Mike Mitchell, lasse mich beinahe von einem verrückten kleinen Wildhüter ins Kittchen bringen – und bloß, weil ich einen Hirsch geschossen habe, einen lächerlichen Hirsch. Mann, ich sehe fast die Schlagzeilen, die das oben im Norden gegeben hätte.» Noch ein Schnaps. «Aber jetzt gibt's keine Schlagzeilen, denn ich habe dich erledigt, du zäher alter Hund. He – hör auf, mich anzustarren! Du hast kein Recht, so zu glotzen und zu grinsen. Du bist tot! Bist du dir darüber im klaren?»

Da habe ich gerade tief in der Kehle gegurgelt, und da ist

er aufgesprungen und hat das Glas fallen lassen, das er in der Hand hielt. Seine Augen waren groß und voller Schrecken, und er sagte wie im Fieber: «Ich werde dich jetzt auf der Stelle wegbringen. Ich bring' dich hier 'raus. Ich werf' dich ins Wasser, damit du weißt, daß du tot bist – und damit ich's selber auch weiß. Und keiner wird dich jemals finden.»

Er hat mich bei den Schuhen gepackt und aus der Hütte auf den alten Landesteg geschleift. Aus seinem Kreuzer holte er Tauwerk und wickelte mich ganz schön ein, dann besorgte er sich Steine und eine rostige alte Pflugschar, mit der der alte Jackson noch gearbeitet hatte. Er band das alles an mir fest und rollte mich in mein Boot.

Ich hing im Kielwasser des großen Motorboots und wurde in den Choctawhatchee hinausgezogen, und da wurde ich über Bord geworfen, mein Boot ließ er treiben, und während er mich ins Wasser schmiß, sagte der große schwarze Yankee: «Good-bye, du altes Scheusal.» Aber noch im Untergehen waren meine Lippen zum starren Grinsen verzogen, und meine Augen starrten ihn unverwandt an. Dann sank ich tiefer und tiefer ins Wasser, auf dem ich mein Lebtag herumgefahren war, und die Fische schwammen mir aus dem Weg, und der gute alte Mond schien mir ins Gesicht, und der Schatten des großen Bootes glitt über mir weg. Dabei machte es ein Geräusch wie sanfter Donner aus einer andern Welt, und dann ruhte ich im Schlamm, und die sanften warmen Arme des Golfs schaukelten mich. Aber ich war gar kein glücklicher Leichnam, weil nämlich mein Job noch nicht erledigt war.

Und wie ich da im Mondlicht lag und schaukelte und die Fische im schwankenden Gras am Grund spielten, da scheuerten die Seile, mit denen meine Beine gefesselt waren, scheuerten beim Schaukeln gegen den Pflug vom alten Jackson. Am Morgen war ich frei und los, glitt und schwamm unter Wasser herum, und nur ein oder zwei Steine hingen noch in meiner Vertäuung. Um mich war es strahlend hell, und im Sonnenschein trieb die Flut das Flüßchen hinauf, und mich drehte und trieb sie mit sich. Es war ein wirklich schöner Tag und mal was anderes – denn die Gänse und Erpel besahen mich kritisch von oben, und von den Zypressen sah ich mal statt der Kronen die Wurzeln.

Auf dem Weg flußaufwärts stieß mich auch mal ein altes Krokodil an und begutachtete mich, aber ich glaube, es sah, daß ich auch längst nicht mehr der Jüngste war und bestimmt kein zartes Frühstück, und so klapperte es nur verächtlich mit den langen Kiefern. Er verhakte sich aber ins Tauwerk, der alte Dummkopf, und schwamm mit ihm davon, ohne es zu merken, und wie sich die Seile von mir lösten, wurde ich herumgewirbelt und dann erstaunlich schnell nach oben befördert – und schon schwamm ich oben auf dem Wasser ganz in der Nähe vom Landesteg des alten Jackson herum.

So bin ich gemächlich in der Sonne herumgetrieben, und jetzt war das Grinsen starr in meinem Gesicht verewigt, und meine Blicke waren stur auf die Hütte gerichtet. Aus dem Schornstein stieg Rauch, und nach einer Weile kam der Yankee heraus und sah sich um. Plötzlich erstarrte er, beschattete seine Augen mit der Hand und kam zum Steg gerannt. Und als er merkte, daß ich's wirklich war, fing er zu zittern und zu ächzen an. Dann riß er seinen kleinen Revolver heraus, mit dem er mich abgemurkst hatte, und fing wie wild und verrückt auf mich zu ballern an.

Nach kurzer Zeit ließ er's aber bleiben und beruhigte sich wieder. Er kletterte in sein Boot und ließ es zu mir hertreiben, wo ich schon langsam anzuschwellen begann, und dann packte er mich mit einem Fischhaken an der Jacke.

«Wie bist du bloß freigekommen?» fragte er mich. «Warum bist du nicht unten geblieben? Kannst du mich nicht endlich in Ruhe lassen? Und hör auf zu glotzen!»

Ich glotzte aber ruhig weiter, während er mich ins Boot zog, und als er zum Steg zurückpaddelte, murmelte er: «Ich werde dich schon los. Ich werd' dich begraben, und dann wird's keinen Zweifel mehr dran geben, daß du mausetot bist.»

Und das hat er dann wahrhaftig auch mit mir gemacht. Er schleifte mich unter die kleinen Palmen, wo's ein bißchen sumpfig war, hob eine Grube aus und warf mich in das schlammige Loch.

«So», sagte er und schaufelte Erde auf mich, «das ist das letzte, was ich von dir sehe. Du wirst mich nicht mehr anglotzen und auslachen, du alter Affe. Das hier ist ein Grab, und du liegst drin, und deshalb bist du tot.»

Es war verdammt dunkel da unten und feucht, und nach einem Weilchen spürte ich die kleinen blinden Tierchen, die unter der Erde leben. Sie krabbelten an mir herum und wunderten sich wohl, wer ich war und woher ich kam. So ziemlich jeder andere Leichnam, erledigt und erschossen und ersäuft wie ich, wäre es sicher zufrieden gewesen, da unten zu ruhen. Aber ich nicht. Ich war kein friedvoller Leichnam, weil nämlich mein Job noch nicht erledigt war.

In dieser Dunkelheit gab's keinen Zeitbegriff, und meine Leiche konnte daher auch nicht wissen, wie lange sie da drunten lag. Es konnten Jahre, aber auch nur eine Stunde vergangen sein, da hörte ich ein Geräusch wie von Pferdehufen in weiter Ferne. Bald kam das Getrampel näher, und der Sumpf fing an, sich zu bewegen und über mir zu beben. Dann zerrte etwas an mir herum, und es grunzte und schnaubte.

Es waren Wildschweine, und bald hatten sie den größten Teil von mir aus dem Sumpf gewühlt, grunzten und stritten sich um mich. Aber das war in erster Linie Spielerei von ihnen. Ich war ja viel zu zäh und dürr für jedes Tier, selbst für Wildschweine, und so galoppierten sie nach einer Weile davon, und ich blieb zurück, mit Kopf und Schultern aus dem Erdreich ragend, und ich starrte grinsend zur Hütte vom alten Jackson hinüber, die sich eben aus dem Bodennebel abzuzeichnen begann, den die aufsteigende Sonne vertrieb.

Es war wieder ein wirklich hübscher Morgen. Drüben im Unterholz schnüffelte ein Hirsch und rümpfte die Nase und trottete weiter. Und droben in einer Kiefer verweilte flüchtig ein Eichhörnchen, beobachtete mich und schien sich meinetwegen Gedanken zu machen.

Der erste Bussard kam gegen zehn Uhr inspizieren. Er kreiste in großem Bogen, vorsichtig und zur Flucht bereit, aber als er sah, daß ich nirgends mehr hin und auch niemand mehr was antun wollte, kam er herunter und setzte sich neben mich auf einen Erdhaufen. Kaum hockte er da, flogen aus dem Nichts ein Dutzend seiner Genossen herbei und nahmen mich in ihre Mitte und schienen zu beratschlagen. Und da ging denn auch die Tür der Hütte auf, und der Yankee kam mit einer Axt heraus und wollte sich ein bißchen Brennholz schlagen.

Als er die Bussarde sah, blieb er ruckartig stehen, und dann kam er ganz langsam auf mich zu, und ich sah, daß seine Augen blutunterlaufen waren und flackerten, wie bei einem von Alpträumen Verfolgten, der immerzu trinkt und nachts nicht schlafen kann. Die Bussarde flogen auf und strichen davon, und dann sah mich der Yankee aus dem Sumpf gucken, glotzen und grinsen, und dann wurde er so bleich, als wäre er der Geist und nicht ich.

Da hat er gestanden und gebebt und mich angegafft, und Schaum trat ihm vor den Mund, wie bei einem Hirsch, den die Hunde fast zu Tode gehetzt haben. Dann wandte er sich mit einem Male ab und ging zum Hackklotz und fing an, Scheite zu spalten. Als er einen Haufen gespalten hatte, trug er ihn zur Hütte auf einen trockenen Platz. Dann kam er zu mir.

«Du willst nicht begraben und nicht ertränkt bleiben», erklärte er fiebernd. «Aber vielleicht bleibst du verbrannt!»

Dann zog er mich heraus und zu seinem Scheiterhaufen, und die ganze Zeit lachte er dabei wie ein Irrer.

Ich war noch furchtbar naß vom Wasser und vom Sumpf, und das Feuer wollte gar nicht mit mir zurechtkommen, ich habe bloß mächtig gedampft und gesiedet und bin ein bißchen aufgeplatzt, und wie das Holz verbrannt ist, bin ich ihm plötzlich vor die Füße gerollt, blieb liegen und habe ihn von unten angestarrt. Und da hat er geschrien, daß jedes Tier meilenweit im Wald erschrak und verstummte.

«Weiche von mir!» rief er zeternd wie ein altes Weib. «Du bist ja gar nicht tot. Steh auf und geh, geh weg von mir. Ich wollte dich ja auch gar nicht umbringen, wirklich!»

Es dauerte diesmal eine ganze Weile, bis er zitternd und taumelnd in die Hütte wankte, und kurz drauf kam er wieder 'raus und trank dabei aus einer Flasche. Jetzt hatte er wieder ein bißchen mehr Mumm. «Du kannst mir keine Angst einjagen», sagte er. «Tot oder lebendig. Und es wird auch keiner von deinen Genossen herfinden und dich entdecken. Ich werde dich schon wieder los, und diesmal wirst du so tot bleiben, wie sich das für einen toten Mann gehört.» Damit schleifte er mich zu seinem Boot und lud mich ein. «Die Haie werden dich fressen», erklärte er, «die fressen nämlich alles, und wir werden schon ein paar für dich finden!»

Wir sind dann in die Choctawhatchee Bay hinausgeröhrt, aber als der Yankee das Boot auf der anderen Seite der Landzunge sah, nahm er das Gas weg. Er ließ seinen Kreuzer vor sich hintuckern, kam und hob mich in eine der Klapptruhen, die längs der Bordwand verlaufen und Kissen zum Draufsetzen haben. Ich war schon etwas aufgedunsen, und als er mich schließlich in die Truhe hineingepackt hatte, ging der Deckel nicht ganz zu. Er ließ mich aber drin und kehrte ans Ruder zurück, und ich hörte ihn fluchen und sagen: «Was die bloß wollen?»

Ich wußte schon, was sie wollten, denn ich hatte gesehen, daß das andere Boot dem alten Dan Meade gehörte, dem Sheriff vom Choctawhatchee County, und mein alter Kollege und Wildhüter Goose Winters war bei ihm. Sie hatten mein Boot leer und treibend gefunden, und nun suchten sie nach mir.

Aber da steckte ich hilflos in der Truhe, und wahrscheinlich würden sie den Yankee nur anhalten und fragen, ob er mich gesehen hätte. Tatsächlich hörte ich Dan Meade nach einem Weilchen rufen, wir sollten beidrehen. Und dann scharrte es, als die beiden Boote sich rieben.

«Ich hab's eilig», sagte der Yankee.

Sheriff Meade räusperte sich, und ich hörte, wie er ausspuckte. «Da haben Sie aber wirklich ein feines Boot», sagte er. «Ein hübsches Boot für einen Mann, der's eilig hat. Wohin wollen Sie denn so eilig?»

«Das ist meine Sache.»

«Nun, es ist wohl auch meine», sagte Meade, und dann gab's eine Pause, und ich wußte, daß er ihm jetzt seinen Stern zeigte.

«Ich will mir eben nur mal Ihre Papiere für dieses kleine alte Expreßboot ansehen, wenn Sie nichts dagegen haben.»

Darauf schwankte das Boot, und Dan Meade kam an Bord, und ich konnte leider gar nichts unternehmen, lag bloß hilflos da und war ihm so nahe und konnte ihm trotzdem nicht erzählen, was passiert war. Er ging an mir vorüber in die Kajüte, und ich hörte, wie Goose im anderen Boot sagte: «Da muß Sie aber irgendein Tier ganz schön mit Blut besudelt haben, Kamerad.»

Der Yankee sagte: «Das ist nur von einem ... von einem Kaninchen, das ich geschossen habe.»

«Das muß ein ziemlich kampffreudiges Kaninchen gewesen sein», meinte Goose. «Ein wirklich zähes, kleines Kaninchen, nicht wahr?»

Da kam Sheriff Meade wieder zum Vorschein, und der Yankee fragte ihn: «Sind Sie jetzt zufrieden, Sheriff?»

Meade gab keine Antwort. Er stand genau vor meiner Truhe, und nach einem Weilchen sagte er bedächtig: «Riechst du was, Goose?»

Ich hörte, wie Goose schnüffelte. «Ja, das möchte ich meinen», sagte er. «Unser eiliger Freund hier hat mir eben von einem zähen Karnickel erzählt, das er erlegt hat. Vielleicht hat er's hier irgendwo versteckt.»

«Das kann schon sein», bemerkte Meade so richtig verbindlich. «Und dabei hätte ich geschworen, daß es zwar zäh war, aber kein Kaninchen. Erzählen Sie mir doch mehr darüber, mein Lieber, während ich mich hinsetze und mir ein bißchen Tabak anbrenne.»

Danach stieß der Yankee einen richtig schrecklichen Schrei aus, und gleichzeitig ließ sich der Sheriff auf meiner Truhe nieder und preßte mich zusammen, was in meinem aufgequollenen Zustand beinahe nicht auszuhalten war.

«Weshalb schreien Sie denn so?» fragte der Sheriff den Yankee.

Ich konnte fast hören, wie er hastig überlegte und dann eine lange Geschichte von einem Bruder herausbrachte, der krank und sterbend in Key West lag, und daß er's fürchterlich eilig hätte hinzukommen, und seine Stimme war so nervös und zitterte so, daß ich glaube, es ist dem Sheriff wie die reine Wahrheit vorgekommen.

«Also, ich will keinen aufhalten, der seinen sterbenden Bruder besuchen möchte», sagte der Sheriff und bewegte die Beine, als wollte er aufstehen, und mir war hundeelend wegen meiner Hilflosigkeit, daß ich ihm nicht sagen konnte, hier liege ich unter dir, und dieser Yankee lügt. Ich sah es kommen, daß ich nie Ruhe finden und in einem Haifischmagen enden würde, während mein Job unerledigt blieb und der Yankee ungeschoren davonkam, wo er doch den Hirsch geschossen hatte.

«Ich bin Ihnen wirklich sehr verbunden», sagte der Yankee jetzt aalglatt, «und wenn ich zu meinem Bruder komme, werde ich ihm erzählen, wie nett Sie zu mir waren. Ich bin sicher, das wird zu seiner Genesung beitragen.»

«Also gut», sagte der Sheriff verlegen. «Gott ja, mein Lieber, ich hab' nur meine Pflicht getan. Aber das ist wirklich ein schöner Gedanke. Es ist ein angenehmes Gefühl, wenn ich bedenke, daß es am Ende Ihrem Bruder tatsächlich wieder auf die Beine hilft.»

«Angenehm oder nicht», sagte Goose, «es ändert nichts an dem Geruch von seinem Boot.»

Er schnaubte vernehmlich.

«Verdammt, ich kann doch niemand verhaften, nur weil's bei ihm stinkt», sagte der Sheriff. «Wir fahren jetzt weiter.»

Er stand von mir auf, und als er das tat, entschwand mit seinem Gewicht auch all meine Hoffnung. Ich hätte ihm zu gern erklärt, daß ich doch die Ursache des Geruchs war, aber ich konnte ja nichts tun, und es schmerzte direkt, sich vorzustellen, daß er jetzt dem Yankee die Hand drückte. Und dann, eben als der Sheriff 'rüber in sein Boot klettern wollte, passierte etwas, das mich genauso überraschte wie die anderen.

Als der Sheriff von der Truhe aufgestanden war, hatte mich das erheblich erleichtert, und nun vernahm ich einen langen tiefen Seufzer, und der stammte von mir, und ich hatte nie ein schöneres Geräusch gehört.

Einen Augenblick lang herrschte Stille auf dem Wasser, man hörte die Vögel an Land im Gebüsch singen, aber dann folgte plötzlich so viel Geschrei und Turbulenz, daß ich glaubte, gleich würde das Boot untergehen.

Endlich beruhigte es sich ein wenig, der Yankee zeterte: «Machen Sie sie nicht auf», bettelte er. «Bitte, machen Sie sie nicht auf! Da liegt er drin und lacht mich aus und glotzt mich mit diesen entsetzlichen Augen an. Ich will ja reden. Ich will alles sagen. Ich bin Mike Mitchell und habe Tony Ginelli ermordet und das Ding in der Unity Bank gedreht. Sie können mich nach Norden verfrachten oder hier ins Gefängnis stecken, aber bitte, machen Sie die Truhe nicht auf!»

Sheriff Meade beachtete ihn nicht. Er klappte die Truhe auf, und wie Mister Mitchell gesagt hatte, lag ich da und grinste und starrte, aber jetzt war ich ein friedlicher Leichnam, weil mein Job erledigt war. Mitchell bedeckte sein Gesicht mit den Händen, während Dan Meade und der alte Goose auf mich herabblickten.

«Wie geht's, Joe», sagte Goose, ehe er genau gesehen hatte, daß ich ihm nicht antworten konnte.

«Na, das hätten Sie alles gar nicht gestehen brauchen, Mitchell», sagte Sheriff Meade nach einem Weilchen. «Den schlimmsten Mord, den Sie je begangen haben, den haben Sie hier begangen. Wir brauchen Sie gar nicht nach Norden zu verfrachten. Wir bedienen Sie schon hier. Und damit wir sicher sind, daß Sie uns nicht ausrücken, während wir in die Stadt fahren, werde ich Sie hier an diese Truhe schließen, wo der alte Joe Root ein wachsames Auge auf Sie haben kann.»

Die Legende von Joe Lee

John D. MacDonald

«Heute abend ist es soweit», sagte Sergeant Lazeer. «Heute abend schnappen wir ihn.»

Wir saßen in seinem dumpfen Büro im Gerichtsgebäude des Afaloosa County, mitten im Sumpfgebiet des südlichen Zentralflorida. Ich war von Lauderdale herübergekommen, weil ich hoffte, für meine Zeitung eine interessante Story zu ergattern, die in unsere Serie über die Revolte der Jugend gegen die Welt der Erwachsenen paßte.

Er holte mich an seinen Schreibtisch, wo er die Landkarte des County ausgebreitet hatte. Die beiden anderen Beamten der Staatspolizei pflanzten sich rechts und links von mir auf. «Es ist Vollmond, da kommt er bestimmt», erklärte Lazeer, «und wir brauchen eigentlich nur unsere Straßensperre an der richtigen Stelle aufzustellen, dort, wo er nicht mehr in irgendeine Seitenstraße ausweichen kann, in denen er sich wie in seiner Hosentasche auskennt. Und ich meine, die richtige Stelle, das ist hier und hier!» Er zeigte auf die beiden Endpunkte einer schnurgeraden Strecke der Staatsstraße 27.

McCollum, der eine der beiden Trooper neben mir, sagte mit sanfter Stimme: «Sie müssen wissen, Mister, das hier ist eine fünfundzwanzig Kilometer lange Gerade, und wir haben sie Punkt für Punkt kontrolliert. Rechts und links gibt es nichts als Wasser und Sumpf und Alligatoren.»

Und Lazeer meinte: «Wir riegeln beide Endpunkte ab, zunächst gut versteckt, mit ausgeschalteten Scheinwerfern. Wir stehen aber miteinander in Funkverbindung, und wenn er einen der beiden Punkte passiert hat, errichten wir am anderen Ende die Straßensperre.»

Er schaute zu mir auf, als erwarte er meine Meinung über den

Plan, und ich sagte mehr aus Höflichkeit: «Ich habe keine Erfahrung in Straßensperren, Sergeant, aber es sieht so aus, als könnten Sie ihn auf diese Weise erwischen.»

«Fahren Sie mit mir, Mister, und Sie haben Ihre Story!»

«Eines ist mir noch nicht klar, Sergeant: Sie sagten, Sie wissen, wer der Bursche ist. Warum holen Sie ihn dann nicht einfach zu Hause ab?»

Der andere Trooper, Frank Gaiders, antwortete anstelle des Sergeanten. «Weil dieser verrückte Kerl nicht mehr zu Hause war, seit er mit seinem Quatsch vor fünf oder sechs Monaten angefangen hat. Natürlich wissen wir, wie er heißt: Joe Lee Cuddard, und er stammt aus Lasco City. Aber seine Familie weiß genausowenig wie wir, wo er sich im Augenblick aufhält, und es scheint ihr auch ziemlich egal zu sein – ebenso wie die Tatsache, daß er mit diesem Farris-Mädchen unterwegs ist. Wir nehmen an, daß die beiden irgendwo in einem weit von den Hauptstraßen entfernten Pinienwäldchen hausen – vermutlich in irgendeiner verlassenen Hütte –, aus dem sie nur in den hellen Nächten herauskommen und uns zum Narren halten.»

«Bis heute, Jungs», sagte Lazeer, «nur bis heute abend. Dann ist endgültig Schluß damit.»

«Sie haben ihn doch schon ein paar Mal auf der Landstraße gesehen», fragte ich, «warum haben Sie ihn da nicht gleich angehalten?»

Die drei wettergebräunten großen Kerle warfen sich vielsagende Blicke zu, in denen eine Art trauriges Mitleid stand. McCollum seufzte, dann erklärte er: «Ich bin ihm bis jetzt noch am nächsten gekommen. Unsere Funkwagen mit Spezialausrüstung machen gut und gern ihre hundertsechzig Sachen. Ich sah ihn von weitem, auf der anderen Seite der Sümpfe. Vor uns war die Kreuzung, wo meine und seine Straße aufeinander stießen, also drückte ich das Gaspedal durch und erreichte die Kreuzung knapp zwanzig Meter hinter ihm. Aber in einer Minute betrug unser Abstand bereits wieder einen Kilometer, und nach noch einer Minute waren es schon drei – dann verlor ich ihn aus den Augen. Er muß mindestens zweihundert Sachen draufgehabt haben.»

«Meine Güte, was fährt er denn für einen Flitzer?» fragte ich erstaunt.

Lazeer zog seine Schreibtischschublade auf, kramte darin herum und brachte schließlich eine ziemlich abgegriffene Nummer einer Autobastler-Zeitschrift zum Vorschein. Er schlug eine Seite mit Fotos von Lesern und ihren selbstgebastelten Produkten auf. Es waren Fahrzeuge, wie ich sie noch nie im Leben gesehen hatte. Die meisten bestanden nur aus dem Fahrgestell und einem riesigen verchromten Motor. Lazeer deutete auf eines der Fotos. Der Wagen, der darauf abgebildet war, hatte eine kleine, tropfenförmige Fahrerkabine zwischen den beiden riesigen Hinterrädern, und dahinter ragten noch elegant geschwungene Heckflossen in die Höhe, die sich oben fast berührten.

«Der Motor ist ein 61er Pontiac», erklärte Frank Gaiders, «eine enorm starke Maschine, die er irgendwo auf einem Schrottplatz gekauft, aufpoliert und hochfrisiert hat, mit Einspritzpumpen und Spezialventilen und so weiter, Sie wissen ja. Hier in dem Leserbrief steht, daß er den Wagen *C. M. Special* getauft hat, nach den Anfangsbuchstaben des Namens seiner Freundin Clarissa May, die zusammen mit ihm von zu Hause durchgebrannt ist. Ich habe den Feuerstuhl auch einmal gesehen, vor sieben, acht Monaten, kurz nachdem er fertig war, an einer Tankstelle in Lasco City. Im Leserbrief heißt es, er sei erdbeerrot lackiert. Aber das ist sehr bescheiden ausgedrückt. Ein so knalliges Erdbeerrot habe ich in meinem Leben noch nicht gesehen, mit kleinen Goldflocken darin, und das Ganze dann bestimmt fünfzehn-, zwanzigmal überlackiert, so daß der Lack eine ganz dicke Schicht bildet und es einem vorkommt, als wäre er einen halben Meter dick. Die ganze Vorderfront ein Scheinwerfer neben dem anderen und viele chromblitzende Auspuffrohre, die hinten hochragen. Angeblich hat der Junge zwei Jahre an dem Ding gearbeitet.»

Ich betrachtete das Foto des Jungen, der neben seinem Wagen stand, die Hände in die Hüfte gestützt, und sehr jung und normal und höchstens vielleicht ein bißchen stolz aussah.

«Ich glaube, es schadet Ihrem Plan nicht», sagte ich, «wenn ich nach Lasco City fahre und mit seinen Angehörigen spreche – damit ich einen guten Background für meine Story bekomme. Was halten Sie davon?»

«Ich habe nichts dagegen», meinte Lazeer, «solange Sie nicht verraten, was wir heute nacht vorhaben. Seien Sie pünktlich um halb neun zurück.»

Lasco City war ein großer Name für ein Kaff von fünfhundert Einwohnern. Im Kramladen sagte man mir, ich sollte die Straße nach Westen fahren, dann könnte ich das Haus der Cuddards nicht verfehlen. Der Briefkasten an der Straße trage ein Namensschild. Es sah alles ziemlich verwahrlost aus, wie sich herausstellte. Hühner scharrten auf dem staubigen Hof, und der Zaun war an vielen Stellen in sich zusammengesunken. Leo Cuddard war schon von der Arbeit zurück; ich entdeckte ihn hinter dem Haus, wo er gerade Schlackensteine von einem uralten Karren ablud. Er arbeitete mit nacktem Oberkörper, ein magerer Kerl mit einem Hohlkreuz, der unterernährt und erschöpft aussah. Sein Haar war ebenso fahl wie seine Augen; sein Mund sah aus wie ein einziger Strich. Er beachtete mich nicht und arbeitete weiter, auch dann noch, als ich mich vorgestellt und ihm erklärt hatte, weshalb ich gekommen war.

Schließlich machte er doch eine Pause und fuhr sich mit dem sehnigen Arm über die Stirn.

«Der Junge war mir nich grade 'ne große Hilfe, Mister, der hat ja nix im Kopf gehabt als sein Auto. Es hat mir nich gepaßt, aber ich hab' ihn halt gelassen. Er hat sich selbst diesen Schuppen gebaut, damit er 'ne Werkstatt gehabt hat, in der er an dem Wagen basteln hat können, und wenn er etwas gebraucht hat, ist er nich einfach zu mir gekommen, nein, er ist solang arbeiten gegangen, bis er sich's hat kaufen können. Natürlich war immer ein Haufen junges Volk hinten in der Scheune, Jungen, die ihm geholfen haben, und Mädchen, die dabei zusahen. Sie wissen schon, Mädchen in engen Hosen, wie sie heutzutage den Jungen nachrennen! Sie hatten immer ein Transistorradio mit, das laut plärrte, und die Mädchen tanzten zu der Musik, während die Jungen auf das Blech einhämmerten. Ich hab' nur jedes zehnte

Wort verstanden, das sie sagten. Er wollte den Wagen bei einem großen Wettbewerb vorführen, aber dann ist er damit eines Tages einfach abgehauen, wie das die jungen Leute eben heute so machen.»

«Und seitdem haben Sie nichts mehr von ihm gehört?»

Er grinste. «Von ihm nicht, aber über ihn 'ne ganze Menge.»

«Und was ist mit seinen Geschwistern?»

«Er hat nur eine Schwester, die ist älter als er und in Georgia mit einem Elektriker verheiratet. Sie, ich und seine Stiefmutter sind die einzigen Angehörigen.»

Wie auf ein Zeichen kam ein Mädchen über den Hof auf den Schuppen zu. Sie konnte kaum älter als achtzehn sein; ihrem Bauch nach zu schließen, war sie mindestens im siebenten Monat. Ihre Stimme war ein schrilles, durchdringendes Gejammer. «Leo? Leo, mein Schatz, jetzt ist mir schon wieder der Dosenöffner von der Wand abgegangen und 'runtergefallen.»

«Kann ich mich mal in der Werkstatt von Joe umschauen?» fragte ich.

«Bitte, wenn Sie wollen, Mister . . .»

Im Schuppen herrschte überraschenderweise mustergültige Ordnung. Der Junge hatte einzelne Scheinwerfer an der Decke installiert, die den Raum hell ausleuchteten. An einer hellblau gestrichenen Pinnwand hingen säuberlich nebeneinander die Werkzeuge. Bei genauerem Hinsehen entdeckte ich, daß das Metall Rost angesetzt hatte. Auf der Werkbank lagen technische Zeitschriften und Hobby-Magazine. Ich besah mir den improvisierten, mit einem Elektromotor versehenen Flaschenzug und die Regale mit den Farbdosen und Schmiermitteln.

Das Haus der Farris' war näher beim Dorf. Die Familie saß gerade beim Abendbrot, mindestens sechs Erwachsene und vielleicht ein Dutzend Kinder in allen Altersstufen, wie die Orgelpfeifen. Clarissa Mays Mutter kam zu mir auf die Veranda heraus und sagte, daß ihr Mann Fernfahrer wäre und erst in ein paar Tagen zurückkommen würde. Mrs. Farris war ziemlich fett, aber sie hatte ein hübsches Gesicht und war vielleicht vor ein paar Jahren noch eine sehr begehrenswerte Frau gewesen. Ihr

Schaukelstuhl quietschte unter ihrem Gewicht, und sie fächelte sich mit einer Zeitung Luft zu.

«Uns ist allen das Herz gebrochen, kann ich Ihnen sagen! Daß uns Clarissa das angetan hat! Ich hab' es meinem Mann dutzendmal gesagt, daß es nicht guttut, wenn sie mit diesem Cuddard-Jungen geht. Sein Vater taugt nichts, das ist meine Meinung. Den greifen sie alle paar Wochen wegen Trunkenheit auf, und dann muß er für zwei oder drei Monate zum Straßenbau, und das junge Ding, die Stubbard, die er geheiratet hat, ist ja fast schwachsinnig. Aber heutzutage werden die Kinder groß und wissen alles und wenden sich von einem ab, als meinte man es nicht gut mit ihnen. Schreiben Sie das in Ihrer Zeitung, Mister, und schreiben Sie auch, daß ihre Mama und ihr Papa sie gern wieder zu Hause haben wollen, vielleicht liest sie es und kommt zurück. Ich bete zu Gott, daß sie wenigstens soviel Verstand haben, nach Georgia zu fahren, mit diesem Teufelsding von Auto, und dort erst mal zu heiraten – sie ist siebzehn, und er ist auch erst neunzehn! Heutzutage tun die jungen Leute einfach, was sie wollen! Ja, ja, eines Nachts werden sie wieder mal mit seinem verrückten Auto durch das Land rasen und angeben damit, und dann wird dieser Cuddard-Junge gegen einen Baum fahren und sich und mein armes Kind umbringen.»

«War sie eigentlich schon immer schwierig, Mrs. Farris?»

«Ach nein, sie war brav und gutmütig und hübsch, ein ruhiges anständiges Kind mit einem guten Charakter. Erst als sie Joe Lee Cuddard kennenlernte, wurde sie störrisch wie ein Esel. Ich wollte, mein Mann hätte sich mehr dahintergesetzt und ihr die Flausen ausgetrieben! Wissen Sie, man ist immer zu nachsichtig, wenn man ein Kind hat, bei dem man nicht ahnt, wie lange Gott es einem lassen wird. Doktor Mathis hat uns zugeredet, wir sollten sie in diese Klinik nach Miami bringen. Manchmal haben sie sie eine Weile dort behalten, manchmal durfte sie gleich wieder nach Hause; natürlich kam sie in der Schule nicht mit und mußte viel nachholen. Ich weiß nicht, wie oft wir mit ihr nach Miami gefahren sind. Sie hat eine Blutkrankheit, verstehen Sie, und das nimmt sie sehr mit. Es wäre viel besser, wenn sie hier bei uns wäre, dann könnten wir ihr gegen den schlechten Einfluß, den er auf sie ausübt, helfen. Es war voriges Jahr im Oktober, wir waren beim Bingo im Pfarrhaus, mein Mann und ich, und Clarissa lag schon ein paar Tage im Bett, weil sie erst wieder zu Kräften kommen mußte, da kam dieser wilde Kerl und nahm sie einfach mit in seinem verrückten Wagen. Meine Kinder konnten ihn nicht daran hindern. Wenn ich denke, daß sie jetzt irgendwo da draußen ist, allein, das arme Kind, und . . .»

Kurz nach neun Uhr bezogen wir unsere Stellungen. Ich begleitete Sergeant Lazeer zum westlichen Ende der geraden Strecke von fünfundzwanzig Kilometern an der Staatsstraße 27. Der Streifenwagen parkte mit ausgeschalteten Scheinwerfern in einem morastigen Seitenweg. Gaiders und McCollum hatten am anderen Ende der Rennstrecke Aufstellung genommen. Wir hatten Hände und Gesichter mit einem Insektenmittel eingerieben und unsere Hemden mit Insektenspray besprüht, weil die Mücken auch noch durch den dünnen Stoff stechen konnten.

Lazeer wiederholte noch einmal per Funk seine Instruktionen, dann machten wir uns auf eine längere Wartezeit gefaßt.

«Es gibt hier um diese Jahreszeit nicht viel Verkehr», sagte Lazeer. «Aber es ist natürlich möglich, daß irgendwelche Touristen zu einem ungünstigen Zeitpunkt auftauchen und unseren ganzen schönen Plan durcheinanderbringen. Wir können nur hoffen, daß das nicht passiert.»

«Können Sie denn mit einem einzigen Wagen die Straße so blockieren, daß der Junge stehenbleiben muß?»

«Wenn er vom anderen Ende herkommt, fahre ich auf die Straße und stelle den Wagen in der Mitte quer, dann kann er nur noch knapp und höchstens im Schrittempo vorbei. Frank am anderen Ende macht's genauso. Quer zur Straße, das Blinklicht eingeschaltet, aber wir bleiben natürlich nicht im Wagen, denn wir wissen ja nicht, ob er noch rechtzeitig anhalten kann oder nicht. Aber woher er auch kommt, wir haben immer noch einen Wagen frei, der ihn verfolgen kann, damit er nicht etwa kehrt macht, wenn er merkt, daß er in eine Falle gegangen ist.»

Lazeer war redseliger, als ich anfangs gedacht hatte. Er war nun schon seit über zwanzig Jahren bei der Polizei und hatte manche unwahrscheinliche Geschichte erlebt. Ich merkte, wie gern er sie mir erzählt hätte und darauf wartete, daß ich ihm vorschlug, ein Buch darüber zu schreiben. Von Zeit zu Zeit stieg er aus dem Streifenwagen aus und vertrat sich die Beine.

«Sagen Sie, Sergeant – ist es denn sicher, daß er heute abend ausgerechnet hier vorbeikommt?»

«Er fährt nur in den Nächten um Vollmond – das bedeutet, ihm bleiben jeden Monat drei oder vier Nächte. Und nie Hauptstraßen, sondern immer nur kleinere Staatsstraßen wie diese hier; er liebt lange Geraden, auf denen er seinen Wagen richtig hochjagen kann. Durch die kleineren Ortschaften braust er wie eine Rakete! Er fährt die ganze Nacht durch, und er soll schon oft diese Strecke entlanggekommen sein, manchmal sogar mehrmals in einer Nacht. Wir müssen ihn einfach schnappen! Die Leute fangen schon an, sich über uns lustig zu machen.»

Ich saß im Streifenwagen und hörte nur mit halbem Ohr auf die blutigen Horrorgeschichten, die der Sergeant zu erzählen begann. Draußen erklangen die Chöre von unzähligen Fröschen und Unken. Das Gequake mischte sich mit dem feinen Sirren der Mücken, die uns umschwirrten. Ein paarmal hörte ich auch das tiefe, klopfende Geräusch eines Alligators.

Plötzlich hielt Lazeer in seiner Erzählung inne, und ich fühlte, wie ihn eine ungeheure Erregung ergriff. Er lehnte sich nach vorn und drehte den Kopf. Jetzt hörte ich es auch, erst noch überlagert von den Geräuschen der Tiere im Sumpf, dann immer lauter und dröhnender: das sich nähernde Brummen eines in hohen Drehzahlen laufenden Motors.

«Wenn man es einmal gehört hat, vergißt man es nicht wieder», sagte Lazeer, nahm das Mikrophon des Sprechgeräts und setzte sich mit McCollum und Gaiders in Verbindung. «Er kommt von meiner Seite her auf euch zu, Jungs. Macht euch bereit!»

Er hängte das Mikrophon wieder in seine Halterung, und im nächsten Augenblick fegte der *C. M. Special* vorbei. Das durchdringende Heulen, welches durch die Überwindung des Luftwiderstands hervorgerufen wurde, verursachte ein merkwürdiges Echo im Ohr. Ein Windstoß fuhr durch die Blätter, selbst die Seiten unseres Streifenwagens erzitterten. Sehen konnte man nicht viel mehr als eine dunkle Silhouette im Mondlicht, die in Bruchteilen von Sekunden vorbeihuschte. Zusammen mit dem Windstoß verebbte auch das Heulen des Motors.

Lazeer jagte den Streifenwagen auf die Straße, daß die Reifen quietschten, und während er das Gaspedal durchdrückte, brüllte er mir zu: «Verdammter Narr! Fährt nur bei Mondlicht, ohne Scheinwerfer!»

Wie geplant fuhren auch wir ohne Scheinwerfer, damit Joe Lee die Falle nicht vorzeitig entdeckte, in die er geraten war. Ich zog den Sicherheitsgurt fest und blinzelte hinaus auf die mondhelle Straße. Lazeer hatte sich ausgerechnet, daß wir in spätestens zehn Minuten am anderen Ende der Geraden sein mußten. Die Welt war wie ein Negativfoto: der Boden weiß, die Bäume schwarz und keinerlei graue Zwischentöne. Der Wagen beschleunigte immer noch, und bei dieser hohen Geschwindigkeit kam es mir vor, als schwebten wir, anstatt zu fahren. Der Fahrtwind brüllte lauter als der Motor. Ich fragte mich, was wohl geschehen würde, wenn Joe Lee da vorn ohne Lichter einfach stehenblieb. Gespannt starrte ich auf die dunkle Straße vor uns, ob nicht plötzlich die ungeheuerlichen Umrisse eines mörderischen Rennwagens auftauchen würden.

Es dauerte nicht mehr lange, da entdeckte ich in der Ferne das rote Blinklicht des anderen Streifenwagens und dann auch schon den Lichtkegel der Scheinwerfer, die das Gebüsch am Straßenrand hell beleuchteten. Wir näherten uns der Stelle mit enormem Tempo. Lazeer schaltete plötzlich unsere Scheinwerfer an, danach auch die Sirene. Gleich würden wir Joe Lee sehen, wie er versuchte, seinen Wagen zu wenden, und würden ihn daran hindern, die Straße blockieren und seinem nächtlichen, gefährlichen Schabernack ein für allemal ein Ende bereiten.

Aber wir sahen ihn nicht! Lazeer trat auf die Bremse, so fest er konnte. Er fluchte. Drei Meter vor dem anderen Streifenwagen kamen wir zum Stehen. McCollum und Gaiders traten aus dem Schatten auf uns zu. Lazeer und ich schnallten die Sicherheitsgurte ab und stiegen aus.

«Wir haben nichts gesehen und noch weniger gehört», sagte Frank Gaiders.

Lazeer faßte zusammen, was geschehen war. «Na schön, dann nicht! Vielleicht hat er beim ersten Blinzeln eures Rotlichts scharf nach links gesteuert. Ich hatte meine Scheinwerfer nicht an, es ist durchaus denkbar, daß ich an ihm vorbeigefahren bin, ohne ihn zu sehen. Er wendete, fuhr zurück und lachte sich tot über uns. Eine zweite Möglichkeit wäre, daß er das gleiche Manöver zwar versuchte, es ihm aber mißlang und er im Sumpf oder im Brackwasser landete. Möglichkeit Nummer drei: Er hatte eine Panne, vielleicht ist ihm ein Reifen geplatzt, und er flog hundert Meter weit ins Moor. – Was tun wir jetzt? Wir fahren die ganze Strecke langsam zurück. Ich leuchte mit meinem Suchscheinwerfer die rechte und ihr mit eurem die linke Seite ab. Vielleicht finden wir den Wagen oder eine Stelle, wo er die Straße verlassen hat.»

Bei der langsamen Geschwindigkeit, die wir jetzt einhielten, brauchten wir für die fünfundzwanzig Kilometer mehr als eine halbe Stunde. Als wir zum Ausgangspunkt zurückkamen, fuhr der Sergeant rechts heran. Er wirkte sehr deprimiert, aber zugleich irgendwie amüsiert.

Die drei Beamten sprachen noch eine Weile miteinander, dann brachten sie mich zum Gerichtsgebäude, wo ich meinen Wagen abgestellt hatte.

Lazeer sagte: «Wir untersuchen die Strecke morgen noch einmal bei Tageslicht und geben Ihnen Bescheid, wenn wir etwas gefunden haben.»

Einige Tage später, an einem schönen Sonntag kurz vor Mittag, rief mich Lazeer in meiner Wohnung an und sagte: «Sie wollten doch beim letzten Akt dabeisein, also beeilen Sie sich und kommen Sie her.»

«Haben Sie ihn endlich erwischt?»

«So kann man auch sagen.» Seine Stimme klang müde und

enttäuscht. «Er stürzte mit seinem verrückten Feuerstuhl in einen Kanal an der Staatsstraße 27, etwa fünfzehn Kilometer südlich von Okeelanta. Wir werden das Wrack in der nächsten Stunde bergen. Die Taucher haben berichtet, daß der Junge und das Mädchen noch in dem Wagen sind. Es kam auch schon im Radio, tut mir leid, wenn Sie mit Ihrem Bericht für die Zeitung zu spät dran sind. Der Taucher konnte die Zulassungsnummer deutlich erkennen – es ist die von Joe Lee, allerdings noch vom vorigen Jahr. Er hat sich wohl nicht die Mühe gemacht, sie gegen eine neue umzutauschen.»

Ich fuhr sofort zum Unfallort. Schon von weitem war die Stelle zu erkennen. Zu beiden Seiten der Straße standen an die hundert Autos.

Ich entdeckte Lazeer am Kanalufer und ging zu ihm hinüber. Ein starker, großer Mann mit Taucherbrille, Schwimmflossen und einem Sauerstoffgerät war gerade dabei, mit dem Enterhaken der großen Kranwinde nach unten zu tauchen, um ihn am Wrack zu befestigen.

Lazeer begrüßte mich und sagte: «Das erstemal hat sich der Haken gelöst, deshalb versucht er jetzt, ihn an der hinteren Antriebswelle zu befestigen. Das Wrack liegt sechs Meter unter Wasser im Schlamm, mit der rechten Seite nach oben.»

«Hatte er die Herrschaft über den Wagen verloren?»

«Schwer zu sagen. Aber Sie wollen sicher wissen, wie die Sache entdeckt wurde. Heute morgen ist jemand mit seinem kleinen Privatflugzeug hier in der Gegend herumgekurvt, flog ziemlich niedrig über dem Kanal entlang und sah etwas Buntes auf dem Grund liegen. Er flog noch einmal über die Stelle, merkte sich die Umgebung, die drei Bäume da drüben, und rief uns dann an. Gegen zehn waren wir hier und schickten einen Taucher hinunter.»

«Ich nehme an, Sergeant, dieses Ende ist nicht ganz nach Ihrem Geschmack.»

«Weiß Gott nicht! Es war eine Kraftprobe zwischen ihm und mir; ich wollte ja nur, daß er sich an meine Anordnungen hielt. Immerhin ist er jetzt ein für allemal von den nächtlichen Straßen verschwunden und bringt keine anderen Verkehrsteilnehmer mehr in Gefahr.»

Ich schaute in den Kanal. Das rot-weiße Wrack befand sich mittlerweile fest im Griff der großen Kranwinde. Sanitäter lehnten an ihren Fahrzeugen, rauchten und unterhielten sich. Auf der Staatsstraße staute sich der Ausflugsverkehr.

«Man könnte sagen, sein ‹Team› ist vollzählig versammelt», sagte Lazeer und deutete auf die Wagen am Straßenrand.

Erst jetzt fiel mir auf, was das für seltsame Wagen waren, die hier überall parkten. Ihren Nummernschildern nach stammten sie aus einem halben Dutzend Countys, und viele waren gewaltige, seltsame, unförmige Monstren, die in ihrer Grundkonzeption an den *C. M. Special* erinnerten, wenn ihre Ausführung auch davon abwich. Das Ganze sah aus wie ein Besuch von Marsbewohnern. Es gab schmutzverkrustete Limousinen aus den dreißiger Jahren ohne Kotflügel und Stoßstangen, aber mit nagelneuen Hochleistungsmotoren unter der Haube und riesigen Ralleynummern an den Türen. Andere sahen auf den ersten Blick ganz unauffällig aus, aber dann entdeckte man, daß ihre Form von einem eigenwilligen Bastler verändert worden war.

Die Jungen und Mädchen standen in Gruppen herum, aus den Radios dröhnte Beatmusik von einem Dutzend verschiedener Sender. Sie tranken Cola und saßen in Scharen in dem einen oder anderen Kabriolett. Sie gingen von Wagen zu Wagen. Ein seltsamer Karneval, aber zugleich viel zeremonieller, feierlicher. Von Zeit zu Zeit ließ ein Junge den Motor seines Wagens ein paarmal aufheulen, dann schaltete er die Zündung wieder ab.

Die Mädchen hatten fast alle langes, glänzendes Haar und trugen saubere Blusen oder Bikinioberteile, und ihre ruhigen, fast unschuldigen Gesichter paßten nicht zu den frechen, hautengen Hot pants oder Jeans. Die Jungen waren alle mager und schlaksig, ihr Haar war kunstvoll geschnitten, in Locken gedreht und frisiert, ihre Schultern breit und kräftig, und ihre Bewegungen erinnerten an Wildkatzen im Dschungel.

Ein Stück weiter entdeckte ich eine größere Gruppe. Ein Junge saß in der Mitte und spielte auf einer Gitarre. Ein Mädchen trommelte auf zwei kleinen Bongotrommeln. Ein anderer Junge mit einer weinerlichen, nasalen Stimme improvisierte dazu einen Text, den er fast unabhängig von den anderen vor sich hinsang: «*C. M. Special*, dein Motor dröhnt so laut, *C. M. Special*, das geht unter die Haut.»

Dann hörte ich das Quietschen der Winde. Ein Geräusch, das immer lauter zu werden schien, weil die anderen Geräusche nach und nach verstummten. Die jungen Leute drängten sich auf das Wrack zu und bildeten einen weiten Halbkreis. Die Stahltrosse rollte sich zentimeterweise auf, spannte sich und ragte in leichtem Winkel aus dem sonnenüberglänzten, schmutzigbraunen Wasser.

«Jetzt ist es soweit», sagte jemand.

Zuerst sah man im Wasser etwas silbrig glänzen, dann durchbrachen die riesigen Heckflossen des Fahrzeugs die Wasseroberfläche, danach die breiten Kotflügel, die schöngeschwungenen Linien in Erdbeerrot. An den Stellen, wo kein Schlamm und keine Algen an dem Metall hingen, blitzte die Farbe wie neu. Die jungen Leute stießen ein sonderbares Geräusch aus; es klang wie ein Seufzer, wie ein Murmeln.

Als das Wrack weiter nach oben gezogen wurde, lief ein Strom von schwarzem Wasser aus dem nur wenig verbogenen Metall, und der Wasserspiegel in der Fahrerkabine senkte sich, so daß ich durch die verschmierten Fenster die beiden Körper sehen konnte, den Jungen und das Mädchen, Seite an Seite, und noch immer festgeschnallt.

Ich wollte nicht mehr länger zuschauen. Lazeer hatte zu tun, also ging ich ganz einfach zu meinem Wagen und fuhr nach Hause, wo ich mir als erstes einen kräftigen Whisky genehmigte.

Gegen halb vier Uhr nachmittags setzte ich mich hin und begann, den Artikel zu schreiben. Er sollte in der nächsten Sonntagsausgabe erscheinen. Ich arbeitete bis zwei Uhr morgens daran. Es waren nicht viel mehr als zweitausend Worte geworden, aber es war keine einfache Sache, und ich wollte es besonders gut machen. Ich mußte in diesem Fall schließlich zwei Herren dienen. Einmal war es meine Pflicht, die Ansicht der Redaktion zu vertreten, daß solche Ausschreitungen hemmungsloser Jugendlicher schädlich und gefährlich seien, doch ich wollte dem Ganzen zugleich – und das nach meiner persönlichen Meinung – den Anstrich einer Heldenlegende geben.

Am Montag brachte ich den Artikel in die Redaktion und legte ihn Sid Walther auf den Schreibtisch. Ich hoffte sehr, daß, wenn man ihn unverändert druckte, er so etwas wie ein «klassischer» Bericht würde.

Sid meldete sich erst gegen Mittag bei mir. Er kam in mein Büro und knallte mir den Artikel auf den Schreibtisch. «Tut mir leid», sagte er.

«Wieso? Was ist denn damit?»

«Ein großartiges Stück Literatur. Aber wir veröffentlichen in unserer Zeitung nur Berichte, keine Phantasieprodukte. Sie hätten besser recherchieren sollen, Marty – das kenne ich sonst gar nicht an Ihnen. Bei der Sektion der Leichen wurde festgestellt, daß die beiden jungen Leute schon seit etwa acht Monaten in dem Kanal lagen. Dann ließ ich sie durch Sam noch einmal klinisch untersuchen. Das Mädchen war damals, vor acht Monaten, todkrank. Wahrscheinlich kam der Junge sie besuchen, entdeckte, wie schlecht es ihr ging, und wollte sie mit seinem Wagen so schnell wie möglich in die Klinik nach Miami bringen. Sie hatte noch ihren Pyjama an, nur rasch einen Pullover darübergezogen. Ich fand, das ist eine Sache für eine Frau. Helen hat den Bericht geschrieben. Er erscheint in der heutigen Abendausgabe.»

Ich nahm meine wertlos gewordene Story, riß sie in der Mitte durch und warf die Fetzen in den Papierkorb. Wegen Sergeant Lazeers Schnapsidee, der nächtliche Wahnsinnsfahrer könnte Joe Lee gewesen sein, stand ich jetzt als Trottel da, als schlechter Journalist. Ich schwor mir, in Zukunft sämtliche Einzelheiten zu erfragen, Namen und Fakten zu bringen und mich niemals mehr auf erdbeerfarbene Prosa einzulassen.

Drei Wochen später rief mich der Sergeant wieder an.

Er sagte: «Sie haben vermutlich schon begriffen, daß uns neulich abends ein anderer Junge an der Nase herumgeführt hat.»

«Das kann man wohl sagen!»

«Tut mir leid, daß Sie Ihre Zeit verschwendet haben. Heute wird es voraussichtlich wieder eine helle Mondnacht geben, morgen ist Vollmond. Wenn Sie Lust haben, kommen Sie mit, ich habe einen todsicheren Plan ausgeheckt. Wir haben ihn schon gestern abend getestet, aber es gab noch eine Fehlerquelle, einen Fluchtweg, den der Bursche prompt gefunden hat. Es gab noch eine Seitenstraße, von der wir nichts wußten. Aber heute nacht hat er keine Chance mehr.»

Ich erinnerte mich noch so genau, als sei es gestern gewesen, an das Brüllen des Motors, an das Vorbeihuschen eines schwarzen Schattens, den Fahrtwind, der unsere Streifenwagen erzittern ließ. Ich erinnerte mich auch daran, daß die Straße leer gewesen war, als wir sie absuchten. Gab es in unserer nüchternen Welt noch so viel Leidenschaft und Stolz, so viel Ehrgeiz, Liebe und Hoffnung, daß Clarissa May und Joe Lee heute und für immer über die nächtlichen Straßen unseres Countys rasen würden wie eine Rakete im silbernen Mondlicht? Und was für eine telepathische Nachricht hatte an jenem Sonntag morgen die Jungen und Mädchen aus sechs Countys so schnell an dem Ort der Tragödie zusammengerufen?

«Hallo, sind Sie noch dran?» rief Lazeer durchs Telefon.

«Entschuldigen Sie, ich habe gerade in meinem Terminkalender nachgesehen. Tut mir leid, heute abend kann ich nicht.»

«Aber diesmal erwischen wir ihn bestimmt!»

«Dann wünsche ich Ihnen viel Glück, Sergeant.»

«Diesmal haben wir sechs Wagen zur Verfügung, Barrikaden und ein Fahrzeug mit Scheinwerfern. Wenn er uns erst ins Netz geht, hat er keine Chance mehr.»

Vielleicht hätte ich hinfahren sollen. Vielleicht hätte ich wieder das Geräusch gehört, den Schatten vorüberhuschen gesehen, den Luftzug gespürt, und das alles hätte mich von der Realität des Erlebten überzeugt. Natürlich haben sie ihn auch diesmal wieder nicht geschnappt. Aber sie kamen ihm ganz nahe, unwahrscheinlich nahe. Zwischen einer Eiche am Straßenrand und der Barrikade gab es eine winzige Fluchtchance – und er kam durch, wobei er die beiden Kotflügel zerkratzte, ließ die Meute hinter sich und verschwand mit röhrendem Motor.

Sergeant Lazeer stellt gerade die nächste Falle. Er sagt, diesmal ist es endgültig. Bis jetzt hat er nicht mehr erbeutet als zwei Beweisstücke: ein bißchen abgeschabte Farbe an dem Seitenbalken einer Barrikadenstange und ein paar Blättchen Farbe am Stamm der Eiche. Erdbeerrote Farbe. Mit kleinen Goldflocken darin.

Teufelsknochen

Gerald Kersh

Der alte Kommandant hatte natürlich seine Fehler und konnte sehr reizbar sein, besonders dann, wenn er ein, zwei Flaschen Rum trinken mußte, um das Fieber niederzuschlagen, aber er war dennoch in mancher Beziehung ein liebenswerter Kerl. *Was man nicht kurieren kann, das muß man eben aushalten,* war sein Wahlspruch.

Er war der geborene Spaßvogel. Wenn er Neuankömmlinge begrüßen mußte, machte er das folgendermaßen: «Meine Herren», sagte er, «ich begrüße Sie als meine Freunde! Ich bin nur ein niedriger Diener meines Staates. Sie dagegen sind seine Gäste, also stehe ich zu Ihren Diensten. Mein Haus ist das Ihre, machen Sie es sich darin bequem. Sie können nach Belieben ein und aus gehen. Für Leute mit Interesse an Topographie und Naturgeschichte bietet unser Landstrich viel Sehenswertes. Der merkwürdige Berg mit dem Aussehen eines umgedrehten Stockzahns mit drei Wurzeln – Sie erblicken ihn, wenn Sie sich der Mühe unterziehen, eine halbe Drehung nach links zu machen – ist, wie Ihnen die Schwaden über dem Gipfel verraten, ein Vulkan. Er trägt den Namen Zerberus, und ich weiß, es ist überflüssig, Ihnen zu erklären, daß sich der Name von dem dreiköpfigen Höllenhund am Eingang zur Unterwelt herleitet – Sie wissen es ohnehin. Hier unten ist es heiß, dort oben ist es allerdings noch heißer, ohne den Vorteil der konstanten, hohen Luftfeuchtigkeit, mit der wir hier unten gesegnet sind. Nein, da oben ist es glühendheiß und staubtrocken. Dahinter breitet sich Dschungel aus. Aber am Fuße des Zerberus können Sie sich, wenn Sie wollen, mit geologischen Studien die Zeit vertreiben; Sie können auch interessante Exemplare von Lava- und Schwefelgestein sammeln. Und zwar in großen Körben.

Hinter Ihnen, meine Herren», und er behielt noch immer den Tonfall eines Fremdenführers bei, «hinter Ihnen befindet sich der Raton-Sumpf, ein Naturwunder, das Sie auf eigene Gefahr untersuchen können – eine Art salziger Mahlsand, der angeblich grundlos sein soll. Von dort geht es zum Haifischflossenriff, das ganz aus Korallen besteht und sich über einen Kilometer weit hinzieht . . .»

Sie müssen sich vorstellen, ich habe diese Begrüßungsansprache viermal im Jahr gehört, und das zwanzig Jahre lang. Glauben Sie mir: Ich könnte sie im Schlaf aufsagen.

«Nach dem Riff kommt die Brandung. Und nach der Brandung siebenhundert Kilometer Ozean bis zu den nächsten Inseln. Manche von Ihnen werden ihre Kenntnisse der Chemie erweitern können; ich biete Ihnen Gelegenheit, mit großen Verdunstungspfannen am Rande des Sumpfes zu arbeiten. Das ist schweißtreibende Arbeit, die Durst macht, doch unsere Luft ist so feuchtigkeitsgesättigt, daß man sich kaum die Mühe zu machen braucht, eine Pause zum Trinken einzulegen. Einerseits also die Schwefeldämpfe, andererseits das Salz, dazu eine leichte Diät – meine Herren, das ist wirklich ein großartiger Erholungsaufenthalt, ein Heilbad, so wahr mir Gott helfe! Reiche Kranke opfern für nicht halb so gute Kuren ein ganzes Vermögen.

Aber selbst unser Herrgott kann es nicht allen recht machen», fuhr er dann fort, «und auch unter Ihnen wird es ein paar rastlose Gemüter geben, die früher oder später der von uns gebotenen Annehmlichkeiten überdrüssig werden und Heimweh nach der großen Welt da draußen haben werden. Da muß ich Ihnen sagen, meine Freunde: Der einzige Weg aus unserem kleinen Reich ist der, den Sie eben gekommen sind. Er führt über den Fluß Raton, den Sie mit dem Schiff überquert haben. Der Fluß ist ziemlich seicht, dennoch möchte ich meine Gäste nicht in ihrer Freiheit einengen und Wachen dort aufstellen. Aber ich empfehle jedem, dem Leib und Leben lieb ist, keinen diesbezüglichen Versuch zu unternehmen. Wenn Sie die Güte haben wollen, mit mir zu kommen, meine Herren . . .»

Die Wachen treiben dann die Gefangenen ans Flußufer, und

der Kommandant sagt: «Zunächst einmal ist das Wasser bevölkert mit einer Unzahl von Krokodilen, und zwar von der Familie der Kaimane. Der Kaiman ist ein Reptil mit vielen Tugenden – immer hungrig, und doch verliert er nie den Glauben an die Menschheit oder gibt die Hoffnung auf, einen ihrer Vertreter fressen zu können. Daher ist er auch immer wachsam, immer bereit. Viel bösartiger dagegen ist der Rattenfisch. Wir sind sehr stolz auf ihn, denn er ist schon ziemlich selten geworden. Der Rattenfisch ist mit dem Hai und dem Rochen verwandt ... Ahoi, ihr da drüben! Los, bringt die Ziege her!»

Zwei Wachen zerren eine Ziege herbei, dann packen sie das Tier bei den vier Beinen. «Hinein damit!» sagt der Kommandant, und sie hieven die Ziege hinaus in den Fluß. Das arme Vieh versucht zurückzuschwimmen, aber auf einmal scheint das Wasser zu kochen. Die Ziege schreit jämmerlich, erst taucht das eine, dann das andere Bein auf, und jeder kann deutlich sehen, daß die Beine jetzt nur noch Skelette sind, bis auf die Knochen abgenagt. Das Tier taucht unter, kämpft sich noch einmal hoch. Jetzt ist auch schon der Schädel zur Hälfte abgenagt. Und plötzlich erwacht ein verfaulter Baumstamm zum Leben, teilt sich in der Mitte und zeigt zwei Reihen grüner Zähne. Ein Zuschnappen, und das Wasser ist wieder ruhig. Millionen Fliegen senken sich herab, von den Blutflecken auf den Zweigen und Steinen am Ufer angelockt, und das ist schon alles.

Der Kommandant kommt zum Schluß. «Zweifellos interessant für Zoologen. Dagegen sind die Raton-Indianer eine völkerkundliche Rarität. Sie leben im Dschungel jenseits des Flusses. Sie müssen sich vorstellen, wie schwer es ist, in diesem unergründlichen Urwald die zum Leben notwendige Nahrung zu erbeuten, wenn selbst das Fleisch eines armen, abgemagerten Sträflings als Delikatesse angesehen wird! Die Ratons sind sehr geschickt, sie fertigen aus Menschenhaut faszinierende Masken. Weiße bevorzugen sie besonders, weil viele von ihnen Bärte haben. Wenn ich sage, sie bevorzugen die Weißen, dann meine ich natürlich zum Abhäuten und zum Fressen. Sie haben herausgefunden, daß man den Opfern die Haut viel besser abziehen kann, wenn sie noch am Leben sind. Entkommt der einsame Wandersmann in diesem Dschungel aber tatsächlich den Ratons, so wird er sicherlich Beute der *Tigres*, und hat er das unwahrscheinliche Glück, beiden zu entrinnen, dann sind da noch die Schlangen, die Blutegel, die unzähligen Insekten ...

Also rate ich Ihnen, fröhlich an die zugewiesene Arbeit zu gehen, der Regierung dankbar zu sein, daß sie die Todesstrafe abgeschafft hat, und sich nicht nur mit Ihrem Los abzufinden, sondern dankbar dafür zu sein. Dieser Landstrich wird, wie Sie bald sehen werden, nach modernen militärischen Regeln verwaltet. Es gibt keine Prügelstrafe für Ungehorsam und Pflichtverweigerung. An ihre Stelle tritt Erziehungsmaßnahme Nummer eins, Nummer zwei oder drei, und so weiter.

Bei Nummer eins werden nur Ihre Hände auf dem Rücken zusammengebunden und mit einem Strick auf einen Querbalken hochgezogen, so daß Sie auf Zehenspitzen stehen müssen. Das dauert vierundzwanzig Stunden, und die ganze Zeit über gibt es keinen Schluck zu trinken. Aber wir vermeiden dadurch jedes Blutvergießen, wenn man einmal von dem Blut absieht, das die Mücken aus Ihnen saugen.

Erziehungsmaßnahme Nummer zwei besteht darin, daß der Betreffende ein großes, rostiges Stück Wellblech so lange polieren muß, bis es blinkt wie ein Spiegel – die ganze Zeit über wird er auf halbe Ration gesetzt. Die Sache hat nur einen Haken: In dem hier herrschenden Klima rostet das Metall innerhalb von zwei Stunden, so daß die Arbeit niemals zu Ende ist – ähnlich wie bei der Maßnahme Nummer drei, wobei der Betreffende eine trokkene Grube von einem Meter zwanzig ausheben muß. Bei spätestens einem Meter Tiefe stößt man hier überall auf Grundwasser ... Nach ein, zwei Wochen wird die Erziehungsmaßnahme gewöhnlich abgebrochen, kann aber jederzeit nach Belieben fortgeführt werden.

Nummer vier ist übrigens nichts weiter als der Aufenthalt in einer unterirdischen Einzelzelle. Wegen des erwähnten hohen Grundwasserspiegels füllt sich die Zelle ständig mit Wasser, und wenn der dort Befindliche nicht ununterbrochen das Wasser nach draußen pumpt, vierundzwanzig Stunden lang, wohlgemerkt, dann muß er eben ertrinken.

Deshalb möchte ich Sie noch einmal ermahnen, die Dinge so zu nehmen, wie sie sind, von einem Tag zum anderen zu leben, am besten philosophisch über allem zu stehen und die Zeit verstreichen zu lassen. Denken Sie daran: Man hat Sie hergebracht, um Ihren Lebensmut zu brechen. Wenn Sie klug sind, lassen Sie es nicht so weit kommen . . .

Los, Sergeant, führen Sie die Halunken ab!»

Ich hatte es zuerst besonders schwer getroffen: Ich mußte am Straßenbau durch den Dschungel mithelfen. Das war vor zwanzig Jahren. Vom Morgen bis zum Abend schnitten wir Unterholz, aber es wuchs fast so schnell nach, wie wir es abhackten. Und noch immer wird an der gleichen Stelle Unterholz geschnitten, noch immer gibt es keine Straße, wird es vermutlich auch nie eine geben, ein Gedanke, der die Leute verzweifeln läßt.

Man darf es sich nur nicht zu Herzen gehen lassen, man muß versuchen, darüber zu lachen. Man muß versuchen, seine Ruhe zu bewahren. Die Wachen braucht man nicht zu hassen: Sie sind bemitleidenswerter als wir.

Ich hatte mehr Glück als die meisten von uns. Schon seit langer Zeit war mir aufgefallen, daß die Gräser am Rande des Sumpfes gut zum Weben und Flechten geeignet waren. Da das mein früherer Beruf gewesen war, pflückte ich ein paar Büschel davon, präparierte sie, wie ich es gelernt hatte, und machte mir in meiner Freizeit einen Hut daraus – einen Hut, wie ihn nur ein Liebender oder ein Sträfling macht, dem es nichts bedeutet, wieviel Zeit er dafür aufwenden muß.

Der Hut gefiel dem alten Kommandanten, und er fragte mich: «Wie lange hast du gebraucht, bis du den Hut fertig hattest?»

«Mal hier eine halbe Stunde, mal da eine halbe Stunde – zusammen vielleicht einen Monat, Euer Exzellenz.»

«Und wie lange brauchst du, wenn du ständig daran arbeitest?»

«Eineinhalb oder zwei Tage, Euer Exzellenz.»

«Dann hast du alle Zeit deines Lebens zu deiner freien Verfügung, du Glücklicher! Was machst du gerade?»

«Ich arbeite an der Straße durch den Dschungel, Euer Exzellenz.»

«Sergeant», sagte er, «dieser Mann wird sofort von der Arbeit an der Straße suspendiert. Von nun an wird er Hüte flechten.»

Ich hatte also Glück, durfte mir eine eigene Hütte bauen als Werkstatt und bekam sogar eine Lampe, so daß ich auch nach Einbruch der Dunkelheit arbeiten konnte. Ich flocht fünf Hüte in der Woche und dazu noch ein paar Strohpuppen, die der Kommandant an einen Händler verkaufte. Vermutlich erzielte er einen guten Preis dafür, denn obwohl er nicht dazu verpflichtet gewesen wäre, mir etwas zu geben, steckte er mir von Zeit zu Zeit ein paar Münzen Tabaksgeld zu, das mir der Sergeant allerdings meist wieder wegnahm. Aber es gelang mir doch, hier und da eine Münze beiseite zu bringen, und allmählich summierte es sich.

In zwanzig Jahren hatte ich über dreißig Dollar zusammen, die ich in einem Erdloch versteckt hatte, zusammen mit anderen Schätzen.

Es hätte alles viel schlimmer kommen können. Jetzt, wo ich in der Hütte arbeitete und wohnte, legte ich Leinen aus, um den großen weißen Schlammfisch zu fangen, der unter den Uferböschungen lebt und sehr schmackhaft ist, wenn er auch nicht gerade appetitlich aussieht; gelegentlich tauschte ich frischen Fisch gegen getrocknetes Gemüse und hatte so immer etwas Gutes zum Abendessen. Aber noch angenehmer war es, daß ich von nun an immer Gesellschaft hatte.

Bei den Leuten, die an der Straße arbeiteten, gab es nie so etwas wie Kameradschaft. Jeder war allein, war auf sich selbst gestellt, hatte zu sehr um sein eigenes Leben zu kämpfen, als daß er sich auch noch um den anderen kümmern konnte.

Aber nun gab man mir einen Helfer, der das Stroh schneiden, waschen, trocknen und sortieren mußte, damit ich mich nur dem Flechten von Hüten und Strohpuppen widmen konnte. Im Laufe der Jahre waren es viele Leute, die mir bei meiner Produktion halfen, und nicht wenige davon – zum Beispiel Falschmünzer, Politiker, perverse Lehrer und so weiter – waren hochintelligente, gebildete Männer. Ich lernte eine Menge von ihnen.

Als ich hierher kam, war ich ungebildet und blöde, aber jetzt würde ich mich in keiner Gesellschaft unsicher fühlen – vielleicht als Redner, aber zumindest nicht als Zuhörer. Zuhören ist eine wertvolle Begabung, sie öffnet den Blick für die Zusammenhänge.

Mit Schweigen und Geduld kann man selbst unter Schlangen und *Tigres* ruhig schlafen, die bösartigen Wachen stören nicht mehr, und die Indianer kommen allmählich darauf, daß sie dir vertrauen können. Die Ratons sind ein sehr ungewöhnlicher Menschenschlag, die scheuesten Wilden, die man sich denken kann. Schon vor zwanzig Jahren konnte man sie nur ganz selten sehen; heutzutage kann es Jahre dauern, ehe man zufällig einen von ihnen erblickt.

Sie sind klein und wendig und immer mucksmäuschenstill; sie leben dort, wo der Dschungel am dicksten ist, sie schmieren sich grau, grün und gelb an, eine Tarnung, die sie wie die Blätter des Urwalds aussehen läßt, unsichtbarer als ein Chamäleon, und sie verschwinden einfach, lösen sich in Nichts auf, könnte man meinen, wenn sie von Fremden überrascht werden. Ihre Waffen und Werkzeuge machen sie aus Quarz und anderem harten, vulkanischen Gestein, und ich habe schon manches Ratonmesser aus Bergkristall gesehen, das schärfer war als die schärfste Rasierklinge. Aber natürlich ist Stahl haltbarer und besser, und deshalb trieben wir zu Zeiten des alten Kommandanten fleißigen Handel mit ihnen.

Wir ließen zu diesem Zweck einfach eine Axt oder eine Machete am gegenüberliegenden Ufer zurück und fuhren auf unsere Seite. Bald erschien aus dem Nichts ein Berg Früchte oder Nüsse, manchmal auch ein erlegtes Wildschwein oder eine Antilope. Man konnte sich anstrengen, wie man wollte, nie sah man, wie sie die Ware austauschten. Man konnte schauen und schauen und sah nichts. Dann, wenn man allmählich müde wurde und sich eine Sekunde lang abwandte, lag der Haufen Früchte oder das Wild neben der Machete oder der Axt. Wenn wir mit dem Handel einverstanden waren, nahmen wir das Obst oder das Fleisch, und später holten sie sich das Werkzeug. Wenn nicht, warteten wir einfach, bis sich der Haufen hoch genug getürmt hatte.

Die Handelsware war natürlich für die Wachleute, vor allem für die höheren Chargen bestimmt. Der alte Kommandant handelte sehr großzügig mit den Indianern und bemühte sich, möglichst gut mit ihnen auszukommen. Er war in mancher Hinsicht ein intelligenter Mann, und seine Geduld war erstaunlich.

Außer dem bißchen Obst und dem Fleisch hatten die Ratons nicht viel zu bieten: ein paar Speerspitzen aus Quarz fürs Museum und schöne, verzierte Streitäxte, aber niemals einen ihrer berühmten Schrumpfköpfe, von denen sie sich um nichts in der Welt trennen wollten. Also verlor der Kommandant nach und nach das Interesse am Handel mit den Ratons, doch die Indianer hatten sich an unsere neuzeitlichen Werkzeuge gewöhnt, und nachdem wir sie nicht mehr mit ihnen tauschten, kamen sie nachts herüber, um sie zu stehlen. Sie hatten keine Boote, und keiner konnte sagen, wie sie den Fluß überquerten, in den man nicht einmal den Finger stecken konnte, ohne ihn augenblicklich an die Kaimane oder Rattenfische zu verlieren. Es hieß, sie verwendeten magischen Zauber, eine Theorie, die viele Anhänger fand, denn selbst der scharfsinnigste Wachposten konnte sie niemals sehen oder hören, er nahm bestenfalls ihren Geruch wahr.

«Höchste Zeit, da Abhilfe zu schaffen», sagte der Kommandant. «Wir bringen ein extra starkes Schloß am Lagerschuppen an und besorgen uns zusätzlich noch zwei starke, scharfe Cacofuego-Bullenbeißer.» Ein Bullenbeißer aus Cacofuego ist, wie man weiß, stark und mutig genug, selbst dem Angriff eines Panthers nicht auszuweichen. Die beiden Tiere, ein Rüde und eine Hündin, wurden von Gaudeama hergeschafft und waren erstaunlicherweise gar nicht teuer. Ihre Enkel bewachen noch heute den Lagerschuppen, und man kann mit Recht behaupten, daß es sehr gefährliche Biester sind. Sie haben schon manchen Gefangenen angefallen, meistens nachts, aber noch nie einen Indianer erwischt. Die wagten es nicht mehr, sich dem Lagerschuppen zu nähern, seit dort die Hunde herumstrichen.

Aber eine Woche bevor die Hunde kamen, wäre es den Wachen fast gelungen, einen Raton zu fangen. Er hatte sich in einer Drahtrolle verheddert, und einem Hauptmann gelang es, ihn am Bein zu fassen, doch der Indianer konnte sich frei machen und entkam. Ein halbes Dutzend Gewehre ballerte auf einmal los, und in der Luft schwirrten mehr Geschosse herum als Erbsen in der Suppe für die Gefangenen herumschwimmen, wenn man so sagen kann. Sie hatten ihn schon eingekreist, und er drehte sich um und rannte in die entgegengesetzte Richtung. Ich arbeitete noch, und als er in seiner Not herein in meine Hütte kam, deutete ich wortlos mit dem Daumen auf einen großen Haufen frisch sortiertes und präpariertes Stroh, in dem er sich mit der Geschicklichkeit einer Schlange verbarg; in diesem Augenblick kam der Hauptmann in die Hütte und sagte: «Ich habe eben einen Raton am Bein erwischt, aber er hat sich herausgewunden wie ein Aal. Hast du einen Indianer gesehen?» Ich schüttelte den Kopf.

Er rieb sich die Hände, roch daran. «Pfui Teufel, stinkt das Zeug, mit dem sich diese Burschen einschmieren!»

Ich sagte etwas dümmlich: «Vielleicht macht es sie unsichtbar.»

Er ging hinaus, und als es wieder still geworden war, stieß ich mit dem Fuß gegen den Strohhaufen, blies mein Öllämpchen aus und sagte: «Los, Indio, verschwinde! Die Luft ist rein.»

Es war ein kleiner Kerl, mit dem unser Kommandant gelegentlich schon verhandelt hatte, und er verstand unsere Sprache, konnte sogar einige Worte reden. Er sagte: «Du helfen Pelototec, Pelototec helfen du. Da böser Ort. Du wollen weg. Ich helfen. Über Fluß. Du kommen.»

«Das würde dir so passen», antwortete ich, «daß mich die Kaimane und die Rattenfische bis auf die Knochen abnagen – nein, dafür bedanke ich mich.»

«Du nehmen das», sagte er und reichte mir ein krummes Knöchelchen an einem Lederband. «Du Pelototec Bruder. Du nehmen das. Wenn Pelototec tot, seine Söhne kennen. Wenn seine Söhne tot, seine Enkel kennen und nichts dir tun. Du nehmen und ihnen zeigen.» Es war sein Sippenzeichen, und wer es trug, gehörte zu seiner Familie.

Dann nahm er einen zweiten Lederriemen von seinem Hals, an dem eine Fischblase hing, die mit irgendeinem wächsernen Zeug gefüllt war. Dies sei, so sagte er mir, die Medizin der Ratons gegen alle bösen Geister, die in dem Fluß wohnten.

«Das machen dich Bruder von Kaiman», erklärte er, «so Kaiman dich nicht fressen. Kaiman nicht fressen Kaiman, und Rattenfisch lassen Kaiman Frieden.»

Es war leicht zu erklären, wie die Ratons es schafften, über den Fluß zu kommen, und zwar ganz ohne Magie: Sie entfernten einem männlichen, geschlechtsreifen Kaiman die Duftdrüse, vermischten ihren Inhalt mit ranzigem Kaimanfett und bereiteten daraus eine Salbe, mit der sie sich einschmierten, bevor sie ins Wasser stiegen. Je länger man die Medizin in der Fischblase aufbewahrte, erklärte mir der Indianer, um so stärker würde ihre Zauberkraft.

«Du kommen», sagte er noch, und auf einmal war er verschwunden, als hätte ihn der Erdboden verschluckt. Nur der Gestank der Ratons lag noch in der Luft, und es wurde mir bewußt, daß dies ja eigentlich der Geruch der Krokodile aus dem Fluß war.

Ich versteckte die Fischblase und den gebogenen Knochen zusammen mit meinem Ersparten in dem Erdloch. Zu dieser Zeit war ich erst zehn Jahre hier und besaß gerade zwölf Dollar. Zwölf Dollar waren nicht genug, sagte ich mir; um über die Grenze nach Contrabono gehen zu können, brauchte ich mindestens fünfundzwanzig oder dreißig.

Aber mit Geduld würde ich dieses Ziel schon noch erreichen!

Geduld war Gott sei Dank eine meiner Stärken. Geduld und ein ruhiges Gemüt. «Pacifico», sagten meine Helfer oft, denn das war mein Spitzname, «wie zum Teufel kommt ein Kerl wie du hierher? Hat man dich verleumdet, zu Unrecht verurteilt?»

Und immer antwortete ich, der Wahrheit entsprechend: «Nein,

nein, man hat mich nicht zu Unrecht verurteilt. Ich bin ein Lebenslänglicher. Wegen Raubüberfall und Mord.»

«Hast du viel Geld dabei erwischt?»

«Ein Paket amerikanisches Geld, so dick wie meine Faust.»

«Und hast du es wenigstens schön durchgebracht, bevor sie dich erwischt haben?»

«Ich hatte es keine dreißig Sekunden in meiner Hand, da wurde ich schon geschnappt.»

«Armer Pacifico», sagte dann mein jeweiliger Assistent, «du gehörst zu der Sorte dummer Teufel, die so etwas blindlings, ohne irgendeinen Plan unternehmen und auf frischer Tat ertappt werden.»

«Gott sei Dank, daß ich zu diesen dummen Teufeln gehöre!»

«Es war wohl der Hunger, der dich dazu getrieben hat?»

«Ja, eine Art Hunger kann man das nennen.»

Dann hielt ich meistens den Mund, denn meine Geschichte ist armselig, daß ich sie nicht gern erzähle.

Ich komme aus Ysor im Zamayagebiet. Ich war nicht gerade häßlich, aber auch nicht hübsch, und ich hatte den meisten etwas voraus – ich war in meinem Beruf sehr geschickt, und ich besaß ein Stückchen Land. Viele Leute beneideten mich, denn ich war mit einer guten und schönen Frau verheiratet, Dolores, die mich sehr liebte und die mir schon zwei Söhne geschenkt hatte. Ob ich glücklich war? Jedenfalls war ich zufrieden.

Eines Tages kam die Kusine meiner Frau nach Ysor. Sie hieß Teresa Rojas, war eine Witwe aus Riego und das genaue Gegenteil von Dolores. Dolores war hellhäutig, blond und sanft – Teresa hatte dunkles Haar und dunkle Haut und war störrisch wie ein Esel. Dolores blieb immer freundlich und zuvorkommend und duftete zart nach Blüten. Teresa dagegen war ein Luder und roch wie ein Raubtier. Dolores erfüllte glücklich ihre Pflichten als Hausfrau und Mutter, während Teresa das Wort zufrieden nicht zu kennen schien, zu keiner Arbeit zu gebrauchen und dazu noch unersättlich war.

Als Teresa dann eines Tages ihre schmutzigen Fingernägel in meinen Nacken grub, ihren Hintern heraussteckte, den Bauch einzog, ihren Tigeratem in mein Gesicht blies und sagte: «Die Amerikaner sind in der Gegend von Gaudeama und suchen nach Öl. Ein Mann wie du, mit seinen goldenen Händen, kann sich dort ein Vermögen machen. Laß deine rosarote Madonna sitzen und komm mit mir nach Gaudeama! Wir werden viel Spaß haben . . .», da antwortete ich ihr: «Für wie verrückt hältst du mich eigentlich, daß ich wegen einer streunenden Katze wie dich Dolores aufgebe?» Und trotzdem brannte ich mit Teresa durch; kein Schloß und kein Riegel konnten mich zurückhalten.

Sie war so gemein, so geschmacklos und erstickend wie der erste Mund voll Rum oder Tabak, aber leider gewöhnte man sich ebenso rasch daran.

Mit meinen «goldenen Händen» war es nicht weit her in Gaudeama. Alle Kraft, die sie mir noch übrigließ, verschwendete ich bei der Arbeit an den Bohrtürmen, und jeden Cent, den ich dort verdiente, lieferte ich ihr ab. Dabei war sie mir nicht einmal treu, und so seltsam es klingt, das erleichterte mich sogar, denn nun sagte ich mir mit Recht, daß ich den Verstand verloren haben mußte. Sie verlangte Geld und immer wieder Geld – was hätte ich denn tun sollen? Geldscheine drucken?

Nach und nach bekam sie alle die hübschen Sachen, die sie haben wollte, aber an ihr wurden es häßliche Sachen, denn sie bekam sie von anderen Männern, gemeinen Typen, denen sie abknöpfen konnte, was sie wollte. Mich zerfraß die Eifersucht, aber Teresa sagte: «Wenn es dir nicht paßt, dann hau doch ab! Ich kann dein Schafsgesicht nicht mehr sehen! Oder zieh dein Messer und kämpfe um mich, wie ein richtiger Mann!» Sie liebte es, wenn Männer um sie kämpften; es erregte sie ungeheuer.

«Ich bin kein größerer Feigling als die anderen», sagte ich, «aber ich habe nicht mehr die Kraft, um dich zu kämpfen. Du hast mich total ausgesogen.»

«Du bist ein Schafskopf. Geh nach Hause zu deiner Dolores!»

«Ich kann nicht. Ich bin fertig.»

Ich war sehr tief gesunken, hatte sogar schon zu trinken begonnen; jetzt war es nicht mehr weit bis ganz unten. Bald würde ich ein Dieb werden, ein Mörder, und zuletzt ein Sträfling – und damit wären wir bei den Ereignissen jener unheilvollen Nacht in Pericos Café.

Gaudeama ist ein schmutziges, häßliches Nest, aber die Aussicht auf Ölfunde hatte alle möglichen Leute hergebracht, und Perico machte mit seinem miesen Café Bombenumsätze.

Es war nur ein länglicher Wellblechschuppen. Der einzige Innenraum wurde von Ölfunzeln erhellt und war mit rohgezimmerten Stühlen und Tischen möbliert. Außerdem gab es zwei Tanzflächen, die eine mit Holzboden für die Gäste, die Schuhe trugen, die andere aus gestampftem Torf für die Barfüßigen.

Ich trank einen billigen Kakteenschnaps, der trüb wird, wenn man Wasser hineingießt, aber dann kam ein Deutscher an unseren Tisch, das Monatsgehalt in seiner Tasche, bat mich höflich um Erlaubnis, bei uns Platz nehmen zu dürfen, und bestellte ein Glas süßen Perlwein für Teresa und zwei Flaschen dunkles Bier für sich und für mich.

Teresa lächelte über das ganze Gesicht. Ich wußte, was danach kommen würde, aber es war mir egal. Er fragte, ob er mit Teresa tanzen dürfte. Ich zuckte mit den Schultern und erklärte: «Ob ich es ihr erlaube oder nicht – wenn sie Lust dazu hat, wird sie mit Ihnen tanzen.» Sie mischten sich unter die Tanzenden, die unruhige Schatten an die Wände der Wellblechbude warfen, und ich tastete meine Taschen ab, obwohl ich wußte, daß ich mein ganzes Geld ausgegeben hatte. Ich besaß nichts mehr außer drei Kupfermünzen und meinem Taschenmesser.

Direkt vor mir saß eine Gruppe Amerikaner, Geschäftsleute, die sich über das primitive Nachtleben von Gaudeama amüsierten und mit Geld nur so um sich warfen. Ihr Anführer, ein großer, breitschulteriger Kerl mit einer gewaltigen Stimme, hatte gerade eine neue Runde mit einem großen Schein bezahlt und dem Kellner erklärt, er könnte das Wechselgeld behalten. Jetzt steckte er seine prallgefüllte Brieftasche sorglos in die rechte Hüfttasche. Eine Ecke davon lugte noch hervor. Sein Anzug saß nicht sehr eng, aber da, wo die Brieftasche steckte, spannte die

Hose. Ich starrte hin, konnte meine Blicke nicht abwenden. Ich brauchte nur meine Hand danach auszustrecken und zu verschwinden.

In der Brieftasche war bestimmt genügend Geld, um Teresa für längere Zeit bei guter Laune zu halten. Es juckte mir in den Fingern. Ich dachte, wenn ich noch einen Schluck Alkohol trinken könnte, um mir Mut zu machen, würde ich mich vielleicht dazu entschließen. Aber ich hatte kein Geld mehr, um mir noch einen Kakteenschnaps kaufen zu können. Dann wurde mir klar, daß es eigentlich nicht der Mut war, der mir fehlte, sondern der Wille, jemanden zu bestehlen. Es gab zwei Dinge, die mir bis dahin unmöglich gewesen waren: betteln und stehlen.

Plötzlich tauchte aus einer Wolke von Zigarettenrauch ein kleiner, unauffälliger Mann in einer Khakihose auf, fuhr geschickt mit zwei Fingern in die Hüfttasche des Amerikaners, zog mit einem leichten Ruck die Brieftasche heraus und war im nächsten Augenblick verschwunden. Ich sagte mir: Also schön, stehlen kannst du nicht, aber einem Dieb die Beute abnehmen ist doch etwas ganz anderes!

Ohne weiter darüber nachzudenken, stand ich auf und schlängelte mich durch die Tanzenden zum Ausgang. Ich warf einen Blick auf Teresa, die in den Armen des Deutschen hing wie ein Wiesel an einem Kaninchen; irgendwie fühlte ich, daß dies der letzte Blick war, den ich je auf sie werfen sollte.

Ich sah, wie der Taschendieb im Busch verschwand und sich dabei soweit wie möglich im Schatten des Mondes hielt.

Dann stieß ich mit dem Fuß gegen etwas Hartes – ein Stück Wasserrohr, halb so lang wie mein Arm. Ich hob es erleichtert auf, denn ich hätte den Dieb nicht gern mit bloßen Händen erledigt, und das Messer wollte ich bei der Dunkelheit lieber nicht verwenden – ich wollte ihn schließlich nicht töten, sondern ihm nur seine Beute abnehmen.

Von Zeit zu Zeit schaute er sich um, aber er konnte mich nicht entdecken. Langsam schlich ich mich näher, Meter um Meter. Jetzt schien er sich in Sicherheit zu fühlen, denn er blieb stehen und zündete sich eine Zigarette an.

Ich war über meine Geschicklichkeit im Anschleichen sehr stolz, denn er bemerkte mich erst, als ich ihn ansprach.

«Tut mir leid, mein Freund –»

Er drehte sich um, und als ich ihn mit meinem Eisenrohr niederschlug, sah ich ein Messer in seinen Händen aufblitzen. Er war also nicht unbewaffnet. Das beruhigte mich. Wahrscheinlich hätte ein Schlag schon gereicht, aber als er niederstürzte, schlug ich noch zweimal zu.

Ich griff in seine Taschen, entdeckte die Brieftasche des Amerikaners, zog sie hervor, öffnete sie und sah, daß sie tatsächlich mit Dollarnoten gespickt war. Jetzt empfand ich große Abscheu vor dem Geld.

Ich dachte mir: Du gehst zurück ins Café und gibst dem Amerikaner seine Brieftasche wieder. Vielleicht kriegst du eine anständige Belohnung. Plötzlich leuchtete mir jemand mit einer Taschenlampe ins Gesicht, und gleichzeitig spürte ich etwas Spitzes in meiner Seite: ein Bajonett, das auf einem Karabiner aufgepflanzt war. Vor mir standen ein Polizeisergeant und noch zwei Männer mit Karabinern.

Einer der beiden drehte den Körper am Boden um und sagte: «Der ist tot, Sergeant.» Der Strahl einer Taschenlampe fiel auf den Toten, so daß ich sein Gesicht sehen konnte. Es war mit Blut und Dreck verschmiert, Augen und Mund standen offen.

Der Sergeant nahm mir die Brieftasche ab, schaute hinein, stieß einen anerkennenden Pfiff aus und sagte: «Wenn zwei sich streiten, freut sich der dritte.» Er zog seinen Revolver und legte auf mich an. «Lauf, was du kannst!» sagte er, aber ich rührte mich nicht. Er prüfte die Brieftasche noch einmal und fand einen Ausweis. «Verdammt! Die gehört ja Tracy Broadribb, dem Bonzen von der Ölgesellschaft – ich glaube, es ist das beste, wenn er sie so schnell wie möglich zurückerhält.»

Der Mann, der den Toten umgedreht hatte, sagte zu dem Sergeanten. «Hinter dem waren wir her. Das ist Little Geronimo.»

«Was?» Der Sergeant beugte sich nieder, um sich den Toten genauer anzusehen. Inzwischen fesselte mir der andere die Hände auf den Rücken und band meine beiden Daumen mit einer Schnur zusammen. «Bei Gott, er ist es wirklich», sagte er zu mir. «Ich hätte geschworen, er ist ein Einzelgänger, dieser Little Geronimo. Seit wann bist du sein Partner?» fragte er mich und stach mir mit seinem knochigen Zeigefinger in die Brust.

Ich konnte nichts weiter sagen als: «Ich habe ihn vorhin zum erstenmal in meinem Leben gesehen.» Sie lachten alle drei darüber, als sei es ein guter Witz.

Einer von den Männern fragte den Sergeanten: «Soll ich ihm den Kopf abschneiden, damit wir ihn identifizieren können?»

«Immer das gleiche mit euch Kerlen!» antwortete der Sergeant. «Man kann euch predigen, was man will, es hat keinen Zweck. Alle Erkenntnisse der modernen Wissenschaft gehen an euch vorbei. Wozu haben wir einen modernen Erkennungsdienst? Was brauchen wir seinen Kopf zur Identifikation? Wir haben schließlich seine Fingerabdrücke in der Kartei. Also durchsucht ihn nach wichtigen Papieren und schneidet ihm einen Daumen ab. Dann könnt ihr ihn hinter einem Busch liegenlassen. Die Hunde, die Vögel und die Ameisen sorgen schon für den Rest.»

Und um zu zeigen, daß er mir nichts übelnahm, ließ er mich einen Schluck Rum aus seiner Flasche trinken, steckte mir eine Zigarette zwischen die Lippen und sagte: «Bei dir wird's lebenslänglich, das ist klar. Kopf hoch – auch das dauert keine Ewigkeit!»

Ich neigte meinen Kopf, weil ich mich schämte, und sagte kein Wort, damals nicht und auch später nicht, als man mir den Prozeß machte und mich verurteilte. Wenn man mich fragte, warum ich es getan hatte, sagte ich immer nur: «Es war so eine Art von Hunger.»

Ich habe diese jämmerliche Geschichte nur einem einzigen Menschen erzählt, und zwar unter sehr bemerkenswerten Umständen.

Alvarado war ein sehr kultivierter Mensch, der beste Freund, der fröhlichste Kamerad und der geschickteste Helfer, der mir je zugeteilt wurde, aber von sich selbst sprach er immer sehr geringschätzig. «Bei dir, Pacifico», sagte er oft, «bei dir ist es so eine Art himmlischer Prüfung auf Erden, du bist ein Opferlamm, ein Sündenbock. Du bist und bleibst, was du immer warst: ein ehrlicher Hutflechter. Aber ich bin ein Taugenichts, ein Übeltäter von Geburt an.» Er lachte – ein angenehmes Lachen, das schöne weiße Zähne sehen ließ, obwohl er schon Mitte Vierzig und sein roter Bart graugesprenkelt war. «Weißt du», sagte er, «ich habe einen Teufelsknochen in mir.»

«Wer von uns hat das nicht?»

«Viele! Viele Menschen haben ihn nicht im Leib, diesen Teufelsknochen. Du zum Beispiel. Ein Mensch mit einem Teufelsknochen frißt lieber die Würmer auf dem Teller eines andern als die Bohnen auf seinem eigenen – ihm schmeckt nur, was er gestohlen hat: Weil er einen Teufelsknochen in sich hat.»

«Aber warum hat er ihn in sich, Alvarado?»

«Warum? Tja. Ich komme zum Beispiel aus einer ordentlichen Familie. Mein Vater war Rechtsanwalt. Warum schmeckte mir eine mit dreckigen Fingern auf dem Markt gebackene Tortilla besser als das Mittagessen zu Haus? Nur, weil ich die Tortilla für ein paar Kupfermünzen erstand, die ich vorher aus dem Opferstock geangelt hatte! Warum tat ich so etwas? Ich kam gut vorwärts in der Schule – warum mußte ich ins Lehrerzimmer einbrechen und die Zettel mit den Prüfungsfragen klauen? Warum? Der Teufelsknochen! Ich wurde aus jedem Seminar geworfen, aus jeder Universität; man zahlte mir eine hübsche Summe, damit ich mich zu Hause nicht mehr blicken ließ. Ich hätte Anwalt werden können wie mein Vater, oder Arzt, Manager, Priester – aber ich wurde Schwarzhändler, Engelmacher, Erpresser, Bandit, Falschspieler und Zuhälter!»

«Und dabei hast du vermutlich auch den Arm verloren?» fragte ich, denn sein linker Arm endete am Ellbogen.

«Das war in Gaudeama. Ich erfuhr, daß ein Schwindler namens Tracy Broadribb dort in der Nähe angeblich unglaubliche Ölfunde gemacht hatte und das Land zu Wucherpreisen verkaufte. Jeder Betrüger und jeder Dieb im ganzen Land zog hin, und selbstverständlich ich auch. In einem Schuppen mit dem Namen Pericos Café sah ich dann Tracy Broadribb auch, der sich dort mit seinen Freunden besoff. In seiner Hosentasche steckte eine Brieftasche, die so dick war, daß selbst ein Alligator den Schluckauf bekommen hätte.

Ich erinnere mich genau. Am Nebentisch saßen zwei Männer und eine magere, flachbrüstige Frau mit einem hundsordinären Lächeln, und sie blickte in die Gegend wie eine der Hexen unseres unsterblichen Goya ... Der linke Mann an dem Tisch sah gut aus, aber irgendwie müde und abgearbeitet, der rechte war fett und aufgedunsen, und an ihn verschwendete die Person alle Verführungskünste.

Im selben Augenblick lehnte sich Broadribb zurück und lachte, und seine Hosentasche stand offen wie ein Scheunentor. Im nächsten Moment hielt ich auch schon die Brieftasche in der Hand, und ein paar Sekunden später war ich draußen im Dunkeln und rannte durch den Busch hinunter an den Fluß. Ich schien in Sicherheit zu sein, doch dann sagte jemand zu mir: ‹Tut mir leid, mein Freund›, und als ich mich umdrehte, sah ich im schwachen Mondlicht, daß es der gutaussehende Mann vom Nebentisch war. Gleich danach flimmerten tausend Sterne vor meinen Augen, als er mir mit irgendeinem harten Gegenstand auf den Kopf schlug.

Sonderbarerweise wurde ich nicht bewußtlos. Aber ich konnte keinen Muskel meines Körpers bewegen, auch meine Nerven schienen völlig gelähmt zu sein. Es gibt solche Erscheinungen nach einem Schlag auf den Kopf. Der Mann nahm Broadribbs Brieftasche, und gleich darauf kamen andere Männer aus dem Busch auf uns zu. Einer von ihnen sah mir ins Gesicht und sagte: ‹Sergeant, das ist der, nach dem wir gesucht haben, das ist Little Geronimo.› Sie nahmen mir meine Papiere weg, und als sie mir einen Daumen abschnitten, um mich identifizieren zu können, wurde ich endlich ohnmächtig. Ich erwachte bei Tageslicht, also Stunden später, und nur, weil mich die Ameisen am ganzen Körper bissen. Meine Hand schmerzte schrecklich. Die Wunde, wo man mir den Daumen abgeschnitten hatte, brannte wie Feuer. Ich bekam eine böse Infektion und habe deshalb auch meinen Unterarm verloren.

Aber trotzdem hatte ich Glück im Unglück: Denn jetzt war ich offiziell tot und deshalb frei wie ein Vogel. Ich blieb ein freier Mann die ganzen folgenden zwanzig Jahre, und was ich erlebte, war manchmal schrecklich und manchmal amüsant, wie das Leben eben ist. Also sollte ich wirklich nicht über die zehn Jahre klagen, die man mir zuletzt doch noch aufgebrummt hat. Für das, was ich in meinem Leben getan habe, hätte ich mindestens tausend Jahre Haft verdient, und ein paarmal den Tod dazu. Ich lebe ein geborgtes Leben, wenn man so sagen will ... Was ist denn mit dir auf einmal los? Bist du krank?»

Ich war auf die Knie gefallen, umklammerte ihn mit beiden Armen und weinte. «Zwanzig Jahre lang habe ich Gott um Verzeihung angefleht», schrie ich, «und jetzt erfahre ich, daß ich gar keinen Menschen getötet habe!» Und dann erzählte ich ihm meine Geschichte.

Er brüllte vor Lachen und sagte, das sei das Komischste, was er je gehört hätte. «Und ich habe schon viel Komisches erlebt, das kannst du mir glauben. Was wäre das jetzt für ein Spaß, wenn du mich zum Kommandanten schleppen und mir vor seinen Augen den Hals durchschneiden und sagen würdest: ‹Das ist der Mann, den ich angeblich vor zwanzig Jahren ermordet habe und wegen dem ich hier bin. Man kann mich nach den Gesetzen unseres Landes nicht zweimal für ein und dieselbe Tat verurteilen.› – Na, Pacifico, was sagst du dazu?»

«Aber ich denke nicht im Traum an so etwas», sagte ich.

«Es ist aber wie ein Traum», sagte Alvarado. «Denn, wenn ich bedenke, daß ich zehn Jahre hier sitzen soll ... lieber schneide ich mir selber die Kehle durch!»

Da sagte ich ganz ruhig: «Mit meiner Hilfe kommst du von hier weg.» Denn ich empfand jetzt soviel für ihn wie für keinen anderen Menschen auf der Welt.

«Es gibt nur zwei Möglichkeiten, von hier wegzukommen: durch die Luft, im Magen der Raubvögel, oder durch den Fluß, im Bauch der Krokodile.»

«Du irrst dich», erklärte ich und berichtete von meiner Begegnung mit Pelototec und was er mir damals geschenkt hatte.

«Außerdem habe ich zweiunddreißig Dollar, wenn du Geduld hast und noch ein Jahr wartest, sind es noch ein paar Dollar mehr, und wir können gemeinsam fliehen.»

Ganz erfüllt von neuer Hoffnung umarmte er mich und rief, ich sollte versuchen, Rum aufzutreiben, damit wir unsere baldige «Rückkehr ins Leben», wie er es nannte, feiern könnten.

Als wir dann die Flasche Rum tranken, verdüsterte sich seine Miene plötzlich, und er fragte: «Woher willst du eigentlich wissen, Pacifico, daß der Indianer nicht gelogen hat? Und selbst wenn es wahr ist – das mit der Salbe –, hast du keine Angst, sie könnte in den vielen Jahren ihre Wirkung verloren haben?»

«Vor einer Stunde», erinnerte ich ihn, «warst du noch bereit, dir die Kehle durchzuschneiden! Nein, die Salbe wird um so stärker, je länger man sie aufhebt, Alvarado, das hat mir der Indianer gesagt.»

«Aber ist es auch Salbe genug für zwei?»

«Schon ein kleines bißchen davon hat eine enorme Wirkung.»

«Zeig sie mir!»

«Alles zu seiner Zeit!»

Aber von da an begann er in meiner Matratze, in den Bretterwänden meiner Hütte zu suchen, und ich wußte genau, was er vorhatte, wenn ich es auch vor mir selbst nicht zugeben wollte. Wir gehörten schließlich zusammen, wir waren Freunde!

Dann, eines Tages, stolperte Alvarado, der nie eine falsche, ungeschickte Bewegung machte, ausgerechnet über den Wassereimer und sagte: «Ach, mein Gott, ich werde alt. Meine Reflexe funktionieren nicht mehr.»

Ich widersprach. «Deine Reflexe sind ganz in Ordnung, Alvarado; das ist nur ein Trick von dir. Wo sich das Wasser sammelt, ist das Loch, in dem ich meine Schätze vergraben habe – wenn der ganze Boden trocken ist, bleibt an der Stelle noch etwas feuchte Erde zurück. Ist es nicht so?»

Ich war völlig verzweifelt.

«Hör, Alvarado», sagte ich, «du brauchst mich nicht zu bestehlen. Ich bin dein Freund! Ich werde dir etwas sagen: Jeder Mensch muß das Leben leben, das ihm vorausbestimmt ist. Ich habe keine Hoffnung, von hier wegzukommen. Warum? Weil ich eigentlich gar nicht will. Ich bin jetzt zweiundzwanzig Jahre hier, ich flechte mir das Fleisch von den Fingern, flechte, bis mir die Augen aus dem Kopf fallen, flechte mein Leben zu Ende. Ich bin nicht der mutige Mann, für den ich mich früher einmal hielt. Ich habe Angst vor dem Dschungel da drüben, Angst vor dem Land dahinter, Angst vor neuen Menschen, neuen Gesichtern. Wenn mich das Fieber packt, erwache ich oft in Schweiß gebadet aus einem Traum, in dem jemand zu mir sagt: ‹Pacifico, du bist frei!› Ich bin ein alter Mann, ich will nicht hinaus in diese fremde Welt.» Jetzt konnte ich die Tränen nicht mehr zurückhalten. «Nimm dir, was da in meiner Hütte unter der Erde liegt, es gehört dir! Im Innersten meines Herzens weiß ich, daß ich sie doch nie verwenden würde. Ich wollte sie nur noch ein bißchen aufbewahren, um mich vor der schrecklichen Wahrheit zu verstecken: Ich will meine Freiheit nicht mehr haben, ich weiß nichts mehr damit anzufangen.»

Er packte mich am Arm. «Pacifico, ich bleibe hier. Ich laß dich nicht im Stich!»

«Ich weiß, daß du das für einen Augenblick ehrlich meinst. Aber im nächsten Moment wirst du dir denken, warum schlage ich diesem Dummkopf nicht eins über den Schädel und vergesse ihn, so schnell ich kann? Jetzt muß ich nicht nur gegen ihn, sondern auch noch gegen meinen Stolz ankämpfen. Das stimmt doch, Alvarado, nicht wahr?»

«Wie kannst du so was von mir denken, Pacifico?»

«Ich kann in deinen Gedanken lesen. Ja, es stimmt, die paar Dollar und das andere Zeug liegen genau da im Boden, wo sich das Wasser gesammelt hat. Ich hole dir alles 'raus – ich gebe dir alles und . . .»

«Ich kenne Leute deiner Sorte», antwortete Alvarado mit zusammengepreßten Zähnen. «Ein billiger Trick, um dir von den Posten eine Extraportion Rum und Tabak zu erbetteln, die für die Ergreifung eines Flüchtlings ausgesetzt ist. Ich versuche zu fliehen, du schlägst Alarm, die Wachen erwischen mich und richten mich als abschreckendes Beispiel für die andern hin.»

«Siehst du, ich hatte recht! Du kannst so ein Geschenk nicht annehmen, dein Stolz verbietet es dir. Du mußt es stehlen, du mußt die andern übers Ohr hauen! Und ich hätte ja auch meine Meinung ändern und mit dir kommen können, in einem Jahr oder so – obwohl ich das bezweifle. Ich kann dir nur eins sagen, verschwinde! Die Wachen kommen erst in einer Stunde wieder vorbei, bis dahin bist du längst über den Fluß und in Sicherheit. Vergiß nicht, dich ordentlich mit der Salbe einzuschmieren –»

«Nur zur Vorsicht», sagte Alvarado, und nahm den Dreschflegel, mit dem wir unser Stroh bearbeiten.

Ich sah ihn auf mich niedersausen, aber ich hatte nicht mehr die Zeit, meinen Kopf vor dem Schlag zu schützen.

Als ich wieder zu mir kam, fragte mich der Kommandant: «Was hat er denn aus dem Loch im Fußboden geholt?»

«Alles, was ich besaß – es war nichts Besonderes.»

«Aber es roch hier ganz stark nach Indianer. Hast du einen Indianer gesehen?»

«Nein, Kommandant.»

«Den hat der Teufel persönlich beschützt. Ist doch einfach über den Fluß geschwommen und gesund hinübergekommen! Bleibt natürlich die Frage, wie er an den Ratons heil vorbeikommt.» Er war ein leutseliger, gebildeter Mann, unser Kommandant. «Anthropologie ist wirklich eine der interessantesten Wissenschaften», meinte er.

«Jawohl, Kommandant.»

«Selbst in den niedrigsten Wesen kann man noch den göttlichen Funken erkennen. Er steckt in ihrer Gabe, die unglaublichsten Dinge zu erfinden. Die Eskimos im Norden töten gewaltige Wale mit nichts weiter als ihren primitiven Speeren aus Tierknochen. Die primitiven Wilden in Australien erfanden etwas so Wundervolles wie den Bumerang, die Indianer Nordamerikas unterhalten sich mit Hilfe einer raffinierten Zeichensprache. Bei den Ratons gibt es, wie man mir berichtet hat, eine Art diplomatischer Immunität, sie verteilen Durchgangsvisa in Form bestimmter gebogener Knöchelchen, und geleiten jeden, der einen solchen Knochen vorzeigt, sicher durch alle Gefahren des Urwalds.»

«Tatsächlich, Kommandant?»

«Ich habe leider noch nie einen solchen Knochen gesehen, und soviel ich weiß, auch keiner unserer Leute. Aber man glaubt sicher, daß es sie gibt, und wehe dem, der versucht, die Ratons zu betrügen und mit dem ‹Paß› eines anderen zu ihnen kommt!» Er schaute mich wieder scharf an. «Der Kerl war dein Freund, und er hat dich beraubt, nicht wahr? Er hat dich niedergeschlagen und bestohlen?»

«Nein, nein, Kommandant.»

«Vielleicht war es Bestimmung, Schicksal, daß alles so gekommen ist. Ohne Judaskuß hätte es keine Kreuzigung gegeben.»

Fünf Jahre vergingen, und was ich in der Zeit verdiente, gab ich restlos wieder aus. Ich wollte nicht mehr sparen, nicht einen Cent. Eines Tages entdeckte man, daß hier in der Gegend eine große Zahl von Sapodillabäumen wuchs. Aus ihnen gewinnt man den Saft, der die Grundmasse des Kaugummis bildet, und jährlich werden für dessen Gewinnung enorme Summen ausgegeben.

Wenn es um den Profit geht, kann den Zivilisationsmenschen nichts zurückhalten. Er braucht eine Ebene? Gut, dann trägt er ein ganzes Gebirge ab. Einen Kanal? Er bekommt ihn, und wenn die halbe Menschheit dabei am gelben Fieber draufgeht. Kaugummi? Dann müssen eben die Ratons aus ihren Wäldern verschwinden, ohne Rücksicht auf Verluste. Die Ratons hätten ungeschoren unsere ganze Sträflingskolonie überwältigen können, aber als sie den ersten vergifteten Pfeil auf einen von den Kaugummileuten abschossen, war gleich ein Hauptmann von den Rangers da mit einer ganzen Vergeltungstruppe.

Große Tage waren angebrochen für die Anthropologen und andere Wissenschaftler, die an der Strafexpedition teilnahmen und ihr Hauptquartier in Blockhütten aufgeschlagen hatten, welche wir ihnen nicht weit von den Hütten unserer Gefängnisverwaltung errichtet hatten. Täglich kamen Träger mit Körben von Raton-Gerät aus dem Dschungel, Waffen, Fetischen, Tafeln mit primitiven Zeichnungen, Edelsteinen und vor allem mit dem

Stammesschatz der Ratons, einer Unzahl von Schrumpfköpfen, manche davon viele hundert Jahre alt, manche noch fast frisch.

Die Expedition machte auch ein paar Gefangene, Männer und Frauen.

Eines Tages kam einer von unseren Wachleuten zu mir in die Hütte und erklärte: «Der Kommandant möchte dich sprechen. Er sagt, sie haben einen alten Freund von dir gefangen, der dich gern wiedersehen will.»

Ich folgte der Wache in die Hütte der Anthropologen. Dort sah es jetzt sehr sonderbar aus und roch auch ziemlich merkwürdig. Überall hingen an notdürftigen Gestellen Schrumpfköpfe, Masken und Zaubermäntel, und Männer mit Brillen auf den Nasen waren eifrig damit beschäftigt, Notizen zu machen und Schilder an den Gegenständen anzubringen. Der Kommandant war nicht zu sehen, aber auf dem Boden zwischen zwei Soldaten hockte ein sehr alter, grauhaariger Indianer, den ich auf den ersten Blick erkannte.

«Pelototec!» sagte ich zu ihm.

«Wer sagen mein Name?»

«Du warst mal in meiner Hütte», sagte ich. «Es ist lange her. Ich habe dich unter einem Haufen Stroh versteckt. Du hast mir zum Dank deine Medizin und einen kleinen Knochen gegeben.»

Er sagte: «Nein. Du sagen, was nicht wahr.» Und er zeigte mir einen Knochen, der an einem Lederriemen an seinem Hals hing, und den ich nur zu gut kannte. Als der Alte mir sein Gesicht zuwandte, erkannte ich, daß er blind war. Seine Augen waren trübe. «Du nicht Bruder von Pelototec. Pelototec machen Bruder frei ... Viel viel Schlafen zurück. Machen ihn Bruder von Raton, ein Herz, eine Seele.» Er tastete das Knöchelchen ab, fühlte die Einkerbungen. «Das er, das ich, das mein Bruder.»

Ich lüge, sagte er, er sei schon seit Jahren blind, aber er lasse sich nicht täuschen. Er sei der Häuptling eines großen Stammes und ein großer Medizinmann. Er wisse genau, was um ihn herum vorgehe. Der Mann, dem er diesen Knochen gegeben habe, sei von Jägern seines Stammes im Wald aufgegriffen und zu ihm gebracht worden. Schon damals sei er blind gewesen und habe ihn nicht sehen können, aber den Knochen habe er sofort wiedererkannt, und wer außer seinem Freund und Retter konnte das Stammeszeichen tragen?

Sein Name war Pacifico, und er könne sich noch gut erinnern, wie er ihn auf der Flucht in seiner Hütte verborgen gehalten habe. Ja, ja, dachte ich, Alvarado, du hast deine Sache gut gemacht! Mit einem Blick hast du deine Chance erkannt, als du dem Blinden gegenüberstandst. Was geschehen war, damals in meiner Hütte, das wußtest du aus meinem Bericht. Du brauchtest dich nur noch als Pacifico, den Retter Pelototecs, auszugeben, und man führte dich sicher bis an die Grenze nach Contrabono, in die Freiheit.

«Ich erfüllen meinem Bruder den Wunsch», sagte der alte Indianer. «Ich geben ihn frei.»

Einer der Männer mit Brille wandte sich an mich. «Die Ratons kennen das Wort ‹Freiheit› nicht», erklärte er mir. «Sie benützen dafür das Wort *uaxot*, das Sicherheit, Sieg, Sättigung, sexuelle Befriedigung und allgemeines Wohlbefinden bezeichnet. Wenn man die Silbe *ua* betont, heißt es auch ‹Tod›. Betont man die Silbe *axo*, dann heißt es ‹langes Leben›. Betont man die Silbe *ot*, dann heißt das Wort ‹ich› oder ‹selbst›.»

«Uaxot», sagte der alte Indianer und faßte sich an die Brust. *«Uaxot!»*

Der Anthropologe fuhr fort: «Es ist gegen die Sitte, einen Fremden freizulassen, und gegen das Tabu, ihn mit ihrem Stamm leben zu lassen. Deshalb, das will der Alte wohl damit sagen, hat er dem Mann, von dem er spricht, eine besondere Gnade erwiesen und in der Sippe behalten, indem er die Asche seines Herzens trank. Er mischte sie sich in den Palmwein, der die großen Träume verheißt. Eine Art Sakrament für die Wilden.»

«Aber – aber ich dachte – der Kommandant sagte doch, dieser Knochen ist so etwas wie ein Diplomatenpaß in die Freiheit?»

«Das ist richtig, aber nur in einem sehr übertragenen Sinn.»

In diesem Augenblick betrat der Kommandant den Schuppen und sagte: «Ah, Pacifico, da bist du ja! Siehst du, hier ist ein alter Freund von dir, der dich sicher begrüßen möchte.» Er ignorierte Pelototec, führte mich zur Seite an die Regale und nahm einen Schrumpfkopf in die Hand, der wegen seinem roten Haar unter den anderen hervorstach. «Siehst du, mein Freund – wer zuletzt lacht, lacht am besten!»

«Armer Alvarado», sagte ich und schlug die Hände vor meine Augen. Und dann murmelte ich schluchzend: «Mein Gott, ich bin nur ein einfacher Mann, aber wenn ich schon das Instrument sein mußte, mit dem Du Alvarado vernichtet hast – war es wirklich nötig und barmherzig, sein Ende so hinauszuzögern?»

«Also, ich würde einen Jahressold dafür geben, wenn ich ein paar meiner Freunde auf diesen Regalen wiedersehen könnte!» erklärte der Kommandant.

In diesem Jahr hat die Regierung eine Amnestie für alle Gefangenen verkündet, die zwanzig Jahre und länger ihre Strafe verbüßt haben.

Der Kommandant sagt, ich sei jetzt ein freier Mann. Ich fragte ihn: «Frei wozu, Euer Exzellenz? Hier habe ich meine Arbeit, mein Essen, meinen Rum und Tabak und ein Dach über dem Kopf. Wollen Sie mich zwingen, hinauszugehen und mein Leben als Bettler auf den Straßen zu fristen?»

«Aber mein Freund», sagte er, «wir sind schließlich kein Wohlfahrtsunternehmen.»

Daher bitte ich Sie, die Sie nun alle Zusammenhänge kennen, um die Gnade, mich und meine Petition beim Gouverneur zu unterstützen. Ich habe mich in den fast dreißig Jahren meiner Haft vorbildlich geführt, und ich bitte im besonderen um die Beachtung der Tatsache, daß ich ja einer Tat wegen verurteilt wurde, die ich gar nicht begangen habe. Wenn der Gouverneur die Güte haben würde, mir zu gestatten, daß ich meinen Lebensabend hier verbringen darf . . .

Der Traum von Emilion

Basil Copper

Zum drittenmal schreckte er im Morgengrauen schweißgebadet aus dem Schlaf auf. Die Bilder seines Traums wirbelten ihm noch durch den Kopf. Seine Hände hielt er um das Eisengestell des Bettes gekrampft. Die Laken waren schweißdurchtränkt – und das war nicht nur auf die Hitze der Sommernacht zurückzuführen.

Er entspannte sich und ließ seinen Blick durch das Zimmer schweifen. Es war fünf Uhr morgens, und aus dem Garten drang das erste Zwitschern der Vögel herein. Er hörte es nicht, in seinen Ohren klang noch das sanfte Rauschen der Brandung nach.

Der Traum war zu Beginn ganz harmlos gewesen. Doch bei jeder Wiederkehr hoben sich die Konturen der Bilder schärfer ab. Sie wurden in seinem Bewußtsein immer deutlicher; es war, als ob ein Maler ein Gemälde malte, das mit jedem Pinselstrich an Deutlichkeit zunahm.

Erst viel später brachte man Farlow, so hieß mein Freund, nach «Greenmansion», einer luxuriös eingerichteten Klinik für Nervenkranke. Der Chefarzt machte sich über seinen Fall seitenlange Notizen, doch aus verständlichen Gründen wurden die Ergebnisse der Öffentlichkeit nicht mitgeteilt.

Ich habe Farlows Geschichte nach den Aussagen Dr. Sondquists und seinen eigenen Berichten aufgezeichnet. Farlow war ein außergewöhnlicher Mensch: überempfindlich, aber auf seine Art ein Genie. Freiwillig hatte er sich in «Greenmansion» einweisen lassen. Zur Erholung und zur Untersuchung.

Farlows seltsames Erlebnis hatte ziemlich prosaisch begonnen, etwa ein halbes Jahr, bevor er mir zum erstenmal davon erzählte. Wahrscheinlich war er überarbeitet: jeden Abend Überstunden im Labor und hastig hinuntergeschlungene Mahlzeiten. Das hatte seine Nerven strapaziert. Und eines Abends war Farlow todmüde nach Hause gekommen, hatte noch einige Stunden an einem Problem herumgeknobelt und die Arbeit dann beiseite gelegt.

Die Uhr zeigte ein Uhr morgens: nicht eben die beste Zeit für eine schwere Mahlzeit, nach der er meist einen halben Liter schwarzen Kaffee trank. Farlow war unverheiratet, seine Wohnung hielt eine Zugehfrau in Ordnung, um sein Essen mußte er sich selbst kümmern. Da es ihm ziemlich gleichgültig war, was er in sich hineinschlang, nahm er also ein schweres Abendessen zu sich, schluckte den schwarzen Kaffee und taumelte dann bleischwer ins Bett. Trotzdem schlief er schlecht. Erst gegen drei Uhr morgens fiel er in einen tiefen Schlaf. Und da glaubte er plötzlich hellwach zu sein. Das ist nicht außergewöhnlich: Wir alle träumten schon einmal, wach zu sein. Als ich dies Farlow sagte, widersprach er mir heftig: Obwohl er noch im Tiefschlaf lag, wußte er, daß er wach war.

Jedes Detail – eine körperliche Berührung oder eine psychische Empfindung – war so wirklich, wie er es im Alltagsleben, im Labor oder in der Wohnung, in wachem Zustand verspürte. Während der Nacht entschwebte Farlow in ein anderes Land und in ein anderes Leben – erregender als die gewohnte Wirklichkeit. Doch irgendwie war diese Traumwelt ein Ort des Schreckens.

Farlow war fest überzeugt, daß diese Welt existierte, obwohl er nächtelang vergeblich alte Atlanten durchschmökerte, um unbekannte Regionen unseres Erdballs zu entdecken.

Mein Freund sagte mir, daß er der glücklichste Mensch auf der Welt wäre, wenn es ihm gelingen würde, das Unheilvolle und Drohende in seinem Traum zu überwinden. Hier muß ich nachdrücklich festhalten, daß Farlow so normal wie Sie und ich war. Das hat mir auch Dr. Sondquist bestätigt. Es gab nur eine Ausnahme: seinen Traum.

Folgendes trug sich zu: Zehn Minuten nach drei Uhr war Farlow noch wach, denn zu diesem Zeitpunkt knipste er das Licht an und sah auf die Uhr. Als er aus seinem Traum hochschreckte, war es zwanzig Minuten nach drei. Und doch beteuerte mir Farlow, ein angesehener und klardenkender Wissenschaftler, daß er über drei Stunden «weggewesen» wäre. Das ist an und für sich nichts Außergewöhnliches: Bei einem Schlafenden können ein oder zwei Sekunden eines Traumes eine Ewigkeit bedeuten. Sekundenbruchteile vor dem Erwachen kann das menschliche Gehirn eine ganze Kette von Erlebnissen entwerfen.

Wie dem auch sein mag: Farlows Bericht über seinen Traum ging mir nicht aus dem Kopf. Ich glaubte ihm.

Er hatte folgendes geträumt: Kurz nachdem er eingeschlafen war, erwachte er wieder. Er fror. Er stand im Wasser und war in Lebensgefahr. Sein Mund klebte von feuchtem Salz. Unter seinen Füßen spürte er rauhkörnigen Sand, und als er die Augen aufschlug, stand er im Wasser an einem öden Strand. Erschöpft schleppte er sich auf eine weiße Sanddüne, keuchend warf er sich zu Boden. Die Flut wich zurück, und er beobachtete, wie die Morgendämmerung am Himmel aufzog.

Dann wachte er auf und kehrte in die Welt des zwanzigsten Jahrhunderts zurück. Und plötzlich wurde ihm das Bedrohliche seines Traumes bewußt: Als er Licht machen wollte, um auf die Uhr zu schauen, spürte er Sand zwischen den Zehen, und sein Pyjama war von kaltem Salzwasser durchtränkt.

Die nächste Woche schlief er normal, doch dann stellte sich der Traum zum zweitenmal ein. Er hatte sich kurz nach Mitternacht schlafen gelegt und geriet sofort in eine Art Wachzustand. Wieder stand er in den plätschernden Wellen an einem seichten Meeresstrand und schleppte sich dann mühsam aufs Trockene. Diesmal dauerte das Traumbild länger. Farlow lag am Strand, spuckte Salzwasser aus und schlug die Augen auf: Da wußte er, daß er sich irgendwo in Osteuropa befand. Aber nicht in unseren Tagen – das Rad der Zeit hatte sich weit zurückgedreht.

Als die Sonne den Nebel durchdrang, veränderte sich die Szenerie. Und Farlow erwachte in seinem Bett – bis auf die Haut von Salzwasser durchnäßt.

Der dritte Traum war eine Wiederholung des vorangegangenen, doch zu Farlows Erleichterung setzte er in dem Augenblick ein, als er bereits am sicheren Strand lag. Die Sonne stand schon höher am Himmel, und die Nebelschwaden lösten sich auf. Er schätzte, daß er etwa drei Stunden im Sand gelegen hatte.

In seinem vierten Traum stand die Sonne noch höher am Himmel, und der Nebel zog nur noch in dünnen Schwaden über den Strand. Als er wieder im zwanzigsten Jahrhundert in seinem Zimmer erwachte, machte er eine seltsame Feststellung: Beim Erwachen aus den vergangenen drei Träumen war er jedesmal von Salzwasser durchnäßt gewesen, doch diesmal spürte er kaum Feuchtigkeit auf seiner Haut. Außerdem entsann er sich, daß er im Traum ein altmodisch geschnittenes Leinenhemd angehabt hatte und sein Unterkörper in sackartige Hosen gekleidet gewesen war, während er beim Erwachen seinen Pyjama trug.

Als nüchtern denkender Wissenschaftler suchte er seine Erfahrungen zu analysieren. Weshalb war die physische Situation des Traums im einen Fall auf die Wirklichkeit übertragbar und im anderen Fall nicht? Und was geschah mit seinem Pyjama, während er am Strand war? Sollten auf verschiedenen Ebenen zwei Ich existieren? So sehr er sein Gehirn auch zermarterte – es gelang ihm nicht, die Traumwelt mit der Realität in Einklang zu bringen. Die Markierungslinie zwischen beiden Welten verschwamm.

Nach einem halben Jahr zog mich Farlow endlich ins Vertrauen. Die seltsamen Erlebnisse der vergangenen Wochen hatten tiefe Schatten unter seine Augen gezogen. Der feinnervige Wissenschaftler wirkte zerbrechlicher denn je. Nach einigen Tagen brachte er endlich das Problem zur Sprache. Wie die Wassermassen aus einer geöffneten Schleuse stürzten seine Worte hervor.

Vor allem fürchtete er, daß ich an seinem Geisteszustand zweifelte. In diesem Punkt konnte ich ihn beruhigen. Er hatte mir seine letzten Träume erzählt, in denen er immer weiter vom Wasser weggerückt war. Jetzt war der Schauplatz seiner Träume oder Visionen das trockene Festland. Und erleichtert stellte Farlow beim Erwachen fest, daß er nun im Traum keine körperlichen Strapazen mehr durchzustehen hatte.

Farlow wußte auch, daß jeder Traum drei Stunden dauerte, doch die tatsächliche Zeit seines Aufenthalts in dieser Traumwelt dauerte lediglich zehn Minuten. Wenn nämlich sein Traum auf dem Meer begonnen hätte und er nicht in drei Stunden das Land erreicht hätte, wäre er ertrunken. Ich fragte ihn, ob er glaube, daß dann bei seiner Rückkehr in diese Welt eine Leiche in seinem Bett gelegen hätte. Als ob es das Selbstverständlichste auf der Welt sei, bestätigte er dies.

Und da stellte ich ihm weitere Fragen. Nach seinen Aussagen mußte sein körperliches Ich während des Traums nicht im Bett sein. Ich bot mich an, einige Nächte in seinem Schlafzimmer zu verbringen. Das aber wollte er um keinen Preis: Ich hatte den Eindruck, daß er fürchtete, dann nicht mehr «zurückkehren» zu können.

Als ich erkannte, wie ernst die Lage war, bestürmte ich Farlow weiter mit Fragen. Am nächsten Abend machte er einen gefaßten Eindruck und sprach vernünftiger. Er hatte eine ruhige Nacht verbracht. Jetzt begannen die Träume so: Bei vollem Bewußtsein lag er weit ab vom Wasser in der prallen Sonne. Meilenweit erstreckten sich die Sanddünen, bei Sonnenaufgang löste sich der Nebel auf, die Wellen plätscherten träge an den Strand. Und plötzlich hatte er weit hinten im Osten die Türme einer Stadt gesehen.

In all seinen Träumen hatte Farlow keine Ahnung, wo er sich aufhielt und wie er überhaupt an das Meer gekommen war. Und noch immer trug er im Traum die asiatische Bluse und die dunklen Pluderhosen. Wachte er auf, dann hatte er seinen Pyjama an, und seine Haut war trocken.

Diesen Traum träumte er über eine Woche lang. Da ihm auch der Arzt nicht helfen konnte, beschloß er, irgend etwas aus seiner Traumwelt am Strand mitzubringen – wenn es nach den Gesetzen der Physik möglich wäre . . .

«Ist es dir gelungen?» fragte ich später Farlow mit belegter Stimme.

Seine Augen waren dunkle Höhlen, in denen sich ein schwermütiges Wissen spiegelte, als er mit langsamem Kopfnicken zustimmte. Dann stand er mit einem Ruck auf und ging zu seinem Schreibtisch. Er zog eine Schublade auf und nahm einen mit einem Tuch umhüllten Gegenstand heraus, den er vor mir auf den Tisch legte.

«Sieh dir das an!» sagte er. «Du brauchst keine Angst zu haben – es ist nichts Unerfreuliches.»

Meine Hand zitterte, als ich das Tuch aufschlug. Vor mir lag ein rötlich gefärbter Steinbrocken, etwa fünfzehn Zentimeter lang und acht Zentimeter breit, ein paar Pfund schwer. Verblüfft starrte ich darauf.

«Du willst doch wohl nicht behaupten, daß du das aus deinem Traum mitgebracht hast!»

Farlow nickte, und ich wußte nicht, was ich antworten sollte. Ich wog den Stein in der Hand und fragte schließlich:

«Hast du das jemandem gezeigt?»

«Smithers», sagte er. «Das ist ein bekannter Geologe, und der war völlig aus dem Häuschen. Er datierte den Stein auf die Zeit um Christus. Doch der Clou kommt erst. Was ihn total verwirrte: daß dieser Stein keine Verwitterungen zeigt, die aus späteren Zeiten stammen.»

Farlow und ich blickten uns lange an. Ich war ratlos.

Nach diesem Gespräch mußte ich geschäftlich verreisen und sah Farlow erst drei Wochen später wieder. Sogleich bemerkte ich, daß er sich verändert hatte. In seinen Augen stand Angst. Nach einigen Tagen erst klärte er mich auf. Die nächtlichen Träume hatten eine unheilvolle Wendung genommen. Noch immer wußte er nicht, welche Person er in seinem Traum war und wo der geheimnisvolle Strand lag. Es war jetzt heller, der Nebel fast verschwunden. Durch den Morgendunst schimmerten und flimmerten die Türme und Zinnen der fernen Stadt, und sein Herz schlug schneller.

Wenig später erfuhr Farlow, daß die Stadt Emilion hieß. Jetzt suchte ihn fast jede Nacht dieser Traum heim: Er saß am Strand, der Himmel klärte sich auf, die Nebelschwaden verzogen sich, und die Silhouette der Stadt trat immer schärfer hervor.

«Die strahlende Schönheit Emilions ist nicht von dieser Welt», sagte mir Farlow. Und Nacht für Nacht ging er in seinen Traum ein. Er tauchte in das warme Wasser, schwamm zurück an den Strand. Dann starrte er auf die ferne Stadt, deren golden flakkernde Turmspitzen aus einem Meer von blutrotem Nebel aufschimmerten.

Farlow sagte: «Dieses Bild ist nur mit dem Mont Saint Michel in Frankreich vergleichbar. Wenn die aufgehende Sonne die Wellenkronen vergoldet. Doch was soll es – das sind irdische Maßstäbe. Ein armseliger Vergleich zu der überirdischen Schönheit meiner Traumstadt.»

Auch während des Tages, als er wach war, behexte ihn der Name der Stadt Emilion. Stunden seiner karg bemessenen Freizeit grübelte er über alten Atlanten. Vergeblich.

Dann plötzlich eines Nachts – eine Woche vor meiner Rückkehr – hatten sich seine Traumbilder verändert. Jenseits des langgestreckten Strandes, über zwei Kilometer entfernt, sah er wieder die Fahnen, Türme und Zinnen Emilions. Ich vermutete: In der Stadt wohnte eine Frau, die er liebte.

Er wollte sich das zunächst nicht eingestehen, doch allmählich drang es in sein Bewußtsein ein. Farlow kannte ihren Namen nicht, doch er wußte, daß er sie liebte, er wußte, daß dort eine Frau auf ihn wartete und er den Weg zu dieser Stadt finden mußte. Aber er konnte nicht an dem Gesetz seines Traumes rütteln: Nur im Zeitlupentempo näherte er sich der von der Brandung umspielten Landzunge, die ihn noch von der Stadt trennte.

Und dann nahm der Traum urplötzlich eine andere Wendung. Als er gebannt auf die Stadt blickte, bemerkte er feine weiße Schwaden, die sich am unteren Rand des Traumbildes entlangzogen. Die Schwaden wirbelten über den Sand vor der Stadtmauer.

Farlow wurde schwindlig. Ein eiskalter Windhauch fegte die letzten Nebelfetzen hinweg, die noch über dem Meer gehangen hatten.

In der kommenden Nacht hatte Farlow Angst vor dem Schlaf. Doch er schlief ein, und wieder stand er am Meer und sah in der Ferne die seltsame Wolke, die mit rasender Geschwindigkeit hin und her zog. Er hatte den Eindruck, daß sie etwas näher gekommen war. Der eiskalte Wind fauchte ihm wieder ins Gesicht, und er schreckte aus dem Schlaf. Jede Nacht hatte er denselben Traum, und jede Nacht schimmerte Emilion jenseits der brandenden Fluten auf. Das Bild wurde immer deutlicher, Einzelheiten der Stadt zeichneten sich ab.

Und noch immer blies der Wind über den Strand, und Farlow hörte am Himmel eine wispernde Stimme: «DIE JANITSCHAREN VON EMILION».

Farlow erwachte mit einem schrillen Schrei.

Zum hundertstenmal stellte mir Farlow die Frage: «Was hältst du von der Sache?»

Mit zitternder Hand steckte ich mir eine Zigarette an.

«Die Janitscharen waren doch so was wie die Mamelucken?» fragte ich ihn schließlich.

Farlow nickte stumm.

Er zog einen dicken Schmöker aus seinem Bücherregal. Da stand zu lesen, daß die Janitscharen eine Elitetruppe und die Leibgarde des türkischen Sultans gewesen waren. Ich versuchte, einen möglichst klugen Gesichtsausdruck aufzusetzen, als Farlow das Buch zuschlug.

«Ich hatte noch mehr Träume, seit ich dich das letztemal gesprochen habe», sagte er. «In meinem letzten Traum vor zwei Nächten habe ich zum erstenmal die Natur der Bedrohung genau erkannt. Ich werde die Stadt niemals erreichen. Durch das Wasser sprengten mit atemberaubender Geschwindigkeit in weiße Gewänder gehüllte Reiter auf mich zu. So langsam der Traum auch fortschreitet, sein Ende wird nicht mehr lange auf sich warten lassen. Es kann höchstens noch ein paar Wochen dauern.»

Ich versuchte, Farlow zu beschwichtigen, aber die Worte erstarben mir in der Kehle.

«Es sind die Janitscharen von Emilion!» schrie Farlow mit erstickter Stimme. «Ich kann schon ihre grausamen orientalischen Gesichter sehen! Ich bin zu dem Mann geworden, an dem sie sich in uralten Zeiten einmal gerächt haben.»

«Aber ein Traum kann dir doch kein Leid zufügen», fuhr es mir heraus.

«Begreifst du denn nicht!» Farlows Stimme überschlug sich. «Sie werden mich töten! Wenn sie mich fangen, bedeutet das meinen Tod.»

Ich schwieg vor diesem Gefühlsausbruch. Dann nahm ich meinen Hut und sagte: «Du brauchst einen guten Arzt, mein Freund. Und das sofort. Ich kann dir empfehlen . . .»

«Guten Abend», sagte Farlow mit erstorbener Stimme. In jener Nacht zweifelte ich an seinem Geisteszustand.

Jetzt, als Farlows Krise ihrem Höhepunkt entgegentrieb und sein Leben auf dem Spiel stand, beschloß ich, Dr. Sondquist zu konsultieren. Dieser Psychologe, geschult an Adler und Jung, beruhigte mich. Er betrachtete dies als einen der üblichen psychiatrischen Fälle. Wenn irgend jemand Farlow aus seinem Schattenreich zurückholen konnte – dann er.

Zu meiner Erleichterung verlief das nächste Gespräch mit Farlow weit besser, als ich erwartet hatte. Mein Freund schien den Gefühlsausbruch des vergangenen Tages vergessen zu haben.

Obwohl er noch bleich aussah, wirkte er ruhiger und lebte nicht mehr in dem schrecklichen Zustand, kurz vor einem Nervenzusammenbruch zu stehen. Wir unterhielten uns in aller Ruhe. Ich vermutete, daß er diesmal traumlos geschlafen hatte. Nach unserem Gespräch war Farlow bereit, Dr. Sondquist zu konsultieren. Wie bereits berichtet, ging er eine Woche später nach «Greenmansion».

Obwohl ich Farlow zweimal die Woche besuchte, lockerten sich unsere bis dahin engen Beziehungen. Das Ende der Geschichte mußte ich mir aus seinem hinterlassenen Tagebuch und meinem letzten – schrecklichen – Gespräch mit Dr. Sondquist zusammenstückeln.

Als ich Farlow das erste Mal nach seinem Einzug in «Greenmansion» sah, wirkte er noch zerbrechlicher und hagerer als zuvor. Doch glaubte ich feststellen zu können, daß die Atmosphäre des Sanatoriums eine heilsame Wirkung auf ihn ausgeübt hatte.

Ohne Vorrede berichtete er mir die Details seiner letzten Vision. Noch zweimal hatte er den Traum geträumt. Es war der gleiche – und doch nicht der gleiche. Die Janitscharen kamen näher. Er lag noch am Strand, als die weißen Reiter über den schäumenden Strandstreifen sprengten, der ihm den Zugang zur Stadt Emilion versperrte.

Er konnte erkennen, daß die Reiter Fahnen trugen, auf denen eine grüne Mondsichel aufgestickt war. Ihre scharfgeschliffenen Schwerter, die sie schwangen, blinkten in der Morgensonne, ihre Köpfe ruckten rhythmisch hin und her, und die schwarzen Pferde wirbelten mit ihren Hufen das Wasser auf. Doch was letztlich Farlow sein drohendes Geschick ahnen ließ, das waren die grausamen Gesichtszüge der Janitscharen von Emilion. Ihre bärtigen Kinnbacken, die Schlitzaugen und die dünngezogenen Lippen, die spitze weiße Zähne enthüllten, wirkten so raubgierig, daß er vor Angst beinahe ohnmächtig geworden wäre.

In seinem letzten Traum waren sie ihm so nahe gekommen, daß er bereits ihre gutturalen Schreie hören und das Zaumzeug der Pferde erkennen konnte. Die Reiter trugen weiche Lederstiefel, und die metallenen Sporen drangen tief in die Flanken der Pferde ein. Und wieder blies der kalte Wind über den blauen Himmel, und zum zwanzigsten oder dreißigsten Mal erwachte Farlow aus seinem Alptraum.

Meine nächsten Informationen stammen aus Farlows Tagebuch, das er die letzten Monate geführt hatte. Die Tatsachen, die ich hier wiedergebe, datieren aus der Zeit nach meinem letzten Besuch bei ihm. Durch eine besondere Behandlung hatte sich die Folge seiner Träume verlangsamt, doch konnte dieser medizinische Eingriff letztlich Farlows geistige Verfassung nicht ändern.

Fast den ganzen Tag über lag er jetzt voll angezogen auf seinem Bett, starrte an die Decke und hörte das einlullende Gezwitscher der Vögel aus dem Garten. Und er hörte das Brausen des Blutes in seinen Ohren. In allen Fasern seines Körpers spürte er, daß er lebte.

Eine der letzten Eintragungen in Farlows Tagebuch, von dumpfer Vorahnung diktiert, lautete: «Diese Gesichter, diese gespenstischen, grausamen Gesichter! Und diese Augen! Wenn Sondquist mir nicht helfen kann, dann werden mich die Männer bald erreichen. Und das wird mein Ende sein . . .»

Das Ende kam früher als erwartet. Für mich war es ein schwerer Schock. Über eine Woche lang hatte ich keine Zeit gefunden, Farlow zu besuchen. Und wenn ich in «Greenmansion» anrief, bekam ich nur Ausflüchte und unbefriedigende Auskünfte zu hören. Ich beschloß, nach «Greenmansion» zu fahren.

Es war ein diesiger Tag im Frühsommer, als ich meinen Plan in die Tat umsetzte. Sowie ich bei dem Sanatorium angekommen war, sah ich, daß etwas nicht stimmte. Das Eisengitter vor der Einfahrt war hermetisch verschlossen, und ich mußte beim Pförtner läuten.

Der wiederum mußte im Hauptgebäude anfragen, ob ich hereinkommen könne. Währenddessen stieg ich aus dem Wagen und öffnete sachte das unverriegelte Gitter neben der Pförtnerloge.

Mit schnellen Schritten ging ich auf das Haus zu. Sowie ich zum Treppenaufgang kam, ahnte ich, daß ich meinem Freund nicht mehr helfen konnte. Ein Krankenwagen stand neben dem Rasen; und neben ihm standen zwei blaue Polizeiwagen. Eine kalkweiß aussehende Oberschwester kam auf mich zu und versuchte, mich davon abzubringen, Dr. Sondquist sprechen zu wollen.

«Rufen Sie doch bitte den Chefarzt heute abend an. Das wäre das beste», sagte sie.

Ich schüttelte den Kopf. «Ich wünsche auf der Stelle, Dr. Sondquist zu sprechen», sagte ich mit fester Stimme. Sie zögerte erst und ging dann widerstrebend in ihr Büro. Ich wartete fast zehn Minuten, bis ich die Schritte des Arztes durch den Korridor hallen hörte. Er wirkte verstört.

«Ich will Farlow sehen», sagte ich ihm ohne Umschweife.

Sondquist schüttelte den Kopf, und dabei trat ein seltsamer Ausdruck in seine Augen, der sich sogleich wieder verflüchtigte.

«Ich fürchte, ich habe eine schlechte Nachricht für Sie», sagte er. «Farlow ist letzte Nacht gestorben.»

Es dauerte eine Weile, bis ich das geschluckt hatte. Dann wurde mir bewußt, daß mich Sondquist zu einem Sessel geführt hatte. Die Oberschwester hantierte im Hintergrund herum. Der Chefarzt reichte mir ein Glas Brandy, das ich automatisch hinunterstülpte.

«Was ist geschehen?» stammelte ich.

Wieder nahm sein Gesicht für einen Augenblick diesen seltsamen Ausdruck an. «Er hatte letzte Nacht einen Herzanfall. Wir konnten nichts mehr für ihn tun.»

«Warum ist dann die Polizei da?»

Sondquist schüttelte ungeduldig den Kopf. «Das hat damit nichts zu tun», sagte er hastig. Gütig, wie um mich zu beruhigen, legte er die Hand auf meine Schulter.

«Ich habe im Augenblick viel Arbeit. Rufen Sie mich doch heute nachmittag an, dann können wir für morgen einen Termin ausmachen. Und dann werde ich Ihnen alle Ihre Fragen beantworten.»

Unfähig, einen klaren Gedanken zu fassen, sagte ich zu und fuhr in die Stadt zurück. Am nächsten Tag sprach ich den Arzt. Doch diese Unterhaltung war letzten Endes unbefriedigend, viele meiner Fragen blieben unbeantwortet.

Farlows Begräbnis ging in aller Stille vor sich. Keiner kümmerte sich mehr um den Fall, doch ich hatte ihn nicht vergessen.

Ich blieb mit Sondquist in Verbindung. Er faßte nach und nach Vertrauen zu mir und klärte mich schließlich auf. Manchmal wünsche ich mir, er hätte es nicht getan. Denn dann würde ich nachts besser schlafen.

Ein Jahr verstrich, bis ich die Lösung erfuhr. Es war an einem Tag im September, als ich ihn besuchte. Die Abende wurden bereits kühl, und in seinem Kamin knisterte ein niedriges Feuer. Er gab mir die Aufzeichnungen über Farlows Behandlung und dessen Tagebücher.

Nachdem wir uns einige Zeit unterhalten hatten, fragte ich ihn: «Glauben Sie, daß Farlow verrückt war?»

Der Arzt trommelte nervös mit seinen langen Fingern auf den Tisch, nahm dann das vor ihm stehende Glas Wein und stürzte es mit einem Zug hinunter.

«Manchmal glaubte ich es wirklich», sagte er rätselhaft.

«Was soll das heißen?» fragte ich.

«Wollen Sie wirklich wissen, wie Farlow starb?»

Ich nickte. Der Doktor drehte sich um und starrte finster in den Kamin, als ob die Lösung des Problems «Farlow» irgendwo in den flackernden Flammen zu finden wäre.

«Kann ich mich auf Ihre absolute Diskretion in dieser Sache verlassen?» fragte er nach einem langen Schweigen.

«Absolut», sagte ich.

Sondquist wandte sich mir zu und sah mir gerade in die Augen, als er mir das Ende der Geschichte erzählte.

«Sind Sie über die fortgeschrittenen Stadien von Farlows Träumen oder Visionen im Bilde?» fragte er mich.

«Er zog mich ins Vertrauen», war meine Antwort.

Sondquist sagte mir, daß Farlow während der Behandlung einen ruhigen Eindruck gemacht hätte. Aber am Nachmittag vor seinem Tod war er aufgeregter als gewöhnlich gewesen, und in einem langen Gespräch mit Dr. Sondquist hatte er ihm eindringlich seine Angstzustände geschildert. Der wichtigste Punkt an seinem letzten Traum war, daß die Janitscharen bereits auf Reichweite an ihn herangekommen waren. Wenn er diese Nacht schliefe, würden sie ihn töten.

Sondquist, der den Traum natürlich anders deutete, glaubte, daß diese letzte Vision eine Wendung bringen könnte. Er glaubte, daß hier der Kern des Problems liege. Er sagte Farlow, daß er durch den letzten Traum schließlich seine Angst überwinden würde und wieder ein normales Leben führen könne. Nach dieser Nacht – so sich der Traum einstellte – würde Farlow geheilt sein. Die Reaktion meines Freundes war vorauszusehen gewesen. Er führte sich derart auf, daß ihn schließlich die Krankenwärter zur Ruhe bringen mußten. Er schrie, die Janitscharen von Emilion würden ihn töten, und flehte den Chefarzt an, ihm in der Nacht eine Wache ins Zimmer zu stellen. Der

Arzt gab ihm ein Beruhigungsmittel und trug dem Personal, das Nachtdienst hatte, auf, von Zeit zu Zeit bei ihm hineinzuschauen. Als einer der Pfleger nachts um zwei Uhr in Farlows Zimmer schaute, schlief dieser einen ruhigen Schlaf.

Um vier Uhr morgens wurden die Patienten des Sanatoriums durch schreckliche Schreie aus dem Schlaf gerissen. Der Lärm kam aus Farlows Zimmer. Noch nie hatte der Chefarzt Ähnliches erlebt. Der Pfleger, der durch das Guckloch in der Tür zu Farlows Zimmer sah, mußte sich erbrechen, die Oberschwester wurde ohnmächtig.

Und jetzt stellte ich meine letzten Fragen, und Dr. Sondquist gab mir Antwort und erlaubte mir, einige Fotografien anzusehen, die meiner Meinung nach hätten vernichtet werden sollen.

Ich werde nie vergessen, was auf diesen Fotos zu sehen war.

Mit bebendem Herzen verabschiedete ich mich schließlich und fuhr wie ein Betrunkener nach Hause. Als ich wieder bei Sinnen war, wickelte ich den Steinbrocken, den Farlow mir gegeben hatte, aus dem Tuch, schnürte Draht herum und beschwerte ihn mit Steinen. Dann fuhr ich zur Landzunge hinaus und warf das Bündel in das Meer. Ich fühlte mich erleichtert, doch die Ereignisse der letzten Wochen bedrückten mich. Ich konnte nicht mehr ruhig schlafen, und ich betete, daß ich nicht den gleichen Traum wie Farlow träumte.

Sondquists Bericht und die Fotos, die er mir gezeigt hatte, fügten sich zu dem schaurigen Bild eines Schlachthauses zusammen. Hier kullerte ein Augapfel auf dem Boden, hier lag ein Arm, dort ein Bein. Wie auf den dämonischen Gemälden von Hieronymus Bosch. Nur war es hier blutige Wirklichkeit. Kein Wunder, daß das Krankenhauspersonal bei diesem Anblick ohnmächtig geworden war, und die herbeigerufene Ambulanz Gesichtsmasken aufsetzen mußte und mit Zangen zu Werke ging.

Als ich mich von Dr. Sondquist verabschiedete, sagte er mit belegter Stimme: «Farlow wurde in Stücke zerhackt, als ob eine ganze Horde von Männern mit messerscharfen Schwertern und Dolchen über ihn hergefallen wäre.»

Bitte beachten Sie
die folgenden Seiten:

C. P. Snow

Mord unterm Segel

Roman

Ullstein Buch 20652

ein Ullstein Buch

»Sechs Personen sind im engen Raum einer Segeljacht zusammengepfercht, um eine Lustfahrt anzutreten. Doch bald stoßen Verhängnisse älteren Datums aufeinander, um in einem rätselhaften Mord zu explodieren. Mit Scharfsinn, kühler Verhaltenheit und Ironie wird eine Spannungslage durchgehalten, die auf den Schlußseiten überraschend aufgeht.«
(Rheinischer Merkur)

Alfred Hitchcocks Kriminalmagazin bei Ullstein

ein Ullstein Krimi

Alfred Hitchcock – der Name bürgt für erlesene Qualität in Sachen Gänsehaut und Schockeffekt. Für Hollywood drehte er einige der besten Kinofilme aller Zeiten. Von Königin Elisabeth II. wurde er in den Adelsstand erhoben. Aber Alfred Hitchcock war auch einer der besten Kenner der internationalen Kriminalliteratur – ein Kenner und Genießer, der genau wußte, welche Zutaten in einen todsicher gruseligen Cocktail gehören. Soviel Ruhm verpflichtet. Daher veröffentlicht der Ullstein Verlag einmal im Monat ALFRED HITCHCOCKS KRIMINALMAGAZIN, eine Sammlung der jeweils besten Kriminalkurzgeschichten englischer und amerikanischer Autoren. Um mit Sir Alfred zu sprechen: Verbrechen mag zwar nicht lohnen, aber es gibt wenig, über das zu lesen sich lohnt.

Hitchcocks Leichen – ohnegleichen